中國書畫基本叢書

書畫鑑影

〔清〕李佐賢 纂輯
陸一中 點校

上海書畫出版社

中國書畫基本叢書編輯委員會

總序

王立翔

藝術伴隨着人類文明的發生發展而源遠流長，這其中，散落在華夏大地上的中國藝術瑰寶，成爲了世界文明源頭的重要標志。而與其他文明古國相比，中國藝術（主要指書畫藝術）與文獻的淵源特别綿長悠久。唐張彦遠《歷代名畫記》云：『書畫同體而未分，象制肇創而猶略，無以傳其意，故有書；無以見其形，故有畫。』他不僅追溯了華夏文明文字與繪畫的源頭，同時揭示了中國人對這兩者功能及其互補特性的認識。中國的書畫藝術及其與文獻的特殊關係，便是在這樣一種淵源之下生長起來的。這一傳統綿延有二千餘年，使得中國的書畫文獻成爲了世界文化的一筆豐厚財富。

因着中國人的特有禀賦和山川養育，中國的書畫藝術形成了獨立世界藝術之林的表現方式，承載着中國人的思想與情感，寄托了他們看待人生、理解世界的思索，而這些形式和内涵也早早地以文字的方式，匯入中國各類文獻之中，并伴隨着書畫藝術發展的不同時期而形成由分散而漸獨立、由片言殘簡而漸卷帙浩繁的奇觀。更爲重要的是，在記録與闡釋中國書畫藝術的進程中，逐漸形成了諸多中國書畫文獻的特質，并與圖像遺存一起，成爲認識中國古代書畫藝術狀貌，觀照中國書畫發展史，揭示中國藝術精神不可或缺的重要憑據。

中國書畫文獻的構成，是以書畫藝術爲對象、以文字方式進行記録、觀照和研究的歷史文獻。現今存留的早期文獻，散見在先秦諸子之言中。作爲中國思想文化的萌發時期，中國諸多的藝術觀念源頭也發軔於斯。其中以孔子的『明鏡察形』之説和莊子『解衣盤礴』之説爲最重要的代表，分别借藝術創作闡述儒家、老莊的人生哲思，雖重點不在藝術，但都切中藝術功能的本質，這形成了後世藝術創作『外化』和『内求』兩種功用和理論的分野。中國藝術在其早期即與中國的學術思想聯動，這種特性與中國書畫的筆墨呈現方式相結合，形成了中國文人在藝術創作和理論上的深度契入。繪畫在宋元以後形成了重要一脉，書法則因文字的關聯，更是早早成爲主角，在魏晋時期主導藝術達到巔峰。同時，文士的契入，更是在書畫文獻的發育和積累中擅其所長，發揮了巨大作用。如漢魏六朝時期，涌現出一批文學色彩濃厚的書法文獻，如漢末崔瑗《草書勢》、西晋衛恒《四體書勢》、索靖《草書勢》、南朝齊王僧虔《書賦》等等，竭盡描述書法美感之能事，深深影響了當時和後世的書法創作。現存最早的完整繪畫文獻是南朝謝赫的《古畫品録》，這部著作不僅提出了系統的繪畫六法，還以獨特的方式涉及了畫品和畫史，影響深遠。在此之後，歷經後世各朝，文人和畫家，或兼有雙重身份者，分别從其特長出發，更多地投身到書畫文獻的著述中，書畫文獻著作數量逐漸宏富，内容更爲廣闊，闡述愈加精微，并建構起論述、技法、史傳、品評、著録、題跋等多樣體式，形成了中國獨有的書畫文獻體系。除專著、叢輯、類編等編撰形式之外，更有大量與書畫藝術相關的文字，散落在别集、筆記、史傳等書中，成爲我國彌足珍貴的藝術文獻遺産。

前後二千餘年的累積，雖因年代久長，迭經變遷，尤其是早期的書畫文獻散佚甚多，但留傳下來的數量仍稱浩繁。古人以上述諸種的撰著體式，將書畫藝術所涉及的研究對象均包羅在内，毫無疑問成爲後人理解和借鑒的重要寶藏。除了其他文獻都具備的史料特性外，我們還可以認識到中國書畫文獻許多重要特質。

前述孔子與莊子對繪畫功能的重要論述，實是中國藝術思想和精神的發軔源頭。先秦時期，『畫繢之事』雖爲百工之一，但其社會地位仍然低下。孔子從統治秩序和人生哲思層面將繪畫的社會功用作了理想闡述，這一思想通過文獻流播當時和後世，爲歷代帝王和士大夫所接受，認爲繪畫可以『成教化，助人倫，窮神變，測幽微』，『有國之鴻寶，理亂之綱紀』，可與『六籍同功，四時并運』（《歷代名畫記》）。這大大提升了藝術的社會地位，成了藝術功能社會化的發端。也正是這一認識，解釋了中國歷史上文人士大夫乃至帝王熱衷於書畫創作和鑒賞的原因。

相對社會功用的『外化』，孔子還提出了藝術『内省』的『繪事後素』一説，揭示了繪畫『怡悦性情』的内在本質，引導出影響中國藝術的一項重要審美標準『雅正』。同樣，孔子的這一觀念，也淵源於其内省修身的理論，『依仁游藝』是儒家思想的歸屬（藝原謂六藝，但其中也包含與藝術相關的内容），并由此引申出『君子比德』的『品格』之説。同樣是觀照藝術本體，與孔子的中庸思想不同，莊子的『解衣盤礴』以不拘形迹的方式探求藝術家内心的真率，更容易被藝術家所接受。

這兩種觀念的不斷深化和融合，逐漸構成了中國藝術精神博大精深的内核，而這種深化和融合的諸種軌迹，隨着後世政治宗教倫理學術思想的豐富而曲盡變化，行諸文字，則大量反映在後世的書畫文獻之中。而後世的書畫文獻基本依存其自身發展的需求，在更寬廣的領域對書畫藝術的成果、現象、技術、規律、歷史、品鑒等等内容進行記録和研究，産生了浩瀚的文獻，成爲今天極其豐厚的文化遺産。

在二千多年的累積過程中，中國的書畫文獻雖然數量龐大，但仍有一定的系統性，許多文獻因具有開創性和典範性而具有經典意義。如南齊謝赫《古畫品録》，唐孫過庭《書譜》、朱景玄《唐朝名畫録》，宋郭熙《林泉高致》、郭若虚《圖畫見聞志》、黄休復《益州名畫録》、米芾《海嶽名言》，明董其昌《畫禪室隨筆》，清石濤《畫語録》等等。最爲著名的當屬唐張彦遠的《歷代名畫記》。這部完成於唐大中元年（八四七）的繪畫史專著，被人譽爲畫史中的《史記》，是我國第一部美術通史著作。它以中國傳統學術史、論結合的方式，開創了繪畫通史的體例，對繪畫的社會功用、自身規律、畫家個人修養和内心精神探索等重要問題發表了客觀而積極的見解；在保存前代繪畫史料和鑒藏資訊方面，尤其功績卓著。《歷代名畫記》之所以對後世具有經典意義，張彥遠對文獻的搜羅及研究之功至爲重要。

經典文獻毫無疑問具有重要的學術價值，因此對後世而言具有引領性和再研究價值，甚至在體式上也具有示範性。在書畫文獻的歷史上，這種特徵最明顯，并形成了傳統。南齊謝赫《古畫品録》之後，有陳姚最《續畫品》、唐李嗣真《續畫品録》；唐張懷瓘撰《書斷》之後，有朱長文《續書斷》；孫過庭著《書譜》後，姜夔作《續書譜》。有的後來居上，聲譽蓋過前著，如元人陶宗儀以《書史會要》接續南宋陳思《書小史》和董史《書録》；也有雙峰并峙、相互輝映者，如康有爲《廣藝舟雙楫》與前著包世臣《藝舟雙楫》。當然，傳統的承續性和内容的再研究，并不完全僅僅體現在書名上，更多的是在體式上和内涵中。

與其他類型文獻的歷史過程一樣，書畫文獻這一豐厚的文化遺産，也是經歷了漫長的歷史年輪，有着自身的成長軌迹。書畫藝術雖然與中國美術的淵源極爲悠久，但因其與載體（紙帛、金石、簡牘等材料）有不可分割的關聯，書畫文獻無疑也以其記述之對象的内涵和外延爲範圍。漢魏兩晋時期被視爲書畫文獻的發端期，東漢崔瑗《草書勢》、趙壹《非草書》等文被視爲現存最早的書法專論。這個時期的書畫文獻因散佚而遺存十分有限，一些重要名家的文字，多被後人推斷爲後世托名之作，若王羲之的《題衛夫人筆陣圖後》等。比較可靠的文獻，多有賴於他人的引録。

六朝隋唐則是書畫文獻的成熟期。這時的書畫創作和批評鑒賞已蔚然成風，一些美學觀念和研究方式得以建立，對書畫藝術的認識進入到一個更加系統的階段，出現了謝赫《古畫品録》、張彦遠《歷代名畫記》、孫過庭《書譜》這樣彪炳後世的著作。

宋元進入深化期，帝王士大夫深度介入書畫藝術，創作和理論研究相得益彰，書畫藝術更多地融匯在上層階級的政治文化生活中，書畫文獻數量進一步擴大，顯示出深化發展的特徵。

明代是書畫文獻的繁盛期，主要原因一是商品經濟進一步發展，市民階層興起，社會思想活躍，藝術上分宗立派，鑒藏風氣大盛，書畫藝術呈現出嶄新的需求；二是刻書業的發達，文人和畫士看重傳播效應，著述熱情高漲。這些都使得明代的書畫文獻數量和體量均超越了前代。

清代可稱承續期，書畫文獻的數量進一步增加，作者身份和著述目的亦更加多樣複雜，書畫文獻的門類在進一步完備的同時，也延續了明人因襲蕪雜之風。樸學、碑學的興起，則大大刺激了金石書畫論述的開展，皇宫著録規模更是達到了巔峰。對書畫研究和著録的熱衷，并未因清王朝覆滅而停滯，而是繼續綿延至民國。

受現代西方藝術史學的影響，今人將圖像也視爲文獻的一種。這種觀點放置於中國書畫，確實也更有其合理性，因爲圖像兼具有可闡釋的諸種資訊，是可以用文字還原的；而在中國書畫中，文字之於作品的不可忽視的地位，也足以顯示圖像與文獻相映的多元關係。

然而中國書畫文獻的體系是中國古代自身固有的，梳理中國歷代書畫文獻，還是主要依靠中國的傳統學術，從其自身的系統中去觀照進行。因此，我們今天討論的中國書畫文獻，仍然是以文字形態存在的典籍爲主。而事實上，中國書畫著述的傳統，向來是超越作品本體，更注重揭示其豐富的内涵和外延，這正是中國書畫文獻特别重要的價值所在。

書畫典籍作爲書畫藝術研究具有核心作用的材料，是我們解決書畫藝術本體問題和歷史現象可靠性的基本依據。因此，書畫文獻的專門化梳理，是我們繼承和用好這筆豐厚遺産的前提。但在古代學術分類中，書畫典籍的專門化則有一個過程。在《隋書·經籍志》之前，史志均未專設與書畫有關的門類，與藝術有關的樂（樂舞）、書（小學）作爲儒家經典的附庸，被安排在六藝（或經部）之中。但彼時藝術（書畫）的自覺尚未發端，典籍亦不够豐富，故難有獨立之目。《新唐書·藝文志》始有『雜藝術類』，僅録張彦遠《歷代名畫記》等書畫之屬典籍十一種。直至清《四庫全書》，書畫（另有篆刻）之屬被歸在子部藝術類中，這纔與今天書畫篆刻之藝的歸屬基本一致。但有些書法文獻則因與金石、文字有關，仍分散在經部、史部等類别中。

如同其他專門之學對於史料的需求一樣，歷代書畫文獻之於今天中國藝術學科研究的重要作用是不言而喻的。不過以中國歷史研究爲參照，書畫文獻的史料價值至今遠未得到有效利用，這在某種程度上與書畫文獻的整理不够有關。歷史研究有三段説，即史料之搜集、史料之考證解讀、史料之運用，史料須從浩瀚的歷史文獻中勾稽而出，同時又在研究、運用過程中被更深度發掘。因此，對書畫文獻進行『整理』、『研究』和『整理之研究』，是一項大有可爲的工作，對治書畫史和藝術史來説尤爲重要。

中國古籍卷帙可謂汗牛充棟，歷代書畫文獻也堪稱浩繁。由於學界研究和新一代書畫讀者的閲讀需要，從歷代文獻裏梳理出更多的重要書畫典籍，并以適宜現代讀者正確閲讀理解爲指向地加以整理研究，是今天出版人所應做的工作之一。上海書畫出版社向以中國藝術文獻的整理出版爲己任，《中國書畫基本叢書》就是在認真梳理歷代書畫文獻的基礎上，借鑒業已積累的經驗，充分發揮本社的專業優勢，有效組織各種資源，借助當下之技術條件，決心出版的一套主旨明確、内容系統、版本精良、整理完備、檢索便捷、切合時代、適合讀者的大型歷代書畫典籍叢書。叢書之『基本』寓意，一是以傳統目録學方式觀照歷代書畫文獻，選取史有公論、流傳有緒、研究必備的書畫典籍，以有助讀者『辨章學術，考鏡源流』。二是指整理出版的範圍，確定爲流傳、著録有序之歷代書畫典籍。今廣義之文獻，多含散見於其他文獻中的書畫資料，包括未見諸已編集著作中的詩文唱和、往來書翰，以及留存於書畫作品之上未經集録的相關題跋等等，此類文獻的搜輯整理出版，尚有待於將來。三是以當今標準的古籍整理方式爲基本要求，充分吸取已有之研究成果，達到規範的文獻整理出版要求。

需要指出的是，治中國傳統之學的一大特徵，是融文史哲於一爐，治書畫藝術之學，既要結合書畫藝術之本真，又當置身於中國國學之中，這是土壤，這是血脉。因此，整理研究好書畫文獻，必須以傳統的版本校勘之學爲手段，以深厚的中國歷史文化爲基礎，做更多具體而微的工作。

願所有參與本叢書整理研究編輯出版工作的同道們，能爲傳承和弘揚這份優秀的遺産作出應有的貢獻！

整理説明

李佐賢（一八〇七—一八七六），字仲敏，號竹朋，又號石泉、吾廬等。山東利津人，道光十五年進士，授翰林院編修，官至福建汀州知府。李竹朋工於詩翰制藝及乾嘉樸學，尤長於金石書畫的鑒識考訂，是清代中晚期著名的金石學家與收藏家。《（光緒）利津縣志》説他『深求濂、洛諸儒之旨，兼涉考據之學。凡金石書畫、硯石印章，皆能剖析微茫，别其真贋。書宗柳、顔，能萃金石之美，畫得董思白意。琴、奕二者亦稱善』。這段文字較完整地概括了李竹朋的生平涉獵，可見其博洽。其治學成果以古泉學为首，最突出的貢獻是編訂了一部『足以千古』（章太炎語）的《古泉匯》和一系列的泉學著作。而在泉學的奪目光華下，他於金石書畫的許多細類也多有建樹。其書畫之學便極爲可觀，是泉學之外所好最篤、用力最深的門類，非可以風雅餘事視之。

李竹朋自謂弱冠即抱書畫之癖，中歲步入仕途後，他時常盤桓廠肆，和好事同人相與切磋，鑒藏活動至老不輟。其聞見既富，眼力亦復高超，當時即負精鑒之名。近人崇彝追述咸豐、同治間藝林掌故，曾將其與李東、李在銑及其從兄李恩慶列爲書畫鑒藏之『四李』；也有人将其與李恩慶（著《愛吾廬書畫記》）、李玉棻（著《甌鉢羅室書畫過目考》）

合稱爲書畫著述的『三李』（見《甌鉢羅室》題詞）。這些情況真實地反映了作爲賞鑒之家的李竹朋和他的《書畫鑑影》在晚清鑒藏世界中的分量。

《書畫鑑影》刊於清同治辛未（一八七一），是竹朋晚年編撰、刊行的十餘種著述之一。此書自序云：『年五十，就養都門，優游暇日……遂取歷年所得及當前所寓目者，仿《江村銷夏》之例而變通之，隨閲隨録，積久成編。』竹朋五十歲時爲咸豐丙辰（一八五六）。是年冬，他在休致四載後重返北京，僦居於宣武城南的『人海藏廬』，就此開啓了潛心治學的晚年生涯，《鑑影》之編録即始於此。凡例又言所録書畫『皆近十餘年所見者，至昔年寓目尚能記憶者，特十中之一二耳』。可知此書雖爲竹朋畢生經眼之集合，但早年所見僅取其菁華，所録者以五十至六十五歲間的見聞爲主，除了少數的宦遊所見，主要集合了竹朋在咸豐、同治兩朝間的自藏作品、京魯兩地的士夫之藏及當時廠肆中流傳的古蹟。可以説，此書的聚焦略局於竹朋的晚年。但即便如此，仍無害其採摭之富。書中著録書畫總計四百六十餘件，數量遠超於道咸同光四朝的同類文獻，而僅略遜於光緒中成書的《穰梨館書畫録》。其晚年見聞之富、用力之勤，都足可令人驚羨。另外，由於著作時間距今未遠，竹朋當年寓目的書畫流傳者甚夥，很多至今仍保存在海内外的博物館中，有的則一直什襲民間，在近幾十年的藝術市場中身影頻現。時至今日，《書畫鑑影》依然能爲大量的傳世之作提供文獻參照。

《書畫鑑影》共二十四卷，全書以裝池様式爲目，分卷、册、軸三大類，每類又以時代爲序。所録書畫起自東晋王羲之的《感懷帖》，訖于清乾隆朝書畫家之作品，除了少數個例，皆爲寓目之作。其體例以高士奇《江村銷夏録》爲基礎，又參考了《辛丑消夏記》、《愛吾廬書畫記》等後起之秀，對著録的書寫作了新的探索。此書編録有兩個特點。其一是書畫文字的記註較過去更加詳備。如記款識題跋，前人大多僅録文字，此書復分段夾注書體及行數。印章則不用常見的圈寫法，而採用在印文上下夾注朱白文及印章形制的方法，與圈寫法互有長短。其二是改良版式，使著録條理更清晰嚴密。江村之例，本款、本題用大字，後人題跋用雙行小字，致有題跋、叙説混淆之弊。此書則書畫文本用大字，叙説兼用大小字，并通過版式的變化來對不同文本作出區隔，使各類文本的歸屬一目了然。其於書畫文本，則完全依據原作的位置次第進行記録，配合此書版式，在記録卷、册兩類作品時尤能清晰直觀，達到了『俾後之覽者得想像其形』（自序語）的效果。從以上種種細節，我們可窺見竹朋此書的慘淡用心。它也反映了書畫著録這一體裁在清代道光、咸豐年間的一些新的發展。

同時，此書在著録之外也納入了鑒賞研究的内容。書中的不少作品附有竹朋撰寫的附記，内容從評騭筆墨、叙述流傳本末到考證作者名氏不一而足。其中有兩點很值得一提。其一，凡書畫見於前代著録且有出入的，附記必參引核校，録其異同。這項工作用思精勤，在歷來著録中亦屬罕有。它對於揭示書畫在流傳過程中的一本多傳與分合改易的情況具有很高的參照價值。其二，凡作品鑒定有疑義的，附記則加以考訂，論斷往往有見。如卷二，辨巨然《萬壑圖卷》非舊録所載之《海野圖》、圖後詩跋非米芾所書，卷五，考趙伯駒款《長江無盡圖》爲元末道士冷謙所作等，皆考據精審，頗具卓識。

此次整理以清同治辛未利津李氏家刻本爲底本。在排版上，整理本盡可能保持原書版式，力求無損於作者的裒輯宗旨。文字的整理，凡書畫題識印章中的異體别寫，本書盡量予以保留。有明顯訛誤者，則酌情校訂并附以校記。清槧避帝諱之所改易者，本編皆恢復本字，不再出校。

筆者父親在青年時代曾收集古錢，故兒時家中常放着些古泉書，竹朋的《古泉匯》也在其中。幼時的我曾爲書中的各式古泉圖樣所吸引，覺得既神秘又有趣，堪比童書，因而偶一翻弄。多年後，我入業師吴敢先生之門，攻讀書畫鑒定碩士，不想入學的第一門功課就是標點竹朋的《書畫鑑影》。我用四個月的時間整理了此書前十二卷，此時的竹朋又由童書作者變成了書畫鑒賞的入門師。今天的這個點校整理本，便是在當時的工作基礎上修訂續成的。這是筆者與竹朋的兩次偶遇，當中若存夙契，因附數字於後。

癸卯歲杪，陸一中於良渚之大雄山

自序

嗜酒者欲戒飲，而往往不能戒也，好色者思禁慾，而往往不能禁也，好書畫者亦然。書畫非布帛之可衣，菽粟之可食也。然鑒賞名蹟，心領神會，雖曠日廢旹，有弗恤者。此中樂趣，可爲知者道，難爲不知者言也。昔坡公有云：『人當寓意於物，而不可留意於物。』誠哉見道之言！然又云：『薄富貴而厚於書，輕死生而重於畫。』夫以書畫而薄富貴、輕死生，果寓意乎？抑留意乎？可見寓意不留意，公亦但能言之，未能行之，況聰明才力不及公萬一者乎！余之留意於斯者，四十餘年矣。自弱冠後既抱此癖，似有夙緣。初憾耳目之未廣，又苦真贋之難分。逮供職都門，得縱覽於廠肆，或假觀於同人。又遇吾宗季雲前輩，當時所謂精鑑者也，相與質疑辯難，别僞求真，漸能窺見古人門徑。此後外宦，遊歷所經，聞見愈夥，均作過眼雲烟觀，未遑一一記載也。年五十，就養都門，優游暇日。因念昔人論古書畫，謂近代者託於形以傳，遠代者託於聲以傳。天壤之大，名蹟之多，所不得見者不知凡幾。然使接吾目者詳悉記録，俾後之覽者得想像其形，而不僅以聲傳，不亦快乎？遂取歷年所得及當前所寓目者，仿《江村銷夏》之例而變通之，隨閱隨録，積久成編。誚之者以爲玩物喪志，予曰不然。蓋吾人事無鉅細，貴有真性情焉。苟性所真好，阮孚之屐，嵇康之鍜，世或不盡非之。况書畫爲人所同嗜，粗之不離乎蹟象，精之可通於神明，淺之備觀覽之資，深之有身心之助。歐陽公云：『晚知書畫真有益。』信乎其有益也，真知之，焉能不篤好之也？且夫嘉肴旨酒当前，而曰吾不知其甘，必其病噎者也，否則無不知其甘也；西子、太真在列，而曰吾不知其美，必其瞽目者也，否則無不知其美也。書畫之怡情，更有甚於味與色者。如非解人則已，果屬解人，猶託言寓意，不以真好自居，此其人尚有真性情乎？故是編所以存古人之真蹟，即以誌鄙人之真好，而不辭玩物之譏也。同好者觀之，或不以此言爲不然。

凡例

一　是編次序分爲三類：一卷，二册，三軸。凡屏、幅、横幀俱附於軸。各類中又以時代爲先後。

一　高江村《銷夏録》於名蹟以目見爲斷，兹編亦然。但余昔供職詞垣，時於同人收藏家或就觀，或借觀，所見甚夥。及出守閩中，所見亦有增益，均未遑記載。自懸車後，就養京都，社帳歷下，漸多暇日。惜雲烟之過眼，乃時隨筆記注，皆近十餘年所見者，至昔年寓目尚能記憶者，特十中之一二耳。未經目擊及見而未敢深信者，概不濫入。

一　《江村銷夏録》凡標目、畫本、尺寸、圖章、題跋俱載，兹仍之，而小有異同。首列標目，次及紙絹本與尺寸長短，失記者缺之；次及畫之墨筆、設色、工細、寫意、布景；次及書之本文，畫之本題，兼及字體、行數、印章，失記者亦缺之；次及各家題跋，題跋太繁或時代近者，間有删減，至匆匆未詳記者，亦缺之。

一　標目頂格上加一圓圈（編者按：此次排印整理以字體區分標目與正文，取代以圓圈標示標目，故删去圓圈，以免累贅）。本文、本題俱頂格，各家題跋低一格，此兩項外，記載皆低二格。畫之有印無題者，則以名字印頂格記之。

一　《銷夏録》於印章則方圈内加真書，而朱白文不辨。兹不用外圈，但書印文，印文上下則註明朱文、白文及方圓印。凡引首印則另行書於前，押尾印則隨本文書於後，至下角印及鑒賞印則附後另行書。

一　江村久值内庭，於御府圖書均不敢記載。然純廟天縱之聖，不廢游藝，往往有御題詩句或鑑賞璽印見於法書名畫者，世多有之。阮文達題《游昭秋林醉歸圖》云：「此乃乾隆間辨《石渠寶笈》挑落者，每以分賜大臣。元亦曾被賜數件。」可見今世所見，皆賜出散落人間者，固不同於温室樹也。若不記載，何以存真？是以吴荷屋《辛丑銷夏記》皆詳悉書之。今一遵其例，凡御題頂格寫，俾别於尋常題跋，以昭敬謹。

一　古文詞膾炙人口者，不録全文，但書某句起至某句止，以省筆墨。至明以後之詩文，雖不必衆著，然篇帙過多，故從省，亦有用此例者。

一　評跋凡元以前者備載，至明以後者間有去取。鄙人題跋間有附録者，亦江村舊例也。

一　前人著録多記至明末爲止。近代書畫記如《卧遊録》、《書畫所見録》、《聽颿樓》、《玉雨堂》等記始録至國初。鄙意國初至今已二百餘載，況近年捻匪倡亂以來，翰墨遭劫無數，名蹟有日減，無日增，佳品已不易覯。兹從近例，收至乾隆以前爲止。

一　宋元以前名蹟傳世已稀，幸遇真品，必爲登記。即有舊譜所已見者，不妨重載。至明蹟則擇佳者存之，國朝名蹟則擇至佳者存之，真而不佳者從删，以省篇帙。

一　尺寸皆用漢建初銅尺，抵今成衣尺六寸八分。

一　書畫家之爵里事蹟，《書畫譜》及《畫史彙傳》等書多載之，兹編從略。欲知其詳者自有諸編可攷。

一　《庚子》、《辛丑銷夏》等記兼及石刻。是編專收墨蹟，石刻另爲一編。

一　字有剥蝕殘缺及不可識者，則以方圈記之，不敢妄增。

一　是編間有昔年曾見，未經載筆，兹從《愛吾廬書畫記》节録者。『愛吾廬』乃北平吾宗季雲兄之齋名。兄名恩慶，道光癸巳翰林，官至兩淮都轉。晚年辭官，歸隱盤山，收名蹟甚夥，鑒别甚精，當時所稱具眼者也。

目録

書畫鑑影卷三　卷類……六一

書畫鑑影卷四　卷類……八三

書畫鑑影卷七　卷類……一五九

書畫鑑影卷八　卷類……一七八

書畫鑑影卷十九　軸類……四七〇

書畫鑑影卷二十　軸類……四九三

書畫鑑影卷二十三　軸類……五七三

書畫鑑影卷一　卷類

晉

王右軍感懷帖卷

前額。

覽卿所進羲之《感懷》一札，運筆神妙，超軼不群。敕卿等審定重裝，藏之内庫，永爲千古式型。貞觀十三年九月七日，宏文殿敕。行書十行

額前朱文貞觀長方璽　□□御寶方璽　退密壺盧印　信公監定珍藏長圓印

額内朱文宣和御覽方璽

額後朱文御書方璽　御府寶□方璽，二璽俱押字上　開元長方璽　鳳閣之寶方璽　項子京家珍藏長方印　白文管時敏印方印

又另紙題。

古今第一法書。至正四年秋九月七日。隸書二行

紙尾朱文子京父印方印

帖紙本。高一尺有一分，寬四寸三分，字徑一寸内外。

徂暑，感懷深，得書，知足下故頓乏食。差不？一狀狀〔一〕。吾故爾耳，未果爲結，力不具。王羲之。草書三行

帖内朱文貞觀聯珠方璽　淳化御鑒方璽　雙龍圓璽　内殿□□方璽　宣□長方璽　□□珍賞　又三璽不辨。吴興沈氏家藏長方印　白文許初之印方印　元復方印　□□主人半印　又一印不辨。以上璽印多加字上。

裱絹上方左右朱文乾隆御覽之寶長圓璽　石渠寶笈長方璽　石渠定鑑圓璽　三希堂精鑑璽長方璽　白文寶笈重編方璽　宜子孫方璽

後另紙跋。

右晉王右軍《感懷帖》三十二字，雖紙敝墨渝，而風範猶存，且遺墨搵透膚理，隱然有入木三分之勢。贊曰：墨池飛龍，鬱蟠繭絲。三十二字，精光陸離。有氣燭天，字字螭珠。青鳥片翰，人間所稀。其在秘室，天球庶幾。石巖。行書七行　押尾白文石巖之印方印　石氏民瞻方印

紙尾朱文項子京家珍藏長方印

晉朝濟濟固多士，墨妙筆精王右軍。禊帖當年稱勝事，蘭亭今日鑠寒雲。鶯鳴妙境誰能似，斂鍔深微世莫群。感懷尺素傳誦久，短篇聊爾綴人文。西湖老人林洪。真行書六行　押

尾朱文洪長方印

王右軍在晋以骨鯁立朝，其議論人事，中時弊者十之八九。如發粟賑飢，上疏争諫，悉不阿順。凡有處分，動合時宜，當爲晋代第一流人品。奈何其名爲能書所掩耶！夫書，心畫也。百世之下，觀其筆法遒勁，落腕正鋒，即同其人品。所惜溺意東土，止此而已。若夫晋之政，無足言者，後世名之曰『寶晋』，正以右軍之書故耳。《黄庭》、《蘭亭》、《霜寒》、《墓田》等帖墨蹟已不可得；若唐之虞、褚，宋之米、薛臨本，猶或僅見一二。此《徂暑感懷帖》迺其真蹟，歷唐宋俱入内府，故唐宋諸名落家字未經賞識。後因金人之變，散軼人間，元季諸賢遂題識濟濟。至我朝，歸於王文恪公，於是吴、張、袁三君子復爲評定，更稱全璧矣。余嗜古有年，於右軍書未之有得。若此卷，正余之寤寐以求者。今幸歸於弇園，其爲寶也當何如耶！　萬曆二年五月。行書十三行

題前後朱文退密壺盧印　平生真賞方印　項子京家珍藏長方印

右軍書流傳至今，尤屬寥寥。昨蒙御賜《感懷》真蹟，恭展之下，其用筆超逸，結體渾成，有難以言語形容者，誠爲瓌寶。貞觀敕書附於卷中，蓋自古寶之矣。皇十一子謹識。

真書五行　押尾朱文皇十一子方印

王右軍真蹟最稱難覯。今覽此卷，結勢如龍翔鳳舞，書家之極則，亦可謂觀止矣！方綱題於蘇米齋中。行書四行　押尾朱文蘇齋長方印

右軍《感懷帖》予向見《淳化帖》中，精采飛動，已足令人玩味不盡。今獲睹墨蹟，真有孤鶴翔天之勢。楮色墨光，雖已黯淡，而精氣流走，自不可掩。又貞觀一敕，亦自飛舞，當時内庫之物也。石琴精舍藏。真行書四行　押尾白文石琴方印

此卷《感懷帖》僅三十二字，極稱罕見，筆勢允爲神品，作三十二驪珠觀可也。劉墉謹跋。行書四行　押尾白文劉墉之印方印

校　記

〔一〕『一狀狀』《淳化閣帖》卷七作『耿耿』，此係李氏釋讀之誤。

唐

閻右相歷代帝王圖卷

絹本。尺寸失記。濃著色，兼工帶寫。共十三幅，人高尺餘。漢文帝、晋武帝、後周武帝形差大；陳文帝、陳廢帝差小；漢昭文帝、陳宣帝、文帝、廢帝、後主、隋文帝、煬帝貌甚文；餘多威猛，衣飾各異；侍從較小，多玄冠緋衣，或朱衣素裳。各幅皆有標題而無款。此卷予舊失記載，自從《愛吾廬書畫記》節録。

第一幅。冠弁，朱衣墨緣，左手斜垂袖間，右駢次三指仰而指，侍從二人。題在上，十三幅皆同。或後人標題或閻原題已不可考。

漢昭文帝。真書一行，下俱同

第二幅。冕旒垂綏，玄衣朱裳，侍從二人。

光武帝劉秀。『光』字缺

第三幅。失記。

□□帝。

第四幅。冠服類前，左右手皆見於袖外，右手倒持扇柄，侍從二人。

吴主孫權。

第五幅。冠服類前，侍從前後二人。

蜀主劉備。

第六幅。冕旒垂綏，玄衣朱緣，緣間作星黼文，腋間露劍，跗手擁袖，左右憑二侍者，皆端拱。

晉武帝司馬炎。

第七幅。玄衣冠弁，擁兩袖，捧如意，趺坐方牀，術士八人輦牀行，在前者竦身俯首，後者肩相摩，作以目語狀，二人翊之，二人高擎羽扇，二人垂袖端笏隨於後。

陳宣帝諱頊，在位十四年，深崇佛法，日召朝臣講經。『十』字僅存，『日』字半缺

第八幅。素弁，淡赭衣青緣，衷衣露龜背錦文。兩手持長柄如意之兩端，趺坐胡牀。二侍女雙鬟綰朱笄，碧衣素裙，一平立端視，一回顧舉右袂，手見於外。

陳文帝在位八年，深崇道教。『陳』字、『年』字皆半缺

第九幅。素弁緋衣，玄緣青帔，坐於方牀。牀後二侍女妝飾類前，前者擁手垂袖，後者擁手持如意。

陳廢帝宗伯。

第十幅。青弁緋衣墨緣，右手籠袖中，拄之近頤，其袪倒垂而下，左袖下垂，幾拂地。侍從一人。

陳後主叔寶在位七年。『陳』字微缺

第十一幅。冕旒重綏，玄衣朱緣，龍文繢繡。侍從二人，左右手袖憑之。

後周武帝宇文邕在位十八年，五帝共廿五年，毁滅佛法。

第十二幅。冕服類前，無龍文，左曲肋挾長柄器，右曲肘，手見袪外，兩指作拈物狀。侍從二人，前後掖之。

隋文帝楊堅在位廿三年，三帝共三十六年。『隋』字微缺

第十三幅。黃弁，玄衣，朱裳。侍從二人，前者端拱，手見袖外。

煬帝廣在位十三年。『煬』字僅存

後另絹跋。

閻立本世家善丹青云云。大楷書殘缺不可讀，行數失記，下同

又二段，俱殘缺不可讀。

大宗□侍臣泛舟春苑池，見異鳥□與波上。上悦之，詔坐賦詩，□□□□□傳呼畫師。閻立本時已爲主爵都尉『都尉』二字旁點侍郎，俯伏池左，研吮丹□，望坐上□□羞悵流汗。歸戒其子曰：『吾少□書，文□□不減儕輩。今獨以畫見名，與厮役□□，若曹慎勿習。』然性所好，雖被訾屈□□，終未能罷也。時姜恪以戰功擢左相□，時人有『左相宣威沙漠，右相馳譽丹青』之嘲。余以謂德藝兼足，亦□□愧。大觀丁亥孟秋，李彦宏端臣。歐陽永叔贈之美詩云：『奇書異畫不論價，盛以錦囊裝玉軸。』觀其自誌，當無右此者。長樂張勤深道□觀，紹聖丁丑夏四月晦日。

又有庚子，富弼；錢明逸，戊戌；韓琦，己亥仲春；吴奎，是夏四月；劉敞；程戡，季秋廿日題；舉正曾觀；蔡襄曾觀，癸卯；孫琳、吴□、陸經，丙午正月廿四日同觀；章衡屢觀，熙寧正月癸卯；紹興己卯二月晦日，陽范宗尹氏借觀于永嘉治之秋堂；嘉祐三年某某；政和改元八月某某觀款。款兼行楷、八分諸體，多斷續不可讀。

又接紙跋。

余家亦有右相《八蠻鬭象圖》，得之無爲子家，今殘闕過半，非此可比。紹興改元二月既望，獲觀于儀仲覽古齋，愛玩久之，不能去手。淮海野人錢伯言。

趙令廌、侯懋、秦梓、侯憲、吴説，紹興四年歲在甲寅正月十七日，同觀于□□。

淳熙三年九月廿日，新安羅願觀。

淳熙十二年二月癸未，琅琊臨沂王正己觀。

劉彦通、宋孝先、趙伯璆、吕源同觀。紹興壬子二月十四日。

淳熙五年十月廿八日，陽夏趙燁觀。

徐庚國、馬純、任紳、鄭著，紹興癸丑十一月朔同觀。

永嘉魏憲，紹興丙寅仲秋三日曾觀。

紹興甲寅歲正月上休日，馬純子約、鄭喬年清卿、李端方清之、鄭震逢辰、安自强行老同觀。

閻立本畫《列帝圖》十三人，嘉祐名□楊之美褒藏之，後入吴幵内翰家。吴氏子孫寓贛□質于市，過期不作贖。予兄子中爲守，用錢五十萬，鬻以相示。初展示而斷爛不可觸，遂以四萬錢付工李謹葺治，乃可觀。十三人中，惟陳宣帝侍臣兩人，從者并執紈扇各二人，挈輿者四人。筆勢尤奇，絹亦特敝，是閻真蹟無疑。

□□□□□傳故稍完好。自韓、富諸公而下皆有題識，往往闕落破碎。第一跋文雖備，而年月姓名俱漫滅，賴紹聖間張勤引六一先生《戲楊直講詩》二句，而印縫有『之美』及『四世三公之家』兩印，然後知其爲褒也。古帝王多矣，繪事必不止此，無奈後人敬獻宮禁而削其偏安不令之主，故間得流傳于世，如晋人弔喪問疾帖耶！然漢文、光武儼然卷首，何也？文帝而曰『昭文』，殊不可曉，豈題者誤之耶？林叔豹謂文帝廟樂曰昭德，頗似遷就。或云《載記》李壽在蜀嘗以漢王僭位，改元漢興，其死也，謚『昭文帝』，廟曰『中宗』。豈其然乎？必有能辨之者。東里周必大書。是日延和奏事退，皇太子初決庶務於議事堂，蓋淳熙十五年三月二日也。

後録米元章《畫史》三則，又有翁方綱觀款一行，在紹興甲寅觀款之後，均未詳記。

前後印多不辨，均失記。

僧智永真草千文卷

紙本，高一尺一寸一分，長一丈八尺二寸三分。紙凡三接。真草書雙行，起手缺數句。

龍師火帝起至焉哉乎也止　真草書共一百五十六行，文不備録。以下凡不録全文者仿此

卷前半印不辨。

卷後朱文薛紹彭印方印　林西主人方印　弄墨亾長方印　雲心珍賞方印

後界綾朱文寶勤堂書畫印長方印

後另紙跋。

王敬美家有薛紹彭與趙大年書，云欲易智永書，當以他畫。余刻《鴻堂帖》。又米元章書云『若見大年《千文》，必能頓長，愛其有傾側之勢，出二王外』，見文氏《停雲館帖》。今此《千文》有紹彭收藏印，乃知紹彭得之大年，米元章又欲從大年博易，傳流有据。余得之吾鄉宋光禄，每一臨倣，輒有艷態，欲得仿佛其蒼古，必不可能。遂如香巖參潙山禪，既機鋒不契，便甘作粥飯僧。久置篋中，亦疑世無解者。頃馮宫諭一見，贊嘆不已，真具頂門眼，因以歸之。甲子十月廿一日，書於長安苑西行館。董其昌。行書十六行

押尾白文董其昌印方印

智永爲虞伯施之師，此《千文》當以虞永興筆法書之。若作虞書，當尋其源委，於此卷中參究。其昌又題。

跋後朱文馮銓之印方印　馮氏鹿菴珍藏圖籍印方印　白文温啓封印方印　雲心珍賞方印

紙尾朱文富春董氏收藏書畫記方印　林西主人方印　太原温雲心氏鑒藏方印

永禪師書，骨氣深穩，體兼衆妙，精能之至，反造疏澹。如觀陶彭澤詩，初若散緩不收，反復不一，乃識其奇趣。余有永師《千文》，首缺數行，自『龍師』起，後有薛紹彭印。絶去艷態，初觀不省佳在何處。有深於書者謂余曰：『唐人無此寫法，果如坡公所言。』海内凡存三本，一在江右袁簡肅公家，一在山陰董中峰學士家。山陰本余未見，吾家本贈涿

鹿馮宫贊。壬戌四月，宫贊猶未大拜，一見此卷，特深賞識。真書八行

右香光書《東坡評唐六家書》，間段爲跋。吴泰刻之《研廬帖》第二卷。《研廬帖》香光自定之，與《書種》、《家藏》、《寶鼎》、《汲古》四帖同。此卷歸馮已久，猶復往來於懷，毋亦如米老之悔以硯山易海嶽菴乎？所云『董中峰卷』，張氏刻之，結法方整，頗類唐徐氏父子，以氣格論，遠在此卷下。或疑此卷既藏薛氏，何以轉取長安崔氏本勒石？不知勒石者爲津逮來學計也。當時八百本流播人間，尚往往有存者，薛氏所見自不第一卷。故云崔氏藏本最爲殊絶，若此卷之敦古，後學自無從攀跂，故置此而刻彼耳。至《群玉堂帖》有永師《真書千文》三百餘字，神觀又出崔氏本上，或翠微父子所未得見者。吾獨怪伯衡既得此卷，乃不摹入《快雪堂帖》，則與刻松雪《十三跋》而棄《定武》名帖同爲探驪而棄其珠也夫。丁亥六月望，莆田郭尚先獲觀於增默菴，因識。真書十四行　押尾白文尚先私印方印

又李宗瀚一跋，未録。

僧懷素小草千文卷

前額。

唐懷素小草千文。隸書大字

金石僧六舟所藏至寶。阮元審題。隸書二行　押尾朱文阮元之印方印　朱文揅經老人方印

額後□文墨寶聯珠方印　朱文海昌僧六舟達受所藏長方印　小緑天菴方印

《千文》絹本。尺寸失記。絹八方，計七接，字經七八分。

引首白文軍司馬印方印

草書千字文。敕員外散騎侍郎周興嗣次韻，沙門懷素字藏真書。草書三行　押尾白文軍司馬印方印，印蓋字上，中間每鈐縫俱用此印

天地玄黄起至焉哉乎也止　貞元十五年六月十七日於零陵書，時年六十有三。草書共八十二行

押尾白文軍司馬印方印，亦蓋字上

卷前朱文應召方印　潤州笪重光鑒定印方印　商邱宋犖審定真蹟長方印　陳定書印方印　陳定印方印　季應召印方印　白文陳氏家藏方印　畢沅審定方印　子行圖書長方印　又半印不辨。

卷後朱文政和聯珠半璽　宣和長方璽　和長方半璽　内府圖書之印方璽　趙孟頫印方印　丁雲鵬長方印　應召珍藏長方印　江上笪氏圖書印方印　友石所見方印　湯雨生審定書畫印長方印　木菴平生真賞長方印　白文文徵明印方印　晤言室印方印　楊漣之印方印　梅麓真賞方印

後另紙跋。

余家所收懷素《千文》二本。其一爲嘉興姚氏物，絹上小草書，此本也。其一爲吴中顧氏所藏，楮紙上大書，内缺數行，嘗爲補之。楮本是少年書，紛披光怪，氣焰怖人。絹

本晚年所作，應規入矩，一筆不苟，正元章所謂『平澹天成』者。要之皆名帖也。壬寅七月四日，徵明記。行書九行　押尾白文徵明印方印

左下朱文潤州笪重光鑒定印方印　韓崇之章方印　白文伊墨卿氏方印　阮亯仲嘉方印

右唐釋懷素絹本草書《千文》真蹟，舊藏嘉興姚公綬家。公綬所藏法書甚多，嘗自定此卷爲第一，云一字直一金，故當時目爲『千金帖』。公綬歿，石田先生屢遣人物色之，不可得。後復流傳數家，皆不賞識。嘉靖丁亥八月，忽有持示者，予展卷驚嘆，恍然若失，因傾貲得之。按米元章《書史》及《寶章待訪録》俱載有懷素絹本《千文》，云沈遘所刻板本是也。今板本不傳，未知即是元章所見者不。而《宣和書譜》載有懷素《千文》四，此卷後有『政和』、『宣和』三璽，而贉尾繭紙有『内府圖書之印』，蓋即當時四卷中之一也。又《譜》序稱素晚年所書，評者謂與張芝逐鹿，且云比其少作有加無已。今觀此卷，筆法謹密，字字用意，脱去狂怪怒張之習，專趨於平淡古雅。其後題云『貞元十五年六月十七日於零陵書』，正其晚年之作也。此卷共用黄素八方，每交接處以漢『軍司馬印』鈎記，而書名及題年月處亦以是印印之。且素理精密，墨蹟如新，真希世之寶也！是歲冬十一月二十有五日，茂苑文嘉謹識。真書十三行　押尾白文文休承印方印　朱文肇錫余以嘉名長方印

嘉靖戊戌冬十二月望，試景曜流暉硯，姚士誠蘭蕊筆，寫此跋。計丁亥至今已易十二寒暑矣。小樓雪霽，晴映窗紙，几案潔凈，展舒三次，殊發佳興。真書三行　押尾朱文文嘉休承方印

右唐僧懷素《千文》，少元先君得之文謝山氏，與予平日所見，丰神骨力，殊更精彩，蓋亦晚年真蹟也。嘉靖癸丑，會稽郡秘圖逸氏楊珂跋。行書九行　押尾朱文秘圖子圓印

左下朱文商丘宋氏收藏圖書長方印　白文小緑天菴長方印

懷素絹本《小艸千文》刻文氏《停雲館帖》中。其書法高古，流傳有緒，已悉衡山、三橋二跋。獨卷中相接及題款處用漢『軍司馬印』，殊不可解，二文亦置而不論。偶閲《大唐傳》載摘勝云：『永州龍興寺乃吴軍司馬蒙之故宅，素師浚井得「軍司馬印」，每作書用以爲誌。』不勝快然，漫書卷末。康熙辛巳五月十八日，快雨初晴，題於平江使院池上。滄浪寓公宋犖時年六十有八。行書九行　押尾朱文犖圓印　朱文牧仲方印

商邱跋中以休承爲三橋，蓋筆誤也。流傳久遠，必有以此生疑義者。甚矣！鑒書畫全在眼照古人，不當執前人字句刻舟而求也。次日文治又記。行書三行　押尾朱文治方印

右軍草聖之室，自唐以降，罕有能入及『及』字旁點之者。顛張醉素皆從右軍出，而加以狂怪怒張，論者病之，然素師得右軍深處獨勝餘子。右軍草書無門可入，從素師淡處領取，殊爲得門。此意董香光屢發之，惜知音者希也。是帖晚年之作，純以淡勝，展玩一過，令人矜躁頓忘。靈巖山人所收唐宋名蹟極多，當以此爲第一。余獲借觀，亦餘年之大樂事也！癸丑暮春，丹徒王文治記。行書十一行　押尾朱文夢樓方印　朱文王文治方印

又方士庶跋一段，不録。

千字千金，龍跳鳳翥。佛力護持，緑天万古。是最上乘，是無盡燈。六舟寶之，雨生銘之。

素師此帖已見於《停雲》、《經訓》二刻。《停雲》無待詔跋，蓋跋在既刻之後。壽承跋闕後三行，而字亦不同，殆書丹于石耳。《經訓》則文氏兩跋具在而無異，惟商丘跋空『三橋』二字，蓋不欲著其誤也。素師書時年六十三，夢樓太守生於雍正庚戌，跋時亦六十三。今余從六舟獲觀，馬齒亦靦然如之矣，而於八法津梁，尚未夢見，能不愧死！右題於六舟《拜素圖卷》，在道光庚子三月。今六舟自新安書來，屬再録于文湖州跋後，使後之觀者了然不生疑議。時癸卯中秋節也。武進湯貽汾并識于白門琴隱園。行書十三行　押尾白文貽芬聯珠方印

懷素草書《千文》唐絹本久爲名蹟，今爲六舟開士所寶。今細審『宣和』、『内府』諸印皆甚精確，『趙孟頫印』亦極完好，文氏二跋亦皆真跡。懷素此本乃用《集王聖教序》法，爲謹嚴之小草。余昔曾到緑天庵，今又見此卷于小緑天庵金石僧處，則尤相宜也。己亥五月十九日丙申，邀六舟與仲嘉舍弟同放緑野小舟，過雙樹庵看竹喫茶。晚晴，又過桃花庵始返。節性齋老人阮元識。行書九行　押尾朱文雲台長方印　朱文阮元印方印

又馮登府跋一段，詩三首，不録。

黄素如紙墨如漆，白首獲見素師筆。宣和御府舊收藏，四卷《千文》此其一。啓南求觀不可得，公綬仙去帖方出。休承題後三百年，屈指六巡逢戊戌。卷在前明爲姚公綬所藏。姚没後文休承傾貲得之，作小楷長跋，時嘉靖戊戌，距今三百有一年矣。師從何處獲真蹟，氣静神恬法嚴密。狂怪

不落長史派，精微直入山陰室。世人論草似懷瓘，少縱多拘疑不實。或言老境到平淡，方平嬾呈麻姑譎。解者謬解，疑者乃妄疑。素師原有筆兩枝，屏風方丈墻數仞，攘臂奮筆驚群兒。深山跳踉萬魍魎，滄海騰躍千蛟螭。閒窗揮灑詎必爾，周規折矩翔弗馳。碧沼龜魚戲芳藻，春風花絮隨游絲。試觀屋漏之痕折釵股，如印印泥沙畫錐。龍爲蠶蠋含變化，非大神力誰能爲。師藏别卷亦莊重，相較臭味無差池。六舟又得懷素《千文》一卷，爲前明王季重家物，已刻石，亦神品也。譬如大士身現脩羅夜叉種種相，白華巖下無改水月光華姿。東坡南宫當未見此本，每與顛旭同嘲譏。豈知廬山自有真面目，雲霧障眼空迷離。『軍司馬印』辨真贋，商丘相馬猶毛皮。或奇或正心運用，何論少壯衰老時。花箋絹素凝神執筆守恒度，請君細讀千奇百怪任華詩。太白《懷素草書歌》詞意近俗，當是後人僞作，惟任華詩最真。一篇皆寫狂怪怒張、千態萬狀，而末云『或逢花箋與絹素，凝神執筆守恒度』。可見素師草書原有兩種，一種屏障書，倣長史；一種卷册書，法右軍。文家父子謂是晚年趨於平淡，猶未爲確論也。至宋牧仲引《大唐傳》載摘勝云『永州龍興寺乃吴司馬蒙之故宅，素師浚井得「軍司馬印」，每作書用以爲誌』，可謂考訂精核。但據此以證此帖之印則可，若執此以求素師，則又刻舟膠柱，轉生詐僞，不可爲典要矣。六舟上人出示所藏懷素草書《千文》真蹟，希世之寶也。留置几間月餘，愛不釋手，爰及題長歌用誌欣幸。時道光戊戌九月廿有二日書。滄浪亭梅麓齊彦槐〔一〕并識。行書三十七行　押尾白文彦槐之印方印　朱文夢樹方印　白文某華居士方印

玉潤珠光見未曾，窗明几净賞猶能。舊滄浪館水雲客，小緑天庵金石僧。六舟精於金石，有金

石僧之目。開士一生誇得寶，素師千載許傳燈。今知草聖折釵股，不在懸崖萬丈藤。見任華《懷素草書歌》。題古詩後，復得七律一首，所謂『長言之不足，又嗟嘆之』者也，然未免多言嘵嘵，師所訶矣。廿四日小窗坐雨，槐又記。行書九行　押尾白文罨畫谿漁長方印

又陳文述長歌一首，蔣如洵、徐楙、西泠李鼎銘題款二行，車持謙、陳宗彝題款一行，清恒詩一首，均不録。

六公所藏素師小草《千文》卷，余屢獲觀摩。此卷自宣龢内府出後不知所在，有明中葉在嘉興姚雲東家，又歸文氏，曾摩刻《停雲館法帖》。文氏之後歸吴江史氏，自史氏歸嚴氏，旋貢之内府。國初爲李水部迎浚得之，至康熙辛巳爲商邱宋牧仲中丞所得，未審何時又入明府。乾隆丙午，余四叔祖杜邨公購自京師，不輕示人。畢秋帆制府堅求割愛，因以歸之，後摹入《經訓堂法帖》。畢氏故後，所藏金石書畫盡皆散佚。逮道光丙申，六公與武林肆中見之，亟爲易歸，并手自鈎勒，壽諸貞石，與文氏、畢氏二刻後先輝映，廣傳人間。此帖一出，知耆古者必以爲較前人所摹更得其神雋。况爲素師晚年所作，其筆法嚴密，一歸自然，脱盡從前徯徑。長沙法嗣，端推六公，益宜寶貴。斯卷曾爲吾家故物，爰悉叙其原委如此，以志弗諼。時道光丁未立夏，歙吴雲蒸謹跋。時六舟自京華南旋，重覯於袁浦，班荆道故，并識於後。印林許瀚書於□□。行書二十一行　押尾朱文雲蒸聯珠方印　白文許瀚之印方印

又超然跋、陳文述跋各一段，陳鑾題款三行，戴熙詩一首，鹿澤長跋一段，均不録。

六舟藏素師《千文》有二卷。一爲大歷三年書，一爲貞元十五年書。予於袁浦旅次及西湖净慈禪室兩見之，均以匆匆，未得假歸細玩。此貞元年書者，六舟曾摩石，贈余拓本。今對紙墨，如見真蹟。其題跋甚夥，尚不止此，此第即其刻石者載之。大歷所書卷聞亦經刻石，余未見拓本，無從對勘，附誌於此。

校記

〔一〕『齊彥槐』，原作『商彥槐』，誤，據臺北故宮博物院藏墨蹟本改。

僧懷素苦筍帖卷

前額。

醉僧逸翰。四大字　上押朱文御書方璽

舊籤題。

唐僧懷素草書苦筍帖。真行書泥金字一行

帖絹本。高一尺一寸，寬五寸三分，字經寸餘。

苦筍及茗異常佳，乃可逕來。懷素上。草書二行

前後朱文☰圓璽　御書壺盧璽　宣和聯珠方璽　紹興聯珠方璽凡二　子京父印方印　虔父方印　思

無邪堂方印　項子京家珍藏長方印　静儀聯珠方印　白文歐陽元印方印　墨林山人方印　子孫永保方印　又長方兩印不辨。

前界綾朱文石渠寶笈長方璽　寄敖長圓印　項子京家珍藏長方印　神品聯珠方印　白文項墨林鑑賞印　安圓印　儀周鑒賞方印　又押縫兩半印不辨。

後界綾朱文乾隆御覽之寶長圓璽　墨林長方印　退密壺盧印　項墨林父秘笈之印長方印　檇李項氏世家寶玩長方印　儀周珍藏方印　平生真賞方印　神游心賞方印　白文永瑆之印方印　詒晋齋印方印　净因菴主方印　子孫世昌方印

後另紙跋。

右懷素《苦筍帖》。臣米友仁鑒定真蹟恭跋。行書二行

前後朱文内府圖書之印方璽　皇十一子成親王詒晋齋圖書印方印　天籟閣長方印　項子京家珍藏長方印　士奇之印方印　寄敖長圓印　項墨林父秘笈之印方印　白文奇遇方印　昆□鑒賞方印　安儀周書畫之章長方印　又押縫二方印不辨。

嘉定十七年九月廿三日，盱江聶子述觀于密院武閣下。行書三行

前後朱文墨林秘玩方印　項元汴印方印　子京父印方印　白文墨林子長方印　子孫永寶方印　項叔子方印

苦筍起至懷素上止　釋文一行　下押□文宸翰長方璽

此卷前有瘦金書籤及宣和璽，疑曾入御府，而《書譜》不載，豈偶遺之耶？董香光謂『以淡古爲宗』，足爲定論，因書釋文如右。甲戌夏，御筆。行書三行　押尾朱文乾隆圓方聯珠璽

前後朱文皇十一子方印　安儀周家珍藏長方印　白文永瑆之印方印

寶慶改元九月九日重裝。松題記。行書一行

前後朱文神游心賞方印　朱白文平生真賞方印

釋懷素，字藏真，俗姓錢，長沙人，徙家京兆，玄裝三藏之門人也。精意翰墨，追仿不輟，禿筆成冢。一夕觀夏雲隨風，頓悟筆意，自謂得草書三昧。評其執者以謂『若驚蛇走虺，驟雨旋風』，又謂『援毫掣電，隨身萬變』。又謂張長史爲『顛』，懷素爲『狂』。以『狂』繼『顛』，孰謂不可。及其晚年益進，則復評其與張伯英逐鹿，兹亦有加無已。攷其平日得酒發興，要欲字字飛動，圓轉之妙，宛若有神，是以可尚。余僅得宋秘府所藏《苦筍》一帖，其用筆婉麗，出規入矩，未有越於法度之外。疇昔謂之狂僧，甚不解。其藏正於奇，蘊真於草，含巧於樸，露筋於骨。觀其以『懷素』稱名，『藏真』爲號，無不心會神解。若徒視形體，以點畫求之，豈能窺其精妙，升堂入室？學者必以余言維則，庶乎得其門矣。此書世之希有者，可不寶之？墨林項元汴敬題。行書□行　押尾朱文子京父印方印　朱文墨林秘玩方印

前後朱文丂古證今長方印　詒晋齋方印　白文儀周鑑賞方印　朝鮮人長方印　安岐之印方印　子京所藏方印　押縫白文墨林子長方印　白文子孫永保方印　項叔子方印

南唐

王齊翰勘書挑耳圖卷

絹本。高一尺二寸餘，長二尺九寸。絹質粗而黝暗破碎，幸畫尚未損。工筆，設色。作屏風三疊，中幅闊尺餘，高九寸餘，左右闊及其半，高稱之，屏内作著色畫三幅，山水、林木、田廬、橋梁、舟帆之屬俱全，思翁所謂唐人没骨畫者此也；屏前偏左設一板牀，牀上書箱一具，畫卷二束，畫幅二軸，册頁三疊，圓鉢一枚；偏右設一書案，案上卷册雜陳，展卷一幅，微露字形；案後一人，衣白，坐方椅，袒胷跣足，束髮長髯，左手撫椅，右手曲肱作挑耳狀，面側向右；一青衣童子立屏側，手持茶具，向右迎面而來。衣摺圓健如鐵線，人物神采畢現，屏内山水細入毫芒，真蹟無疑。無款，有宋徽宗標題。

前題。

勘書圖。真書一行，宋徽宗瘦金體書　押尾朱文睿思東閣方璽　朱文御書壺盧璽

後題。

王齊翰妙筆。真書一行，亦徽宗筆　上押朱文御書方璽

卷前白文耿嘉祚會侯氏號漱六主人書畫之圖章方印　湛恩記方印　押縫朱文耿會侯鑑定書畫之章方印　亳州何氏珍藏方印　白文琴書堂方印　慎餘堂書畫印長方印

卷後□文建業文方[一]之印方璽　秘府壺盧璽　朱文公方印　信公珍賞方印　珍秘方印　白文琴書堂方印　漢水耿會侯書畫之章長方印　會侯珍藏方印　押縫朱文耿會侯鑑定書畫之章方印　白文耿嘉祚會侯氏號漱六主人書畫之圖章方印

前界綾□文都尉耿信公書畫之章方印　白文漢水耿會侯書畫之章方印　丹誠圓印

後界綾□文千山耿信公書畫之章方印

後另絹跋。絹質與畫本同，確係一時之物

羽衣丈夫據床挑耳，胷中蕭然，殊可喜也。定國方無事，可以爲此，但行將馳驅，不復爾耳。元祐正月初十日，子由觀。行書四行

王晉卿嘗暴得耳聾，意不能堪，求方於僕，僕答之云：『君是將種，斷頭穴胷當無所惜，兩耳堪作底用，割捨不得？限三日疾去。不去，割取我耳。』晉卿灑然而悟。三日，病良已，以頌示僕云『老坡心急頻相勸，性難只得三日限。我耳已較君不割，且喜兩家都平善。』今見定國所藏《挑耳圖》，云得之晉卿，聊識此事。元祐六年八月二日，軾書。行書十行

以上兩段成親王俱已刻入《詒晉齋鑒古帖》中。

聞諸懿敏子，近得三絕圖。彩翠江南屏，我詩老泉書。攜來試開卷，昨夢真蘧蘧。病忘故不惡，得瞶欣如愚。煩君强料理，竅鑿從兹始。妙語本無蹟，百年誰復識？一夜東風入，柳條可憐洩漏春消息。晉卿。行書七行

跋前朱文耿會侯鑑定書畫之章方印　白文琴書堂方印　湛恩記方印　押縫□文珍秘方印　宜爾子孫方印　又兩印、兩半印，均不辨。

題後押縫白文琴書堂方印　漢水耿會侯書畫之章方印　大安國鑒定真蹟方印　□氏珍玩方印

又兩印均不辨。

又界綾上跋。

王齊翰畫《挑耳圖》，吾鄉李叔夏先生所藏物也。叔夏，宋名卿清臣之後。清臣寡合，其家書畫甚多，生平靳靳不肯容易示人。然而死未久，爲不肖子孫所鬻。今觀之不覺歎惋彌日。乃知三變之子，何代無之。大安庚午中秋日，洹山道人史公奕季宏父題。行書四行

又另紙跋。

《挑耳圖》屏障畫不用皴擦，唐時没骨設色山也。王晋卿正仿之，予家有《仙山圖》絶相似。董其昌題。行書□行　押尾白文太史氏方印　□文董其昌印方印

王齊翰畫，宋思陵題，二蘇及王晋卿墨妙。余非鑒賞家，不敢强作解事語也。惟是此卷爲錫山安氏家藏，自桂坡翁以及无咎，數十年來得而失，失而復得，類若有神物護持之，洵爲珍物矣！轉展流傳，无咎復之尤艱，更一洗洹道人之嘆。崇禎辛未小春題于菊花下。文震孟。行書□行　押尾□文文起氏方印　□文五湖漫郎方印

又七古詩係皇四子題；皇五子題五古詩；皇五子題七古詩；《漱芳艸稿》五古詩；恩

具草、觀保謹題；張開謹題；謝墉謹題；金甡謹題；七古詩，盧文弨謹題；七絶詩，劉星煒謹題；七古詩，汪廷璵謹題；五古詩，李中簡謹題；汪永錫謹題，俱未録。

按《嚴氏書畫記》有王齊翰《勘書圖》，文嘉著録云：『爲吾蘇吴文定家藏物，後有東坡跋語。作挑耳狀，曲盡態度。』又載《清河書畫舫》及《書畫彙考》。松江曹涇楊氏家藏王齊翰《勘書圖》，上有李後主『建業文房』之印，徽宗題，兩蘇、王晋卿題，即此卷，今惟『建業文房』印不見。又《紅豆樹館書畫記》亦載王齊翰《挑耳圖》，第有二蘇跋，無王晋卿跋。疑是摹本，非此卷也，此爲漢陽葉氏所藏。

校記

〔一〕『文方』當爲『文房』之誤。

後漢

楊少師神仙起居法卷

緑箋紙本。尺寸失記。草書離奇，雖年遠不免昏黯，而細審神致猶存。舊存阮文達選樓，今爲崇樸山將軍所藏。余曾一見而未及記載，今據額約齋太僕摹刻本詳記於左。

神仙起居法。此行低二格

行住坐卧處，手摩脇與肚。心腹痛快時，兩手腸下踞。踞之徹膀腰，背拳摩腎部。才覺力倦來，即使家人助。行之不厭頻，晝夜無窮數。歲久積功成，漸入神仙路。乾祐元年冬殘臘暮，華□焦上人尊師處傳。楊凝式。草書八行，下有押

帖前朱文内府圖書方印　真賞聯珠方印　祁國之裔方印　白文杜綰章方印

帖後朱文寄敖長圓印　净因菴主方印　墨林聯珠方印　西秦張澂方印　庋藏寶玩方印　真賞方印　西秦張氏家藏之寶方印　永興軍節度使之印方印　張氏青父方印　子京父印方印　墨林秘玩方印　揚州阮氏文選樓所藏方印　淳方印　退密壺盧印　内殿秘書之印方璽　神品聯珠方印　紹興聯珠方璽　項元汴印方印　項墨林父秘笈之印長方印　真賞圖書方印　封方印　西秦張澂之印方印　悦生壺盧印　□選書府方印　紹興聯珠方璽　墨林聯珠方印　項子京家珍藏長方印　白文子京所藏方印　項氏子京方印　張丑之印方印　煮茶亭長方印　項叔子方印　項墨林鑑賞章長方印

後另紙跋。

右楊凝式書神仙起居法八行。臣米友仁鑒定真蹟恭跋。行書二行

跋前朱文子京壺盧印　子京父印方印　朱白文墨林生方印

跋後朱文子京珍秘方印　元汴方印　白文墨林嬾叟方印　德有鄰堂方印

釋文一段。

行住坐卧處起至楊凝式止　行書五行

文後白文墨林子長方印

又跋。

楊少師書，山谷比之『散僧入聖』，其微妙可知矣，殆與李太白識郭子儀同道。至元戊子立春日，左山商挺題。行書五行

跋前朱文墨林長方印　子京父印方印

跋後朱文珍秘方印　白文子孫永保方印　項元汴字子京方印　張丑之印方印

米元章云：『楊凝式，字景度。書天真縱逸，類顔魯公《争座位帖》。』余家藏藏字旁點收楮紙上詩，紛披老筆，王荆公少嘗學之，人不知也。野齋新得《神仙起居法》一帖，喜以見示。野齋有美疢在兩膝，能依此法用功，久當獲奇驗也。至元戊子暮春既望，信安劉夢炎題。

跋前朱文檇李圓印

跋後朱文墨林聯珠方印　公方印　□氏世寶方印　子京父印方印　虚朗亝方印　檇李項氏世家寶玩長方印　白文項元汴方印　吴洵美印方印　墨林山人方印　墨林項季子章方印

引首朱文積古齋長方印

右《神仙起居法》，五代少師楊凝式真蹟，曾摹入《停雲館帖》，又載張氏《書畫舫》。今以《停雲》本勘之，真毫髮無訛。後有米友仁審定及釋文及商挺、留夢炎跋。其釋文，文氏以爲宋高宗御書。與石刻對勘，用筆微異，疑入石時稍加潤色，不足爲真蹟病也。衡山又以留跋稱『野齋』者爲李謙而非郭昂。攷之《元史》，良是。唯宋時標綾上尚有『西秦張氏家藏之寶』、『永興軍節度使之印』，五印大小相貫，疑出一姓，而文、張兩家均未詳攷。案《宋史·地理志》載宣和二年詔永興軍守臣等銜，不用軍額，稱京兆府。又馬貴與《輿地攷》載：『建炎二年金兵至永興，張浚合兵四十萬，敗於富平。三年浚復取旋復失。』則紹興以後不得有永興軍節度使可知。又《宋高宗紀》載：『建炎二年，金聞高宗在澶滴，遣甲士及中書舍人張澂來召，宗澤命甲士射之，澂乃遁。』則所云『西秦張澂』，豈即《黄潛善傳》中劾潛善之中丞張澂，自宋入金者歟？果此，則又在思陵秘府及悦生賈氏之先。或疑入韓侂胄家者，妄矣。但不知當日何以自西而東。《金史》文獻缺略，無從是正。是卷自停雲以入清河，又入墨林，今尚是墨林裝池。白玉籤、克絲包首皆是舊物。填漆琹式合子，漆書『楊少師散僧入聖，微妙可知』等字，皆是項氏特地製作，珍惜有加，真希世之寶也。卷内未見衡山一跋，乃摹帖時未經裝入，非關失去。至《東坡志林》、《山谷題跋》數則，是清河著書時所攷，故退居真蹟之後，亦非失之也。甲子年，余友何君夢華自蘇州持來，爰即購之，并考之如右。丙寅秋，額約齋太僕見之，以爲此卷震耳已久，寓目爲幸，展玩臨摹，不忍釋手。余乃屬錢君梅溪鈎字勒石，錢君竟以紙墨沉黝，不能下筆。太僕復自運精意，以極薄桃花紙蓋摹背硃，竟得其全神，毫髮無減，欣賞不已，洵有過於停雲本也。刻既成，并屬余記其始末如此。嘉慶丁卯，揚州阮元跋。

楷書三十一行　押印不録。

後有額勒布跋一段，未録。

後蜀

黄待詔歲寒四清圖卷

絹本。高一尺四寸，長一丈有一寸。工細，設色。翠竹、白梅、山茶、水仙四種，點綴苔草石泉；翠羽凡四，三在梅枝，一在坡上。款題在後。

乾統辛巳歲，成都黄筌。真書一行

卷前朱文紹興聯珠半方璽　鮮于圓印　□遠仁□方印　守仁方印　又三印不辨。

卷後上下朱文紹興聯珠方璽　子壽方印　柯氏敬仲方印　鮮于圓印　鐵笛道人方印　白文應龍私印方印

後另紙跋。

五代成都黃監，筆墨老硬，無少柔媚，而富豔逼真。即晋代顧、陸之筆不能多讓，無論宋藝院人也。此寫生四種，皆歲寒花木，筆意精到，種種如生。夫花蕚禽鳥，求似甚易，但生氣丰神，不在筆翰間可辨，要以心畫之妙發之。此意惟監得之□，閱此益信云。至正二年十月既望，紫芝俞和。行書□行　押尾朱文俞和方印

跋前朱文木□氏家藏半方印　用中方印　子壽方印

宋人寫生有氣骨而無風姿，元人寫生饒風姿而乏氣骨，此皆所謂偏長。兼之者，五代之黃荃要叔。此寫《四清圖》，蒼然之質，翩然之容，縑素之間，鬱有生氣，非筆端具造化者不能也！長洲吳奕謹識。行書□行　押尾白文□卿居士方印

書畫鑑影卷二　卷類

宋

董北苑群峰雪霽圖卷

前額。

董北苑群峰雪霽圖真蹟。行書，無款，乃董文敏題

絹本。尺寸失記。墨筆中鋒。通幅雪景，落筆渾古簡淡，而村舍俱畫正面。主峰中立，迤東迤西，兩兩相稱，不作偏欹之勢，尤畫境所罕見者。無款。後有董文敏跋，行草書，係丙子六月七日所作者，失記。

卷前後朱文令之清玩長方印　□文中山王孫東園徐天賜珍藏記□印　張伯起印□印　阮懷珍藏□印　鳴鳳閣印□印　徐印國本□印　虎孫□印　杜村清賞□印　括陽郡圖書記□印　崑山徐氏鑒藏□印

此卷余昔年於閩中粱茞林中丞家見之，當時失記，兹就《退菴題跋》録入云。此卷以董思翁鑒定爲真蹟，要非北苑不能也。思翁丙子所作跋，筆意極潦草闌珊，然非

贋蹟，蓋思翁即終於是歲，故不免心手雙乖也。北苑手蹟經今近八百年，而絹素完好如此，其皴法高古，渲染深厚，不能尋其筆墨之痕，可稱神品。惟玄宰收董畫四本，以『四源』名其堂，自言爲《瀟湘圖》、《秋山行旅圖》，又二圖即《宣和譜》中《夏山》、《秋山》二圖，皆言不及《雪景》。而《宣和譜》載御府所藏董畫七十有八，中有《群峰雪霽圖》，當即此卷。思翁得此最晚，故匆匆題識，不及收之四源堂歟？每讀董跋中『出山三載，宦遊往返八千，所得清曠賞心之樂，惟此最勝』云云，與余情景相似。

僧巨然萬壑圖卷

絹本。高一尺八寸八分，長一丈有七寸八分。墨筆。起手平岡迤邐，沙岸瀠洄，流泉百道，水面成紋，兩人起罾取魚，對岸漁莊在烟靄中；中段岡巒起伏，林木叢生，山坳水樹中有人立，山後飛閣凌霄，浮圖插漢，山前行旅，一人推車，一驢馱囊，二人隨行，下藏柴扉村舍，上露梵宇山門；後幅澗水懸流，水磨横跨，人在室中，澗外長橋跨水，一人驅犢過橋，橋盡處瓦舍連楹，一客閒坐，一童侍側，對岸長嶺無際，亭右矗旛。無款。

卷前朱文宣和殿寶方璽　御覽半方璽　紹興聯珠方璽　孟津王鑨世寶長方印　琅邪世家方印　墨文蔡

京珍玩方印　白文袁培鑒賞方印

卷後朱文御府寶藏方璽　德壽殿書方璽　慶方印　李氏珍秘方印　白文小埜審定方印

前界綾朱文袁培所藏方印　李氏愛吾廬收藏書畫記方印　白文習靜軒印長方印

附舊題簽二。

巨然萬壑圖。神品。三胞弟一陶世世珍藏。兄鐸書。行書一行

巨然萬壑圖。隸書　嘉慶六年立秋日，汀州伊秉綬獲觀於羊城，因題。行書一行

後界綾朱文袁培所藏方印　白文小埜審定方印　曾爲北平李季雲收藏方印

前額朱文商邱宋犖審定真蹟長方印　緜津山人方印　白文袁培鑒賞方印　小埜審定方印

後另紙跋。

□郊山野坡陀闊，林遠煙疎澹天末。抨分菶町暮潮上，星點漁鄉夜梁活。關荆大圖矜秀拔，取巧施工不精絶。氣完萬象無不括，維摩手爲巨然奪。江郊或覺走人物，筧籬豈更圖牛羯。泓渟漩洑開龍閲，汩入瀣翻下鯨吷。楠盤或是少陵宅，廬深恐有詹何客。黄塵蔽天歸興浩，時向虛齋一開滌。行書十四行

押尾朱文悦生壺盧印　□國公印方印

題後白文袁小埜藏書畫金石印

巨然筆往往根萬陸探微、荆浩、董源，鬆秀雅靜，別有玄曠幽峭之致，觀之似吾潭頭、

鳴皋一帶溪林。『宣和』、『紹興』、『德壽殿』、『蔡京』諸印，秋壑手書七古，字勢凝米海嶽，詩類韓昌黎、李義山，亦錚錚別調，非平薄酸俗一路比也。秋壑猾獷暴著，固不以人廢也哉。若巨僧墨妙，無人不歎其寶。自古詩文字畫原有定價，即善詆工忌娼者，豈竟謂鸞麐龍鼉與魚猧類也耶？三弟鑨世守此卷，與數軸皆千古至寶，勿輕示不知者覿也。庚寅二月廿三，兄王鐸跋于松華軒中，時年六袠。小楷書七行　押尾朱文鐸方印　白文覺之氏方印

跋尾朱文袁培所藏方印

題巨然山水，三弟所藏奇卷。何時有山山疊嶂，長成崎嶇離少壯。不由天地却由腕，腕下轉折相擊撞。水摩氣噓生雲煙，日光礬礴排石浪。山靈勢與太清讐，晝夜風霆多無狀。影動心胸摇天河，獮子猱孫育天上。橋横寺古類永嘉，嗅芝龍窩低雁宕。華蓋武夷乃其亞，差連白嶽與秦望。參差藥井穴半空，鬼嘯奇嵐數百丈。絶磴樵人畏嶮怪，稍落沙衍開清曠。我欲耕鑿屋邊雲，赤脚晚釣鼊潭漲。不暇考譜撫號鐘，千齡老鶴鳴蕙帳。巨僧唔毫天機深，荆浩董源爲師匠。三弟愛此心髓洽，腹聲劍珮皆俗障。時卷時舒神鬼集，地響峰移皆非相。虚明崋岊收心中，社稷江山莫怊悵。爾畫亦有少壯老，布衣青藤識趨向。順治七年二月十六日日莫，胞長兄王鐸題并書。行書二十五行　押尾白文王鐸之印方印

津浦鷗煙方印

題後朱文葉志詵及見記長方印　白文小埜審定方印　袁培之印方印

是圖定爲巨師真蹟，有識者共見，不竢致辨。尾紙七言古風一章，乃米老《英光集》中題巨然《海野圖》詩，其與原詩不同處，『海』作『山』、『生』作『上』、『湉』作『活』、『真』作『精』、『活』作『括』、『老筆』作『手爲』、『橋防忽』作『江郊或』、『來』作『走』、『肯』作『豈』、『淵』作『泓』、『浪』作『漩』、『疑』作『或』、『結』作『浩』，而絶非米書。末有秋壑二印，王覺斯跋遂以爲賈詩。且標題作《萬壑圖》，又不知其何本。或者米詩賈書，用成王氏之誤耳。道光乙巳十二月得此，丙午四月望日記。北平李恩慶。真行書八行　押尾朱文季雲方印

題巨師《海野圖》和米老韻。心靈徑寸翻遼濶，千里萬里躡毫末。静虚懷抱物無競，雲峰忽流烟樹活。遠村高岸恣迢遞，巨壑連岡落斬絶。我師或是運圓相，全力將毋龍象奪。世間神物有鬼守，兹圖幸不淪群羯。畫家津梁能得此，萬竅下風從一吷。觀者堵牆試開覿，汗漫天游供座客。杉風吹香竹雨集，應爲煩襟助洗滌。丙午閏夏初十日，寄雲。行書八行　押尾白文臣慶私印方印

宋僉人如蔡京、蔡卞、章惇、梁詩成、秦檜、史彌遠之屬皆以能書見於傳記，未有及賈似道者。此米海嶽題巨師《海野圖》詩，之非賈書一也。古人自書己詩，興之所至，不必一同，若追録前人詩，則未有點竄者。今此詩證之《英光集》，字多改易，其非賈書二也。是書運筆陡健騫舉，半閒堂中客如廖群玉者亦未足辨此，其非捉刀之賈書三也。然

則其爲大米書無疑矣。當時收藏家以米詩亦爲巨師而作，故合裝於《萬壑圖》之後。孟津再誤，真不足辨。按賈所刻《閣帖》、《絳州潘氏帖》并有葫蘆印。此《海野圖》詩後亦有葫蘆印，然則其爲賈藏之米書更無疑矣。錢塘許乃普借觀三日，漫識於後。季雲知我，幸無嗤其强作解事也。楷書十一行　押尾朱文臣許乃普方印　□文滇生過眼方印

前書米詩雖竭力追米，而點畫使轉有僵直浮剽之弊，無虚和跌宕之姿，何從望海嶽之塵？滇生司空據宋僉人多擅書名而似道不與，以爲是米非賈之斷。余謂此書固不足擅名也，米書之説終乖。鄙見孰得孰失，留質後來。戊子七月廿四日，寄雲再記於長善去惡樓。行書七行　押尾朱白文李季雲方印

巨師畫流傳已少，况此卷千巖萬壑，令人應接不暇，而元氣渾淪，筆墨之痕俱化，尤希世之寶也。圖中景物於『海野』二字無取，王孟津改爲《萬壑圖》，不爲無見。米詩既非題此圖，則後人將詩畫合裝之説似無可疑。然運筆欠超，必謂米老所書，殊未敢深信。此圖舊藏吾鄉袁氏，後爲吾宗季雲兄所得，余曾得寓目。今季兄已歸道山，展卷重閲，能無人琴之感耶？利津李佐賢跋。行書□行

余近閲《式古堂畫彙考》載巨然《海野圖》并米題詩，詩云：『江郊海野坡陀澗，林遠煙疎淡天末。枰分蓁町暮潮發，星列漁鄉夜深湉。荆關大圖矜秀拔，取巧施工亦真絶。意全萬象無不活，維摩老筆巨然奪。橋防忽覺來人物，接籬肯更圖牛羯。淵亭浪伏開

龍閲，汩入滏翻下鯨決。楠盤疑是少陵宅，蘆深恐有詹何客。黄塵蔽天歸輿結，時向虚齋一開滌。楚國米芾書。』此詩與此圖所書不同者廿一字，而有米書款。可見巨然自另有《海野圖》，與此圖無涉。而題此圖之非米書，可不辨而明矣。附記於此。

蔡忠惠書謝御賜詩卷

紙本。高一尺二寸餘，長一丈有六寸。紙凡四接，字徑寸許。

臣襄伏蒙陛下特遣中使賜臣御書一軸，其文曰『御筆賜字君謨』者。臣孤賤遠人，無大材藝，陛下親灑宸翰，推著經義，俾臣佩誦，以盡謨謀之道。事高前古，恩出非常，臣感懼以還，謹撰成古詩一首，以叙遭遇，干冒聖慈，臣無任感荷，兢榮之至。朝奉郎起居舍人知制誥權同判吏部流内銓上騎都尉賜紫金魚袋臣蔡襄上進。自『朝奉郎』至此爲一行，字較小皇華使者臨清晨，手開寶軸香煤新。淞名與字發深旨，宸毫灑落奎鈎文。精神高遠昭日月，勢力雄健生風雲。混然氣質不可寫，乃知學到非天真。緘藏自語賈希代，誰顧四壁嗟空貧。臣聞帝舜優聖域，皋陶大禹爲其鄰。吁俞敕戒成典要，垂覆後世如穹旻。陛下神明如舜禹，豪英進用司鴻鈞。臣襄材智最駑下，豈有志業通經綸。獨是丹誠抱忠朴，常欲贊奏上古珍。又聞孔子《春秋》法，片言褒貶賢愚分。考經内省莫能稱，但思至理書諸紳。乾坤大施入洪化，將圖報効無緣因。誓心願竭謨謀義，庶裨萬一唐

虞君。楷書共三十一行

詩前朱文乾隆御覽之寶長圓璽　石渠寶笈長方璽　永瑢方印　亳州何氏珍藏方印　白文慎餘堂書畫印長方印　中山父印方印　王芝私印方印　又押縫半印四，不辨。

詩後朱文王芝長方印　喬氏簣成方墨印　白文儀周鑑賞方印　喬氏私印方印　王芝私印方印　押縫朱文華亭黃氏家藏圖書□印　黄□公方印

前隔水綾□文朝鮮人長方印　安岐之印方印

後另紙跋。

芾於舊翰林院曾觀刻石，今四十年，於大丞相天水公府始觀真蹟。書學博士米芾。行書四行

跋前朱文安儀周家珍藏長方印　又方印不辨　白文白陽之印方印　伯和方印　建康秦鉢方印

押縫□文珍秘□印　子孫保之方印

大觀三年仲冬上休日，青社郡舍之簡政堂觀。河南文及甫書。□書三行

昔人謂公書『三公衣衮冕，立赤墀之上』。今觀此帖，使人肅然增敬，固應與顔、柳同年而語，可不珍藏耶?甲寅六月上休日，三吴禪客。□書三行，『甲寅』以下雙行夾寫

後跋押縫五印，未録。

姨弟趙德夫昔年屢以相示，今下世未幾，已不能葆有之。攬之悽然。汝南謝克家。癸丑

九月十一日臨安法慧寺。□書四行

舅家物藏之久矣，今得觀於檇李，良可嘆也！乙丑四月三日，崧謹識。□書三行

『蔡忠惠公書爲趙宋法書第一』，此玉局老語也。今觀此帖，藹然忠敬之意見於聲畫，又不可與《茶録》、《牡丹譜》同日言也。鮮于樞獲觀謹題。行書五行　押尾白文鮮于樞方印白文伯及父方印

僕來杭多獲觀前代名公法書，此卷法度嚴密，無一豪放縱意，於此可見古人用筆不苟也。吴興趙孟籲謹題。□書四行

余嘗在秘府讀君謨文集，閲其所上《謝賜御書詩》，深歎其君臣相遇之盛也。及觀所書《荔支譜》，字畫臻妙，每與同列歎其博物之精，而又惜其與武夷粟粒同一用心之勤耳。雖然君謨嘗自珍愛其書，謂有翔龍舞鳳之勢。觀此書，其言當不虚也。識者解之。豫章胡儼書。□書六行　押尾白文大有成章方印

鷹堂讀《蔡端明集》，其載所上《謝御書詩》一首并答詔有云：『卿詞令根于温厚，筆力極于深妙。遵皋陶之謨而懋其稽古，思帝舜之事而思其底績。宣明順美，良深嘉歎。』其君臣之義、文字之美皆不待言而可知也。詔當在其家類集者，故并得之。今此詩真蹟當在宋秘府，不知何時復流落人間。考其上之歲，實仁宗皇祐四年壬辰，距今永樂四年丙戌，春秋三百五十有五年矣。中間宋元叔季，四方之亂極矣。鼎遷社屋，海潰山移，而

一紙之書，世傳寶之，翰墨騰騫，光輝如昨。夫豈徒以其書之善也哉？侍郎黃公請余題識，爲作詩二首。汴水東流宋鼎移，中郎名字日星垂。精神翰墨猶生氣，想見彤庭諫諍時。端明書法繼鍾王，佩玉瓊琚在廟堂。見説當時推第一，米家應自愧疎狂。翰林學士兼春坊大學士廬陵解縉紳書。行書十三行　押尾□文言忠信行篤敬方印

書以羲之《蘭亭》爲盡善，蓋等閒文雅也。觀忠惠公真蹟，非獨筆法精妙，玩其詞，一代明良，相契告誡，謹敕忠厚，視等閒文雅，不可同年爲語明矣。公虡得而祕藏之，其能以忠惠公之心爲心又明矣。洪武壬午歲長至後九日，新安吴牧書。□書五行

按《宋史》仁宗皇祐四年，蔡忠惠公襄除起居舍人知制誥兼流内詮。至和二年，由樞密直學士知泉州。今觀公所署銜，則此書作於皇祐、至和之間無疑矣。當時寶之，至四十年，米芾始得見其真蹟。今且三百五十餘載，而猶不泯，余不知其凡歷幾人而爲侍郎黃公所得耶。噫！東坡論趙宋書法，以公爲第一，信哉！會稽宋洵。□書九行　押尾□文忠嘉子孫方印　宋氏文忠方印

蔡端明書，最嚴重可敬畏者也。在當時猶稱不妄爲人書，則其流落人間者蓋鮮。况距今數百年，得獲覩此《答仁宗筆劄》，誠希世之奇器已。黃公宜寶之。永樂二年冬十一月二日，會稽劉真識。行書五行　押尾□文劉真私印方印　劉氏□錫方印　陽明書舍方印

昔人謂公書爲宋第一，近從祕閣獲覩公所書《荔支譜》，其言信矣。今觀侍郎黃公所藏

《答仁宗詩》，筆精墨妙，神采端嚴，令人敬悚，是又當與唐諸名家相頡頏矣，可不貴哉！永樂甲申冬十一月，尹昌隆識。□書七行

人材與元氣相爲盛衰，故時遇治隆，則人材輩出，非惟德業文章焜耀一世，下逮字畫餘藝亦皆精妙絕倫。今觀宋蔡端明所答御書古詩一首，詞意既極醇美，而其筆力嚴重，如冠冕佩玉，周旋殿陛間，求之晉唐諸名書家未可多得，豈非誠有關於當時元氣者哉？嗚呼！事有難恃，而禁秘之物不免流落江湖，爲好古者傳玩，此聖師所以有『文獻不足』之歎，而深致意於杞宋也。侍郎公尚寶藏是詩，以爲後來取徵者之一助云。永樂五年春二月望日，浦江趙友同謹識。□書九行　押尾名印未録。

蔡忠惠公，宋朝上等人物，其才德俊偉光明，故其登於翰墨者亦精妙不苟。如公輸之運斤、王郎之執御，舉動轉折，無一不合軌度。以之班歐、虞而儕顔、柳，誰能伯仲哉！永樂乙酉孟冬三日，星州夏原吉書。□書五行　押尾白文夏原吉印方印　白文惟喆方印　白文謙𠫤方印

蔡忠惠公書，名重當時。上嘗令寫大臣碑誌，則以例有資利，辭曰：『此待詔職也，與待詔爭利可乎？』力不從，竟已。其人品如此。其書之莊重，凡落筆皆然，豈以御前表書始不苟耶？謙𠫤宮傳先生得此，甚加珍惜，蓋非特重其書，重其人也！長洲吴寬題。行書六行　押尾□文原博方印

端明上此詩，爲仁宗皇祐四年。是年遷起居舍人知制誥兼判流內銓，此載在文忠歐公撰

公《志》。今詩前署官，正與《志》合。公草書法二王，余得數卷，若真隸，獨此獲見於趙叔度家，蓋顔、柳兼《樂毅》、《東方碑》筆也。《志》云『公工于書畫』，畫則幾于『無李論』矣。米元章一跋極神隽，買王得羊，尤可快幸。大雪中展玩，便覺辟寒犀減價十倍。甲辰臘月，叔度坐雪弇山園寄示此卷，呵凍題。陳繼儒。行書八行 押尾白文醇儒聯珠方印

蔡君謨此詩學韓昌黎《石鼓歌》，此書學歐陽率更《化度碑》及徐季海《三藏和尚碑》。古人書法無一筆無來處，不獨君謨也。董其昌觀因題。行書六行 押尾白文知制誥日講官長方印 □文董其昌印方印

跋前兩紙接縫俱有『合同』印，後數紙接縫俱有『儀周珍藏』印。

燕□貴山店春晴圖卷

絹本。尺寸失記。工筆，青緑設色。前幅巨嶂排空，晴雲岔湧，懸泉怒飛，長松密林，冠崖襟壑，梵宇危甍，標出天半，緣山跨澗，棧道盤紆，驅與徒者凡三人，山店二區，村雞在棲，牧馬散野，坐與立者亦三人，聯轡陟阪，徒步前導，與從者共四人，僂而扶掖者二人，騎而度橋者二人，從者三人，山亭枕巖，相向坐者三人；後幅山平川廣，密箐叢薄間野屋雜錯，坐當户者一人，支箔爲屋，聚而漁者四人，婦孺老壯，或携而

行，或杖而立，或坐而飯，群飲於岸上者九人，旁有吠犬，醉而歌者一人，舟之泊者凡四，舟中男子一、婦人五、童子一，大舟行者二，舟載男子五、婦與童各三，小艇七，載二人者五、載一人者二，艇之泊者遠近各一，遠洲銜山，葭炎蒼茫，漁莊半隱，横江雅陣，萬點翻飛。傅色濃麗，用筆細勁，實開仇十洲之先路。無款，後有宋思陵標題。

燕□貴山店春晴圖。□書一行　押尾『天下一人』押　朱文内府圖書方璽　前標題文同，後押尾印異，未記。

前後鑒賞印六，均未記。

後另紙跋。

東風吹花新雨晴，微茫山影開雲屏。泉聲有無隔幽竇，嵐光遠近排空青。春風小店溪橋側，過客停驂看晴色。日華瀲瀲因物榮，芳草萋萋爲誰碧。五更朝下承明廬，天香滿袖登游車。十年未著謝公屐，似與岡巒識面初。歸來摩挲醉吟目，不唱商巖《紫芝曲》。何處有山如此圖，移近蓬萊翦濃緑。雲門山人張紳。□書□行　押尾印三未記。

江上春山翠作堆，江頭春水緑於苔。何人息騎尋山店，可是看花谷口來。茶陵李祁。□書□行　押尾印一未記。

燕□貴《山店春晴圖》，宣和内府標題真蹟。玩其筆意，故自不同也。中書舍人米芾審定。□書□行　押尾印二未記。

跋尾□文『琴書室』、『真賞』、『耿會侯鑒定書畫之章』三印，均未詳記。

宋復古鞏洛小景圖卷

絹本。高一尺三寸九分，長二尺六寸七分。巖岫盤錯，夾澗臨流，右崇左伏，横流中斷，聯以小橋，大山涵蓋，層巒危聳，遥遥對峙，寒林落木，連山彌谷，荒墟野村，高下相望，嵐氣四合，蹊徑微茫，歸人踽踽，躑躅於蒼烟暮靄之中。無款。卷前後有乾隆内府二璽，又朱文『奉華堂』半印、『瑶暉堂』印、賈似道『悦生』壺盧印、『封』字印及『志賢堂』印，又龔孝升、孫退谷、梁蕉林、安儀周等共十四印，又殘缺不辨五印，均未詳記。

另紙題跋。

静深玄澹，巨然同一根矩。己丑十二月，王鐸爲北海老詞社題。世世寶藏。以下題跋字體行數均失記

宋復古得摩詰之秘，此卷曾入宋内府，印款俱有左驗。彦廉其寶藏之。齋郡張紳題。

宋迪，字復古，洛陽人，由進士爲郎，善松石。此卷林徑窈深，煙嵐開合，蓋即鞏洛之景而摹寫也。曾入紹興内府，故思陵題識尚存。世傳宣和所藏，未免白玉微瑕，非若紹

興精選。復有劉宸妃『奉暉寶藏』之印，又神品上上。今圖後有『奉暉』、『瑶華堂』印，信爲秘玩也，彦廉其寶諸。汝陽袁華書於陳氏之春艸軒。

雲煙淡容與，岡陵岌奔騰。修途繞巴蛇，歸人如凍蠅。宋侯天機深，游戲精藝能。風流各異代，卧游聊曲肱。倪瓚。

落日下嵐嶺，行人逢已稀。隔煙望田舍，應未掩荆扉。鳥亂夕陽暗，草多秋逕微。家人應此字衍知候我，賣畚郭中歸。渤海高啓。

一望秋嵐似春，路迷入谷無因。夕陽欲雨未雨，别嶺歸人幾人。鐘斷鳥沉僧隖，炊殘雞唱樵鄰。峰迴忽見月出，稚子相候此字衍迎澗濱。蜀郡王彝。

深谷含夕暉，幽居入林迴〔一〕。澗底采芝還，臨流見笻影。松鶴已先歸，蘿扉掩微暝。張適。

青山犖洛舊林園，彷彿昇平古意存。雨外人歸秋葉浦，煙中鳥下夕陽村。昔年題字宸光合，今日披圖野興繁。風景西湖仍不異，惟餘故老説中原。吴郡謝徽。

山村晚色秋離離，蕭條郭西初出時。烟嵐莽蒼家住遠，道路詰曲人歸遲。重擔缘嶠氣促急，薄袂迎寒風倒吹。鄰樵偶值得相問，到門此夜如何其？蘇人王行。

曾入思陵内府藏，瑶琨緗軸舊裝潢。山頭怪石如蹲虎，谿上行人似散羊。鸛谷逶迤迷短草，鯨波起伏見層岡。至今玉璽分明在，猶帶宣和雨露香。東海釣鼇客陶振。

復古運意高妙，筆墨清潤，大抵多師法李成。議者謂李成得山之體貌，古今第一，則復古之高妙，有自來矣。袁子容先生精於鑒畫，以有『奉華堂』印，知爲思陵所藏。時劉夫人侍高宗，掌内翰文字，居奉華堂，故以其印識之。後爲陳氏彦廉所得，自季迪諸公題識以來，又幾十年矣。先觀復古之畫，後觀復此字衍諸公之作，恍然寘我於林壑窈暝之間，與行旅相逐於歸途也。品在神妙，不亦宜乎。致翰林國史修撰事承務郎東吴張洪識。

題跋款識、鑒賞、押縫印共計二十八方，未詳記。

《愛吾廬書畫記》云：『攷孫退谷《銷夏録》，載復古與兄道俱以能畫名，而復古名更噪。家於洛中，故好作鞏洛之景。此卷邱壑深窈，煙嵐淡静，深得李成惜墨如金之法。曾入思陵内府，故卷首有「奉華」、「瑶暉堂」印。後題跋詩多佳，余尤愛倪雲林詩』云云。水西道人《書畫題跋》標題爲『鞏洛小景圖』，其時謂思陵籤題已泯，凡畫中題跋一一具載，後惟增一王孟津跋。『奉華堂』印及賈氏『封』字印僅存後半，不知闕於何時。安氏《名畫録》載宋迪《秋山圖》：『絹本。高九寸八分，長一尺八寸有奇。水墨。山水師李成。後袁華跋中寫鞏洛之景，有宋高宗題識。此圖氣韻蒼茫，意趣閒遠，有惜墨如金之妙。前宋綾隔水鈐押大小舊印三方，本圖前上半一小印，下角押一朱文大印，皆難辨。卷中上押「瑶暉畫府」朱文大印，後綾隔水鈐「悦生」胡盧、「志賢堂」等印，隔水接紙後鈐朱文「奉華堂」印，下鈐朱文「封」字大印，王覺斯一題字甚醇古，後押「瑶暉堂」印，又張紳、袁華、倪瓚、高啓、王彝、張適、謝徽、王行、陶振、張洪題識。考復古真蹟，近世所傳絶少，此卷有「奉華」、「瑶暉」印章及元末諸公題詠，宜爲宋卷中之錚錚者。跋云有宋思陵題識，今已無存。』

校記

〔一〕『迴』，原作『迴』，形誤。

米襄陽書唐詩卷

紙本。高一尺九寸二分，長二丈有八寸。紙凡三接，字大，徑五六七八寸不等。筆勢飛動，從横馳驟，揮灑自如。

攢石當軒倚起至應在醉中歸止　玉環騰遠劍起至從此遂韜聲止　襄陽漫仕米芾書於海岱樓。行書

三十三行　押尾朱文楚國米芾方印

卷前朱文殿寶半方璽　李氏珍秘方印　又方印不辨。白文石門珍玩方印　白𢀖半方印

卷後朱文保和半方璽　子韶過眼方印　朱白文李恩慶方印　白文山陰布衣方印　季雲審定真蹟方印

愛吾廬珍藏印方印

後另絹跋。

余嘗叙米書如仲由未見孔子時氣象，然縱横跌宕，惟變所適，書家險絶爲功，庶幾有焉。洞霄題余已付鋟，每愛此書殊有生動，遂再書此。己未三月，董其昌。行書十三行　押尾白文太史氏方印　白文董氏玄宰方印

絹尾朱白文李恩慶方印　白文愛吾廬珍藏印方印

又另紙跋。

道光十有九年六月望前五日，北平李氏季雲恩慶獲藏。真書一行

二十七年仲冬廿日記。遇此卷時，驟見即信其爲真蹟。幾閲十載，然後敢自決。鑒别古人，豈得鹵莽從事哉？真書五行　押尾朱文廉吏之子方印

此書凡落筆轉接處，皆思翁百摹所不到。斯境豈易得哉？次日慶又記。行書二行

張涇南司寇學米書，可謂竭盡全力矣。張書用力處，自形鼓努；米書用力處，彌見虚和。只此一間，非到金丹换骨時不能達也。戊申初伏日，慶又記。行書六行

黄文節書劉賓客伏波神祠詩卷

紙本。高一尺四寸七分，長二丈五尺三寸九分。紙凡八接，字徑二、三、四寸不等。

經伏波神祠。

蒙蒙篁竹下起至翻思馬少游止　師洙濟道與余兒婦有瓜葛，又嘗分舟濟家弟嗣直，因來乞

書。會予新病癰瘍，不可多作勞，得墨瀋二字顛倒滂書數帋，臂指皆乏，都不成字。若持到淮南，見余故舊，可示之。何如元祐中黃魯直書也？建中靖國元年五月乙亥，荊州沙尾水漲一丈，堤上泥深一尺。山谷老人病起，鬚髮盡白。行書共四十六行　押尾白文山谷道人方印

紙接俱用朱文魯直黃氏長方印

前額朱文天籟閣等項氏印　裱綾梁蕉林相國二印、項氏一印　押尾項氏五印。

卷前『純廟鑒賞』二璽、成親王印二、項氏印十八、劉文清印一　押縫『魯直黃氏』印一、項氏二印，又一印不辨。

詩後項氏印四，又各家鑒賞印二。

自跋後項氏印十三，又各家印六，以上印均未詳記。

按此卷已刻《詒晉齋摹古帖》。

後跋在卷末本紙。

張孝祥安國氏觀於南郡衛公堂上。信一代奇筆也，養正善藏之。乾道戊子八月十日。行書六行　前後項氏四印，未記。

又跋另紙。

右黃文節公書劉賓客《伏波神祠詩》，雄偉絶倫，真得折釵、屋漏之妙。公嘗自言紹聖甲戌，黃龍山中忽得草書三昧，又云自喜中年以來字書稍進。此書建中靖國元年五月乙亥

荆州書，於時公年五十有七，正晚年得意之筆，且題其後云：『持到淮南，見余故舊，可示之。何如元祐中黄魯直書？』按公嘗自評元祐中書云：『往時王定國嘗道余書不工，余未嘗心服。由今日觀之，定國之言誠爲不謬，兼用筆不知禽縱，故字中無筆耳。字中有筆，如禪家句中有眼，非深解宗趣，豈易言哉？』此書豈所謂字中有筆者耶？公元符三年自貶所放還，建中靖國元年四月抵荆南，崇寧元年始赴太平，凡留荆南十閲月。嘗有《辭免恩命奏狀》云：『到荆州即患癰疽，發於背脇，毒痛二十餘日，今方稍潰。』而此帖云『新病癰瘍，不可多作勞』，正發奏時也。三十年前徵明嘗於石田先生家觀此帖，今歸吴錫華中甫。中甫持來求題，漫識如此。嘉靖辛卯九月晦，長洲文徵明書。行書二十四行

押印二未記。

李龍眠著色十六羅漢卷

前額。

衆生無明誓願度，煩惱無邊誓願斷，此菩薩境界也。四果羅漢，永斷三毒，興慈運悲，願力欠在。第所謂慈悲者，若周公兼夷狄，孔子作《春秋》，殺以止殺，恩生於害耳。此圖御白羊車，明非終教也。大司馬王公雖身都將相，而皈依象法，不啻苦行頭陀。然鐵鉞所如，輒築京觀，祖佛周孔，同歸一乘，何言羅漢耶？前史官董其昌題。行書二十一行

押尾白文太史氏方印　白文董其昌印方印

畫絹本。高一尺三寸六分，長一丈一尺四寸七分。工筆，設色。羅漢凡十六，乘羊車者、乘龍者、乘虎者、乘兕者、乘鹿者、乘狻猊者、乘獅子者、乘天馬者、乘異獸不可名者、步行者、手擎鉢者、執拂者、執香斗者、執環者、執各法器不可名者，又隨行童僕各執器物者十一人，一象居中馱玻璃圓鉢，上有寶幢，下垂瓔珞，雖間有剥蝕而彩繪猶存。無款。

卷前朱文胡實君監藏印

卷後朱文王霽□家珍藏方印　實君長方印　白文周亮工鑒定真蹟長方印　南耕精舍所藏方印

後另紙跋。

李龍眠畫，往往自運則用澄心堂紙，臨摹則於絹素。此《十六應真圖》設色高古，神采飛動，以爲臨支道玄，雜之六朝名手，殆不可辨，真神品也。先爲館師韓宗伯所藏，每造請時，輒出此卷，與道玄它圖及張僧繇《二十八宿真形圖》展之斐几，賞玩移日。長公太僕君與余易宋元畫一册。適丁南羽自新都至，屬其臨一副本，竟不敢下筆，然恨見之晚，不勝咄啃耳。董其昌識。行書十八行

跋後朱文周元亮〔一〕借觀一過方印　竹朋鑒定長方印　胡氏小琢藏書畫印長方印

引首朱文大寒堂初發意□八角印

龍眠白描高手，此獨設色精工，真異寶也。古人設色見素，今人設色見彩，閱此卷始信。豫儀周亮工題於阮亭。行書四行　押尾朱白文周亮工印方印　朱文元亮方印

龍眠山人畫，長安人家收藏至多，皆贋物也。余所見真本唯《蜀江勝概》、《君臣事蹟》及此而三。龍眠早年工畫馬，晚以畫佛作懺悔，專精詣極，幾奪古人。此卷閱世六百年，毫髮不損，若有護持之者，其所擇爲優矣。人欲繫思於物以傳後，不當若是耶？阮亭先生文章吏治爲一時冠，邗江署中招櫟園與予飲，酒半出此索題，因識於後。長水曹溶。行書二十行　押尾白文曹溶之印方印　朱文潔躬方印

余家舊有陳老蓮《白描羅漢卷》，從不著色，中具種種法相。今觀此圖神采隱然，墨痕盡化，如乘雲御風，來自物外，幡幢服御，不可名象，其畫苑之神物乎？阮亭先生命爲長歌，余憊，且解纜，聊記此語，異日得因緣再觀，當爲作歌補之也。甲辰嘉平月八日，愚道人施潤章識。行書六行　押尾朱文愚山長方印　朱文米堂章方印

歲丁亥游淮陰，見一册於封君家，爲米元章所書《西園雅集記》。書在團扇上，董文敏《戲鴻堂》所摹勒上石者也。前有李龍眠畫《雅集圖》，水墨染渲，是一尤物，然未有如此圖之設色著絳。莊嚴端好，神采飛動，至此極也。卷爲公家大司馬所藏，流傳以畀法曹，其亦佩刀之祥與？司馬勳在旂常，濃曹浸浸，枋用息其業，而大之不遠也。異日當爲公補書坡公《羅漢贊》於後，以續顛老西園之興。法曹其許我否？宣城羼提漢，法名

大劍，原名允甲和尚敬書。真書七行　押尾朱文灋名大劍方印　朱文安隱幢圓印　白文字祖命方印

東坡先生深入禪觀，故升沉顯晦，所至翛然。讀《阿羅漢贊》諸作，足見其一切解脱矣。阮亭詩翰風流，追踪古人，猶慮其以成佛，專認慧業。今日手龍眠此卷，竊有常不輕之願，愧不能如和璞發瓮，安得令當下了然耶？時丙午花朝前五日，平輿劉體仁書於京邸憶山堂。真書五行　押尾朱白文劉體仁印方印

引首朱文傳經堂長方印

此王大司馬所藏李龍眠《十六應真圖》也。慈猛、喜歎、變慹、姚佚，所謂『珊瑚舌』、『珠火眉』，殆盡致窮神矣。阮亭既奉爲世寶，余見其才氣籠罩一世，齒舌間便具千幅輪相，焉知非畫中太阿羅現身説法時乎？丙午嘉平，雲間沈荃題於燕山客舍。行書六行　押尾白文沈荃之印方印　朱文繹堂方印

引首朱白文先皇海内知文字識姓名長方印

宋文憲論龍眠居士畫，謂其合張、吴、顧、陸之長，用筆似篆籀，雲行水流，蓋言其藝也。蘇文忠公之論則謂其神智與百工萬物交通，作華嚴相，皆以意造，而合于物物字旁點菩薩，得於心而形於手。蓋言其藝也，而本於道矣。今觀儀部王阮亭家藏居士所畫《十六羅漢》，筆如篆籀，有雲行水流之勢，夫非得心形手、意造而合者乎？其爲藝也，其爲道也，非本於一貫者而能之乎？又聞之文忠公，羅漢慈悲，急于接物。其家藏畫像，每

設鐙塗香供，或化爲白乳，凝爲雪膚、桃、李、芍藥，僅可指名。故以海南所得張氏畫《十八大阿羅漢》，作頌貽子由，修敬集福。今儀部公與其兄吏部郎西樵公俱山東之英妙，然西樵需而出險，阮亭困而能亨，可不謂宏慈之力焉？顧予以不才，身世相棄，而又患諸病苦，蚤衰得白，迺獲觀此像，而題其後，是亦猶文忠得羅漢于海南，而困厄九死時，如逃空谷，見師友，豈非希闓之遇也？佛 易農董文驥沐手題。真書二十行 押尾白文董文驥印方印

龍眠山人畫手起至文人慧業柳生肘止 闕里孔昭焜。真書十行 押尾白文東家方印 昭焜私印方印

左下朱文小琢方印 白文胡春華印方印

龍眠畫所見皆細筆白描，此卷用筆較粗且著色，洵絶無僅有之作。今觀諸跋，蓋明時爲韓宗伯所藏，董宗伯以宋元册易得之，後又展轉歸於新城王大司馬。其緣由跋內未詳。玩思翁後跋，蓋自藏時所書，前題則歸王氏後所書。櫟園以下跋皆爲阮亭所題。然係漁洋家傳世守之物，非新獲之物也。利津李佐賢跋。 押印未録。

校記

〔一〕『元亮』，原作『元就』，周亮工字元亮，『就』字係李氏形摹原蹟所得之訛字，據改。下同。

李龍眠羅漢卷

絹本。高一尺二寸三分，長一丈五尺七寸五分。工細白描。布景則奇峰巋岃，怪石玲瓏，瑶草紛披，喬柯盤曲，迥非塵世所有；如來、羅漢以及侍從共五十三人，自右及左觀之，左向托鉢者一、右向立者二、坐椅者一、憑几者二、向左行者二、騎獸者二、乘鹿車者一，小峰前後共四人，峰左二人，一伏地者，峰後二人，一執芝、一托鉢，騎虎、騎鹿者各一，隨行者各一，洞前趺坐、侍坐者各一，手執扇拂各物倚立者三人，欲過橋及在橋上者各一人，對岸三人，橋左迤邐向左行者共十一人，或拱手、或抱瓶、或捧書册、或負殳、或拄杖、或捧鉢、或捧鑪，俱作朝拱狀，對面如來高坐，左右侍立及護法者共八人。款在卷尾。

龍眠居士畫。真書一行　押尾朱文龍眠居士方印

卷後白文西空居士方印　□□閣珍藏書畫之印方印

李龍眠九歌圖卷

紙本。高一尺三寸，長二丈三尺。白描《離騷九歌圖》。用筆細入毫芒，幾不易辨。每段分題《九歌》詞，皆吴炳篆書。

前一段。總題。

《九歌》者，屈原之所作也。昔楚南郢之邑，沅、湘之間，其俗信鬼而好祀，其祀必使巫覡作樂，歌舞以娛神。蠻荆陋俗，辭既鄙俚，而人鬼之間，又不能無褻慢淫荒之雜。原既放逐，聞而感之，久觀爲更定其辭，去其太甚，而又因彼事神之心，以寄吾忠君愛國、眷戀不忘之意。是以其言雖若不能亡嫌於燕昵，而君子反有取爾。□書□行

第一段。畫一人拱立。後篆書《東皇太乙》歌詞，文不録。以下每段俱篆書，文俱省不録。

第二段。一人手執如意。後書《雲中君》歌詞。

第三段。一人曳竹杖行。後書《少司命》歌詞。

第四段。亦一人拱立。後書《東君》歌詞。

第五段。一人引弓仰射。後書《河伯》歌詞。

第六段。女郎乘龍，又一人乘黿并行。後書《湘夫人》歌詞。

第七段。女郎倚樹而立。後書《大司命》歌詞。

第八段。一王者乘龍輦，前導二人，左右夾侍四人。後書《湘君》歌詞。

第九段。一少年人拱立。後書《山鬼》歌詞。題款在後。

延祐旃蒙單閼陬月既生魄，延陵吴炳書。□書一行　押尾朱文彦暉方印

第十段。一女郎執花騎虎，虎子隨行。無題詞，有印章。白文伯時方印

卷前及隔水綾有鑒賞印十七。

卷後及隔水綾有鑒賞印十一，均未記。

後另紙跋。

食斯、飲斯、興斯、寐斯、行斯、坐斯、憂斯、樂斯，獨言獨歌恒于斯。宋權藏識。□書□行　押尾白文宋權私印

李龍眠白描人物推爲畫家上乘，此古今定評也。余每覽一真蹟，如獲鴻寶，賞心久之，寢食兩忘，不減宋君癡癖。近代摹倣多人，間有得其風味者，竟稱能品。展玩斯卷，秀潤清曠之態，兼以吴彦暉鐘鼎篆書《九歌》，非宋人筆墨，焉能精妙若是？爲可珍也。庚午秋月，江上逸光跋。行書□行　押尾□文笪在辛方印　重光方印

秦淮海居士詩翰卷

紙本。高一尺二寸，長三尺七寸八分。字徑寸餘。

墨君颯颯風雨鳴，垂鸞舞鳳翻青綬。一竿珍重幾百緡，奚啻渭川三百畝。金鏘玉戛宮珮聲，奴行婢顔謝花柳。得意真從寂寞間，卓古高標壓群醜。不須辦直致湘江，便覺滿窗涼意透。挺然節葉抱風孤，頓應君子虛心受。雷迸籜龍龍欲走，櫻筍紛紛徒適口。破除

肉味若聞韶，王猷笑詠還依舊。藉檻湘陰净簡書，接地春華幻塵垢。拂手筆端可有神，往來平安慰良友。前時無偶後無繼，奇寶秘靈宜永久。元豐三年上元日，淮海居士秦觀識。草書二十二行

卷後鑒賞印見後跋。

後另紙跋。

卞氏《式古堂書畫攷》載秦淮海《竹詩》墨蹟云：『「墨君颯颯風雨鳴」起至「淮海居士秦觀識」止，此蹟草書紙本，下有「松月子」紅文離坤卦象印、「巴西鄧氏善之印」，「吉泰和楊士奇圖書記」九字印、「中吴陸氏松華堂印」八字印、「玉林賞心」四字印，三印皆紅文鈐縫。』卞氏所記如此，今已失去後二印，并『吉秦和〔一〕楊氏印』亦失其後半，蓋隔水綾以後爲人翦去也。又不知後有舊跋否，卞氏亦未詳言。今見此間有『趙氏子昂』印、『令之清賞』印，『令之』印失下半。卞中丞，字令之也。書此以識之。嘉慶丁卯秋秋九月廿日，北平翁方綱。楷書二十三行

校　記

〔一〕『秦和』當爲『泰和』之誤。

趙千里漢高祖入關圖卷

絹本。尺寸失記。工筆，青緑重設色。山皴用泥金鈎勒，點綴景致，細入毫芒。卷前林下一人插旗小坐，牧馬三四，一樵夫在橋側，山後旌旗無數，迤邐而前，轉出山坳，露兵馬十數人，大纛書『楚』字，蓋霸王兵也，中作一峻嶺，嶺後亦旌旗無數，嶺旁木栅屯兵，前爲營門，植兩旂，書『門』字，門外執盾排行兵數十人，後一人乘馬，應是霸王，前一人率數十人作迎接狀，應是孺子嬰，此後一尖峰，峰後仍藏旌旗，峰側作大石橋，橋上大旗，書『沛』字，橋左作閣門，門上高閣聳峙，門下一騎執旗直入門，左右兩翁仲對立，關内第二重門，十餘騎魚貫而入，門内樓閣宫殿數重，樓下人馬一簇，前騎一黄衣人，應是高祖，隨騎執旗，旗書『沛公義兵』四字；後幅一前殿，殿内三人，一作呈圖籍狀，蓋寫蕭何收圖書故事，後殿左右，雙柏、翁仲夾持，殿内黄衣人中立，亦高祖也，兩旁文武官數人，殿下宫娥六人，或跪或立，左側三人一馬，又露旌旗一隊。款在後。

臣伯駒上進。小楷書一行

卷首題。

宋趙伯駒《高祖入關圖》。宣德二年御鑒。□書□行　中押朱文廣運之寶方璽卷前□文御府圖書之印　仲陽　柯氏敬仲　安定郡圖書　歸州之印　鶴林小隱　子壽　兩京載筆　又花押及半印。

卷後□文御府之印　木天清秘　柯氏敬仲　芝田圖書　靜心堂書畫印　又内殿　師聖印兩半印均未詳記。

後另紙跋。

昔漢高帝先入關，除秦苛政，約法三章，士民安堵，有王師無敵之風。載諸典籍，章章可考，播諸丹青，非大手筆弗克形容之。趙千里以帝室之胄，習見山川雄偉、皇都壯麗與夫甲騎精强、君臣相濟之狀，一一摹寫，宛然在目。非探天工、得造化之巧者，其孰能與于此？喬簣成仲山父識。□書□行　押尾□文仲山父印方印

校獵上林院，洗馬昆明池。霜威肅笳鼓，雲氣畫車騎。馬班陳賦詠，衛霍綏蠻夷。王風既未遠，文明方在兹。逶迤霄漢上，鳳凰尚來儀。至正甲申禊日，偶過毘陵，友人謝子蘭出此圖徵題甚迫。余欲赴玉山之約，遂不及賦詩，書舊詠趙千里《驪山圖》句於後，俟他日更爲題識也。雲林子瓚。行書□行　押尾□文雲林子□印

先入關中得計多，彭城永是漢山河。不操擒縱英雄手，韓信何由得倒戈。丹邱柯九思。□書□行　押尾□文柯氏敬仲方印

隴西邊武伯京觀。湘中劉致。□書□行

吴興山水不可作，吴興山水舍清輝。峰巒嵌碧水湛緑，玉鏡倒影群鸞飛。王孫彩筆奪天造，點染萬錦張雲機。平寛殊似右丞古，秀潤頗逼閻令肥。當時貴重不易得，片紙可博千珠璣。于今况是宋人筆，古蹟絶少真藏稀。君從何處得此卷，只尺萬里開煙霏。江神夜闔水精府，山鬼晝掩芙蓉旂。今朝展玩雪正落，忽見旭日光入扉。乃知神妙發光怪，信有神物相憑依。余家昔有高士卷，白壁有價空山巍。可憐一被豪所奪，至今憶此恒如飢。固然清物異尤物，愛而不予寧免非。爲君發此告前轍，切莫容易開屏幃。趙伯駒與弟伯驌字希遠者，宋高宗嘗命二人合畫集賢殿陛，稱旨，賞賚特厚。此伯駒畫《漢高祖入關圖》，鏤碧毫丹，歷寒暑而後成，蓋是進呈本也。曾入内府，有『紹興』等璽可證。觀者非注目決眥，不能盡其妙，真南宋名手。兩泉先生得此，以天球銀甕視之可耳。嘉靖二年歲在癸未嘉平月十日，長洲文徵明書。□書□行　押尾白文文徵明印方印　朱文衡山方印

書畫鑑影卷三　卷類

宋

高宗書蕩之什詩馬和之補畫卷

絹本。高一尺一寸，長三丈五尺七寸。書畫分段，書俱真楷，畫俱兼工帶寫。

《蕩之什》。《毛詩·大雅·蕩》，召穆公傷，周家大壞也。厲王□□，天下蕩蕩無綱紀文□，故作是詩也。蕩蕩上帝起至□后之世止　《蕩》。二十五行

畫淡設色。樹下一人獨立。

《抑》，衛武公刺厲王，亦以自警也。抑抑威儀起至俾民大棘止　《抑》。三十六行

畫淡設色。武公坐牀攤卷，一人侍側。

《桑柔》，芮伯刺厲王也。菀彼桑柔起至既爾作歌止　《桑柔》。三十二行

畫墨筆。桑二株，枯枝少葉，旁立一人。

《雲漢》，仍叔美宣王也。宣王承厲王之烈，内有撥亂之志，遇裁而懼，側身修行，欲銷去之矣。天下喜於王化復行，百姓見憂，故作是詩也。倬彼雲漢起至曷惠其寧止　《雲漢》。二十六行

畫淡著色。兩人依欄高望。

《崧高》，尹吉甫美宣王也。天下復平，能建國親諸侯，褒賞申伯也。崧高維嶽起至以贈申伯止　《崧高》。二十行

畫墨筆。高山峻極，主峰在中。

《烝民》，尹吉甫美宣王也。任賢使能，周室中興焉。天生烝民起至以□其心止　《烝民》。二十一行

畫著色。一人秉圭獨立。

《韓奕》，尹吉甫美宣王也。能錫命諸侯。奕奕梁山起至赤豹黃羆止　《韓奕》。二十二行

畫淡著色。坡後韓侯乘車前導，後隨共七人。

《江漢》，尹吉甫美宣王也。能興衰撥亂，命召公率淮夷。江漢浮浮起至令□四國止　《江漢》。十六行

畫著色。江漢波濤洶湧，三人執旗前行，坡後旗幟無盡。

《□□》，召穆公美宣王也。有常德以立武事，因以爲戒然。赫赫明明起至王曰還歸止　《常武》。十六行

畫著色。林前三人乘騎，一執旗者，樹杪又露一旗。

《瞻卬》，凡伯刺幽王大壞也。瞻卬昊天起至□救爾後止　《瞻卬》。十九行

畫淡著色。一人在坡前拱立瞻仰。

《召旻》，凡伯刺幽王大壞也。旻，閔也，閔天下無如召公之臣也。旻天疾威起至不尚有舊止

《召旻》。十四行

畫墨筆。川上一人拱立，後兩樹并植。

《蕩之什》十一篇。一行

卷前朱文□陽李廷相雙檜堂書畫私印長方印

卷後朱文衍聖公毓圻鑒賞章方印

押縫朱文李夢弼氏圖書長方印

裱綾朱文頫鏡亭長方印　白文季雲審定真蹟方印

此書已刻入《玉虹鑑真帖》。

朱文公手札卷

紙本。高一尺四寸七分，長七尺四寸。凡三紙，計三札，字經一寸内外。

第一札。

熹伏蒙别紙督過，伏讀震悚。顧實病衰，不堪思慮。若所記者一身、一家、一官之事，則猶可以勉强。至如元臣故老，動關國政，則首尾長闊，曲折精微，實非病餘昏昧之人所能

熟考傳載。此熹所以不得詞於潘、李諸丈之文，而於先正銘識之屬，則有所不敢當也。卅年前，率爾記張魏公行事，當時只據渠家文字草成，後見它書所記，多或未同，常以爲愧。故於趙忠簡家文字，初已許之，而後亦不敢承當，已懇其改屬陳太史矣。不知今竟如何也？況今詞官，萬一不遂，則又將有王事之勞，比之家居，見擾彌甚。切望矜閔，貸此餘生，毋勞竭其精神，以速就於溘然之地，則千萬之幸也。若無性命之憂，則豈敢有所愛於先世恩契之門如此哉？俯伏布懇，惶恐之劇。右謹具呈。朝散郎秘閣修撰朱熹劄子。草書十八行

札前白文安德□□世家方印　又一印不辨。

札後白文吴越忠孝之家方印　君載方印

第二札。

熹僭易再拜：上問台眷，伏惟中外均休，賢郎昆仲具佳，侍兒輩附拜問禮。此間有委，幸不外。熹僭易再拜上問。草書七行

札後白文忠孝之家方印　又圓印不辨。

第三札。

熹頓首又覆：竊聞卜築鐘山，以便親養。去嚣塵而就清曠，使前日之所塹游而寄賞者，今遂得以爲耳目朝夕之玩。竊計雅懷亦非獨爲避衰計也。甚善甚盛！所恨未獲一登新堂，少快心目耳。蒙喻鄙文，此深所不忘者。但向來不度，妄欲編輯一二文字，至今未就。見此

整頓，秋冬間恐可録净。向後稍閒，當得具稾求教也。所編乃《通鑑綱目》，十年前草創，今夏再修，義例方定，詳略可觀。亦恨未得拜呈，須異時携歸，請數日之閒，庶可就得失耳。未由承晤，伏紙馳情！熹頓首上覆。行書十五行

後另紙跋。

東三傳以讀《春秋》，事猶可略也起至高郵龔璛、京口郭畀同觀於虎林般若僧房，時八月十又四日敬書止　行書十二行

古人於墓銘碑誌起至後學楊士奇謹識止　真書十二行　押印未記，下同。

古之聖賢起至長樂馬鐸敬書止　真書十五行　押印二。

先賢之斷簡殘編起至莆田陳用識止　真書八行　押印三。

右子朱子晦菴先生手書凡三帖，蓋京口郭畀天錫家珍藏故物也，今爲其外孫何彦澄得之起至重慶蹇義謹識止　真書十七行　押印二。

晦翁著述文章起至東吴張洪拜書止　真書十二行　押印二。

晦菴先生起至泰和王直堇題止　行書九行　押印二。

文公先生起至後學周孟簡謹識止　真行書十行　押印二。

古人墨蹟起至廬山陳繼謹書止　真書七行　押印二。

敬觀起至同郡後學査士標敬題止　康熙乙亥八年，時年八十有一。行書十行　押印二。

諸名賢題徐常侍篆書卷

前額。

宋諸名賢題徐常侍篆書之蹟。隸書大字

此六段爲宋賢真蹟確然無可疑者。常侍是墨或亦尚在人間，珠還劍合，且俟清緣。此爲宋時原裝，即此裝背之紙，亦係七百年前物，豈不重可珍惜。道光二十一年辛丑閏三月十三日，海昌石友六舟禪兄過余郡寓，道古竟日，識此。竹里弟張廷濟，時年七十四。行書八行 押尾白文張叔未方印 白文廷濟方印

題俱紙本。

第一段。高一尺一寸八分，寬一尺二寸六分。

觀此知《宓子賤》諸碑失其法多矣！余友蔡晋如嘗言：『石刻字畫，如食鹽荔支。』有味其言哉！己卯三月丁未，宇道書。行書五行

題前後朱文釋六舟圓印 白文六舟所藏方印 達受之印方印

第二、三段，另紙。高一尺二寸六分，寬五尺五寸五分。

崇寧丙戌歲，胡師文觀徐常侍妙墨於儀真大漕之東堂。行書三行

少常張公藏此書以遺其子孫，又皆得其筆法，可謂好學者矣。儀真秀實齋張景脩題。行書□行

題前後朱文達受方印　竹朋鑒定長方印　朱白文達受之印方印　白文小緑天庵長方印　六舟方印

後另紙跋。

張景修，字敏叔，常州人，治平四年進士。元佑末浮梁令，兩爲憲□，五領郡符，大觀中遷羽部郎中。詩幾千篇，曰《張祠部集》。

押尾朱文達受方印

第四段，另紙。第五、六段，接紙。高均一尺一寸九分，寬共四尺一寸。

蕭衍老翁論元常云：『行間茂密，實亦難過。』天策上將評逸少，亦稱其『布纖穠，分疏密』。觀徐常侍篆愈久，方見其工，不可遽以輕心掉之也。大觀丁亥六月三日，丹陽連滄觀同閱。

行書十行

彭君時、蔡天啓、蔡晋如、劉無言。行書款，平列四行　後五十七年歲在隆興甲申四月戊寅，猶子岑獲觀於建康留守張安國許。行書二十九字，附於『劉無言』名下

綾邊跋在劉令岑書下。

劉公岑，字季高，紹興間徽猷閣直學士。達受志。

騎省自言晚乃得謪匾法，今觀此卷，縱横放逸，無豪髪姿媚意態，其爲老筆亡疑。淳熙辛丑仲冬乙酉，朱熹觀汪伯時所藏於西安浮石舟中。行書五行　押尾白文朱熹之印方印

題前後朱文二十八宿井磚之室方印　天平玉佛菴方印　釋六舟長物方印　白文六舟藏書畫金

石之印方印　曾向天台行脚回方印

後另紙跋。

以上諸名賢跋語跋徐常侍篆《項王亭賦》，其真蹟失去。惜哉！未識何時珠還璧合耶？朱子兹跋載在文集洎《佩文齋書畫譜》第七十六卷。後六百六十一年，爲道光廿二年歲次壬寅中冬，海昌釋子六舟達受記於新安程氏述古堂後軒。　押尾朱白文達受之印方印

第七段，另紙。高一尺二寸二分，寬一尺一寸。

徐常侍此書蓋與鐵鈎鎖同法，一時君臣以藝相高，遂俱入能品。惜其不以此心法治國耳。隆二四七，海陵查籥書。行書三行

題前後朱文海昌釋達受六舟珍藏之印方印　陸舟方印　曾游雁宕來天然印　白文釋達受方印

後另紙跋。

查籥，字元章，海陵人，紹興辛未進士，乾道中户部郎中，總領四川財賦司。見《宋史紀事》。海昌僧六舟注于天平玉佛閣。　押尾朱文達受方印　白文六舟方印

第八段，另紙。高一尺二寸二分，寬八寸。

少監伯祖云：『南唐徐騎省篆書遠接前秦，宋張謙仲、喻湍石足相伯仲。唐李陽冰工致有餘，神明不足，遠不隶〔一〕也。此騎省晚年書，雖有欹斜之勢，員謹勁健，其妙絶矣。』伯祖又云：『爲人不可不學篆書，篆書者，文字之祖也。不學篆書，不足以識文字之情。』至哉斯

言，并記云爾。至正甲午下元後一日，合溪後人戴在謹書。行書六行

題後朱文同壽方印　小緑天盦方印

後另紙跋。

宋人跋徐常侍篆書五段，附元人跋一段。宋賢墨蹟傳世無多，而朱子書尤所罕覯。今世所傳石刻多劍拔弩張之勢，未免令人滋疑。惟邵武新出土《黄中美神道碑》款題朱子書，筆法秀逸，迥無俗態。此數行與《黄君碑》筆意絲毫不爽，決爲真蹟無疑。宋人書往往側欹取妍，此諸跋多用側鋒，自屬一時風尚，不但與唐人迥殊，元明書家亦無此風味也。同治戊辰冬日，利津李佐賢謹題。押印不記。

校記

〔一〕『隶』即『逮』之異體，原蹟如此。

李晞古江南春圖卷

絹本。高一尺二寸五分，長二丈八尺二寸。兼工帶寫，淡設色。江山緜亘無盡，通景分爲四段。首段山半雲生，村舍田畒，農夫荷鋤，竹汀柳嶼，小艇漁舟，酒帘漁

罾，互相映帶，漸推漸遠，幾疊嵐光，計舟中人六，岸上人五；次段後寫近景，高峰峻嶺，松竹成林，中懸瀑布，山下村居聯絡，瓜艇拍浮，筆力尤爲濃厚，計村中人四，舟中人五；三段峰巒疊出，兩山遥對，亦帶村落，遠岫雲中出没，村前人二，牛三，艇中人八；末段小山，左右魚罾，一在舟中，一在岸側，入後竹柵臨水，上依高峰，峰下村居牛屋，屋内卧牛，又舟棚二，棚内檥舟，後路山光平遠。款在卷末上方。

李唐。楷書　上押朱文『稽古』半印，印蓋字上。

卷後項氏三印，未記。

後另紙跋。

城西蕩槳去，遥背伍胥門。人家枕河住，漸喜歷鄉村。豁然見平田，農夫荷鉏去。好風低嫩苗，微雨隔高樹。葦間多放艇，柳下或扳罾。錦布芰河蕩，沙明鷗鷺汀。魚梁接牛宫，沽酒新郭市。迤邐到横塘，虹橋垂四趾。虎山似遮路，旋轉自長溪。水入太湖北，云生光福西。扣舷唱吴歌，有客中流過。千載懷古心，悠然欲相和。香徑既云没，琴臺亦成空。山頭明月上，仍然館娃宫。登高信徒勞，望遠發長嘼。閒展圖畫觀，舊游一何類。吴寬題。行書十八行

跋前後項氏六印，未記。

李晞古關山雪霽圖卷

前額。

關山雪霽。篆書四大字

太常少卿兼經筵侍書程南雲題。真書一行　押尾朱文清軒方印

畫紙本。高九寸八分，長一丈八尺三寸。墨筆山林，寫意人物，工細布景。雪山行旅，古木虬枝，清溪曲水，峻坂平坡，危峰峭壁，驛路長橋，色色匠心；通幅畫人凡十三，乘羸者一、乘馬者四、倒騎牛者一、荷繖者一、牽牛者一、擔榼者二、荷钁者一、荷包裹者二，人馬俱凜凜有寒意，洵屬傳神之筆。款在中幅樹身。

李唐。真書

卷前白文□□堂印方印

卷後朱文孫戚夫監藏方印　白文王晉卿收藏圖籍印長方印

後接紙題跋。

長空雲散雪新晴起至幾人載酒恣閒行止　東魯雪菴。草書十五行　押尾□文宗藩文翰方印

朔風怒號凍欲裂起至撫卷令人長歎惜止　莆田陳鐘。行書十四行　押尾白文效古人贈言方印　又一印不辨。

萬里山川積雪寒起至寫入君家卷裏韜止　上虞魏熙。行書十一行　押尾朱文孔昭方印

李唐《關山雪霽圖》一卷，人物樹石筆氣蒼古，衝寒涉險之態，曲盡其妙，非後人所能髣髴也。題款著枯榦樹中，甚奇，精密幾不能辨。恨此卷不經好事賞鑒，猶然泥沙。令入薛、米諸人手，必傾囊見珍矣。余嘗見臨本於都下一貴戚家，裝潢絶富，金玉璨璀，意極寶惜，顧非真蹟。使葉公信好龍，恐此卷終當化去。莫雲卿題於石秀齋中。行書十一行　押尾白文莫雲卿印方印　白文莫廷韓[一]氏方印

余兩入都起至聊志余感如此止　何淳之題於劣容園之蕭蕭室。行書九行　押尾朱文何印長方印　白文何氏仲雅方印　白文梅華閣方印

萬曆癸未五月起至識者宜寶藏之止　吴江顧大典題於金陵之晤元室。行書九行　押尾白文顧大典印方印　白文吏兵刑三部尚書郎印方印　白文清音閣印方印

余嘗見李唐《七賢過關》、《關山積雪》、《洛陽風雪圖》，今見此卷，筆意、氣韻相似起至子虚其寶之止　萬曆甲申冬日，書于白榆社之酌斗亭。郭弟。行書五行　押尾白文□父氏方印

今年入新安起至因書數語歸之止　甲申蜡月，沈明臣。行書三行　押尾白文明臣長方印

昔人懸雪山圖起至千秋里人汪道昆跋止　行書八行　押尾白文汪道昆印方印　白文白玉方印

新城王大司寇《池北偶談》一則。今世傳孟襄陽起至凡二人止　行書行數失記

德水田司徒《古歡堂集》一則。世傳《七賢過關圖》起至摩詰圖中詩興長止　行書十一行

余觀李唐此卷，筆意既古，風神亦肖，圖中六人顧盼如生，殆非時筆所能辨也。爰考漁陽、山薑二公所記二則，此或唐人出遊之粉本，斷非『八子』、『七賢』，『關山雪霽』亦未必然耳。雍正七年太歲己酉六月廿六日，雨窗展閲，東華十丈軟紅一時盡滌。玉亭所慨贈，珠江其寶之。納刺峻德。行書十一行　押尾朱文第五方印　白文峻德方印　白文克明方印

己酉夏，西軒雨後觀。納刺良誠。行書二行　押印不記。

校記

〔一〕『幹』當爲『韓』，係李氏形摹印文原蹟所得之訛字。

劉畫學山莊消夏圖卷

絹本。高二尺，長三尺。工筆，設色。下段起手，園墻迤邐，園門半掩，門左右植柏七株，小山夾峙，山上喬松兩株，門内芳徑曲欄，雕楹畫棟，一偉丈夫昂首前行，前導三人，後從六人，遥立一鶴；中幅夏屋宏深，旁舍聯絡，俱雕甍刻桷，頗類宫殿，階陀棟牖皆用界畫，細如毫髮，偏左方亭翼然，中設琴牀方几，几上鼎彝陳列，亭前四人，二擡几者、一背胡牀者、一捧盒者，又有一鶴、一鹿、石几、荷盆、蕉石、椶

檞之屬點綴芳園，亭左一棚中陳石案，羅列盆景，拱怪石芳蘭，棚外臨水，菡萏正放，眺遠空闊，方亭後修竹干霄，園右雜木成林，林際浮圖矗立；上段崇山疊嶂，梵宇深藏，巨壑飛瀑，曲欄小亭，杉林無際。題款在起手小山上，微茫難辨，諦審方見。

松年。真書

卷後朱文王澍字□霑號雲龍方印　白文王□珍字玉聘號待庵方印　又一印不辨。

後另紙跋。

《山莊消夏圖》款題『松年』二小字，在起手石上，幾不可辨。《甫田集》謂：『畫宫室最難爲工，須折算無差，乃爲合作。』《畫品》謂：『郭忠恕屋宇樓閣，自成一家，棟梁楹桷，望之中虚，若可躡足，闌楯户牖，若可捫歷而開闔之也。』此圖山莊别墅，備極瑰麗，千榱萬桷，曲折高下，纖悉不遺，而設色雅静，較之忠恕，未敢多讓。至其人物雖纖而神情合肖，山石樹木，筆筆細謹，宋畫院體，大抵如是。今人不肯爲，亦不能爲矣。李佐賢。

夏禹玉長江萬里圖卷

絹本。據《江村銷夏録》載，高七寸，長三丈三尺餘。墨筆。款在起手石上。

臣夏圭。真書一行

卷前後有『天曆』璽，未詳記。

後跋柯九思、王汝玉、王墀登各一段，俱見《銷夏録》，未詳記。

此編皆載余所寓目者，獨此卷聞而未見。今尚在，山左友人多有見者，皆讚美無異詞，且曾經高江村鑒定，知爲真蹟無疑，故破格載之。

夏禹玉晴江歸棹圖卷

前額。

引首白文隴西長印

晴江歸棹。篆書

長沙李東陽書。行書一行　押尾朱文賓之方印

圖紙本。高一尺二寸八分，長一丈六尺五寸五分。墨筆，寫意。山用大斧劈皴，通體淡墨渲染。江山浩渺，行舟一、泊舟二，舟内人一，岸上拄杖、攜琴人各一，雁陣一行。款在卷末。

臣夏圭。書　上押朱文御府圖繪之記方璽

卷前朱文鳳閣之實〔一〕方璽　青琅館書畫印長方印　賈似道圖書子孫永寶之方印　柯九思印白文華農私印方印

又半印不辨。

卷後朱文悦生壺盧印　賈似道印方印　又長半印不辨。白文補菴居士方印　霞庵鑒賞方印

前後界綾朱文煙客鑒定兩方印

後另紙跋。

世稱夜光莫與敵，何如夏君神妙筆。蒼然勁鐵腕有靈，開圖展對人愛惜。青山隱隱江重重，懸岸一澗飛晴虹。中流一棹者誰子，隨風蕩漾開天空。柳隄高士來何處，時復携琴過溪去。忽聞天外落虛鐘，一曲漁歌碧雲曙。當年畫院不乏人，紛紛丹碧失天真。醉來漫瀉金壺汁，吮毫落紙無纖塵。古今世事如棋局，碌碌常懷看山福。推窗長嘯天地秋，短句深慚爲尾續。紫芝山人俞和。行書十三行　押尾白文紫芝山人方印　朱文俞和方印

漠漠江天吴楚分，幾重樹色幾重雲。客星已逐歸帆去，誰道溪邊有隱君。大癡道人黄公望。行書三行　押尾朱文大癡長方印　白文黄氏子久方印　朱文一峰道人方印

錢塘夏禹玉畫筆蒼老，墨汁淋漓，畫院中人物、山水自李唐而下無能出其右者。吾友邱世嚴有《風雪歸莊圖》，於此不相上下，但境界稍寥落耳。此卷醖釀墨色，麗如傅染，殆荆、關以上人也。柯九思。真書五行　押尾朱文柯氏敬仲方印　朱文訓忠之家方印

跋後朱文青琅館書畫記長方印　白文補菴居士方印　華氏珍玩長方印

右《晴江歸棹圖》，爲夏圭所作，禹玉其字，錢塘人也。爲宋寧宗朝畫院待詔，有賜金帶

之寵。善畫人物、山水，醖釀墨色，麗如傅染，筆法蒼古，氣韻淋漓，足稱奇作。又嘗學范寬。此卷或爲王洽，或爲董、巨、米顛，而雜體兼備，變幻間出。吾恐穠妝麗手，視此何以措置於間哉？今補菴所藏禹玉畫卷不止三四，而未若此全以趣勝者也。嘉靖元年冬十月二日，文徵明題。行書十七行　押尾白文文徵明印方印　朱文徵仲方印

校記

〔一〕『實』當爲『寶』，疑係形摹印文原蹟所得之訛字。

梁待詔十六羅漢卷

紙本。高一尺四寸二分，長二丈五尺。計五紙，凡四接。墨筆，人物衣褶紋用粗筆，方折如篆隸，餘用細筆。羅漢凡十六：第一尊，曳杖前行，二童隨後，一捧鉢，一執扇；第二，擎瓶；第三，袖手；第四，曳麈背向，皆作回顧狀，一猿獻桃；第五，扶一侏儒拄杖行，後隨行四人，一執小獸，一捧盤，一牽巨獸，一捧盤内貯犀角；第六，拱立；第七，執器不可名，後一長鬚奴執圓蓋似笠；第八，拄杖立，眉垂至胷；第九，執香斗，篆煙結成樓閣；第十，向空拜手，後一童負兵器；第十一，舉雙袖，兩目下視，後隨二人，一捧鉢、

一捧盤，内貯牡丹；第十二，偏袒露右臂，後一奴携花籃；第十三，袖手拱立；第十四，拄杖携童；第十五，袒胷執手回顧，一童倒瓶放出伏龍，龍作人形，露尾拱立向尊者，下作雲氣；第十六，伏虎羅漢，一虎在左，後一人端立，眉宇高聳，氣概尊嚴，類天王像，又一人傴僂拱揖，類山神，又一人帶劍參立，鬼卒執旗執戈，護從在後，共五六人，卷末怪石高撑。題款在卷後下角。

御前□書梁楷。真書一行　押尾朱文金門待詔方印　朱文梁楷方印，印俱蓋字上

卷前朱文卧庵所藏方印　休寧朱之赤鑒賞長方印

前界綾朱文邗江汪氏圖書印長方印　白文密齋珍藏方印

後界綾白文陳淮私印方印　夢禪室方印　商邱陳氏家藏方印

後另紙跋。

引首朱文王氏禹卿長方印

董文敏《畫禪室畫記》：『論仙佛人物，後人不若前人。斯人物當以唐宋爲宗，後之學者不可另開生面也。』然由今溯唐，代遠年湮，縱呵護有靈，亦不易數見。降及於宋，人才之多，於斯爲盛矣。今觀葯洲中丞所藏書畫，宋元名蹟往往有之。如李龍眠《蓮社圖卷》，用筆正如春蠶吐絲，鬼斧神工，莫可名狀，而草木華滋，雲物秀發，正不啻米南宫之叙西園雅集也。其一則梁待詔《十六應真卷》，筆意高古俊逸，純用中鋒，諦觀之，自

覺静深端麗，備極莊嚴。世有龍眠，直可與之聯衡并駕矣！希世之珍，永宜秘寶。時乾隆己酉夏四月既望，漢皋寓齋獲觀，因識跋語於後。丹徒王文治記。行書十六行　押尾白文王文治印方印　白文曾經滄海方印

『梁楷爲東平相義之後，善畫山水、道釋、鬼神。嘉泰時爲畫院待詔，賜金帶不受，挂於院内，號「梁瘋子」。傳世畫皆艸艸，謂之「减筆」。』見《圖繪寶鑑》。此卷變幻奇詭，莫可端倪，而窮形盡相，不知費幾許經營慘淡，與草草减筆者迥殊，自係此老着意之作。宋時畫僊佛，李龍眠最稱高手，然專以工細勝人。此則粗細互用，與之分道揚鑣，自成一時瑜亮。衣摺紋圓勁而多方折，類籀文古篆，不當僅以畫法觀之。利津李佐賢竹朋氏跋。

行書十行　押印不録。

白真人詩翰卷

紙本，高一尺三寸八分，長六尺九寸，字徑一寸内外。

奉題仙廬峰六詠。紫清白玉蟾。

藏丹丹光亭。仙人不見張驚喜，尚有藥罏荒碧苔。亭下丹光猶夕夕，我今辦此恰方纔。梯雲棧。巖。想得金丹初熟時，無人堪與乃藏之。巖前穴有六七蹟，人不能尋鬼不知。聽鶴臺。心知莫把凡胎問聖胎，君看石壁是誰開？後來喚作梯雲棧，不是好仙那肯來。

有路透青雲，不可將機泄與人。來此臺邊時自聽，鶴來則去去超群。宣詔石。帝遣朱衣司命君，火鈴捧詔此中宣。臺石上宣臺下聽，一宣詔罷上三天。整衣壇。仙骨瘦來無一把，却將鶴子養教肥。鶴肥不可還同瘦，舊上天時此三字半缺整衣。行書共二十六行

卷前朱文竹垞審定長方印

卷後朱文閔曠齋珍賞印方印　來青閣長方印　白文林氏曾觀方印　楝亭秘玩方印　又兩印未記。

趙子固四香圖卷

紙本。高一尺二寸五分，長七尺九寸。水墨，工筆白描。畫梅、蘭、木香、水仙四種折枝花，交柯接葉，活色生香，枝榦花葉俱用雙鈎細勒，筆清墨潔。題在後。

丁巳仲冬望日，子固畫。真書一行　押尾朱文彝齋方印　白文子固畫印方印

卷前朱文怡親王寶方印　明善堂珍藏書畫印記方印　□王齋賞鑒過物方印

卷後朱文元龍方印

後另紙跋。

魯庵尊師以彝齋《白描四薌》命作韻語云。山村老夫仇遠。

淡墨英英妙寫真，一花一葉一精神。繁香曾入廬山夢，遺佩如行湘水春。小白凝珠還勝雪，輕黃承襪不生塵。老僧嬾作浮雲想，空谷猶疑見是人。延祐丙辰花朝，書於北橋之

舫齋。行書□行　押尾朱文山村居士方印
四花争秀，依稀香霧相和。老眼不妨縱賞，江南春色何多。西秦張楧。行書□行　押尾白文
西秦張楧方印
四種生香混一雲，近來無鼻爲君聞。不如閉目知花態，清與吾心表裏分。酸齋。行書□行
押尾朱文酸𠫭方印
皇慶癸丑，予居山陰十峰雙澗之振宗堂。越明年，友人以子固所作《四香》爲遺。又明年，携歸於杭。辱三君子之品題，予雖不敏，亦搜枯以殿其後。錢塘釋普惠。行書□行
押尾朱文錢塘沙門普惠魯庵方印
中山毛穎絶狡獪，幻出四種迷眼界。尋常鼻觀何曾知，只有老禪心領會。謫仙已作騎鯨遊，遺墨零落今幾秋。當時離騷失兼收，深林無人幽谷幽。黄山李鳴鳳。行書□行　押尾白文李鳴鳳印方印　朱文黄山書房方印
造化冥驅妙入神，天然點墨直千金。維城志略今何有，四種清芬一片心。友人吴迪爲書。行書□行　押尾朱文心玉壺盧印
宋名人花卉，大都以設色爲精工，獨趙孟堅不施脂粉，爲能於象外摹神。此卷《四薌》，種種鈎勒，種種脱化，秀雅清超，絶無畫家濃豔氣，真奇珍也！卷尾題詠，皆出元季名流，尤足愛玩。展覽之餘，不忍釋手，漫識數語於後。嘉靖壬辰十月二日，文徵明書。行

書□行　押尾白文文徵明印方印　朱文衡山方印

《書畫彙考》載此卷，題識悉合，惟云『蘭、杏、水仙、梅花四種』，則有誤。今按卷内有木香，非杏也。

宋人江山静釣圖卷

絹本。高尺餘，長八尺餘，未詳記。墨筆，寫意。前段江上扁舟，一人垂釣，近岸沙磧數重，垂柳幾樹，遠岸群峰稠疊；中段沙磧上依山植春架，茆屋數間，旁有平臺，岡巒雄厚，林木叢雜，中藏村舍，前一柴門；後段傍山架屋，屋内一人依欄而坐，兩山之間，澗水流沙，上跨板橋，橋後一人拄杖前來，近山三疊，遥露浮屠梵宇并遥山無盡。無款。外簽題『巨然江山静釣圖』，惜無確據，未敢遽定。然墨氣沉厚，筆力圓渾，確屬宋人名作也。

前幅□文緝熙殿寶方璽　王□之印　□□學士半墨印

幅後□文孟津王鐸世寶長方印　公□半印

後另紙題款。

建炎二年除日，河南邵溥觀於蜀成都。

款後□文隴西李祁方印

書畫鑑影卷四　卷類

元

四賢詠天冠山詩卷

紙本。共四紙，四賢各一紙。

第一紙。高一尺二寸餘，長一丈三尺餘。紙凡三接。松雪書。

引首朱文大雅長方印

天冠山題詠。

龍口巖。峭石立四壁，寒泉飛兩龍。人間苦炎熱，天山已秋風。　洗藥池。真人栖隱處，洗藥有清池。金丹要沐浴，玉水自生肥。　煉丹井。丹成神仙去，井冽寒泉食。甘美無比倫，華池咽玉液。　長廊巖。修巖如長廊，下有流泉注。山中古仙人，步月自來去。　金沙嶺。攀蘿緣石磴，步上金沙嶺。露下色熒熒，月生光炯炯。　昇仙臺。仙臺高幾許，時時覆雲氣。一去三千年，令人每翹企。　逍遥巖。茲巖足逍遥，下可坐百人。豈徒木石居，直與猿鶴鄰。　靈湫。靈湫不受汙，深淺何足計。小憩松竹鳴，蕭蕭山雨至。　寒月泉。

我嘗遊惠山，泉味勝牛乳。夢想寒月泉，携茶就泉煮。　玉簾泉。飛泉如玉簾，直下數千尺。新月横簾鈎，逍遥挂空碧。　長生池。竹實鳳將至，水清魚自行。著我草亭裏，危坐學長生。　道人巖。道士本避世，問之無姓字。如何千載後，石室有人至。　雷公巖。雷公起卧龍，爲國作霖雨。飛雹掣金蛇，其誰敢予侮。　石人峰。巨靈長亘天，何時化爲石。特立千萬年，終古無人識。　學堂巖。仙人非癡人，山中猶讀書。嗟我廢學久，向此一長吁。　老人峰。有石象老人，宛然如繪素。稽首禮南極，蒼蒼在煙霧。　月巖。月巖如偃月，風泉灑晴雪。仙境在人間，真成兩奇絶。　鳳山。山雞愛羽毛，飲啄琪樹間。照影寒潭静，翔集落花閑。　仙足巖。窈窕石室間，中有仙人躅。説與牧羊兒，慎勿傷吾足。鬼谷巖。鬼谷巖前石，唐文字字奇。何當拂蒼蘚，細讀老君碑。　風洞。石壁何空洞，中有風冷然。安知列御寇，不向此中仙。　釣臺。仙者非有求，坐石視投釣。咄哉羊裘翁，同名不同調。　磜潭。神龍或潛淵，石洞通水府。勿遣兒甚劇，飛空作雷雨。　馨香巖。山險通鳥道，水深有蛟龍。誰言仙樂鳴，高人方耳聾。　三山石。我有泉石癖，甚愛山中居。何當從群公，講學讀吾書。　五面石。洞中即仙鏡，洞口是桃源。何殊武陵路，雞犬自成村。　小隱巖。林藪未爲隱，仙厓猶可梯。終當携家去，瑶草政萋萋。　一線天。醯雞舞甕中，井蛙語坎底。莫作一線天『天』字點去看，開眼九萬里。行書共一百一十三行

道士祝丹陽示余《天冠山圖》，求賦詩，將刻石山中。余爲作此廿八首。延祐二年十月廿四

日，松雪道人。行書六行　押尾朱文趙氏子印方印　朱文松雪亝長方印

幅前□文緼真閣　鴻緒之印　儼齋書印　寶晋山房　鍊雪　張晴嵐收藏印　詩境　蘇齋墨緣　覃溪　蘭雪審定　鍊雪鑒定　晴嵐居士　緼真閣圖書記　葉志詵　東卿過眼

共十五印，未詳記，下倣此。

幅後□文晴嵐珍藏　若靄　晴嵐居士　緼真閣圖書記　張晴嵐書畫記　子孫永寶　雲間王鴻緒鑒定印　子孫世昌　覃谿鑑藏　蘇齋墨緣　吴榮光印　伯榮審定　共十二印。

押縫□文鍊雪　合同　儼齋秘玩　張晴嵐　鍊雪鑒賞

幅後翁覃谿跋小楷書二行，未録。

前界綾題。

松雪、清容、道園、繼學四先生《天冠山題詠手藁》，凡百十二詩，總行楷二千六百七十三字。無上希世神品，定爲趙蹟之冠。兼補虞詩之遺，審定陜石之僞。北平翁方綱鑒藏珍秘。戊申長至日，對匡廬五老峰滁硯題記。隸書□行

又有翁題隸書一行、行書五行，前引首題七行，均未録。

後界綾跋翁覃谿小行書十行，蠅頭書六行，黄小松書三行，均未録。

第二紙。高仝前，長一丈五尺四寸。紙凡五接。清容、伯生、繼學三家書。

山鬼小兒足，木精游女神。據會學真隱，下視飛花塵。小隱巖。深睡失明珠，猛走飛流

涎。松花卷輕雨，滴滴百重泉。馨香巖。　露盤下金薤，雲笈流珠纓。冷冷寒巖下，猶有嬰兒聲。學堂巖。　縱橫太古石，短長千歲藤。感彼巖居子，獨飲古澗冰。鬼谷巖。　寥寥入太清，金門繚紫垣。或云有官府，微誦五千言。昇仙臺。　垂綸落澄潭，小魚翛然來。大魚引之去，釣石何崔嵬。釣臺。　茲山可容天，舉世皆笑之。我不答此語，鼓腹支其頤。一線天。　分一只成五，五石各有一。誰能據其上，面面不相失。五面石。　曉汲寒泉清，明月各在缶。缶空不見月，引水復在手。寒月泉。　金沙雖爲貴，履之傷我足。愧彼側布人，欲獲無量福。金沙嶺。　飲水人已去，山中多白頭。青蘋空淺處，時見玉蟾浮。長生池。　高帽側整整，秀嶺深重重。積此太古雪，遂名老人峰。老人峰。　三山不可度，絶壁崎書堂。流水日浩浩，太極彌茫茫。三山石。　沉沉無底谷，央央太古雲。赤日焦下土，老蛟眠不聞。礤潭。　截玉作明簾，不知簾外事。應有碧眼仙，隔簾見人至。玉簾泉。飡玉未得法，變形成楚囚。九轉乞換骨，三沐期點頭。石人峰。　山深猿穴驚，瞬息下神步。空飛本無蹤，長嘯上天去。仙足巖。　顧菟樂嬉遨，入地不得騁。化爲白玉泉，彷徨返東井。月巖。　神鈎起空洞，陰火生羽翰。我耳若不聞，白雲在天冠。雷公巖。　道人本無姓，對客那有言。龍口迸石髓，鳥跡開雲根。道人巖。　金鼎閟寒泉，真火彌不壞。年深走飛騰，子夜吐光恠。丹井。　靈根乘月吠，肉芝生土肥。濯以上源水，千歲永不饑。洗藥池。　孤飛十仞岡，兩翼化爲石。年年春風時，山花成五色。鳳山。　岡風轉空輪，浩劫不停息。此爲天地根，視之杳無跡。風洞。　形留非自在，何者爲逍遥？青松在谷口，白雲在山腰。逍遥巖。　飛吟起霞珮，馭氣躡天梯。碧雲布參差，纖修與巖齊。長廊巖。弄月紅玻瓈，匿雲紫芙蓉。近已厭狡獪，納息定虚中。龍口巖。　靈龜道其前，游儵殿其後。歲久深自韜，清夜巖下走。靈湫。　清容居士書。行書□□行　押尾朱文有越袁桷氏方印

噴薄細成霧，噫嘻忽爲風。孰知生死關，在此呼吸中。龍口巖。　隱芝生肥水，飛根嗽靈泉。流香到人世，飲此壽萬年。洗藥池。　古丹深藏井，晨光發崖谷。有能下取之，錫以兩環玉。丹井。　神仙不愛寶，萬古玉爲簾。願遺天風約，當明弄海蟾。玉簾泉。　細霧不濕衣，落月見長影。緩引步虚唫，盡此秋夜冷。長廊巖。　昔磋金沙灘，今陟金沙嶺。卿來瑣骨觀，即是太陽鼎。金沙嶺。　絶景斷塵情，寥寥入太清。可須臺百尺，更待羽翰生。飛昇臺。　昔誦消摇游，長憶藐姑射。百世待神人，瘦影落寒石。消摇巖。　澄空如不測，爲谷廓能容。沙石俱成寶，龜魚總是龍。靈湫。　無盡山下泉，普供山中侣。各持一瓢來，總得全月去。寒月泉。　竹根飛赤鯉，荷葉戲靈龜。不道神仙宅，長生別有池。長生池。　斷崖窮鳥道，絶頂出秋旻。能此高居者，誰非有道人。道人巖。　冠顛風披披，垂領雪皓皓。諸峰羅兒孫，獨得老人號。老人峰。　神物時時出，人間皆震驚。誰知巖上者，才是小兒聲。雷公巖。　巖囿徑尺雪，天墮第二月。豈無淩虚人，飛行廣寒闕。月巖。失脚落人間，一往不復收。遂令學步者，只循行蹟求。仙足巖。　開闔雲無定，從衡石作

關。任渠名鬼谷，亦未離人間。鬼谷洞。　渾渾復浩浩，刁刁仍泠泠。空洞幾許如，蓄此無邊聲。風洞。　何年餐石髓，屹立照清波。如此成終古，長生亦爲何。石人峰。　翩翩學仙子，群居此山顛。定無書可讀，姑以聲相傳。學堂巖。　聖神千古上，風雨九疑空。只有山中竹，旋爲十二宫。鳳山。　潭水下深黝，日星隱文章。鼓雲出石氣，灑雨作龍香。馨香巖。　危石上崟欹，清風百尺垂。故人恐多事，莫道釣翁誰。釣臺。　未始滿盈過，何曾波浪興。衆皆資善利，此獨保無能。磜潭。　三山可飛度，舟楫不能通。莫執兹峰石，攀緣浪費功。三山石。　一石作五分，何者是真面？拄杖試敲看，莫作點頭見。五面石。深淺避世塵，長恐與名親。故是絶知者，誰言無隱人。小隱巖。　太空誰自碍，峽徑事幽行。天體元無外，通君一線明。一線天。真書□□行

余賦此詩時以小字書之，袁伯長學士、禮部王繼學、尚書趙承旨先後同賦，雜書同一卷。後云失去，復得趙公書如前，而求書其後。偶閲故紙，得草稿餘紙，漫録之。虞伯生甫。□書□行　押尾朱文虞集方印

款下有翁覃谿跋小楷七行，字如黍米大，文未録。

詩後□文緼真閣書畫記　晴嵐鑒藏　葉志詵　共三印。

飛泉龍口懸，平石鼇背展。高會瀛洲人，一笑蒼波淺。龍口巖。　長生須底學，神芝何處采？不見洗藥人，清波湛然在。洗藥池。　丹井只三尺，四時無虧盈。餘波飲可仙，吾亦

願乞靈。丹井。　天孫織玉簾，懸之千仞石。垂垂不復收，滴滴空山碧。玉簾泉。　誰謂山中險，長廊亦晏然。花開春雨足，月落山人眠。長廊巖。　峻嶺接仙臺，仙人獨往來。簫聲吹日落，雀翅拂雲開。金沙嶺。　高臺去天咫，有仙從此升。遺跡若可攀，山雲白層層。升仙臺。　老竹空巖裏，懸厓飛水前。欲識逍遥境，試讀逍遥篇。逍遥巖。　神龍蟠泥沙，宅此巖之阻。遊人無輕觸，歷歷聽秋雨。靈湫。　泉清孤月現，夜久空山寒。不用取烹茗，自然滌塵煩。寒月泉。　修竹夾清池，一亭山之西。長生人已去，誰能汨其泥。長生池。　道人出白雲，空岩爲誰碧？獨往誰得知，時有寉一隻。道人岩。　谷口陰風來，山頭莫雲舉。但見飛電光，山人賀春雨。雷公岩。　何年南極星，墮地化爲石。至今明月夜，清輝倚天碧。老人峰。　飛泉何許來，明月此夜滿。登高立秋風，妙趣無人款。月岩。一足不能行，神仙寧此留。袛以形之似，高蹤何處求？仙足岩。　道散亦已久，世變如浮雲。石壁有太古，爲問空洞君？鬼谷岩。　清風貯深洞，四時常氤氲。飄然無遽發，散我山中雲。風洞。　仙人立危峰，欲作淩雲舉。飄然閱浮世，獨立寂無語。石人峰。　仙人讀書處，樵子時聞聲。猶勝爛柯者，只看一棋枰。學堂岩。　孤鳳棲山中，白雲護清境。朝陽早飛來，月落空岩冷。鳳山。　蛟涎積頑石，磴道何崎嶇。深潭湛古色，興雲只須臾。馨香岩。　地非七里灘，名乃千古同。神仙聊戲劇，何有一絲風？釣臺。　山川萬古秘，雲雨一潭幽。何日卧龍起，碧潭空自秋。磜潭。　三山豈仙居，百世真道學。荒臺明月秋，懷哉彼先覺。三山石。　奇石不爲峰，何用作五面。獨立賞春暉，水流花片片。五面石。抽矢射白額，歸洞讀舊書。小隱不可見，後來誰卜居？小隱岩。　青天何蕩蕩，此中纔一線。大道本來明，慎勿安所見。一線天。　東平王繼學。行書□□行　押尾白文王世熙方印

幅前□文鍊雪鑑定　人生一樂　鴻緒之印　儼齋書印　寶晋山房　葉志詵　共六印。

幅後□文生歡喜心　張氏家藏　鍊雪　張晴嵐收藏印　緼真閣書畫記　緑窗清供　清河張若靄晴嵐氏珍玩之章　子孫永寳　雲間王鴻緒鑒定印　葉志詵　共十印。

翁覃谿題五言詩小楷書九行，未録。

又跋在後界綾。

虞文靖此蹟蓋去趙書時不甚遠，約在延祐三四年間所書也。至延祐六年，則文靖以丁父憂歸矣。曩者余以爲延祐、至治間書，猶考之未審耳，此時文靖四十五六歲也。予所藏坡公《天際烏雲帖》後有文靖手蹟，在至順辛未，則文靖年六十矣。辛酉十月二日，方綱記。

又另紙跋。

元趙松雪、袁清容、虞道園、王繼學四家《天冠山詩》各廿八首，合書爲一弓。虞跋云『三公先後同賦』，而郁氏《書畫記》、汪氏《珊瑚網》皆詳于趙而略於三家者，趙書名尤重也。然陝西碑林趙書《天冠山》之石刻，名著於世久矣。其後有文衡山癸丑秋跋云：

『天冠山在丹陽郡。』丹陽郡固無此山，且文衡山時亦不當稱丹陽郡。癸丑則明嘉靖三十二年，衡山年八十四，斷無此平弱之書。且云『髣髴圖之而不敢』，衡山亦不出此語也。予疑此石刻之僞非一日，而未有以斷之。今得此四賢手蹟卷，則松雪詩較石刻多四首，皆集中所有，而陝刻失之。『丹陽』則道士之號，而附會爲郡者，又失之。且其詩是題《天冠山圖》而作，故目云『題詠』。而陝刻趙自跋云『余昨遊天冠山，見佳境興發，偶詠鄙句』，是何語也？惟以其書論之，則陝刻書法未嘗不佳，但以今所得真跡比之，則真蹟神氣渾淪，而陝刻側削，爲稍異耳。《一統志》：『天冠山在江西廣信府貴溪縣南三里，脈與三峰山相連，其巔方正，兩頭如垂旒，故名也。三峰下有長廊巖，又與五面石相接。』皆與此詩題相合。《廣信府志》亦具載趙題諸作，不知作僞者何以有『丹陽郡』之説也。此陝石之刻，在國朝康熙二十一年壬戌，至今纔百年，而石理盡泐，其後跋字亦皆磨滅而不可辨，後人更無從而驗其作僞之端矣。若非予來江西，恰得遘此希有之蹟，爲之攷證明白，將使靈山誣冒隔省之郡名，而文敏徒留一僞蹟於世耳。修《廣信志》者，既不知駁正陝西石刻之誣，而刻陝石者，復不知此山在何處。天壤之大，古賢名蹟湮晦而不白者何限！始歎人見書不多之足憾也。然趙文敏之書，自元明以來千百臨摹，僞者殆徧天下，雖善鑒者亦未有以定之。今得是蹟，以斷陝刻之僞，然後知凡行世之趙書，其近於側削者雖工弗信矣。必如此卷，精腴圓潤，得《蘭亭》、《聖教》神髓者，然後信其直接右軍，超出前後諸家耳。是固刻陝石者之有以啓我也，然予於此又別有感焉。古今詩人派別不同，而其理則一。如右丞輞川之詠，必著孟城華子岡；少陵巴山之作，亦言花溪先生廟。推而上之，則檜楫松舟，而必言淇水；川訏鱮甫，必言韓土也。今以四先生之詩凡百十有二章，而使讀者不能確識其在何地，毋乃與古之立言者不相揆合歟？則何恠乎作僞者誣以爲『丹陽郡』也。此亦學人所宜鑒古而深省者也！方綱于役江西，日以山谷、道園詩法自勖，且以廣勖學人。今年夏六月十有二日，山谷先生生日，按行至臨江，與通守錢塘徐君論古今書道源流。君出所藏諸名蹟屬予題識，而以是弓見貽。即如道園二十八詩爲《學古録》、《類藁》、《遺藁》之所不載，且正書遒古，得《黃庭》、《化度》神理，清容、繼學書詩俱古雅可寶，將與趙蹟并勒石而傳之。江右名勝，文字精靈，一旦豁然得此印證，大白於世，四百七十餘年真氣，如對几席，是又豈特區區與陝西碑林後人僞刻較得失而已乎？行書□□行

四先生詩，惟《道園集》不載。《松雪集》題曰『天冠山題詠二十八首』，與此卷同。《江亭集》題云『天冠山二十八首』。《清容居士集》題云『信州招真觀二十八詠』。《廣信府志》云：『招真宮在貴溪三峰山之右，漢王表修鍊之所。李光詩「舉手金沙嶺，片石聊寄足。井池丹藥就，千載湛寒緑」者也。』《志》又載：『貴溪縣南三里長廊嶺，有藥池、丹井。』亦録趙詩於下。蓋諸巖泉皆在貴溪之南，祝道士之圖，概以天冠總括之耳。故清容詩題

曰『信州招真觀舉道士所棲止之處』以名之。王表，『表』字當依山中石刻作『僬』。『招真』，《志》譌作『昭』，當依石刻及《清容集》作『招』也。祝道士名元衍，號丹陽，貴溪人，能大字，見《書史會要》。至於陝西刻於此不同者，『馨香巖』，『巖』作『嶺』；『兹巖可逍遥』，『巖』作『嶺』；『直與猿隺鄰』，『直』作『真』，皆以墨蹟爲是。『坐石視投釣』作『示垂釣』；『山雞愛羽毛』作『毛羽』；『醯雞舞甕天』作『甕中』；『神龍或潛淵』作『淵潛』，皆陝刻本勝於墨蹟本。又《靈湫》一首，題下注云：『上有亭，名「聽雨」。』亦與集同。凡若此者，皆不得執墨蹟以概駁之也。虞道園跋固云『先已書一卷，失去』，則趙詩草稿，安知不有别本傳在人間者。但陝西刻本不應妄撰爲子昂之跋，又妄爲文衡山跋，遂自實其僞而無可復辨。甚矣下筆之宜慎也！然陝本行草實亦清利得法，藉使明著其爲仿趙之書，亦豈不足傳後？又何必妄作跋語以欺世乎。不過多此一跋，使吾知爲僞蹟耳。此又足見作僞者之無不敗露，而真物之不易冒也。文敏在宋季元初，猶能以筆札之美，獨留湖山清淑冲和之氣，豈若後人臨仿者，日漸側削，而乏深厚之味者耶？今以吾審定此蹟，與陝本比較徵驗，作趙書定論可也。延祐二年乙卯，文敏年六十二，爲集賢學士，正清容、道園，繼學同官京邸之時。題詠唱酬，極文藻風雅一時之盛，又安得有遊天冠山之事乎？方綱去年冬按試廣信，於上饒南巖得唐人所篆『應谷』二字，因以『谷緣』名齋。蓋院廨原題曰『谷園書屋』，前年奉使西江時，取『夙昔瓣香，山谷、道園』之意也。及得廣信唐篆，適於匡廬青原得山谷石墨，故復以『谷緣』名之。而今歲六月十二日，恰逢山谷先生生日。薦筍脯賦詩之頃，適得此卷。其山正在廣信，又有道園詩墨在焉。古今人精神感召，不謀而合，有如是者乎！爰爲攷據辨證，既識其大略於卷之後幅，復系以詩。行書□□行

古詩一首未録，題款在後。

乾隆五十三年歲在戊申冬十有一月望後一日，北平翁方綱書於南康試院後堂嵐漪軒。行書□行　押尾名字印未記。

後有翁和《天冠山詩》二十八首、題款五行，又題蠅頭書七行，均未録。又錢泳題款一行、陳用光等題款二行、劉師陸等題款二行、翁覃谿又跋四行、張若靄跋二行，均未録。

趙文敏千文卷

絹本織就。烏絲闌。高一尺有五分，長一丈一尺五寸。字徑寸餘，似六朝人筆意。

引首朱文大雅長方印

千字文。梁員外散騎侍郎周興嗣次韻。隸書三行

天地玄黄起至焉哉乎也止　隸書一百行，行十字

集賢侍講學士中奉大夫吳興趙孟頫隸古。真書二行　押尾朱文趙氏子印方印

卷前下角朱文松雪亝長方印　白文竹朋真賞長方印　絹邊押縫朱文存樸堂珍藏方印

卷後朱文沈氏啓南方印　蕉林方印　十二樂亝長圓印　白文文徵明印方印　唐寅私印方印　秀野書堂方印　王翬印方印　徐玫之印方印　紅樹老人方印　棠村審定方印　王原祁印方印　楊晋之印方印　王熙之印方印

裱綾邊白文筆花長方印　梁允栴印方印　棠邨居士方印　押縫朱文存朴主人方印　清溪長方印

後另紙跋。

余舊藏趙文敏《四體千文帖》，其中隸書方折而具圓轉之勢，嚴整而寓流動之機，饒有六朝碑版神致，與此卷筆意絲毫不爽，故知此爲真蹟無疑。攷王弇州《書畫跋》，載有文敏《篆書千文卷》。其略云：『此書精整有意，絹素用織成烏絲闌，是南渡修内司物。』此絹亦屬織成烏絲，當與篆書者爲同時所作。非但書法不能僞託，即此絹亦非近代所有也。想此老愛書《千文》，既有合書四體者，即有各書一體者。余昔在都肆，曾見其《行書千文卷》，力不能致，每以爲憾。乃失於彼而得於此，亦足以償夙願矣。咸豐戊午清和月，題於宣武城南之人海藏廬。竹朋李佐賢。行書十八行　押印不録。

翁覃谿謂松雪書多押『趙氏子印』印，其印上邊有微凹，其僞者邊直而無凹。執此以辨真贋，百不失一。此印與其説恰合。卷後鑒賞印不盡佳，或有以此疑僞者。但市儈欺人，

往往真蹟而增假跋，僞品而裝真跋，則真卷假印，亦情所或有。余細審『蕉林』、『棠村』二印極佳，其經真定梁相國鑒定，固無可疑。餘印即有僞作，亦不得因此疑全卷之僞也。竹朋重閱又題。真書八行

趙文敏書吴興賦卷

絹本。高一尺一寸，長一丈二尺二寸。字徑一寸。

吴興賦。

猗與休哉！吴興之爲郡也，蒼峰北峙，群山西迤，龍騰獸舞，雲蒸霞起，造太空，自古始，雙溪夾流，谿天目而來者三百里。曲折委蛇，演漾漣漪，東爲碕灣，滙爲湖陂，泓渟皎澈，百尺無泥，貫乎城中，繚於諸毗，東注具區，渺渺漭漭，以天爲隄，不然，誠未知所以受之。觀夫山川暎發，照朗日月，清氣焉鍾，冲和攸集。星列乎斗野，勢雄乎楚越。神禹之所底定，泰伯之所奄宅。自漢而下，往往開國，洎晋城之攬秀據實，沿流千雉，面勢作邑。是故歷代慎牧，必掄大才，選有識。前有王、謝、周、虞，後有何、柳、顔、蘇，風流牙暎，治行同符，皆所以宣上德意，俾民驩虞。况乎土地之所生，風氣之所宜，人無外求，用之有餘。其東則塗泥膏腴畝鍾之田，宿麥再收，秔稻所便，玉粒長腰，照筥及箱，轉輸旁郡，常無凶年。其南則伏虎之山、金蓋之麓，浮屠標其顛，蘭若栖其足，鼓鐘相聞，飛

甍華屋，衡山絶水，魯史所録，盤紆犬牙，罷澤相屬，蒹葭菰蘆，鴻頭荷華，菱苕凫茨，萑苻軒于，四望弗極，烏可勝疏！其中則有魴鯉鰷鱨，針頭白小，鱸鱖膾餘，黿鼉龜鼈。有蛟龍焉，長魚如人，歕浪生風，一舉百鈞，漁師來同，罔罟笭箵，罩汕是工，鳴榔鼓枻，隱然商宫，鉅細不遺，噞噞喁喁，日亦無窮。其西則重岡複嶺，川原是來。其北則黄龍瑶阜之洞，玲瓏長壽之塢，縣水百仞，既高且岨，硞砑崯崟，崴磊硱磳，恠石萬數，旅乎如林。其高陵則有楊梅棗栗，樝梨木瓜，橘柚夏孕，枇杷冬花，檀槐松栢，椅桐梓桼之屬。文竿緑竹，篠簜雜遝，味登俎豆，才中宫室，下逮薪櫵，無求不得。其平陸則有桑麻如雲，郁郁紛紛，嘉蔬含液，不蓄長新，陸伐雉兔，水弋凫雁，舟极之利，率十過半。衣食滋殖，容容衎衎，既樂且庶，匪教伊慢。於是有縉紳先生，明先聖之道以道之，建學校，立庠序，服逢掖，戴章甫，濟濟多士，日躋於古。迺擇元日，用量幣，尊玄酒，陳簠簋，選能者，秉周禮，贊者在前，獻者在後，雍容俯仰，周旋節奏，成禮而退，神人和右。當是之時，家有詩書之聲，户習廉恥之道，辟廱取法，列郡觀效，誠不朽之盛事已！或者難曰：『自昔論著之士，曷嘗不識人物、紀風俗哉？夫人才者，濟世之具，而風俗者，爲治之質也。今子徒捃摭細碎，排比貨食，高談不切，炫燿自飾，莫大於斯二者，顧乃略而不録，雖文集組繡，聲諧金石，竊爲子不取也。』僕應之曰：『否。子獨不聞夫子之言乎？十室之邑，必有忠信。今年且千載，地且千里，人物之富，胡可殫記？史册畢書，可無贅矣。若乃風俗之隆汙，庶爲政者之所移易，又弗可得而定著也。夫吴會介在江左，嘗被至德之風矣。且吾聞之，風行而草偃，日中而表正，上行下效，置郵傳命，譬若季子爲守，言游爲令，以仁義爲化，禮樂爲政，塡以不貪之寶，喻以不言之信，即刑可使不用，俗可使益盛，方將還敦樸於上古，考休祥於庶徵。今美則美矣，又可遂以爲定乎？』於是難者唯唯，逡巡而失意。吾年廿餘作此賦，今四十有九矣，學無日益之功，援筆之餘，深以自愧而已。大德六年二月廿三日，子昂記。行書共九十五行　押尾朱文趙氏子印方印

後另紙跋。

趙文敏真行美秀而文，一自《修禊》、《聖教》中出，其去逸少毫末之間耳。唯一時鼎貴，贋作種種，而相者舉肥，魚目不辨，遂致異代文敏聲價頓減。遇目此卷，神閒氣老，乃見文敏真行本面矣。可傳可久，珍重珍重！劉重慶耳枝氏識。行書七行　押尾朱文劉重慶印方印　朱文耳枝氏方印

趙文敏雙馬圖卷

紙本。高二尺二寸，長三尺一寸八分。工筆，著色。二圉人牽二馬前行，圉人一衣淡緑，一衣淡黄，馬黄、黑各一。款在後。

至大四年九月八日作。子昂。行書□行　押尾朱文趙氏子印方印　朱文松雪亝長方印

卷前朱文雙龍圓印　神品聯珠方印　子孫保之方印　客半印　鼎象形印　楚齋方印　白文□印半印

卷後朱文王禹冑孫謀珍賞印長方印　希世之珍方印　烟客半印　公瓚方印　白文抄書監丞方印

王印半印　王掞之印方印

前界綾朱文安儀周家珍藏印長方印

後界綾朱文朝鮮安岐珍藏方印　白文麓村鑒定方印

後另紙題跋。

霜蹄烔烔映白顛，鳳頭宛宛駿一偏。黄沙慘澹聳隅目，所向萬里無風烟。青絲絡頭未受牽，一團紫雲凝不前。此馬所見世上少，神氣德力無不全。子昂學士到渥洼，眼親視之手敢傳。只愁奮迅裂卷去，四座錯愕心茫然。陵陽牟巘題。草書□行　押尾朱文巘方印

胡馬何翩翩，蕭洒秋風前。君王不好武，蒭粟飽豐年。朝入閶闔門，暮秣十二閑。雄姿耀朝日，滅没走飛烟。顧盼增意氣，群龍戲芝田。駿骨不得朽，託兹書畫傳。誇哉昭陵石，歲久尚頽然。至正六年夏六月十又一日，錫山王逵題于京都之官舍。真書□行　押尾白文學士之印方印

隅目晶瑩耳竹披，江南流落乘黄姿。千金千里無人識，笑看奚官買去騎。雪溪錢逵。真書□行　押尾白文錢逵之印方印

王孫能畫籋雲姿，素霧爲鬉雪滿蹄。逐虎秋郊烟草碧，天寒風急一聲嘶。谷陽陳方。真書

□行　押尾白文陳□方印

天厩神龍思翩翩，來自元貞大德年。今日鷗波遺墨在，展圖題詠一悽然。延陵倪瓚。行書□行

月支龍種新鑿蹄，羈金絡玉秋風隄。雙瞳射入電光急，心懷千里長欲嘶。雲間朱箎。真書□行

玉花濯雪映金羈，曾見王孫下筆時。周穆不歸天萬里，八龍何處覓瑶池。趙俶。真書□行

押尾白文趙俶私印方印　白文二雲山房方印

遠夷馳獵絡金羈，龍種翩翩汗血姿。光耀晴暉疑古練，尾垂秋草拂銀絲。風生閶闔聲嘶處，水泛昆明浴罷時。四海正逢無事日，三邊何用習驅馳。姑蘇周傅。真書□行　押尾白文子傅長方印　朱文鳴玉館方印

浴罷霜寒帶月嘶，皎如飛雪度春泥。圉人不敢輕調御，花萼樓前曉仗齊。錦官虞堪。真書□行　押尾朱文虞立□印方印

題趙松雪畫馬圖後。予觀唐人畫馬，開元中獨稱江都王緒、曹髦之父子，得骨肉停匀法於戲筆處，稱裴絳州。天寶間雖陳閎名擅一時，而韓不肯師，謂其徒摹形似，惟曹家沉着，神采生動，有自然風格，所謂奇也。宋宗室趙松雪深得曹、韓之法，故於人馬、華石、魚鳥，悉造其微。識者謂其書法二王，畫過晋唐，然惜其才名頗爲畫所掩，斯確論

也。今觀此圖，蓋盡得唐人風格。其縱横隨意，所如自然，神情生動，不直骨肉停匀，戲筆而已，尤當爲諸畫之第一者。且題識盈弖，一時名公鉅儒，珠玉錦繡，雲蒸霧蓊，誠爲世之所重也。蒼山巡司山陰李彦政氏出以示余，遂書其覽觀歲月于上。永樂丁酉仲秋月朔，廬陵周岐鳳題。行書十□行　押尾白文周氏岐鳳方印　朱文閩浙文衡方印

駿馬來西域，驕嘶逐電姿。繫維誰許得，萬里望風馳。隆慶四年秋九月，同百谷兄觀于慈雲山房。錢穀題并記。真書□行　押尾白文叔寶方印　白文錢穀之印方印

連錢不動玉蹄健，太平日久無野戰。未應燕市專千金，經此吴門失匹練。旦霞染作雲滿身，龍池浴罷桃花春。披圖爲爾三歎息，世上伯樂今何人。瑞圖。行書□行　押尾白文瑞圖方印

《畫彙考》有趙畫《雙馬》，款係至治三年四月，與此異。又《弇州續稿》：『吴興畫兩馬，前馬從容細步，後馬欲馳，人攀鞍不得上。』又《珊瑚網》載董文敏題趙畫《雙馬圖》，均非此卷。可見松雪好畫馬，故傳世者夥。

趙文敏爲管夫人畫花鳥卷

絹本。高一尺，長七尺一寸。工筆，濃著青緑色。花卉翎毛，花則芍藥、牡丹、石榴、海棠、絳桃、紅杏、翠竹以及雜卉，交柯接葉，備極濃豔；鳥則鴛鴦率鷁凡八雙，鵝

率鶵凡十雙，雞率鶵凡十二，又孔雀、鸂鶒、翠羽、喜鵲，俱雌雄隊隊，生動有致。

題款在卷尾。

子昂作與管氏老妻藏。行書二行　押尾朱文趙氏子卬方印

卷前朱文大雅長方印

前界綾朱文蕉林梁氏書畫之印方印　白文棠邨審定方印

後界綾朱文真賞胡盧印　信公珍賞方印　又一印未記。

後接紙，陸簡、文彭二跋，未記。

趙文敏倪高士蘭竹合卷

紙本。二幅合裝。俱墨筆，寫意。與前卷均爲陳壽卿所藏。

第一幅。高一尺一寸四分，長三尺三寸五分。松雪畫蘭竹拳石，蘭葉臨風嫋娜，綽有姿態。題在後。

至大四年九月八日，與行道人從維楊迴越，作此紙與之。子昂。行書三行　押尾朱文趙氏子卬方印

幅前朱文松雪㕘長方印　奇觀聯珠方印　又四印未記。

幅後朱文括蒼周杞方印　句曲外史方印　安儀周家珍藏長方印　式古堂長方印　白文詒晉㕘印方

印　有五印未記。

第二幅。高一尺一寸五分，長二尺七寸。雲林畫晴竹，自左向右，竿葉俱奕奕有神。題在後。

解后海虞姚彦吉，停雲軒裏語移時。眼看春雨春風霽，寫遺湘江玉一支。辛亥閏三月廿五日，寫竹梢贈彦吉徵君，併發子賢高士一笑。倪瓚。行書五行

幅前項墨林等印九。

幅後項氏等印八，均未記。

中界綾。

趙松雪蘭、倪高士竹合裝卷。篆書一行　成邸三印，未詳記。

後另紙，笪江上詩跋，未詳記。

錢舜舉弁峰望雪圖

絹本。高一尺二寸五分，長一丈有四寸六分。工細，著色。山用墨筆小斧劈皴，宫室用界畫。起處山谷藏村，山外四人乘馬，落木成林，紅橋跨水，溪外水閣依山，兩人對坐，山前畫棟連楹，一人獨坐曲廊内，童子捧罍而行，樓上女鬟，倚窗遠眺，山後缺處，飛閣流丹，高踞林杪，山左平臺臨水，飛瀑下垂，石橋通砦，漁樵兩人，一來

一去，茆屋内一人，傍岸泊舟，溪山空濶，對岸村墟幾簇，遥岸高矗浮圖，低連村舍，平林疊巘，近對蘆汀。通體雪景，展卷生寒。無款。

卷後朱文歙鮑固叔審定方印

後另紙跋。

雪溪翁善於設色，故見其青緑卷甚多，而於水墨則未之見也。此《弁山望雪》尤爲精絶，一開卷間，儼然摩詰、營邱筆意。始知胸中既富，則隨所遇而無不精妙者，良可敬羨。思重出示，漫題於後。三橋文彭。行草書八行　押尾白文文彭之印方印

天子中興，冬至瑞雪凡七日。父老云：『數十年僅見，蓋天意有在也。』適展玩此圖，古雪繽紛，不異住峨眉天半矣。史氏青溪主人程正揆。行書四行　青溪崇禎進士，名葵，順治年改名正揆。此當是入本朝後所書。

下角朱文詒硯齋圖書印長方印　鮑氏秘藏方印

雪川錢選，字玉潭，又字舜舉，宋景定間鄉貢進士。元初吴興有『八駿』之號，以子昂爲稱首，舜舉與焉。張雨云：『趙吴興早歲得畫法於舜舉。舜舉多寫人物、花鳥，所寫山水當世罕傳。』《容臺集》稱其『山水師趙令穰，趙文敏曾從之問畫法』。其爲當時推重如此，而山水已稱罕覯，況今又歷五百餘年，其珍重更當何如？昔見江貫道雪景小幅，鈎勒清健，皴法謹嚴，與此圖神似。想見名手筆下，無所不有，又不僅師大年也。《白雲遺稿》

稱：『選嗜酒，將醉醺醺然，心手調和旹，是其畫趣。畫成不暇計較，每爲好事者持去。今有圖記精明，旁附謬詩猥札者，皆贋本。即親作，亦非得意筆。』此卷無款，與其説合。或即半醉時所作與？同治戊辰，竹朋李佐賢跋。行書十七行　押印未記。

外籤題。

錢玉潭弁峰望雪圖。妙品上上。嘉慶六年子月，當塗黃戉題籤。隸書

《書畫舫》云：『舜舉畫山當以《弁山望雪卷》爲最，後有潘嘉等四跋，佳品也。』今四跋已不存，想被市儈割去，別裝僞畫欺人矣。

錢舜舉石勒參佛圖卷

紙本。高一尺二寸二分，長四尺八寸。濃設色。畫人凡四，佛圖澄坐石上，袒露半臂，左手支頤，閉目假寐，跣左足加膝上，右手撫之；對面一人，著淡黃衣，繫赤帶，拱向而立，蓋石勒也；後有隨從二人，手捧符璽；山石坡陀，平鋪芳草，翠竹蒼松，奇花祇樹，前後映帶。款題卷末下方。

吴興錢選舜舉。行書一行　押尾朱文遴□半印

卷前朱文吴興聯珠方印　清輝老人方印　小松氏方印　白文錢選之印方印　雙龍形圓印　黃易之印方印　□沐之印方印　品半方印

卷後朱文杜陵内史方印　神品聯珠方印　白文雙龍形圓印　又半印不辨。

前界綾白文劉喜海印方印

後界綾白文雲心珍賞方印

後另紙跋。

吴興錢選舜舉效趙千里格度，寫《石勒參佛圖澄圖》，人物狀貌殊得三昧意趣，觀之使人皆起歡喜心，真絶藝也。予於修撰虞伯生館偶得一展玩。噫！澄以幻術拘勒，惜不能以大義復晋。蓋方外之徒，不足深議，若繪事之精，信可寶也。渤海吴養浩題。行書七行

押尾白文竹林后人方印

晴窗展圖畫，往事不必言。千金寶一紙，尺璧無瑕痕。勒也何爲者，跳梁我中原。彼澄西域胡，知有佛法尊。變幻多技能，口欲群魔吞。指人以東伐，又指人西轅。吾儒責以義，把此公案翻。塊然一拳石，白日雲霧昏。言之非其人，吾舌當自捫。偶於士龍氏，醉我黄金尊。閒將詩畫意，細與君評論。徐明善。行書八行　押尾朱文游於藝方印

題前白文六舟珍藏方印　幻寓行者方印

題後朱文張爾唯方印

按《書畫譜》載《石勒問道圖》『石勒拱而問，佛圖澄踞石坐，以手支頤而寐。背後作一石壁，盤石松其上，無侍從，石勒背後乃有侍從數人。描是鐵線兼蘭葉，色則輕著青緑。

雖秀勁，乃致不高古。黄濬、陳繹曾跋以爲唐人，非也。當是趙千里』云云。此卷布置與所載略同，佛圖澄背後無石壁，乃舜舉摹千里筆而微有變化者。其運筆之清潔，設色之雅静，則有目所共賞也。同治丁卯新春，竹朋李佐賢跋。行書十行　押印不録。

攷《書畫彙考》有《名畫大觀册》，第五幅亦《石勒問道圖》，與此大同小異，旁多一擎杖童子，此無之。

錢舜舉花鳥卷

絹本。高一尺二寸八分，長八尺六寸。設色，工筆。前畫黄雀凡六，争踏竹枝墮地；中畫翠竹黄花，上有草蟲；後畫野花傍石，鶺鴒凡四，作鳴食狀。題在後。

霅溪翁錢選舜舉畫。行書一行　押尾朱文舜舉方印

卷前白文□□之印方印　□□山人方印

卷後朱文沈度方印　又方印不辨。

後另紙題跋。

錢舜舉當勝國時，爲『吴興八俊』之一，高蹈不仕，其人品直在趙魏公之上。繪事妙臻神品，片楮寸縑，流傳人間，奉爲拱璧。予友陳雨泉所藏《鶺鴒卷》，形神并得，世不多覯者。予覽之心眼快絶，輒書數語於左，以俟世之鑒者識焉。延陵吴奕。行書□行　押尾白文

葉鄉居士方印

深院朱欄覆錦茵，百花開盡竹枝新。鵪鶉滿地多馴狎，飲啄優游不避人。江盈科題。真書□行　押尾白文盈科之章方印

錢舜舉，字玉潭，家世霅川。花木、翎毛師黄荃，人物師刁光澈，山水師李成，鶴師薛稷，龍水師孫位，資諸家之善而兼有之。此畫《鵪鶉卷》特其緒餘耳。藏者珍重，勿視游戲之具已也。茂苑文嘉。草書□行　押尾白文文嘉方印　□文玉磬山房方印

書畫鑑影卷五　卷類

元

黄大癡江山勝覽圖卷

紙本。尺寸失記。昔年見而未録，兹從《愛吾廬書畫記》録出。云起處山勢陡插，上下蟠際，横空中斷，大峰涵蓋，微露一角，攝入雲氣，遂令空處全實，靈境幻化，迴非恒想所到；陡落東趨，長橋跨水，連山又起，峙而向西，迤而向東，澄波渺茫，汪汪萬頃，遠山浮出天表，似與風帆上下，近山見頂，迢遞相續，起伏三峰，兩峰西峙而東迤，一峰東西迤；自是以至幅盡幾十尺餘，頑巒峭壁，盤紆交錯，間開罅隙，遠渚近岸，沙水縱横，稍稍可見蹊橋複沓，舟行出没。山亭野屋，長林古木，信手點綴，殆盈千億。或巨峰逾尺，鈎勒略施而不嫌其簡；或礬頭數寸，皴捺稠密而不嫌其繁。直以古篆籀之意運之，不知是畫。題在後。

余生平嗜嬾成痴，寄心於山水，然得畫家三昧，爲游戲而已。今爲好事者徵畫甚迫，此債償之不勝其累也。余友雲林亦能繪事，伸此紙索畫，久滯篋中。余每遇閒窗興至，輒爲點染，迄今十年餘，以成長卷，爲《江山勝覽》，頗有佳趣。惟雲林能賞其處爲知己。嗟夫，若此百世之後，有能具隻眼者，以爲何如耶？至正戊子十月，大癡學人黄公望。行書□行

押尾白文一峰道人方印　朱文公望方印

卷前後乾隆内府兩璽、質莊親王印、倪氏耕逸印、項墨林二十八印，俱未詳記。

後界綾跋。

此黄大癡卷清秘閣中物，厥名甚重，其樹石則意類五代人畫。東園載酒西園醉，摘盡枇杷一樹金。雲腴叟邢侗。行書□行　押印一，未録。

後另紙題。

依微沙際路，飄飄江上舟。名山少文畫，壯歲子長遊。揮杯自酣適，清詠以消憂。且盡兹晨樂，明朝非所求。子久契友雅志林壑，潛心於繪事，此卷爲予十載而就，自名『江山勝覽』，生平得意之作。岷山萬里，翠黛峩峩，浮屠野店，曲徑崎嶇，令人復有楚游之想。其用筆高古渾厚天真，大似晋唐規格，清秘閣中足供老眼耳。因賦五言并識其後。己丑春三月五日，嬾瓚。行書□□行

余生平服膺者子久，所見真蹟甚多，而此爲傑作。其用筆則疎密相稱也，其用墨則躁濕相和也，其氣韻則淋漓渾厚，而天真爛漫之趣流溢紙外也。内府有子久《江山勝覽》長卷，予每見流連，有觀止之歎。是卷足與頡頏，端伯跋洵爲知言。藏之者

可弗珍若拱璧哉？乾隆辛卯八月望後二日，茶山外史維城跋。行書□行　押尾朱文茶山長方印

又有北平李氏恩慶、古建康蔡宗茂、平定張穆諸跋未録。

黄大癡秋山無盡圖卷

紙本。高一尺四寸八分，長一丈二尺七寸。著淺絳色。開卷亂石縱横，孤峰特起，樓閣矗於山腰，村落隱於山麓，橋梁沙磧，喬木平林，互相映帶；中幅村居迤邐，峻嶺崇山，皴法任筆揮灑，淋漓滿紙，山半紅葉青松，叢雜耀目，闌干曲折，上著方亭，俯瞰全景；後路山勢漸低漸小，淡淡作收。題款在上。

大癡老人作，時年七十有六。行書□行　押尾朱文子久方印　朱文公望方印

卷前□文玉屏山房書畫之記　思園秘玩　石田　項墨林父秘笈之印　無聲之詩　子固父印　□園鑑賞　昆虔過眼　静儀過眼　竹窗　端伯氏

卷後□文邢氏子愿　茶山審定　孫士經　正揆　江村　牧翁　石谿　蘭陵女史　諸印均未詳記。

後界綾跋。

此卷《秋山無盡》，乃黄子久生平最豪縱淋漓爛熳之作，經山僧無生持海上乞董宗伯題

品。過虞山，錢宮詹遂以二十千收之，後從余易《洛中耆英圖》。圖中記文、詩篇、會約，皆司馬君實相公一手墨蹟，而畫像設色特生動簡要，蓋神品也。癸未夏山居展玩，因附記卷尾。偈菴嘉燧。行書□行　押尾□文孟陽方印

又另紙跋。

一峰横卷行世者最少，所稱《富春山》與《江山勝覽》予得見之，且有摹本。今《勝覽》已不可復存，而《富春》入泰興季氏，亦非全玩矣。此圖筆意與《勝覽》相彷彿，淋漓得意，非老手不能，可寶也。青溪道人撰題。□書□行　押尾白文程正揆方印

余家有趙文度《溪山無盡圖》，畫卷高不盈尺，長二丈許，題云『仿一峰道人筆』，筆意蒼秀，巖壑深遠，對之足以忘倦。今從壇長先生獲觀一峰真蹟，乃知文度生平得力在此。康熙甲午中秋，獅峰沈宗敬識。□書□行　押尾白文沈宗敬印方印　朱文南季氏方印

先太常司農畫皆得力於一峰，家法相承，妙有神契。余畫頽唐不足仰追先軌，而目擊道存，時或領會萬一。此卷爲毘陵張玉川先生所購藏。玩其用筆，於生硬處見純熟，細密處見渾淪，縱横夭矯，無不如志，爲一峰晚年得意之作無疑。自非玉川不能喻其妙，非余亦不能喻玉川之所喻。然則此卷之歸玉川，余之得觀於玉川也，人耶？天耶？乾隆辛卯正月人日，蓬心王宸識。行書□行　押尾□文王宸之印方印　□文紫凝方印

吴仲圭竹木卷

二幅，俱絹本。

第一幅。高一尺四寸五分，長六尺五寸五分。墨筆。畫竹。自題。

晴霏光煜煜，曉日影曈曈。爲問東華塵，何如北窗風。梅道人作。草書三行　押尾朱文梅華盦方印　白文嘉興吴鎮仲圭書畫記方印

畫竹梢兩竿，向右作隨風欲偃之勢。

余作求趣，正所謂『意足不求顔色似』者也。

畫竹一竿，向左作帶雨之勢。

幅前白文世澤堂珍藏長方印　堂印半方印

幅後白文萬世德印方印　世忠孝家方印

第二幅。高一尺五寸，長六尺九寸七分。墨筆。寫竹木。自題。

梅道人戲筆也。草書一行　押尾朱文梅華盦方印　白文嘉興吴鎮仲圭書畫記方印

畫竹梢一枝，古木一株，雙枝歧出，大葉離披。

墨竹之法，公家有息齋李學士衎□□譜，備言其詳，豈在山野贅辭，但欲以□摹其彷彿。息齋《譜》中亦言宗文洋州之趣，蓋文竹近處絶爲稀少，倘遇好事家出示，多贋

欠真，所令學人慕向不堅，所以異其筆法也。與可之竹，大概出於自然，不求形似，與世畫工，略不相入。但傳與可之名，不見真蹟者多。縱遇真蹟，又涉狐疑臆度。嘗會之家，如胸中流出，則易於驗辨。如其依他人議論，徒爲喋喋評詳，貽笑於大方之家多矣，余之謬言亦多矣。但功力入筆研文字之餘，久久學純熟，與筆墨兩忘，自然見文洋州之趣，元不費力也。至正元年秋九月，梅花老朽戲書。行書十四行　押印二，同前。

後另紙跋。

仲圭《墨竹卷》，每書畫分段，所見不一。此二段多寫竹木，皆屬殘縑不完，余合裝成卷。雖吉光片羽，彌足珍重，微論畫筆之超拔，即題字亦屬無上妙境。元代書名，松雪最重。然松雪學王書得其圓潤，仲圭學王書得其超脱，其凌厲無前之概，惟唐之孫過庭、宋之米元章可與抗手，松雪固未能肩隨也。同治戊辰冬日，利津李佐賢跋。

吴仲圭墨竹卷

絹本。高一尺，長一丈餘，未詳記。書畫四段。墨筆，寫意。

第一段。

文與可授東坡《墨竹訣》云：『竹之始生，一寸之萌耳，而節葉具焉。自蜩腹蛇蚹，至于劍拔十尋者，生而有之也。今畫者乃節節而爲之，葉葉而累之，豈復有竹乎？故畫竹必先成竹於胸中，執筆熟視乃見其所欲畫者，急起從之，如兔起鶻落，少縱即逝矣。』與可之教余如此，余不能也，而心識其所以然而不能然者，内外不一，心手不相應，不學之過也。且坡公天資迥異，尚以爲不能然者，不學之過，况它人乎？故畫竹必先得成竹於胸中，然後可以執筆熟視，以追其所見。不然，徒執筆熟視，將何所見而追之耶？古今作者雖多，得其心者或寡，不失之於簡略，必失之於繁雜，麤俗狼藉，不可勝言。惟與可挺天縱之才，筆有神助，妙合天成，聚散得中，繁簡合度，故學者必自法度中來始得。梅華道人録。行書□行

押尾朱文梅華盦方印　白文嘉興吴鎮仲圭書畫記方印

第二段。畫風竹兩竿并題。

意足不求顔色似，前身相馬九方臯。此簡齋之詩也，可謂知其道者也。梅華道人。行書□行

押印二同前，下二段俱同。

第三段。畫風竹五竿并題。

風來思無限，雨過有餘涼。睠彼古君子，猗猗在沅湘。梅花道人。行書□行

第四段。畫土坡上竹四竿，露下根節，不露枝葉，又小篠及筍各二，并題。

未出土時先有節，便淩雲去也無心。梅華道人戲墨。至正九年五月十三日也。行書□行

卷後白文梁章鉅鑑賞印方印　又鑒賞四印，不備録。

吴仲圭墨竹卷

絹本。高一尺一寸，長二丈五尺七寸。絹凡三接。墨筆。寫竹。每段自題。

第一段。

墨竹位置如畫竹，幹、節、枝、葉四者，若不由規矩，徒費工夫，終不能成畫。濡墨有淺深，下筆有輕重。逆順往來，須知去就，濃淡麤細，便見榮枯。仍要葉葉著枝，枝枝著節。山谷云：『生枝不應節，亂葉無所歸。』使一筆筆有生意，面面得自然，四向團欒，枝葉活動，方爲成竹。古今作者雖多，得其門者或寡，不失之於簡略，必失之於繁雜。或根幹頗佳而枝葉謬誤，或位置稍當而向背多乖方，或葉似刀截，或身如板束，麄俗狼藉，不可勝言。其間縱有稍異常流，僅能盡美，至於盡善，良恐未暇。獨文湖州挺天縱之才，比生知之聖，筆如神助，妙合天成，馳騁於法度之中，逍遥於塵垢之外，從心所欲，不踰準繩。故余一依其法，布列成圖，庶後之學者不隱於俗意云。梅道人筆。草書二十七行　押尾朱文梅華盦方印　白文嘉興吴鎮仲圭書畫記方印

畫晴竹大小二竿，小仰而大俯。

第二段。

菲菲桃李花，競向春前開。何如此君子，四時清風來。梅道人戲墨。草書三行　押印二，同

前。以下各段俱同。
畫風竹竿，二順一逆。
第三段。
風來聲謖謖，雨過色涓涓。梅道人戲墨。草書三行
畫雨竹一竿。
第四段。
晴霏光煜煜，曉日影曈曈。爲問東華塵，何如北窗風。梅道人戲墨。草書三行
畫晴竹一竿。
第五段。
亭亭月下陰，挺挺霜中節。寂寂空山深，不改四時葉。梅道人戲墨。草書四行
畫風竹二竿，一逆一順。
第六段。
落落不對俗，涓涓净無塵。緬懷湘渭中，歲寒時相親。梅道人戲墨。草書四行
畫露竹一竿。
第七段。
擬與可筆意。草書，無印

畫竹稍一枝，不露根節。

第八段。畫叢竹五竿，露根不露枝葉，護根僅露細篠。題在後。

至正十二年九月十一日。草書一行　押印二，同前。

卷前朱文乾隆　御覽之寶長圓璽　石渠寶笈長方璽　吴槑谿氏鑒定長方印　界綾押縫朱文一艸亭長圓印

卷中第一段下白文永瑆方印　皇十一子永瑆鑒賞古畫真蹟珍藏之印方印

卷後朱文真賞長方印　十壹壺盧印　漢陽吴氏藏書畫印記方印　白文欲知古問高君方印

界綾押縫朱文延陵槑谿氏鑒賞之章方印　皇十一子方印　白文瑆方印

後另紙跋。

書畫一以貫之，未有不工書而善畫者，畫竹尤其顯焉者也。墨竹自與可而後，一代著名者不過數人。豈非以善書者難，故善寫竹者亦倍難與?昔人謂:『東坡竹妙而不真，息齋竹真而不妙。』若仲圭墨戲，亦真亦妙，直欲合蘇、李爲一手，良由書法得晋人三昧，故畫亦臻上乘也。同治戊辰冬重閲因題。李佐賢。

吴仲圭墨竹卷

絹本。尺寸失記。墨竹。逐段自題。

第一段。雨竹三竿，枝葉下垂。題在後。

孔子適衛，公孫青僕子在渭園。有風動竹，簫瑟團欒之聲，欣然亡味，三月不肉。顧謂青曰：『人不肉則瘠，不竹則俗。汝知之乎？』梅道人寫至此，遂寫竹以破俗云。行書□行

第二段。亦雨竹二竿。題云。

移居每愛竹爲隣，見畫無端思入神。自是橡林多雅趣，胸中往往出清新。此國器詹進士題余墨竹詩，漫録于此也。梅道人戲墨。行書□行

第三段。晴竹一竿。題云。

海岳菴中夜醉過，紙粘雪壁興如何。一竿從地不見節，慙我學人難似坡。老坡嘗夜過米元章海岳菴中，米出澄心堂紙一幅求作墨竹。坡乘醉令粘紙於壁，以筆蘸墨，一筆從地直埽至上，竿不用節。米問：『何以無節？』坡曰：『望竹何曾見節。』寫畢，米珍藏，品爲名畫，後爲都尉王晋卿易去。梅道人戲墨。至正十五年八月晦日。行書□行　押印仝前。

卷後白文李爵之印方印　坦園珍賞圖書方印

卷前鑒賞印三，不辨。

王叔明樂志論圖卷

紙本。高一尺有八分，長六尺三寸五分。紙凡三接。墨筆，寫意，石皴披麻。卷前石

畔小橋，溪水前注，過橋松竹雜樹，山石環繞，茅屋三區，疎籬映帶，窗外一僮捧膳，一僮隨行，一室案陳三豆，前設小几供香鼎，一室懸竹簾，老者據案而食，童子進饌，一亭臨水，三人席地，杯盤羅列，一童侍側，亭左稻塍如罫，斜跨平橋，橋右一人坐釣，旁艤一舟，橋左二人坐話，松楓竹杉，中翳連楹，高山後峙，中堂一人撫琴，隔籬一客聽琴，旁屋宏敞，五人席地列琴，一人旁立，叢萱傍砌，繞以曲欄，後作連山，澗水曲注。卷中題一段，又書仲長統《樂志論》全篇，作五段。與下卷皆陳壽卿藏。

樂志圖。黄鶴山人王蒙叔明畫。篆書三行　押尾朱文王叔明章方印　白文王蒙印方印

書論第一段，在前下角水中。

使居有良田廣宅起至妻孥無苦身之勞止　篆書七行

第二段，在稻塍上。

良朋萃止起至戈高鳴止　篆書九行

第三段，在山上。

風乎舞雩之下，詠歸高堂之上。篆書三行

第四段，在山上。

安神閨房起至發清商之妙曲止　篆書十行

第五段，在澗上。

逍遥一世之上起至豈羨夫入帝王之門哉止　篆書八行

卷前朱文垢道人程邃穆倩氏方印　旅亭長方印　曾爲周元亮氏收藏方印　白文觀古齋方印

卷後朱文皇十一子成親王詒晉齋書畫印方印　陳氏登善堂書畫記長方印　方邵村曾觀方印

奕繪子章方印　皇曾孫觀古齋妙蓮居士子章子奕繪印方印　白文周亮工敬覽方印　雪堂蔡嘉圖書方印　何氏元朗方印　緜億之印方印　程邃之印方印

前界綾朱文南韻齋印方印　觀古齋鑒賞書畫記方印　白文榮郡王方印　子章方印

後另紙跋。

王叔明《樂志論》，筆法全師王右丞，踈蕩而不病於放，緜密而不嫌於弱。無趙善長輩俗陋之氣，信如倪元鎮詩云『王侯筆力能扛鼎，五百年來無此君』，非真賞之士不能爲此言。嘉靖甲子夏五月，王穉登題。字體、行數失記，下俱同　押尾白文王穉登印方印　白文青羊君方印

叔明籀筆師《石鼓》，與畫法當稱雙美耳。後三日穉登重題。　押尾朱文穉登聯珠方印

嘗見何元朗言此卷藏雲間張黄門家，想慕踰十年而始見於此。快甚！又題。七月廿二日，穉登。　押尾白文王仲方印　朱文登方印

頃見無錫談參軍家一横幀，乃是著色，亦此圖。法用顧凱之，與此卷微不同。萬曆甲申秋八月重閱因書。穉登。　押尾朱文登道人方印　白文半偈頭陀方印

跋前朱文陳氏登善堂畫記長方印　白文程氏家藏方印

□癡從嘉禾來，得之項氏。項氏用印信贋本紛云，畫家、賞鑒家多耳食，彼真筆出時，人皆燕石之矣。此本其捉刀者見凡五六矣。此本真華冠牟尼，即篆書亦在第一乘。老遲洪綬書於護蘭草堂。辛卯孟冬。　押尾白文陳洪綬印方印　朱文章侯方印

古今文章翰墨，遭逢賞識，確有理數。苟不遇至性針鋒篤好者，恒罹刼灰，何可勝計。此卷初藏何元朗，嗣爲王百谷反覆贊歎，發明諸家鑒别源流與作者書學畫學之神髓無遺憾。俄而傳舍，得叔遠項君寶全。不數年，繇陳章侯爲周元亮有，忽而歸張稺菴。余每相從，拍案叫絶。稺菴感動，謂余百凡討論，入心入手，無隱無飾，輒相讓以從余所好。其還里之日，以漢玦、宣鑪納行李。交友脱贈，相重之道復如此，誠不負古人，可告後人也。垢道人程邃跋。　押尾白文程邃方印　朱文穆倩方印

後跋朱文南韻亝印方印　白和氏真賞方印　白朱文奕繪聯珠方印　白文詒晋亝方印　棠村審定方印

往余家藏有叔明先生畫《喬岳初秋》與《秋山蕭寺圖》，孟氏售之吴門徐若水，其《南邨草堂圖》則余質之里中曹瞻明，俱以力綿不能復歸。嗣後廿餘年，見黄編修家出二卷，一蘇文忠書《前赤壁賦》，一黄鶴山樵畫此《樂志論圖》。時均議值，蘇卷以膏腴十畝、銅三百斤、宋板《資治通鑑》百本，共作價一百兩，又現權叁拾兩易之。此圖卷亦議以現權八十兩，勿之許而去。歲餘輒聞賊破京師。又歲餘，禾城兵潰，一燹蕩然，人民流散，遑問法書與名畫乎？余所購蘇卷質之高寓公，已不復取，而詎意閲又五載，忽得是

圖，重持問余。遂留之，價遜前矣。迺知神物與人相合，定有夙緣，不可强也。越旬日，又遂於福城禪房見前朝内藏黄鶴山樵畫《浄漚室圖卷》。筆不逮於此，而神圖僧象，品不及山林隱逸之致爲高。已爲天府墨寶，非際玄黄人間，未易覯此矣。則是圖卷當何如鄭重耶？己丑三月修禊後三日，項聲表識。時用白銀拾伍兩、漢玉玦壹枚、宋霧璧壹架、影木書廚壹對相易。〔一〕

古人身負盛名，技必兼精。叔明畫無論已，觀其籀書之妙，豈後學所能彷彿點畫者乎？賞玩斯理，非潛心涵泳咀味，未許近道也。雨窗暇展，不能已於嘆賞，研畫一墨題之。己丑新夏，項叔遠。

跋後朱文皇十一子成親王詒晋齋圖書印方印　繪方印　白文綿億之印方印

予昔購黄鶴山樵《聽雨樓圖》於宋牧仲之裔，白金五百兩。畫筆較此《樂志論圖》則老，而元明人題跋真贋參半。遭割裂攙雜，非完卷矣。此圖與趙臨《黄庭經》絹本，有人寄賣諸城劉石菴相國處，予以百六十金得之。松雪楷法至《黄庭》卷可謂觀止，此圖籀法與繪事之精妙俱極致。王百穀、陳老連、程穆倩及項氏二跋皆完，尤無遺憾。且舅甥妙蹟同日而得之，亦奇遇也。叔明遭亂，隱居不爲降志，卒以胡惟庸家觀畫而瘐死。法莫濫，命莫冤矣。余曾見内府所藏叔明《聽松圖》，實上品也。嘉慶辛酉七月望，成親王識。　朱文永瑆之印方印後有榮郡王觀款一行，跋一段，未録。

校　記

〔一〕下文原書接項聲表跋未分段，今徑改。

王叔明天香深處圖短卷

前額。

天香深處。篆書大字

劉侃書。行書一行　押尾白文劉侃印方印　朱文九峰道人方印

額角朱文曾藏周亮工家長方印

圖紙本。高一尺二寸二分，長四尺九寸五分。淡色，寫意。坡石玲瓏，後依雙峰，峰前木樨十一株，繞堂飄香，堂内几上置書，主人持卷，一童捧書侍立，堂後有廊，山左略彴通徑，一人乘舟前來，榜人在後。原題在卷前下右，御題在上中。

鶴山老樵蒙。真書一行　押尾白文王蒙印方印

葉自青青花自黄，披圖千載發天香。傳神不朽宜斯在，未必周家永占堂。癸未仲秋，御題。

行書八行

押尾白文幾暇怡情方璽　朱文乾隆宸翰方璽　又鑒賞五璽，未詳記。

卷前白文林遴廷章方印

卷後朱文林氏彥章方印　趙國秉方印　白文清真山人莊方印

後另紙跋。

天香深處堂記。

植物之於人，五七載十載止矣，鮮克終其身，至一世二世繼者，尤未見其人。此正謂娛目契心，若菊與蓮於栗里營道，與雜於姚與魏者。至保其家學業門閥一世二世及八九世，歷國三姓，幾四百載不變，子孫繼之不改，若郡之周氏之桂，千百不一見！周氏之桂，在宋東京時亭之以『天香』，堂之以『仙桂』，而又樓之以『天雨清芬』矣。金歷宋歷元及今，周氏徙居吴，其孫敏所居復有所謂『天香深處』者。敏謂余言，其祖諱武仲者，登宋哲宗紹聖四年辛丑進士，五子又同登元符進士第。堂與樓亭相繼建於紹聖、元符間，自今癸丑上溯六甲而得辛丑，三百三十六載矣。至敏九世矣，又能復舉進士、典教官，桂無恙也。其流芳之遠，固非娛目契心一時者比。是可尚也，千百不一二見也，非五七十載止也！敏之言乃曰：『方建樓與亭堂時，吾族方盛大，吾祖歷官吏部尚書，居室宏麗高爽，極一時之盛，吾父祖尤能聞之長者。宋南渡，周氏居吴，累世至敏，以清約自守，所居卑陋不能繼先世，敏不肖莫大於是。先生幸有以教我。』嗚呼！富貴在天，學業在己。故可勉以同者，人事；不可强而同者，天道。可同者人，故能同於四百載之後，越九世而不難；不可同者天，故雖欲自其身以及其子若孫而不易。君子於此，固當樂道觀化，而知外物爲不足恃也。雖然，余聞『善守必通，能屈者必伸』，四百年間周氏可謂善守而能屈矣，能無通且伸乎？叔明王君既畫天香深處堂，予因題其牓者云。河東張翥。行書三十三行　押尾朱文河東張翥方印　白文寸心千里方印　朱文翰墨游戲方印

邃館隱重岡起至古今書在榻止　至正庚申九月，隴西李祁題。隸書八行　押尾朱文隴西李祁方印

金飈動天闕起至尚擬登雲逵止　曩余與遜學同對制策起至清河張達善止　草書九行　押尾朱文張達善印方印

右王叔明所作起至石亭陳沂止　行書四行　押印二，未記。

王叔明松窗讀易圖卷

前額。

黄鶴山樵松窗讀易圖。篆書大字

吴郡李瑶題。行書一行　押尾朱文老寶長方印　白文明經博士方印

畫紙本。高一尺一寸四分，長五尺四寸七分。著色，寫意，山皴用毛筆。前路一客過橋，橋左崇岡疊起，松竹成林，林下茆屋兩間，一人坐而讀《易》，一童旁侍；後半峰

巒迤邐，村落隱現。題在上。

松窗讀易。至正己未穐日，黄隺山人王蒙。篆書三行　押尾朱文王蒙方印　朱文叔明方印

卷前朱文妙吉祥盦長方印　白文寶之過眼方印

卷後朱文孫億世□傳之寶長方印　楊克平氏方印　弘氏子瞻書畫之章方印　妙吉祥盦長方印

後另紙跋。

引首朱文碧桐軒長方印

遠山潑黛摩蒼空，近山疊翠高巃嵸。中有白雲如匹練，連蜷舒卷迷西東。猶是巍峩泰山嶺，蒼松鬱秀若老龍。人家倚傍松間住，茅茨矮矮君可容。君家手持《周易》讀，坐向松窗近緑樹。山深市遠人蹟稀，雞犬猿隺相親處。我昔讀書溪山間，飽看翠紫浮螺鬟。池邊洗硯觀魚躍，松下吟詩待鶴還。一從膺薦走千里，眼中看盡佳山水。每逢奇處輒徜徉，如在丹青畫屏裏。于今見畫心悠然，却憶王維寫輞川。不知何處有此景，我欲移家營數椽。澄波道人釣鰲叟逵題于碧梧軒中。行書八行　押尾白文釣鰲叟印方印　朱文勝果之章方印

引首白文白雲軒長方印

鬱鬱泰山松，灑灑崖上竹。廛居遠城市，屣脱去塵俗。朝觀碧山爽，夕看透窗緑。窗間有君子，細把《周易》讀。奇哉黄鶴生，繪入丹青軸。此畫非輞川，像出王維族。讀《易》松窗下，圖史清風續。嗟呼丹青在，物永人何速。感今更懷舊，歲月如轉轂。倘遂

江南游，是處我當卜。乎 臨川吴澄書于白雲軒之北牖。行書五行 押尾朱文艸唐方印

趙松雪畫冠絶古今，叔明於松雪爲甥舅。寫此《松窗讀易圖》，用意幽閒，筆法灑落。雖不似于趙千里輩青緑之飾，其淺淡雅素之妙，自是一家丰度，宜與松雪翁竝馳繪圃也。伯庸億世傳之，毋忘其始。至正丁酉二月八日，鄭元祐識。行書八行 押尾白文元祐方印 白文真際書印方印

引首白文樂道人善方印

古來江南山水好，層嶂疊峰青不了。上有白雲時往還，下有清谿正環繞。蒼松古檜挂煙蘿，孤鶴窮猿下林杪。石岩千仞高嵯峨，中藏草堂何深窈。高人愛此卜幽棲，買田築室擬終老。林頭多貯聖賢書，倚窗謾讀肆窮討。野服芒鞋瘦竹筇，徜徉樂處人知少。嗟予失脚走紅塵，十年風雨長安道。今雖解組歸已遲，城居未免人事擾。見畫忽教心所慕，吾得卜居方適抱。揮毫特爲一長吟，才薄非誠聊草草。正統甲子夏四月朔，宜黄吴餘慶書。行書十行 押尾白文龍虎榜史方印 朱文載道山農方印

奇物之在兩間者何限，然其顯晦，有遇有不遇焉；顧人之求者亦可限，其得其其點去失，亦有幸有不幸焉。噫！莫非有造物者主於冥冥耳。余初在 秘閣，辱楊太史檢此相示，余深慕之。今及廿載，何意孫君一旦携贈，欣愛而閲，怳若夢中，誠不世之遇耶！豈奇物之淪落已久，兹當顯名於世，余幸而得之耶？殆生平難必之事，而余適當其會也。守而傳之則已，銘之不朽矣。正德乙亥春三月上浣之吉，荆溪尚志齋逸人玉堂徐溥記。草書十三行 押印一，未記。

陳仲美薔薇圖卷

絹本。高一尺四寸，長一丈一尺一寸。工筆。五色薔薇，第一叢粉白；第二叢深紅、淺紅、黃、白間出，平坡流水，芳草蒙茸；第三叢淺紅，傍石，間以翠篠；第四叢紅黃并茂，亦傍石根。傅色濃麗，運筆秀雅。款題卷後上方。

至大元年戊申初夏，對花寫照。陳琳仲美父。行書三行　押尾朱文仲美方印

卷前朱文方虞瞿氏家藏長方印　白文子孫世昌方印

卷後朱文士元方印　白文高巽志印方印

後另紙跋。

紅刺青莖巧樣粧起至譜入新圖逸興長止　仲美公雅以丹青見稱宇内，每爲趙吴興所賞。此卷乃其爲薔薇寫照，想其吮毫落筆時，優游閑雅，心曠神怡，故能點染如意，描寫逼真乃爾也。因爲賦詩卷尾，聊索名花一笑。河南高巽志識。行書十三行　押尾白文高巽志印方印　朱文士元方印

仲美繪事妙絶當世，論者謂宋南渡二百年後無此畫手，誠非虚語。此卷傅染鮮妍，韻致動人，非仲美名筆弗克到此。藏者秘之。文江楊政。草書五行　押尾白文惟效方印　白文兩臺執憲方印

《畫史會要》稱仲美『山水、人物、花鳥無不臻妙，蓋得趙魏公講明，多所資益，故其畫不

俗』。蔣南沙相國題仲美畫，有『以畫作詩詩細膩，以詩作畫畫入神』之句。蔣固善花卉者，乃推重如此。此卷薔薇交柯接葉，五色爛熳而點染雅静，筆無纖塵，宜乎諸名公之贊賞也。李佐賢題。行書八行　押印不録。

趙仲穆寒山論詩書畫卷

絹本。高一尺五寸四分，長八尺九寸，圖僅三尺八寸，餘皆詩翰。圖墨筆。平坡曲欄，古木七株，葉多雙鈎，樹根有傍石者，寒山禪師坐於樹下，面右向，左手執册，右手作指示狀，對面一僧拱立而聽，又一僧執卷背坐，皆左向，後一童携卷侍立。衣縚紋俱圓轉鬆活，洵屬名筆。款在左下。

吴興弟子趙雍拜寫。行書一行　押尾白文趙雍方印，印蓋字上　朱文仲穆方印

後自書詩一段。

重巖我卜居，鳥道絶人蹟。庭際何所有，白雲抱幽石。住兹凡幾年，屢見春冬易。寄語鐘鼎家，虚名定何益。　巖前獨静坐，圓月當天耀。萬象影現中，一輪本無照。廓然神自清，含虚洞玄妙。因指見其月，月是心樞要。　登陟寒山道，寒山路不窮。谿長石磊磊，澗濶草濛濛。苔滑非關雨，松鳴不假風。誰能超世累，共坐白雲中。　白雲高嵯峨，緑水蕩潭波。此處聞漁父，時時皷棹歌。聲聲不可聽，令我愁思多。謂誰雀無角，其如穿屋何。

出生三十年，常遊千萬里。行江青草合，入塞紅塵起。鍊藥空求仙，讀書兼詠史。今日歸寒山，枕流兼洗耳。　昨夜夢還鄉，見婦機中織。駐落一字若有思，擎梭似無力。呼之回面視，況復不相識。應是別多年，鬢毛非舊色。　有鳥五色文，棲桐食竹實。徐動合和儀，鳴中施禮律。昨來何以至，爲君暫時出。儻聞絃歌聲，作舞欣今日。　自在白雲間，從來非買山。下危須策杖，上險捉籐攀。澗邊松常翠，谿邊石自斑。友朋雖阻絕，春至鳥關關。水清澄澄瑩，徹底自然見。心中無一事，萬境不能轉。心既不妄起，永刼無改變。若能如是知，是知無背面。　常聞漢武帝，爰及秦始皇。俱好神仙術，延年竟不長。金臺既摧折，沙石遂滅亡。茂陵與驪嶽，今日草茫茫。　寒山唯白雲，寂寂絶埃塵。草座山家有，孤鐙明月輪。石牀臨碧沼，虎鹿每爲鄰。自羡幽居樂，長爲象外人。　花上黃鶯子，關關聲可憐。美人顏似玉，對此弄鳴絃。翫之能不足，眷戀在韶年。花飛鳥亦散，灑淚春風前。君看葉裏花，能得幾時好。今日畏人攀，明朝待誰埽。可憐嬌豔情，年多轉成老。將世比於花，紅顏豈長保。　田家避暑月，斗酒共誰歡。雜雜排仙果，踈踈圍酒罇。蘆莦將代席，蕉葉且充盤。醉後措頤坐，須彌小彈丸。　有樂且須樂，時哉不可失。雖云一百年，豈滿三萬日。寄世是須臾，論錢莫啾唧。《孝經》末後篇，委曲陳情畢。　録寒山老禪師詩十五首。仲穆。行書共四十六行　押尾白文趙雍方印

卷前朱文穆庵秘玩方印　映璣私印方印　白文張足方印

卷後朱文兩半印，不辨。

後另紙跋。

《寒山論詩圖》，畫則工細而兼圓勁，書則流動而兼豐腴，款題趙雍，實與松雪筆墨無殊。吾宗季雲兄好古精鑒，曾見此卷，曰：『世傳松雪有愛子之癖，往往得意之作，反署其子之款。此確係代筆之書畫，非仲穆所能辨也。』余深以其言爲然。利津李佐賢。

道士方方壺□江秋興短卷

紙本。高一尺四寸八分，長四尺二寸八分。寫意，淺絳色。前幅雲山浮動，下映沙磧；中幅主峰高起，皴模糊而界分明，山前杉林，上露梵宇，山脚澗水雙流；後路茅屋臨溪，對面遥山嵐影。題兩段，在前後上角。

□江秋興。隸書二行　押尾白文周大夫方叔之後方印

歲在著雝涒歎八月初吉，時雨方霽，桂香橙黄。鬼谷山人方方壺爲此繪事，以適興也。隸書四行　押尾白文方壺半方印　朱文不□半方印　又半印不辨。

卷前朱文鼎元聯珠方印　伯雅長方印　復徵方印　王乳方印

卷後朱文晴雪齋鑒定長方印　白文乾坤清賞方印　有明王氏圖書之印方印　趙子泗印方印

後另紙題。

題方方壺《雲山圖》。武昌博士延陵裔，去歲相逢今又會。入門示我雲林圖，坐見晴山落空翠。山深老屋何處尋，蒼藤古樹秋陰陰。携尊不埽石上月，解簪欲訪邱中琴。我家只在重崦下，白隺玄猨舊同社。一官羈絆賦歸遲，短髮蕭蕭雪盈把。先生授徒居學宮，雅志亦欲巢雲松。他年問訊藏書室，想在匡廬五老峰。南陽葉見泰。行書八行　押尾朱文武夷山樵方印

方方壺在勝國於趙吳興輩亡所推讓，畫家者流，登之逸品。此卷《江山秋興》，從董、巨、大小米來，而遒勁古雅，别有結搆，非凡筆也。留余山房，時一展翫，以當卧游。吴人王世貞。行書六行　押尾白文王元美印方印　白文天弢居士方印

道士方方壺携琴訪友短卷

紙本。高尺餘，長約數尺，未詳記。墨氣淋漓濃厚，大似二米、房山境界，而别有風味，痕蹟都化，殆詩境所謂『羚羊挂角』、『香象渡河』者耶？款在上。

至正丁未九月廿七日，上清羽客方壺作。行書□行

後有張弼、馬治、周鼎三人題句，又邵寶跋，均失録。

此卷閩中長樂梁氏所藏，予昔年見而未録。今據《退菴題跋》云：『方壺畫居逸品，於松雪輩無所推讓。此卷蒼秀古異，出乎丹青蹊徑之外。邵二泉以爲腕底有靈氣，可謂

知言矣。』

冷啓敬長江無盡圖長卷

前額。

長江無盡圖。隸書大字

嘉靖廿三年春，徵明。行書一行

圖絹本。尺寸失記。金碧工細山水。兩岸青山對出，千巖競秀，萬壑争奇，中作長江，紆洄蜿蜒，目極千里，畫城郭凡五，村落、舟楫、人物不可悉數。卷前有缺損，卷末有款『伯駒』二字，係僞作。

卷末□文王鴻緒收藏印□印

後加紙題跋。

伯駒二字空補，僞作仙人秉巨杠，一時揮洒世無雙。後山雲起嶂西嶂，隔浦帆過江外江。潮退沙淺寒雁集，聲落字遠寺曉鐘撞。畫圖咫尺殊千里，諸老風流久已降。來　至正癸未冬十月，東海倪瓚。行書□行　押尾□文雲林子方印

山深冥冥溪谷陰，怪石突出當重林。迴壑奔流石礧磈，寒霧噴薄浮輕岑。猿猱飛攀山欲立，山崖老樹蒼鱗濕。有客擔簦負長笈，欲行不行驢脚澀。風吹征衣天欲暮，旅館不逢

前阻渡。此際遥知行路難，却向今朝畫中覲。金華柳貫。行書□行

第三段，吴寬跋；四段，沈周跋。均失記。

《清河書畫舫》言：『鑒定書畫須細辨真蹟改造。多見俗子將無名書畫亂題款識求售，或見名位較輕之筆，剜去題識，添入重名僞款。所以法書名畫以無破損爲上。間遇破損處，尤當潛心考索，毋使俗子得行其伎倆。』此卷末應有真款，疑被傖夫裁去，僞填『伯駒』二字。倪詩起句内及沈跋内『伯駒』二字俱甚劣，與通體字跡不稱。且係挖補，確屬僞作，正如《書畫舫》所云。倪詩稱爲仙人，考畫史殊少以仙人稱者，惟宋郭忠恕傳其尸解仙去，然此卷筆意與忠恕不類。元人中惟冷謙得仙傳，且與雲林同時，此定爲冷蹟無疑。按《寓意編》載冷謙《蓬萊仙奕圖》，三丰遇老題云：『龍陽子冷君所作。君武陵人，字啓敬，「龍陽子」其别號也。中統中，年尚少，從沙門海雲遊，書無不讀，天文、地理、律曆、衆伎皆通。至元間，棄釋業儒。觀唐李思訓畫，效之不月餘，山水、人物，悉得其法，而傅彩尤加纖細，由此以丹青名於時。遇異人授以中黄大丹，出示平叔《悟真》之指，悟之如己作。至正間百數歲矣，緑鬢童顔如壯時。天朝維新，君有「畫鶴」之誣，隱壁仙逝。此卷乃至元六年作者，恐後人不識其奇仙異筆，故識之。太師淇國公丘公三丰。』此跋蓋永樂二年也。冷君名謙，洪武初任太常協律郎，名啓敬，或以字行。跋謂『至正間已數百歲』及謂其『隱壁而逝』，誠神仙也。由此觀之，倪、周兩詩跋内所稱當是『龍

陽』二字，傖夫不知龍陽子爲何人，又因其金碧設色，故剜去真款，僞填『伯駒』字蹟以售。其欺誠堪痛恨。昔年余覩此卷於都門廠肆，價未諧，被他人購去，如美人已入沙吒唎。今補記於此，俾後之遇斯卷者庶知其端委云。

女史管仲姬梅竹卷

絹本。高七寸七分，長四尺有五分。墨筆，兼工帶寫。起手土坡，稗篠一叢；中幅平坡戴石，依石梅竹交加；後幅竹林，烟景微茫。通體筆墨簡淡，潔净精微，得月下迷離之景。款在後。亦陳壽卿所藏。

管氏仲姬寫。真書一行　押尾朱文道昇長方印

卷前白文天□閒印

後藏經紙題。

握筆知伊奪化工，消閒游戲墨池中。寒梅綴雪香生月，疎竹凝烟葉倚風。小徑幽然臨石砌，斜蹊清雅護苔封。鑪香裊裊茶烟外，逸興飄然豈俗同。道昇素愛筆墨，每見余尺幅小卷，專意仿摹，落筆秀媚，超軼絶塵。此卷雖係小景，深得暗香疎影之致，故倩予品題，聊綴小詩以記一時之興云。大德二年九月既望，吴興趙孟頫。楷書共九行　押尾朱文趙氏子印方印　朱文趙孟頫印方印

書畫鑑影卷六　卷類

明

宣宗御筆花卉卷

絹本。高一尺二寸二分，長一丈五尺三寸。工筆，設色。分段寫各種花卉。題在卷前之上。

宣德三年夏，武英殿御筆。賜大學士溥。真書五行　中押朱文武英殿寶方璽，璽蓋字上

第一段。紅梅、水仙。題在下。

娟娟湘浴浄如羅，幻出芳魂嚴素娥。夜静有人來鼓瑟，月明何處去凌波。簫疏冷豔冰綃薄，綽約風鬟露氣多。直是靈根堪度世，妖容知不傍池荷。臣屠隆敬詠水仙。行書九行

押尾白文赤水方印

第二段。蝴蝶花。題在上。

蛺蝶枝頭逢蛺蝶，相韓終是此花身。金屏含舞俱迷酒，錦拍歙香總近人。臣沈鼎。隸書七行　押尾白文沈貞吉氏方印　朱文南齋方印

第三段。碧桃。題在中。

百葉雙桃晚更紅，臨窗映竹見玲瓏。應知侍史歸天上，故伴仙郎宿禁中。臣劉珏敬題。真書八行　押尾朱文完菴方長印

第四段。高麗牡丹、貼梗海棠。題在上。

弱態離離弄晚風，含苞纍纍若爲容。如何也竊花王號，搖曳階前蔓草中。敬咏御製高麗牡丹一絶。草莽臣藍仁。草書十行　押尾朱文崇安布衣長方印

第五段。荳花。題在上。

蔬畦雨過荳花肥，蛺蝶紛紛繞徑飛。罌筍堆盤新薦麥，鄉村風味願無違。臣王直恭賦荳花。行書八行　押尾白文王直之印方印　朱文旹儉方印

第六段。梨花、垂絲海棠。題在上。

剪剪輕風漠漠寒，玉肥蕭索粉香殘。一枝遥帶天恩重，分付人間仔細看。敬題御製梨花。臣薛瑄拜手。真書十三行

雨滋霞襯入朱顔，月下疑從姑射還。最是天工多巧思，著將色在淺深間。右詠海棠。臣蘇平。篆書七行　押尾朱文雪溪長圓印

第七段。萱花、薔薇。題在上。

淺粉輕紅漠漠香，纖鈎絲帶不禁長。東林永日窺人處，無事遮伊宋玉牆。臣史鑑賦野薔

薇。行書七行。

第八段。牽牛花。題在下。

古羅衣上金針樣，繡出芳妍，玉砌朱闌，紫豔紅英照日鮮。佳人畫閣新妝了，對立叢邊，試摘嬋娟，貼向眉心學翠鈿。右調《採桑子》，詠洛陽花。臣馬軾。真書十行

第九段。金錢花。題在上。

巧冶都由造化鑪，風磨雨洗好形模。花神果有神通力，買斷春光用得無。臣張寧咏金錢。草書八行　押尾白文静之方印

第十段。番菊。題在上。

秋來蔓草莫相侵，露滴花稍滿地金。若入仙人丹竈裏，還如松有歲寒心。臣周忱恭題御筆番菊。行書八行　押尾白文周忱之印方印　朱文恂如方印

第十一段。芙蓉。題在上。

染露金風裡，宜霜玉水濱。莫言開最晚，元自不争春。臣王恭。行書七行　押尾白文安中方印

第十二段。臘梅、天竹。

卷前白文史氏日監堂藏長方印

卷後朱文海棠巢珍藏印方印

宣宗御筆花卉卷

絹本。高一尺二寸，長九尺五寸。工筆，著色。

第一段。梅花、水仙。

第二段。海棠、木香。

第三段。月季、薔薇、野菊。

第四段。牽牛、罌粟、壽丹、秋海棠、玫瑰。

第五段。芙蓉、剪秋蘿、石竹。題在後。

宣德二年春三月，武英殿御製。賜太監金瑛。□書□行　上押朱文武英殿寶方璽

卷前朱文淞洲方印　庋藏寶玩方印　青笠緑蓑齋藏長方印　白文夏時正印方印　蓮樵鑒賞圓印

卷後朱文河濟世家方印　寄我軒長圓印　白文雲壑布衣方印　尋常百姓方印　豈不懷歸方印

後跋接紙三段，不備録，摘録題款。

草莽臣趙璠識。

明古曾覽於石屋深處。

淞洲再拜奉觀董題。

王孟端竹石長卷

紙本。高一尺四寸餘，長四丈有九寸。紙凡七接。墨筆，寫意。通體石居五分，竹二分，水二分，松枝苔艸一分。石斧劈皴。款在卷末。

洪武十年秋，九龍山人王芾寫。行書一行　押尾白文王韍之印方印

卷前後鑒賞印三，半印二，接縫俱有印，均未詳記。

後另紙題。

雨離披，風婀娜，玉立湘濱百餘笴。何人貌得此君真，後有吴興前與可。與可死，吴興塵，高崖絶壑懷風神。不傳妙處誰傳得，直到我朝王舍人。舍人平生抱高簡，對俗常時爲白眼。金陵月夜聞蕭聲，肝肺槎枒籜龍産。倚牀忽作兩三莖，明日到門驚自返。王舍人，真清真，詩章酷似王摩詰，書法乃師王右軍。其人與竹俱瀟洒，落筆真無與同者。君不見襪材一派落太常，至今猶説崑山夏。王鏊。行書□行

又新喻傅潮題詩一首、北盧陸毅題跋一段、遠湖陸愚卿題跋三段，均未詳記。

戴文進靈谷春雲圖短卷

絹本。高一尺三寸八分，長五尺四寸。著青緑色，工筆。起手群峰合沓，飛瀑流泉；

中段松山對出，大壑宏開，茆屋柴門，背山結搆，兩童立門内外，山左杉林一帶，微露村舍，一客背立平坡，一童隨侍；後段隔水，遥巘平林，危樓獨矗，遠眺空濶。題在卷後上方。

錢唐戴進。真書一行　押尾朱文文進方印　白文錢唐戴氏方印

卷前朱文宜田壺盧印

卷後朱文蕉林玉立氏圖書方印　方觀承印長方印　竹朋鑒定長方印　白文孫承澤印方印

歙許志古家藏方印

前界綾朱文蕉林書屋長方印　白文圖史自娱長方印　蕉林鑒定方印　又圓印不辨。

後界綾朱文石泉主人秘玩方印　白文無棣李佐賢生平真賞方印　押縫朱文河北棠村方印　棠村長圓印　雙□方印

後附原札一紙。

先人讀書之樓曰『東明』，正面靈谷峰，峰之前爲瑶湖之水，樓北有僦雲臺，南爲青雲峰，皆吾郡勝境也。煩大筆作《靈谷春雲圖》，小兒回，藉此以壯行色，留爲子孫珍玩。至懇至懇。辱知大年稟静菴先生久契。行書十行　押尾白文聶氏大年方印

後另紙跋。

錢塘戴進畫入能品，此卷尤其合作。後有聶雙江先生之蹟，亦復遒俊可傳也。聶留心理

學，乃擅臨池之工，豈所謂玩物喪志者，真殺風景語耶？董其昌題。草書八行　押尾白文董其昌印方印

右《靈谷春雲圖》，爲戴進最得意之作，布景設色，可分元人一席。當沈文未興之先，獨享畫名數十年，固其宜也。玄宰先生爲近代墨苑宗匠，稱其爲合作，信不虛矣。惟是跋中誤以大年爲雙江，忘雙江之爲大司馬聶豹也。大年以文士貢入太學，困頓以死，王太宰直曾誌其墓。觀其好畫如此，前輩風流可想見也。癸卯九月，題於芥舟雨中。行書十二行

押尾朱文北平孫氏方印　朱文澤方印

文進畫法探源於馬、夏，而流極於蔣三松、藍田叔輩，遂不免爲世所訾。其實文進之佳作固未可輕議也。昔曾於卓鶴溪少宰處見其山水册頁一開，係寫意畫，風韻獨絕。玆卷乃工筆法，在規矩之中，而神流縑素之外，可謂異曲同工。後經思翁、退谷諸名公題跋。退谷并載入《銷夏記》，稱其『設色布景蒼秀，有宋元大家風』，洵非虛譽。聶書甚有姿趣，董跋亦得意之筆。余得此於歷下，爲稱快者累日。利津李佐賢跋。行書十二行　押印不記。

戴文進臨夏禹玉山水長卷

紙本。高二尺一寸餘，長九丈餘，紙凡九接。著色，寫意。烟雲吞吐，天光蔚藍，似

雨後景色。起處巨岡圓頂，叢木冠之，連山起伏，勢壓下幅，隔岸維舟，一人扶杖過橋，水口又見，山頭林中，庋茆爲閣，兩山交遞，遠樹浮雲，閣外遥峰如摩霄巨刃，以下山勢漸峻，林木紛排，一山横亘類鞍形，山坳行旅二人，高林密篠，山堂野屋，措置石岩土阜之間，大山斜趨，高入雲霄，低臨溪水，山脚緑楊陰翳，茆店數椽，環洲葭菼，水禽對飛，板橋横跨，橋左侍者、騎者、行者凡六人，橋右相揖者，舟中乘者、坐者凡八人，水勢中斷，浩渺無涯，高岸在前，岸有艤舟，一人荷囊獨行，群山露頂，喬松樛木，依山傍水，其勢又斷，長橋相接，虚亭跨橋，山勢愈奇，長藤古木，飛瀑怒湍，蒙茸衝激，寺隔峰顛，坐巖下觀瀑者二人，山勢又斷，重重雲樹，梵舍中藏玄鶴一隻，翻空欲下，以後峰如劍戟，遠山涵蓋，幅末崇巒回顧，灌木叢生，二人傴而負，緣崖序進，起結相應。款在卷末。

錢塘戴進。真書一行 押尾朱文文進方印

卷下鑒藏印六，未記。

姚雲東五臺山圖短卷

前額。

粉飾山林。隸書大字

李東陽。真書　押尾白文輿道軒方印

畫紙本。高一尺一寸，長三尺有六分。水墨，微著色。高峰凡五，群松蔭蔽，峰腰一僧趺坐，上露梵宇浮圖，下有小橋流水。款在左上。

雲東逸史。行書　押尾白文姚公綬印方印

後另紙題。

節彼五臺，盤盤五霞。雖有金梵，流出河沙。陟彼五臺，參我文殊。文殊無言，我獨跏趺。瞻彼五臺，曜靈普光。授偈種種，我心清涼。于彼五臺，香霧窈窈。禪心澄寂，於焉三藐。《五臺》四章，章四句。乙巳春正月，吴興趙金。行書共十六行　押尾白文趙氏淮獻方印　朱文清勝軒長方印　朱文山水中人方印

杜東原山水卷

紙本。高一尺一寸三分，長一丈六尺七寸，紙一接。墨筆，披麻皴。起手山溪作一開合，岡巒回互，村舍橋梁，交相映帶；中幅山稠林密，松亭内一客獨坐；入後遥山幾疊。題在卷尾。

東原杜瓊爲緝熙作。真書二行　押尾朱文杜氏用嘉方印

卷前朱文東原長方印　白文□□私印方印

卷後朱文禧壽堂珍藏印方印　□泉方印

後另紙跋。

是卷爲楊儀曹君謙故物，今歸諸陸子子虛氏。子虛乃貞山給諫族弟，給諫招余觀之，蒼潤清逸，極歎其佳。石田謂東原畫在董元、巨然之間，洵不誣也。相與囑弁數語，假歸展玩旬月，因題於尾。甲辰長至前三日，文仲儀。行書五行　押尾朱文道承圓印

己亥立秋之次日，與二三故人集幼元開襟樓。甘澍時作，涼飔入懷。劇談之餘，展東原此圖，焚香對之，便覺神遊塵壒之外，人生此清燕大適意恐不多得也。紀之。卧庵老人朱之赤。行書五行　押尾朱文之赤方印　白文卧庵道士方印

鳴雨如瀑，虛堂夏寒。攬社東原此圖，西山之雲盡在衣袂，彷彿王馬曹手板支頤時也。庚戌五月，方夏觀因題。真書三行　押尾白文方夏印方印

周東村松谷鳴泉圖卷

紙本。高一尺有三分，長一丈五尺一寸，紙凡兩接。墨筆，寫意，披麻兼斧劈、折帶皴，林木屋宇著色。起處流水高山，松林被嶺，林盡處特起一峰，峰左右俱露瓦舍，峰落處復見松林，一客曳杖，一童携琴，步循山徑，山下大溪，上有飛瀑，縱橫亂落，山重水複，中開一壑，梵舍宏敞，紺宇紅牆，門外兩人，携竿步行，杉林盡處，溪山

平遠，旁艤小舟。題在左下。

東郭周臣。行書一行　押尾朱文東村長方印

後另紙跋。

犬吠石橋邊，竹廬結幽谷。溪喧孤艇横，鳥囀一林緑。複道水潛通，斷崖雲忽續。飯罷時携杖，閒行縱遠目。陳鎏。行書七行　押尾朱文陳子兼印方印

畫法貴得韻致，而境界因之全在縱横揮灑，脱盡畫家習氣爲妙。今觀東村此卷，山水、樹木、屋、人物，種種玅絶，出人意表，有畫學，有畫膽。非兼漁古人之精華，何以有此？昔曾見於荆溪吴光禄，今爲子傳收藏，可謂得所歸矣。當永寶之，非風雅名流，勿輕出眎。萬曆己卯夏仲，展卷三復，漫爲題此。太原王穉登。行書十三行　押尾朱文登方印　白文王百穀氏方印

引首朱文笪圓印

花間茅屋竹間扉，窈窕村深人跡稀。棐几隱囊成獨坐，捲簾但看野禽飛。　幅巾短褐暮寒天，隔岸垂楊繫釣船。爲覓村沽忘路滑，一蓑風雨板橋邊。　絶壁捫蘿看瀑泉，琤琮聲裏洗塵緣。松風忽起吹陰壑，倒掣渾疑落九天。　弄粉調脂競擅場，溪山烟雨獨微茫。披圖擾我煙霞夢，壺嶺如堪一葦杭。江上外史笪重光題。行書十六行　押尾白文笪重光印方印，印加名上

沈石田雪景長卷

紙本。高尺餘，長三丈餘。墨筆，寫意。雪景。前幅修竹成叢，下覆茆亭，亭中二人對坐，亂山叢木，迤邐相屬，兩山間作危橋，橋上一人，持傘而行，峰回處屋宇三間，松竹掩映，屋内有映雪讀書人，門外斜坡，又一平橋，橋左一小亭，亭後屋四間，在山之腰，山前二漁舟，有垂釣者，山壑山麓，疊現山村，峰後兼露梵宇，山左危崖壁立，崖巔又一小亭，下臨大溪，溪中有孤嶼，張帆小舟凡二，溪左亂山争出，山下亦臨水三舟，一鼓棹人、二垂釣人，山缺處又現村落，後幅略彴平架，岡巒重疊。題在卷末。

飛雪滿紙，寒氣可掬。作此長卷，自謂不俗。誰能伴我，倚此釣竹。沈周。行書□行　押尾白文石田方印

沈石田茗溪碧浪圖卷

紙本。高一尺二寸，長一丈二尺八寸五分。淡著色，粗筆寫意。起處斜坡小樹，對岸村居，室内三人，岸上提壺一人，艤舟二，舟中一人，泛舟一，舟中一人，山後板橋朱欄，泉流噴湧，循山一人拄杖轉行，一童隨後，大山高聳，灌木叢生，林右結廬矗閣，閣中人側坐，左臨溪水，坡上兩人坐話，前有垂柳，對岸沙磧，林間梵宮遥現，

遠舟帆影凡三。題在後。

癸巳秋抄〔一〕，寫《苕溪碧浪圖》贈明洲先生。長洲沈周。行書二行　押尾朱文启南方印，印加字上白文白石翁方印

校記

〔一〕『抄』當爲『杪』之誤。

沈石田餘蔭堂圖短卷

絹本。高一尺五寸，長四尺三寸。淡著色，粗筆寫意。畫餘蔭堂，壽母中坐，四孫侍側，又一孫在右室，一童引導前行；堂外喬松數株，山石磊砢，石外板橋，橋邊一客扶杖，一童荷禮物來祝。題在左上。

餘蔭堂，高且樸，中奉祖母安而樂。祖母缺孀字居八十霜，五孫奉養堂中央。飲食衣服口體足，祖母不知身是缺孀字。門前綽楔三丈強，身老名完節更光。姑蘇沈周。行書七行　押尾朱文启南方印　白文白石翁方印

卷後朱文王澍字志霑號雲龍長方印　又朱文方印不辨。

沈石田佳果圖卷

前額。

可以寓意。篆書大字　押尾朱文西涯長方印

額前朱文退密壺盧印　白文宮保世家方印

額後朱文退密壺盧印　項子京家珍藏長方印　項墨林父半印

圖紙本。墨筆，寫意。計二段。

第一段。高一尺一寸，長四尺七寸八分。畫瓜瓤菜筍之屬。無款。

卷前朱文項元汴印方印　子京父印方印　項墨林父秘笈之印長方印　寄敖長圓半印

圖後朱文檇李圓印　項元汴印方印　子京半方印　白文墨林山人方印　項叔子方印　子孫半方印

第二段。高一尺二寸，長六尺五寸。畫蓮藕菱芡之屬。題在後上。

庚申仲秋日。長洲沈周。行書二行　押尾朱文启南方印　白文石田方印

圖前朱文天籟閣長方印　神游心賞方印　白文墨林山人方印　項叔子方印

圖後朱文天籟閣半長方印　項元汴印方印　浄因菴主方印　神游半方印　白文子孫半方印

後另紙跋。

引首朱文枝山長方印

繪事不難於寫形，而難於得意。得其意而點出之，則萬物之理挽於尺素間矣，不甚難哉。或曰：『草木無情，豈有意耶？』不知天地間物物有一種生意，造化之妙，勃如蕩如，不可形容也。我朝寓意其間不下數人耳，莫得其意而失之板。今玩石翁此卷，真得其意者乎？是意也，在黄赤白之外。覽者不覺賞心，真良製也。枝山居士允明。行草書十七行　押尾朱文允明方印　朱文祝希哲方印

跋前朱文墨林聯珠半方印　白文菴半方印　世家半方印

寫生之妙，勝國推錢玉潭先生，王若水屬次焉。至國初，繼無見稱。石田沈先生傑出于成、弘之間，動筆輒臻化境。此卷隨意敷演，宛然畢肖。展閲之餘，神思豁爽，真足爲畫中之仙矣。五湖陸師道。隸書八行　押尾白文陸師道印方印　朱文陸氏子傳方印

跋後白文墨林父八角方印　子孫世□方印　宫保世家方印

明沈周啓南號石田水墨寫生圖二。荷夫、蔬瓜　墨林項元汴清玩。其值叁金。墳字號。行書二行，在卷尾　押尾朱文項元汴印方印　墨林秘玩方印

文待詔書落花詩卷

紙本。高一尺有二分，長一丈有四寸。計沈石田七律三十首，文徵明十首，徐禎卿十首，吕秉之十首。

詠得《落花詩》十首。沈周啓南。

富逞穠華滿樹春起至獨是蛾眉未嫁人止　飄飄蕩蕩復悠悠起至傷春難療箇中愁止　是誰揉碎錦雲堆起至竟因何落竟何開止　玉勒銀罌已倦遊起至懺悔誰能倩比丘止　昨日繁華煥眼新起至丞相知時却不嗔止　十二街頭散冶遊起至孤負新妝倚翠樓止　夕陽無郵小橋西起至歸來直欲滿筐携止　一園桃李只須臾起至小篇聊復記榮枯止　芳菲死日是生時起至飄零今日鬢如絲止　供送春愁上客眉起至墻角公然隱半枝止　小楷書三十一行，下五段俱同

和答石田先生《落花詩》十首。文壁徵明。

撲面飛簾漫有情起至青子梢頭取次成止　零落佳人意暗傷起至惟有歸來屐齒香止　蜂撩褪粉偶黏衣起至綠陰幽草勝芳菲止　悵人無奈曉風何起至別收功實在蠭窠止　戰紅酣紫一春忙起至夕昜應斷水邊腸止　桃蹊李徑綠成叢起至一番無味夕陽中止　開喜穠纖落更幽起至疎雨濃烟鎖画樓止　風裊殘枝已不任起至倒底猶堪藉綺茵止　飛如有戀墮無聲起至不曾緣客掃柴荆止　情知芳事去還來起至笑它蠭蜨尚裵徊止

同徵明和答石田先生《落花之什》。徐禎卿昌穀。

不須惆悵綠枝稠起至可能更管鏡中愁止　狼籍亭臺一夜風起至錯使愁人減玉容止　門掩殘紅樹樹稀起至收拾餘英醉裏題止　歌酒闌干事已非起至羞見殘春寂寞歸止　莫恠傷春意緒濃起至憐取微姿厠幕中止　飄蕩東西不自持起至開費清樽落費詩止　微綠臨窗障讀書起至閒把蕭肅短髮

梳止　流鶯飛絮兩爭忙起至晚陰涼閣賦池塘止　穠華奄忽又飛塵起至豈能長得鬢毛新止　開時纔見葉尖芽起至却教御史管鉛華止

再和徵明昌穀見和《落花》之作。沈周。

百五光陰瞬息中起至今出墻頭西復東止　陣陣紛飛看不真起至慚愧重看是老人止　擾擾紛紛縱復横起至造化從來要忌盈止　似雨紛然落處晴起至短夢茫茫又不明止　春歸莫恠懶開門起至早無人立猒風旛止　芳華別我漫匆匆起至數聲啼鳥夕陽中止　節枝侵曉啄芳痕起至何人翦紙一招魂止　賣叟籃空雨滿城起至一局殘棊不算贏止　十分顔色儘堪誇起至小池新錦看跳蛙止　香車寶馬少追陪起至殘紅收入掌中杯止

和石田先生《落花十詩》。吕憲秉之。

醉拍金樽餞衆芳起至獨負年華過一場止　兒戲人間萬事同起至翟相門頭客子空止　黄四娘家蹟亦陳起至憑仗高樓話句新止　不識春殘更出城起至喚起黄筌爲寫生止　夜聽無聲曉已殘起至樂府宜將此曲彈止　倚杖風前莫嘆嗟起至不道澆愁更用賒止　紛紛舊徑復新蹊起至新恩不戀越來谿止　村北村南只樹林起至始信春宵可換金止　雨打風吹兩折磨起至只有漁郎發棹歌止　達觀除是達人知起至芳罇不誤隔年期止

二答太常吕公見和《落花》之作。沈周。

分香人散只空臺起至謝家惟有一庭苔止　玉蕊霞苞六跗全起至吹滿西興舊渡船止　馬追紅雨倦

游回起至白頭自笑此心孩止　落柄開權既屬春起至薦者公然有錦茵止　打失郊原富與榮起至描寫人間懊惱情止　千林紅褪已如攣起至今年公案又重拈止　昨日才聞叫子規起至暴殄芳菲罪阿誰止　芳樹清罇興已闌起至擁被傷春卧不安止　爲爾裴徊何處邊起至留取銀燈補後緣止　盛時忽忽到衰時起至老夫傷處少人知止

弘治甲子之春，石田先生賦《落花詩》十篇，首以示璧。璧與友人徐昌穀甫相與嘆豔，屬而和之。先生喜，從而反和之。是歲，璧計隨南京，謁太常卿加禾吕公，相與嘆豔，又屬而和之。先生益喜，又從而反和之，自是知者日盛。其篇皆十，總其篇若干，而先生之篇累三十而未已。其始成於信宿，及其再反而再和也，皆不更宿而成。成益易而語益工，其爲篇益富而不窮益奇。竊思昔人以是詩稱者，惟二宋兄弟，然皆一篇而止，而妙麗膾奓，亦僅僅數語耳。若夫積詠而累十盈百，實自先生始。至於妙麗奇偉，多而不窮，固亦未有如先生今日之盛者。或謂：『古人于詩，半聯數語，足以傳世。而先生爲是，不亦煩乎？豈尚不能忘情於勝人乎？抑有所託而取以自況也？』是皆有心爲之，而先生不然。興之所至，觴物而成。蓋莫知其所以始，而亦莫得究其所以終。其積累而成，至於十於百，固非先生之初意也，而傳不傳又何庸心哉？惟其無所庸心，是以不覺其言之出而工也。而其傳也，又奚厭其多耶？至於區區陋劣之語，既屬附麗，其傳與否，實視先生。璧固知非先生之儗，然亦安得以陋劣自外也。是歲十月之吉，衡山文璧徵明甫記。小楷書二十三行　押尾朱文徵明聯珠方印

文待詔潑墨山水卷

紙本。高一尺三寸五分，長一丈五尺三寸八分。大潑墨，粗筆寫意。開卷灌木叢林，參天彌地，林巒盡處，茆屋兩間，二客憑闌遠眺，迤左群峰稠疊，方亭臨水，一客信步入亭，亭右二人荷漁具，亭左一客轉山坳，入後崇山峻嶺，飛泉自懸崖下注，泉側一人拄杖，一童隨行，長松十餘株，干霄蔽日，松下二人對立，又茆屋數椽，上露草閣，閣中二人對立，繞舍桐杉雜樹。題在卷後。

嘉靖己亥七月十日，徵明。行書一行　押尾白文文徵明印方印　朱文衡山方印

卷前朱文□□輝字蘊山號石臞方印　安定長圓印　小琢所藏方印　小琢方印　白文胡春華印方印　又一印不辨。

卷後朱文胡小琢藏方印　胡實君監藏印方印　遂性艸堂胡氏所藏長方印　胡氏小琢藏書畫印長方印　得一軒藏方印　白文新安江氏珍藏方印　槎長方印　小琢長方印

後另紙跋。

待詔畫多以工細見長，此卷粗筆寫意，頗似石田，在此老爲變格。然縱横恣肆，元氣淋漓，彌見作家本領。東坡評吴道子畫云：『當其下手風雨快，筆所未到氣已吞。』移贈斯卷，當無愧色。同治紀元閏八月，利津李佐賢跋。行書七行　押印不記。

文衡山平日用細筆，繭絲牛毛，不可端倪。其法始自關仝，至衡山而竟委窮源，遂成絶詣。此幅獨縱横馳驟，墨瀋淋漓，實爲此翁僅見之筆，不可復得也。甲子七月，陽湖汪昉識。行書五行　押印不記。

文待詔石湖閒汎圖卷

紙本。高一尺有八分，長八尺三寸，紙一接。水墨，粗筆寫意。山林稠密，瓦屋數間，一人坐樹下平坡上眺遠，前對石湖，湖内一人泛艇垂釣，湖對岸衆峰重疊，山居聯絡，近通長橋，遠矗孤塔，外湖帆影，空濶無邊。題在卷後。

徵明。行書　押尾白文文徵明印方印

後接紙自題。

輕風驟雨展新荷，湖上晚涼多。行春橋外山如畫，緣山去，十里松蘿。滿眼緑陰芳草，無邊白鳥蒼波。夕陽遥聽《竹枝歌》，天遠奈愁何。漁舟隱暎垂楊渡，都無繫，來往如梭。爲問玉堂金馬，何如短棹輕蓑？右《石湖閒汎》，調寄《風入松》。徵明。行書十二行　押尾白文文徵明印方印　朱文徵仲方印

後另紙題。

快雪難得人日天，主人觴客開初筵。酒行未半出長卷，邀我如泛塘旁點横塘船。綵雲橋外

棹初轉，豁然霽色生春妍。鷗凫拍拍往來熟，幾頃似占玻璃田。丹黄著筆易蒼老，樂此芳草餘新鮮。清風一吹林杪活，倒捲湖氣成空烟。烟高隨路盤曲折，九級直壓浮圖巔。疎鐘慣尋略彴渡，密綱暗帶菰蘆牽。石湖湖口水調發，先生萬里歸來年。玉堂故事夢可記，四時雜興詩方編。依巖隱隱待月出，烏巾一角人如仙。會須勝處問津筏，即論畫裏皆因緣。人生翰墨擅奇賞，快意何啻千秋前。白頭幸喜舊游在，有約細字同雕鎸。詩成客散雪未止，爬沙響接江湖邊。丁丑人日，暮橋大兄招同江漪塘汪澗曇雪中小集，出觀文待詔《石湖》卷子，約賦長句，即呈教正。穀人弟錫麒。行書二十一行　押尾白文錫麒方印　朱文穀人方印

外籤題。

文待詔石湖秋汎圖。吴穀人題。

文待詔重陽風雨圖卷

紙本。尺寸失記。墨筆，寫意，帶水皴。雲氣蒼茫，雉堞隱約，林木作風勢，林下籬落，茅屋一間，一客獨坐。款在後。

徵明。行書　押尾□文徵明方印　停雲□印

上方朱文三希堂精鑑璽長方璽　石渠寶笈長方璽　寶笈三編方璽　白文嘉慶鑑賞圓璽　宜子孫

方璽

下方□文西岑父印方印　子孫保之方印

後自題七律六首。

滿城風雨近重陽起，六首皆同　第一首至但令有蟹薦桑郎止　第二首至子雲曾是校書郎止　第三首至此時風味屬漁郎止　第四首至詩成終日媿潘郎止　第五首至山童無唱賀新郎止　第六首至龍鍾誰識紫薇郎止

辛卯九月十三日，與次明過飲孔園有斐堂，書此請教。徵明具草。共行書□□行　押尾□文文徵明印方印　徵仲方印

明

唐解元東溪高隱圖短卷

紙本。尺寸失記。墨筆，兼工帶寫。茆堂中高士趺坐，案設書册，童子捧茶前來，堂繞松竹榆柳，後依群山，前帶清溪。自題在卷前，御題在卷後。

引首朱文南京解元長方印

高人深隱漫藏修，占得東溪事事幽。想像練光拖屋後，何殊鑑影晃源頭。新浦勻緑綸竿晚，芳蓼分香石瀨秋。風景宛然揚子宅，問奇休厭客頻游。唐寅畫仿幼文墨法并詩。行書□行

押尾白文禪僊方印　朱文伯虎方印

有水澄泓有竹修，村名水竹占偏幽。世間難遇阮青眼，海上曾聞孔棹頭。拂座凉生高栝籟，入簾波漾白蘋秋。藥爐茗椀皆清絶，鹿服先生物外游。用唐寅元韻題。御筆。行書□行　押尾朱白文比德　朗潤聯珠方璽

前後朱文乾隆御覽之寶長圓璽　三希堂精鑑璽長方璽　石渠寶笈長方璽　白文乾隆鑑賞圓璽　宜

子孫方璽

祝京兆書飲中八仙歌卷

緑絹本。高一尺一寸七分，長一丈七尺九寸。狂草，類懷素《藏真帖》。字體大者數寸，小者數分。其放縱豪邁之氣，令人不可逼視。

知章騎馬似乘船起至高談雄辯驚四筵止 草書四十二行 押尾朱文枝山方印 又半印不辨，印旁有『星衍』小篆書二字。

卷前下角白文孫喜方印

後另紙跋。

祝枝山書有龍跳虎卧之勢，此卷尤其佳者。淡香主人授我，因題名幅後藏焉。乾隆乙巳伏日，孫星衍。行書二行 押尾白文孫喜方印

仇十洲臨九成宮圖卷

絹本。高一尺三寸七分，長一丈五尺有五分。工筆，青緑色。起手高山複嶺，華表聳峙，列爲五坊連帶，宮牆掩映垂柳，坊内雲霞擁護宮門，門左高閣出於樹杪，向右一門内即九成宮，正殿左右二亭，繚以長廊，亭前二松如蓋，奇石瑶草環之，殿上太宗

黄袍正坐，後侍宫娥，前立群臣及階下侍臣，不可枚數，殿左奇峰含洞，石乳玲瓏，洞後高樓特起，萬户千門，前列二亭，亭前馴鶴一雙，宫娥八九人，引一小童撲蝶爲戲，樓左高峰插空，石磴盤曲，山間五六人，山後雲中一亭露頂，依山築室，連甍飛閣，朱闌繞之，臺上下四人，石磴中捧盒者三人，松下三人，持長柄扇者二人，山後上下二亭，亭内一人，水閣内宫娥雅集，舞者三四人，作樂者七八人，水外平遠層山，亘以長垣，水左長林，山上下各二人，溪邊洗馬三人，馬凡四，林左石橋，朱垣下通水竇，楊柳蔭之。款在卷末石上。

吴門仇英實父臨。真書一行 押尾朱文十洲胡盧印 白文仇英之印方印

卷前朱文鑒賞名家方印 太史氏方印 白文翰墨樓方印 且亭方印 雪樵書畫方印 張氏丞賢方印

卷後朱文楊思聖印方印 白文華氏玩賞圖書方印 曾爲鉅鹿楊紫園家藏長方印 白眉山人方印

後另紙。張鳳翼跋一段，不録。

《愛吾廬畫記》云：『十洲《九成宫圖》鏤金錯采，融結入骨。界畫精工，其細如髮，其直如繩，林巒迴帶，殿閣參差，人物秀發。唐皇之象，嚴衛之形，靚麗之容，婀娜之態，摹擬莫不畢肖，器皿衣服，瑣瑣咸備。一株之木，徑寸之苔，積毫選色，功需窮日，不知歷幾寒暑而後成者。』文壽承《天水冰山録》曾載是圖，當即嚴氏所藏之物。

以其殫思竭神，平生未必能兩作也。

仇十洲維摩説法圖卷

絹本。高一尺五寸八分，長一丈二尺一寸。著青緑色，工筆。前幅林巒迤邐，雲水縈洄，山間兩尊者對立；中幅奇峰怪石，洞壑幽深，洞口馭象者四人，迤左峭壁如環，豁然開朗，維摩天女左右分坐，一童頂鉢跪而向上，左右侍從男女共三十五人，天花散落滿地；後幅山高水長。題款在山石之末。

仇英實父製。真書一行　押尾朱文十洲胡盧印

卷前朱文平生真賞方印　白文文嘉方印

卷後朱文項墨林父秘笈之印長方印

後另紙題跋。

按《維摩經》：『時維摩詰室有一天女，聽維摩説法即懽喜踴躍，以諸花散落，諸弟子皆不能容納，唯阿難便著不墜。』若夫實父畫法精妙，久已膾炙人口，余何必再贅焉。補菴珍之如趙璧，屬余題識，爰爲書此數語。丁亥端易後二日，書于石湖草堂。太原王寵。真書四行　押尾白文華華□盁印方印　白文太原王寵方印

十洲精于繪事，而人物尤其長技。此《維摩説法圖》眉宇生動，布置宕奇，真神物也。

雅宜先生津津賞識，而補菴愛如拱璧，不負十洲一片苦心精思矣。余偶得展閲，因書于後。當湖施鳳來。行書五行　押尾白文施鳳來印方印

丈室移來萬境春，維摩説法有精神。天花散落如飛動，誰是三千年後人。江左周天球題。隸書三行　押尾朱文群玉山樵方印

萬曆己未清和望後二日，觀于緑蔭廬之東軒。平湖馬維聰。行書二行　押尾朱文灌園人方印

仇十洲山水人物卷

絹本。高一尺三寸，長一丈一尺五寸。青緑，工筆。起手春山豔冶，桃花初放，一人曳杖獨游，岸前清溪，兩舟同泛，舟載三人，溪左一人前行，童子携琴榼隨行，連楹背山，長廊跨澗，飛軒對瀑，左右松竹交加，雜花生樹，室内七人，階前二鶴，峻嶺之後一童負畫卷行，林下二人偶語，又一人曳杖，林後方亭，亭内三人，曲水繞亭，隔水一負擔人，後路桃林中飛樓架閣，迴廊旁通，内共六人，樓外遥見牧童牛背，左方一人緩步，後隨童子，長隄界水，一人守魚罾，一童驅牧牛二，上方遥帆小舟凡七。款在後下。

實父仇英製。真書一行　押尾朱文十洲壺盧印

仇十洲送朱子羽令鉛山圖并各家題詠卷

前額。

交游名蹟。篆書大字

壬子臘八日，許初爲子羽先生題。行書二行　押尾白文元復方印　朱文帝高昜之苗裔長方印

畫絹本。高一尺二寸七分，長三尺七寸八分。工筆，青緑。起手峰巒重疊，松檜參差，岸艤一舟，岸上兩人携手將欲登舟，一人隨行，一童擔行李在後，篷窗内半露一人，中後江光一片，對岸山色平遠，沙渚間小艇對横，艇内各一人。題在卷前。

仇英實父製。　押尾白文仇英之印方印

卷前朱文明善堂珍藏書畫印記長方印

後另紙跋。

引首白文太原郡長方印

送朱君子羽令鉛山叙。

朱子羽氏與同祖同年友也起至請書諸策以歸焉止　嘉靖二年尚章協洽中夏既望，賜進士出身翰林院國史編修崑山王同祖叙。真書三十二行　押尾白文王氏繩武方印　白文前峰方印

叙前後朱文子京父印方印　墨林秘玩方印　白文赤松仙史方印　六藝之圃方印　子孫永保方印

西楚王孫方印　李佐賢生平真賞方印

子羽將往鉛山，以詩留別。予辱年家至厚，次韻二首奉餞。捧檄欣然欲去忙，携家取道渡錢塘。都門坐惜心知少，江水如何別恨長。百里重農人賣劍，萬方無事帝垂裳。内臺祇是三年隔，莫動平生鐵石腸。别酒相隨我亦忙，幾尋僧寺幾林塘。親民自愛郎官好，學古兼聞吏事長。魯下治功先禮樂，鄭人輿誦及冠裳。憑君記取臨歧語，一一敷心腹腎腸。石湖盧襄。行書十六行　押尾白文盧襄方印

詩前後朱文子京壺盧印　項元汴印方印　墨林秘玩方印　平生真賞方印　項子京家珍藏長方印

竹朋鑒定方印　白文墨林父印長方印　西楚王孫方印　子孫世昌方印　項元汴氏審定真蹟長方印

詩遇奇人不費忙，古來春草有池塘。新盟正倚金臺重，别意俄驚玉漏長。未向都亭折楊柳，且從高行掛冠裳。詩成莫遣玲瓏唱，預惱江南刺史腸。長洲錢貢。行書七行　押尾白文

墨林嬾叟方印　白文田疇耕耨方印

引首朱文若水軒方印

暮色翳停艫起至無使馨香絶止　友生延陵吴子孝賦。行書九行　押尾朱文浄因菴主方印

詩前後朱文平生真賞方印　子京父印方印　白文墨林山人方印　有何不可方印　赤松仙史方印

引首白文宋樂圃裔長方印

夫古者民牧之責起至遂書之以爲贈止　嘉靖癸未夏仲望前二日，愚弟朱節頓首謹書。真書二

十六行　押尾朱文全父方印　朱文癸未進士方印

叙前後朱文子京壺盧印　白文游方之外方印　墨林嬾叟方印　癖茶居士方印　會心處方印　項墨林鑑賞法書名畫長方印　項元汴氏審定真蹟長方印　項墨林鑑賞章方印

崑山徐炯觀於保陽館舍，時甲午夏四月也。真書二行　押尾朱文花谿長方印

徐天池花卉長卷

紙本。高一尺三寸，長四丈三尺五寸。紙連十幅。寫意，快如風雨。凡作牡丹、石榴、荷、梧桐、菊、瓜、豆、紫薇、葡萄、芭蕉、梅、水仙十二種，桐、蕉皆植立，不見首尾，枝葉側附，桐枝横長至九尺，蕉葉長至五尺，葡萄至七尺餘，布置亦匪夷所思，奇搆也。題在後。

天池山人徐渭戲抹。行書□行　押尾白文徐渭之印方印　又白文印不辨。

卷前□文平階鑑賞之章□印

卷後□文永年　江村清玩　池塘春草□印

後另紙跋。

墨鴟夷作青蛇呿，柳條搓線收風餘。幽墳鬼語嫠婦哭，帥雪神光摩碧虛。忽然洒作梧與菊，葡萄蕉葉榴芙蕖。紙纔一尺樹百尺，何處著此青林廬。恐是磊落千丈氣，夜半被酒

歌欷歔。淋漓無處可發洩，莖根不識誰權輿。尚未遽寫太湖石，蒼茫迴向鈎勒初。江樓高歌大風雨，東家蝴蝶飛蘧蘧。水田月亦自寫語，千峰梅花一蹇驢。空山獨立始大悟，世間無物非草書。徐天池《水墨寫生卷歌》。乙亥除夕前二日，翁方綱。行書□行 押印二，未記。

顧仲方仿元四家山水卷

紙本。尺寸失記。設色，寫意。布景相接，筆法潛換，由倪入黃，而吳而王，淡藍淺赭，水墨漬成。黃以下樹株攢點，石骨皴捺，間用焦墨。前兩家寫山多方形，倪疏散而黃重匝。後兩家多圓形，王渾淪而吳簡勁。第一段，一亭一橋；二段，巖間水際，居廬六區，爲橋三、人一；三、四段，松下茆屋，屋内對坐二人，山居高下亦六區，亭一，橋與閣各二。全幅無高樹，結處作數大木。款題在後。

華亭顧正誼爲滄南先生圖四大家筆意。時甲申冬。□書□行 押尾白文仲方父方印 白文顧正誼印方印

卷中鑒藏印五，未記。

各家送鷗江紀遊書畫卷

紙本。共十段，每段俱高一尺一寸五分。

第一段。寬三尺二寸。淡著色，寫意。兩山對峙，峽水奔流，石橋上一人趺坐。題在前，又題古詩在後。

隆慶元年夏四月既望寫。錢轂。行書□行　押尾白文尗宝方印　白文榮木軒方印　幅後朱文句吴逸民方印

送鷗江居士游赤城洞天。篆書一行，下九幅詩題俱同

君不見赤城霞起如建標起至還丹重見葛玄來止　白帢居士張獻翼。真書□行　押尾朱文幼于方印　朱文敉方印

第二段。寬二尺四寸。淡著色，寫意。兩峰并矗，中藏古刹。題在後，又題絶句二首。

錢轂寫。行書一行　押尾白文錢氏叔寶方印

送鷗江居士游地肺福地。

居士清真世外裝起至寄我熙春菊露香止　華陽地肺昔曾游起至五千文字駕青牛止　吴郡袁褧。□書□行　押尾朱文袁氏尚之方印　朱文睡亭方印

第三段。寬二尺一寸五分。淡著色，寫意。峰巒渾厚，中立無輔，兩人緣磴前行。有印在石下角，後題七律。白文叔寶方印

送鷗江居士游張公福地。

芙蓉仙客采真遊起至共駿鸞駕訪浮邱止　彭城錢穀。真書□行　押尾朱文錢叔寶氏方印　白文除夕生方印

第四段。寬一尺九寸。著色，寫意。下半雲水交瀠，上幅岡巒稠密，中有策蹇者、趺坐者、登高望遠者，計人凡六。

後接紙。寬一尺，題古詩。

送鷗江居士游泰山洞天。

太虛運至妙起至諸天奉事多勞苦止　華山道人阮鏊。真書□行　押尾朱文時濟長方印　朱文吴下阿鏊方印

第五段。寬二尺。淡著色，寫意。峽中縣瀑，高跨石梁上，有水榭山亭，二人坐平坡觀瀑。款在左下，後題五律。

懋功。真書　押尾白文侯懋功印方印

送鷗江居士游天台洞天。

静者忘機久起至可以學無生止　五湖陸師道。真書□行　押尾朱文師道聯珠方印

第六段。寬一尺八寸五分。淡著色，寫意。山容淡遠，一人乘舟，二人登岸步行。題在前，又題律詩在後。

癸酉仲秋十八日，文嘉。真書□行　押尾朱文休承聯珠方印

送鷗江居士游沃州福地。

仙客非凡容起至正好狎眠鷗止　長洲張鳳翼。真書□行　押尾朱文伯起方印　白文鳳翼方印

第七段。寬一尺六寸。淡著色，寫意。一人過橋，一人洞中對丹鼎而坐。右下角有印，題詩在後。

白文文嘉印方印　白文文休承印方印　朱文文水道人長方印

送鷗江居士游華蓋洞天。

送爾飄然去起至好爲叩柴關止　茂苑文嘉。真書□行　押尾朱文文嘉方印

第八段。寬二尺八寸。淡著色，寫意。右方叢林野屋，二人立平坡遠眺，左上遥峰挂瀑。題在石上，又題古詩在後。

癸酉八月。文嘉。真書一行　押尾白文休承長方印

送鷗江居士游廬山洞天。

虬髯江居士起至與君共結山中社止　己巳二月花朝燭下書。半偈長者王穉登。真書□行　押尾朱文解嘲長方印　白文王仲印方印

第九段。寬二尺四寸五分。淡著色，寫意。林間一人，溪面乘舟一童子，山左右兩茆屋，内各一人。題跋并絶句在後。

送鷗江居士游林屋洞天。

夫容山裏逃禪客起至令人何處問仙舟止　吴中許初。□書□行　押尾白文瑯琊史印方印

鷗江居士將爲林屋洞天之游，太僕高陽許君作詩送之，予因仿叔明筆意寫此爲贈。他日親履其地，觀金庭玉柱之勝，則詩畫皆贅物矣。一笑一笑。甲子五月，文嘉記。行書□行　押尾朱文休承聯珠方印

第十段。寬二尺八寸三分。淡著色，寫意。雲氣浮山，山巔建刹，二客來游。題在前，又題七古在後。

萬曆九年八月既望，文嘉。□書□行　押尾白文文水長方印

送鷗江居士游天姥岑福地。

蓮花之冠道者誰起至却笑狂吟虛夢游止　吴門袁尊尼。□書□行

後另紙跋屠倬、改琦、郭麐、張錫庚，未録。

丁南羽白描百八應真長卷

絹本。凡五接。高一尺四寸四分，長四丈三尺七寸五分。工筆，白描。計羅漢一百零八人：執瓶，瓶内出雲，雲中佛像者；執竿及兵器者；執香斗者；象馱寶塔，與象夾輔而行者；伏獅及異獸者；荷擔者；捧書捧鉢者；執蓮蕚者；合掌者；乘馬者；騎異獸者；降龍者；荷竿打包者；執拂者；跏趺者；觀書者；對香鑪瓶鉢者；執器物不可

名者；執蓮花上擎經册者；騎鹿者；騎獅者；拄杖者；展卷同觀者；戲猿者；抱膝坐執鋮線縫衲者；擔荷衣笠者；面壁者；圍寶樹而坐者；撫枯樹者；挑耳者；長眉扶杖者；執芝者；執兵器降虎者；捧珊瑚枝者；坐圍石芝者；搔背者；對坐執卷談禪者；獨坐看瓶内柳枝者；肩負袈裟者；執如意對談者；以鉢接瀑水者。其布景則山水樹木，山用髮皴，水多波浪，樹多松柏竹林間之。他若石洞、橋梁、几案、文具，隨處點綴，無一懈筆。非窮年累月之功，豈易辦此？南羽固龍眠後一人，無能繼之者矣。題在卷後。

丁雲鵬敬繪。真書一行　押尾朱文雲鵬長圓印　朱文南羽方印

卷前朱文乾隆御覽之寶長圓璽　項元汴印方印　黼秋閣物方印　竹朋鑒定長方印　□□珠林長方印　白文項叔子方印　金匱孫慧翼子雲審定方印

卷後朱文子京父印方印　白文子孫永保方印

後另紙跋。

《容臺集》題南羽羅漢謂：『衆生有胎生、卵生、化生、濕生。菩薩爲毫生，蓋從畫師指頭放光之時，菩薩生矣。』此語最爲超脱。蓋菩薩變相，不必不如此，亦不必盡如此。畫師意造如此，則竟如此。此卷變幻百出，非佛所謂『種種意生身』者耶？至其用筆，雖細如毫髮，而具有千鈞之力。王夢樓稱南羽之儷佛『幾欲合唐之貫休、宋之李伯時、元之趙

子昂爲一手』，豈虛語哉？李佐賢。行書九行　押印不記。

錢叔寶山水卷

紙本。高一尺一寸五分，長一丈有二寸。淺絳色，粗筆寫意。岡巒起伏，林木陰翳，板橋茆屋，一人獨坐。題在卷後。

壬申春二月既望，偶見文太史《雜詠絶句》，精工可法，是其中年之作也。余屬先生之門，深知其用筆結字，是爲真品。敢爲補圖于右，以識不忘之意云爾。彭城錢穀。行書三行　押尾白文錢穀私印方印　朱文叔寶方印

卷前朱文鮑氏鑒藏長方印　固叔書畫方印

楊忠愍諫疏草稿長卷

藍格印紙本。高一尺一寸餘，長失記。字約二三分許。第一疏，紙凡七接，諫開馬市，有『八不可』之論。第二疏，缺首行，紙凡十八接。劾嚴嵩之『十大罪』、『五奸』。兩疏俱有添注塗改字，并有改注於格上者。第二疏格上又有『一千』、『二千』等字及『五扣』、『六扣』至『十二』、『十三』等字，當時繕真算字數者也。此卷爲公裔孫家藏世守之珍，余曾得見於京師之松筠菴，菴爲公故里，菴後有諫草堂。刊此兩疏於石，嵌壁上，則

住持功德也。疏文繁多，有石刻及《忠愍公集》可考，不備録。

第一疏。

兵部車駕清吏司署員外郎事臣楊繼盛一本，爲乞賜聖斷，奮勇早罷馬市，割愛早斬奸臣，以絶邊患，以保社稷事起至謹奏以聞止　草書共一百二十五行

第二疏。

奏爲感激天恩，捨身圖報，乞賜聖斷，早誅奸險巧佞專權賊臣起至謹奏以聞止　行草書共三百二十行

前有題額，隔水界綾題者七人，後接紙題跋，自康熙年至咸豐七年已有一百五十九人，均未録。

文五峰秋山晴翠卷

紙本。高一尺一寸八分，長一丈二尺有六分。著色，寫意，用筆精密細勁。下幅山勢凡四起，前後對照，中間兩大山相接，俱作嶔崎磅礴之勢。上幅山勢平遠，起處高岡并側，巨巖中突，山徑彎迴，一人扶筇，一童携琴過橋，夾橋長松數株，松下茆屋兩間，一人倚窗坐，童子旁侍，窗外卧柏糾結，童子荷擔前行，甫出山麓，大山又作二疊，一山前蔽，兩山上横，山下一坳，飛瀑界道，深樹中藏，山左亦現一

坳，茆屋數楹，長橋接徑，屋内二人趺坐，後山澗水瀠洄，一客坐亭中閒眺，飛閣倚巖，二人前行，此山之前疊也。後山作三疊，下疊重岡起伏，夾徑帶橋，二人連騎，一童荷杖，一客扶杖前行，中疊高峰背掩，上疊山居繞樹，樹杪懸泉，二人揖於户外，高峰陡落，淺阜平原，密林藏屋，一人僂而埽葉，野屋小橋，一舟停泊，二舟挂帆，霜楓間柏，結屋林隈，三人續行，晴雲出没，山泉迸激。通幅青碧丹黄，秋色欲活。款題在後。

嘉靖丙寅七月，五峰文伯仁寫。□書□行　押尾朱文五峰方印　朱文文伯仁方印

前後鑒藏印各三，均未記。

後跋。

我朝自石田翁畫名世，而宋元諸人遺墨遂減價矣。余觀昔人稱顧愷之登樓研精者二十餘年，出便重於當代。文徵君德承獨居山樓，絶跡城市，筆墨之外，别無他營，其直造古人已不虚也。此卷瀟灑精工，尤爲得趣，一點一淬，皆從董源、巨然中來，而時出心匠，信非俗流可到。乙亥春三月之望，得觀於雨花庵中，因記數語如右。華亭莫是龍。行書□行　押印二，未記。

又新都葉岷跋及鑒藏印，均未記。

邢太僕臨王草書卷

絹本。高一尺一寸二分，長一丈二尺六寸。臨右軍艸書六段。

引首朱文邢叟長圓印

省足下別疏，具彼土山川諸奇起至但言，心以馳於彼矣止　彼所須此菜子，可示，當致。足下所疏云起至此種彼胡桃皆生也止　吾篤□其種菓起至足下，致此子者，大惠也止　吾有七男一女，皆同生起至足下情至委曲，故具示止　知彼清晏歲豐起至何可以不遊目止　晉王羲之法帖。萬曆庚子秋仲，邢侗臨。草書共四十三行　押尾白文邢侗之印方印　朱文子愿氏方印

後跋在卷尾。

崇禎元年秋七月望日，空空道人觀。真書二行　押尾白文空空道人方印

于開府山居圖短卷

前額。

遺興怡情。行書大字

若瀛。草書　押尾白文于若瀛方印

畫紙本。高一尺一寸八分，長五尺四寸二分。設色，兼工帶寫，皴法披麻兼折帶。岡

阜雜沓，松林密蔭，林中院落牆垣，垣外一人將入門，垣内屋宇參差，一人敧坐眺遠，山前清溪平遠，二人乘舟。無款。

後另紙題。

于若瀛，字念東，濟寧人，陝西開府。善山水人物，載《明畫韻編》。今觀此卷，筆意與周東村、唐六如爲近，其秀潤固不易及也。同治丁卯冨日，李佐賢跋。行書七行

書畫鑑影卷八　卷類

明

董文敏臨王右軍書卷

綾本。高一尺一寸，長一丈五尺五寸。臨右軍艸書十二段。

引首白文玄賞齋長方印

臨右軍帖。行書一行，字差小

得表二□書起至惟吾□也止　敬和在彼起至速令品□報也止　近日東陽絶無書問起至想足下當盡能致止　陽安送□書起至皆在卿懷止　瞻近無緣起至此信旨還，具示問止　夫人遂善平康也起至王羲之頓首止　中郎女頗有所向起至大都此亦當在君耶止　便大熱起至力不足。王羲之止　二月廿一日起至力不具。王羲之止　舊者道意甚懃至起至當以君書示止　茍侯佳不起至計落『介』字解有懸，休尋止　日月如馳起至省疏酸感止　偶閲右軍帖，臨數種。時有不可解者，稍爲改定。其昌。草書共六十四行，末二行字差小　押尾白文太史氏方印　朱文董其昌方印後另紙跋。

學詩者不可貌似古人之詩，學文者不可貌似古人之文，學書者亦不可貌似古人之書，其理一也。香光此卷雖摹王書，然遺皃取神，絶去臨摹之跡，純以己意運之，未嘗規規求似。正惟不似王書，所以善學王書也。此董書中之變體，而實董書中之上乘。蓋晚年神化之境，方有此得心應手之樂，非淺學所及窺也。後學李佐賢識。

董文敏書詩卷

綾本。高一尺一寸，長九尺八寸四分。書古詩二首。

日照錦城頭起至如上九天遊止　蜀國多仙山起至携手弄白日止　其昌。行草書三十一行　押尾白文宗伯學士方印　白文董玄宰方印

董文敏仿虞書樂志論卷

綾本。高一尺有二分，長八尺三寸。書仲長統《樂志論》一段。

引首朱文玄賞亝長方印

躊躕畦苑起至如此則可以淩霄漢，出乎宇宙之外矣止　倣虞永興筆法，書仲公理語。董其昌。行書□行　押尾白文知制誥日講官方印　白文董其昌印方印

董文敏山居圖卷

紙本。高九寸一分，長二丈三尺一寸。墨筆，寫意。布局凡四起三伏。山重雲匝，混茫一氣，群峰横帶，白雲洶洶，雲勢漸迤，山勢漸平，濃蔭密林，山村野屋，沙水銜結，橋横寺隱，爲一起伏；壓幅崇山争湧，萬松比櫛，茆屋疎籬，曲徑上陟，石橋相接，一人僂而度橋，奔泉怒瀉，雲林互掩，坳間草庵，一人危坐，高松密樹，聚於層巖，築室踞巔，俯臨激澗，板橋之上，石徑繞岩，孤亭面水，一人蕩舟，岸低山遠，爲一起伏；微徑延緣，循山越麓，佛閣浮圖，野屋高下，蔽於山後，雲峰吞吐，其勢又起，林屋行人，都在杳靄之中，更展雲氣迢迢，嵐光透露，漁莊枕水，小橋當門，截網於灘，艤舟於岸，横峰低撲，洲複草深，巨石積巖，巒頭獨峙，蒸雲一縷，如炊烟上升，密松疎木，孤屋無隣，峰外迴洲遠樹，盡於幅外，則又爲伏後一起也。前後題二段。

渭北春天樹，江東日暮雲。戊子秋仲，寄眉公《山居圖》。董玄宰。行書□行　押尾白文董其昌印方印　白文太史氏方印

董北苑《瀟湘圖》、米元暉《瀟湘白雲圖》皆余所藏，因衷之以爲一家。有北苑之古去其結，有元暉之幻去其佻，是在能者，非余所及也。麋公品之，以爲何如？戊子秋，題於東

佘之頑仙廬。玄宰。行書□行　押尾白文董其昌印方印

卷前鑒藏印三，後一，均未記。

董文敏仿北苑山水卷

絹本。高一尺一寸，長八尺九寸三分。書畫各居其半。畫墨筆，寫意。主峰在前，左右林屋，板橋映帶，後幅平遠。款題中上。

引首朱文玄賞齋長方印

倣北苑筆。　押尾白文董玄宰氏方印

後書唐詩。

引首同前。

中歲頗好道起至談笑滯還期止　其昌書。行草書十一行　押尾白文董其昌印方印

後另紙跋。

思翁書畫卷往往畫題號而書署名。此畫倣北苑筆，之下款題應是『玄宰』兩字。不知彼何傖夫，將真款洗去，改填『董其昌』三字，筆畫劣甚，遂成白璧之瑕。余得諸歷下，斷爲真品，重加裝治，挖去僞款，補以素絹，以除汙穢。後之覽者幸勿以此致疑也。利津李佐賢題。行書八行

董文敏仿米虎兒楚山清曉圖卷

絹本。高一尺有七分，長九尺七寸。水墨。雲山煙雨空濛，峰巒縹渺，村居聯絡，林木濃郁。題在左上。

米虎兒有《楚山清曉圖》，余家所藏。今日偶閲之，戲倣一過。甲寅三月，玄宰。行書六行

押尾白文董其昌印方印

卷後又題。

引首白文玄賞齋長方印

登高送目起至至今商女，猶唱《後庭》遺曲止　王介甫《金陵懷古》，子瞻見而歎賞，以爲老狐精，心服如許。未知《赤壁辭》得與韻頌否？子瞻之豪不如介甫之澹耳。甲寅三月寒食前一日，董其昌識。行書二十七行　押尾朱文其昌之印方印　朱文玄宰方印

後另紙跋。

此卷乃張心齋觀察贈余。陳夢江見之，以爲此種筆墨乃思翁中年之最精者，初學董北苑、米襄陽，純用柔筆，去盡剛勁也。當與顔氏所藏册子同珍，爲不可多得之品。夢江善繪事，乃具目人，因補識於後。叙齋陳功。行書八行　押尾白文臣陳功方印　朱文序𢀖方印

董宗伯畫早年師唐宋諸名家，細秀而有鋭氣，雖天姿過人，尚未能韜光剷采，胥歸渾厚。

迨中年學董北苑後，始純用柔筆，墨彩淳和，脱盡勁健之氣。此卷仿米虎兒《楚山清曉圖》，墨光欲浮，烟雲如活。後半書王荆公《金陵懷古》詞，圓勁活潑，爲中年精品，不可多得。癸未孟冬，謁叙齋夫子於兖州，出示書畫數百種，其中宗伯書畫居多。泉獨愛此卷，展玩不置，因命識數語以爲證。門生陳泉。行書七行　押尾白文陳泉方印

董文敏仿宋元各家山水卷

絹本。高一尺一寸，長一丈一尺二寸。墨筆。山水四段，各題七絶一首。

第一段。雲山浮動，墨氣濃厚。題在右上。

倣米元暉筆。玄宰。行書三行　押尾白文董其昌方印

後題。

引首白文玄賞㙜長方印，下三段題引首俱同

結茆占斷一溪雲，水色山光入座分。心遠更無塵俗事，捲簾閒詠對斜曛。其昌。行草書六行

押尾白文知制誥日講官長方印　白文其昌印方印

第二段。幽亭秀木，簡淡而饒神韻。題在上。

倣倪雲林筆。玄宰。行書三行　押尾白文董其昌方印

後題。

聞道移居村塢間，竹林深處獨開關。故來不是緣它事，就借南亭望遠山。董其昌。行草書六行

押印仝前。下段題押印俱同前。

第三段。烟嵐墨彩，濃淡相間，向背分明，其秀在骨。題在上。

後題。

倣北苑筆意。玄宰。行書三行　押尾白文董其昌方印

無數青山散不收，雲奔霧捲入簾鈎。直將眼力爲疆界，何啻人間萬户侯。行草書六行

第四段。叢樹山村，板橋沙渚。題在右上。

後題。

倣黄子久筆。玄宰。行書三行　押尾白文董其昌方印

雖有柴門長不關，片雲喬木共身閑。猶嫌住久人知處，見欲移居更上山。董其昌。行草書六行

卷前白文北平李氏珍藏圖畫長方印

卷後朱文季雲方印　白文季雲審定真跡方印

後另紙跋。

此翁不甚經意之作，然草草下筆，彌見天真爛漫，所謂都似草隸奇字，不涉一毫畫工習氣也。道光癸卯十月重裝後記。北平慶。行書四行　押尾朱文北平季子方印

《清湘老人論畫》有蹊徑六則，曰『對景不對山』，曰『對山不對景』，曰『倒景』，曰『借景』，曰『險峻』，曰『截斷』。『截斷』者，無塵俗之境。山水樹木，翦頭去尾，筆筆處處，皆以截斷，非至鬆之筆莫能入也。思翁作長卷，好書畫分段，少少著墨，於有意無意間領取妙境，令閱者超然埃壒之表，正所謂『截斷』蹊徑。前人會心，功力不言而喻如此。次日又記。真書七行　押尾白文臣慶之印方印

董文敏仿大癡山水卷

絹本。尺寸失記。墨筆，寫意。細潤華滋。近山陡峙陡住，連綿斷續，凡六起伏，遠山如之，第四五疊較近，兩峰迤邐，遠水參差，洲渚重匝，歷歷可辨，群山面浮，衆水背繞，脈絡分明，高林攢簇者凡二處，餘皆攢點小樹，野屋二區，孤亭枕流，小橋跨岸。題款在後，又陳題一段。

歸鴻別鶴夜鐘殘，徙倚雲庭醉不歡。頗憶故山寒翠不，披圖先向畫中看。玄宰并題。行書□行　押尾白文董其昌印方印

画在大癡境中，境在大癡畫外。恰好二百年來，翻身出世作怪。繼儒題玄宰真蹟。行書□行　押尾朱白文印二，未記。

後有張二水題詩，未録。

董文敏山水卷

絹本。高一尺餘，長九尺。墨筆，皴用披麻。章法一開一合。卷下小峰突起，樹木環繞，村落分明，沙坡戴石，間以蘆花；卷上中峰特高，峰下兩山間杉林映帶，微露屋宇，谷口小橋，左右數峰，蘆汀沙磧，彌望無涯。題在上。

鐵壁千尋劈巨靈，天門中斷列仙庭。逍遥自隔人間世，朝暮雲封不用扃。董玄宰画。小行書□行

卷後又題。

言入黄花川起至垂釣將已矣止 秋色有佳興起至歎息此頽顔止 書右丞《青谿》、《諸山》詩題畫。董其昌。大行書□行 押尾白文太史氏方印 □文董氏玄宰方印

董文敏陳眉公唱和詩卷

第一段。綾本。高一尺有七分，長一丈一尺有六分。董行書律詩四首。

引首白文玄賞齋長方印

贈陳仲醇徵君東佘山居詩。

巋然耆舊表江南，東佘雲泉恣所探。廣大代推風雅主，蕭閒時共佛僧龕。空庭籟起聞吹萬，

月幌杯深對影三。辛苦山靈祛俗駕，肯容城市訝蘇耽。名僧會裏事瞿曇，能結孤峰白石菴。河伯漫誇聞道百，狙公何意賦朝三。清華水木如濠上，宏獎風流自汝南。却笑古人《高士傳》，不將同世一爲參。無限離離壓杞楠，樹猶如此爾何堪。烟波狎主誰爭長，山澤雖癯戰已酣。絶域也知珎尺一，高軒奚事謬朝三。猶嫌住久人知處，見説游鯤欲徙南。玄味曾同草木參，廿年相對老江潭。竹林把臂今餘幾，蓮社披圖笑有三。贈我綺琴都不報，求君青李遠能函。故人差喜彭籛在，金鼎瓊文事可諳。董其昌。行書四十二行　押尾白文太史氏方印　白文董氏玄宰方印

第二段。綾本。高一尺有五分，長九尺二寸。陳行書律詩四首。筆勢飛舞，興到之作。

柳絲緑到赤橋南，遮斷蝸牛處士菴。名屈指間誰早乙，老捫腹上有壬三。美無度處蛾眉妒，夜未央時麈尾談。明日東山尋酒伴，杏花簾外鬭春酣。桃花流水滿春潭，寂寂空山好卓菴。混沌易前窺用九，精魂石上坐成三。誰從莊叟知魚樂，漫學英雄捫蝨談。別後相思數行帖，寄來青李共黄柑。朝烟暮靄最清酣，幽徑惟容静者探。水木高高還下下，巖花兩兩復三三。不因舌在鳴堅白，時覺神遊到蔚藍。癖性老躭書畫裏，金題玉躞飽仙蟫。有客何來意氣酣，憂時慷慨是奇男。真才自古原無兩，名世誰今不朽三。但見談天如稷下，更聞捷徑似終南。浮雲幾日重開霽，老我梅花月一龕。山居和玄宰三字險韻。辛丑春月，陳繼儒。行書四十一行　押尾白文陳繼儒印方印　白文眉公方印

陳眉公三札卷

紙本。共十九幅粘連成卷。每幅高一尺，寬四寸餘。

第一札。五幅。

風雨如晦起至廿五日，賤名肅正止　行書□□行

第二札。六幅。

秋暑灼人起至廿九日，弟儒頓首止　行書□□行

第三札。八幅。

孟樸先生七十壽辰起至廿四日，弟儒頓首止　行書□□行

卷前後鑒賞印共二十一方，未録。

趙文度江南春卷

前額。

引首朱文拙圃長方印

江南春。隸書大字

雪居。行書　押尾白文孫允執方印　白文中憲大夫方印

畫紙本。高一尺一寸七分，長一丈五尺有五分，紙凡一接。著青緑色。筆力横肆，純乎老境。山法凡三變，前用小斧劈，中作披麻，後作鬼臉兼雨點。起處高山峻嶺，山下板屋柴門，迤左松壑宏開，流泉洶湧，一人坐水閣觀泉，山外桃柳争妍，一人曳杖尋春，奚童在後，一人泛艇，如到武陵水邊，林巒又起，中藏茆舍，舍内人一，旁跨板橋，夾岸桃林爛漫，遥望江山平遠，松杉茂密，中露江村，杉岡盡處水天寥廓，兩岸群山對出，村落蟬聯，中流舟楫，帆檣近遠，江盡處危樓傑閣，憑高眺遠，入後山呰荒村，小亭依坡，長橋跨水，髠柳夾道，一覽無盡。題在卷後上方。

江南春。丙辰春二月，華亭趙左。真書三行　押尾白文趙左之印方印　白文文度氏方印

卷前朱文元亮方印　白文櫟園長方印　諒工私印方印

卷後朱白文戴光曾印方印

前界綾朱文杜村審定方印

後界綾朱文雲巢心賞方印　蓮巢方印　小蓮方印　溪南吴氏鑑賞長方印　白文硯山氏方印　茀庭方印

後另紙題。

櫻桃垂實竹抽笋，輕風暖日簾櫳静。闔閭城外柳含烟，西子湖邊花弄影。清明時候炊烟冷，月光又到梧桐井。酒人不負頭上巾，醉春歸去踏紅塵。　春水生，暮潮急，露冷月

白花枝濕。美人弄春如不及，芳草芊芊映天碧。寶馬香車亂郊邑，陌頭行徧山頭立。人生世上若飄萍，及時行樂毋營營。倪雲林先生《江南春》，追和之。鏖鏊鉅山人歸莊題。行書九行　押尾朱文縣人方印　白文歸莊之印方印

雲林先生《江南春》辭并畫，錢磬室云舊藏袁武選家，一時仿其畫、和其詞者甚衆。余曾見文衡山、陸叔平諸公皆有是圖，題者多名手。文度此卷，亦仿其筆意而自成邱壑。昔人論其畫云『法宗董源，兼有倪、黄筆意，而焦墨枯筆，神韻逸發』。今觀是卷，真生平傑作也。因選録諸和作附後。嘉慶戊辰閏月，松門戴光曾并記。真書六行　押尾白文戴光曾印方印

後書唐伯虎、文徵仲、王雅宜、王禄之、陸子傳、許高陽、周公瑕、陸叔平、錢磬室各家和《江南春》詞，未録。

李長蘅松壑清遊圖卷

紙本。高一尺二寸，長六尺二寸。墨筆，寫意，山皴披麻。岡阜迤邐，長松成林，林下三人閒行，中一人作回顧狀。題在前上。

戊午冬日，畫於檀園慎娱堂。李流芳。行書三行　押尾白文李流芳印方印

卷前朱文南耕精舍方印　胡氏小琢藏書畫印長方印　小琢方印

卷後朱文胡小琢藏方印　胡實君監藏印方印　遂初草堂胡氏所藏長方印　白文竹徑高齋方印

後另紙跋。

長蘅初弄山川，僅游戲耳。頃見此卷，真得董、巨三昧。山谷論書畫以沉著痛快爲宗，東坡題道子『吴生下筆氣已吞』，長蘅足以當之，由其胸中有萬卷書助其羽翅故也。陳繼儒題于頑仙廬。行書十行　押尾朱文麋公方印　白文叟堂方印

李長蘅溪山秋靄圖卷

紙本。高尺餘，長九尺。墨筆，寫意。山法雄渾，多作正峰，樹石屋宇，用筆簡老。

題在上。

《溪山秋靄圖》，仿董北苑筆意。丙寅夏日，泡菴李流芳題。行書□行　押尾朱文李流芳印方印

李長蘅方印

卷前後□文竹南草堂珍藏書畫印□印　竹南珍藏印□印

後接紙。丙寅夏六月十一日松圓居士程嘉燧跋，不備録。

孫雪居花卉卷

紙本。高一尺二寸，長三丈一尺三寸。墨筆，寫意。雜畫月季、竹石、萱花、佛手、

木筆、荔支、菊花、秋海棠、葵花、水仙、芙蓉、蘭石、山茶、梅花之屬。無款，有印在卷前後。

朱文雪居長方印　朱文孫允執方印　白文漢陽太守章方印

楊忠烈三札卷

第一札。藍格紙本，凡八接。高一尺二寸，長共七尺三寸。

久未領教起至不必多求也止　行書□□行

第二札。亦藍格紙，八接。式同前。

惟我老公祖實是于今經綸好手起至弟漣再頓首止　行書□□行

第三札。白紙本。高同前，寬六寸餘。

再字之易起至徒完得自己一身事耳止　行書□□行

後裱綾跋。

忠烈公自述移宫始末一疏後，即抗章去位。天啓二年，起禮科都給事中，洊進左副都御史。三年，疏劾魏忠賢二十四大罪。忠賢甚懼，日與同黨謀公。既以廷推事矯旨削籍，再興汪文言獄逮公，遂置之死，時天啓五年七月也。遺墨三札，皆被逮時作。第一札似致王軒錄，第二札當即所云崔公祖者，末一札諭二子後事，蓋絶筆也云云。不備録　咸豐七年歲次丁巳六月，壽賜祁寯藻敬觀并記。行書□□行　押尾名印未記。

後附二札，文不録。亦有祁文端公跋，云或即軒籙筆，一致崔公，一復忠烈公者。

後接紙有道州何紹基一跋，未録。

沈子居長江萬里圖長卷

前額。

長江万里圖。隸書大字

嘉慶己巳暮春之初，山舟同書書。時年八十有七。行書一行　押尾白文山舟方印　白文梁同書方印

圖紙本。高一尺二寸五分，長四丈三尺七寸。淡著色，兼工帶寫，皴法披麻兼小斧劈，乾溼互用。作秋末冬初之景。首作淺汀小溆，柳外山村，叢林亂石，横橋跨澗，危崖置亭，山後遥村隱現，另起三峰，中露茆舍，一人跏趺，一人携杖前來，三峰盡處，遥見山村五六處，危橋高聳，一客過橋，微見江光帆影，橋左連起大小五峰，下有小亭板橋，山坳藏村居三處，峰盡處江天空濶，竹林茆茨，村落凡四五處，一人乘舟挂帆而行，忽見峭壁撑空，懸泉陡落，一人拄杖觀瀑，依崖架屋凡三，山落水分，烟靄空濛，群峰隱約，山缺處見遠近漁艇凡十三，落木空林，層巒疊嶂，峰後漁艇，一人垂釣，水石交縈，下有瓦屋茆亭，上有梵宫村舍，山外開朗，蘆汀空濶，一望無涯，中有

小山，巨艑楊帆而過，其景或在金焦之間乎？江盡處峰巒再現，松嶺流泉，三人趺坐，二客偕來，兩童隨後，松林以後，又見平遠烟渚，三人各乘小艇，二人在茆屋中對立，末路秋林紅葉，板屋數椽，岡嶺合沓，忽起忽落，迤邐數重而止。題在卷後下方。

戊辰長夏，沈士充寫于紅蕉館。行書二行　押尾朱文士充方印　白文子居方印

後另紙跋。

吾松畫道，自勝國時湞溪曹雲西及張子正、朱壽之之後無復嗣響。邇年眼目一正，不落吴門習氣。則自予拈出董、巨，遂有數家，趙文度、沈子居爲巨擘。子居尤善作長卷，予所見二三，惟此卷乃贈其高足蔣志和。志和畫品故屬能妙，子居授以衣鉢練裙，不惜漏洩家風，所謂殉知之合。徐堉復之以相示，展卷之次，感歎無已。董其昌題。行書十五行

畫以士氣爲主。自吾鄉董思翁拈題正印，文度、子居同時同參，始從文、沈兩先生直遡元四大家，以及荆、關、董、巨，皆以李營邱爲師，營邱以盧鴻乙爲師，此士氣派也。獅子一滴乳，散爲諸名家。今蔣志和直接子居宗風而超乘上之，出藍寒冰，大爲思翁所賞。諦觀是卷，逗漏無餘，非獨作家相見，所謂『智過於師，乃堪傳授』也。子居筆頭有眼不虛矣。陳繼儒題於頑仙廬中。行書十二行　押尾白文陳繼儒印方印　朱文眉公方印

雲間畫道以宗伯爲北苑，便以趙、沈爲黄、王，南宗一派，大有功德。嗣後宗風幾危，一鐙欲滅，得志和振起之，此卷是其傳衣。余固知上有芝草，下有丹砂也。丁丑十月，

楊文驄識。行書五行　押尾白文文驄方印　白文龍友方印

畫學以雲間爲第一，志和又爲雲間第一，片楮寸縑，人争寶之。遠近購者，如雞林之於元白詩也。志和師沈子居。子居，曆、啓間名士，嘗客遊湘漢，作《萬里長江圖》以遺和志二字顛倒旁挑，五年而後成。董玄宰、陳眉公諸先生歎其工妙，各爲之跋，誠近代之寶也。丙戌夏，志和僑居淞泖之西。時萑苻四起，盡掠其貲，此卷亦爲攫去。志和家藏珍玩，所失不啻千金，皆傲然不以屑意，獨咨嗟歎息於此卷，爲廢眠食。諸同人争致法書名畫，以解其憂，終不可得。歲届壬寅，志和門人新安孫逢其偶遊吴閶，見有人持此卷鬻於市，驚曰：『此吾師故物也！』重值購之，以歸志和。志和喜可知已。嗟乎！志旁點去者不復還，離者不復合，天下往往然耳。况此卷已爲緑林所得，又展轉浮沉者十有七年，而楮墨無恙，諸名公題跋皆完好，豈非藝林一異事也？雖然無足異，蓋志和之誠所感也。志和篤行君子，哀其師，故痛恤其遺筆。鬼神鑒之，乃謹護此卷，而歸之以慰其意。傳曰至誠動物，非徒與延津、樂昌，爲《太平廣記》中佳話也。爰誌其始末如此。王光承。

草書三十行　押尾白文王光承印方印　朱文珎父方印

楊龍友九峰三泖圖卷

紙本。高六寸五分，長一丈五尺五寸。墨筆，寫意。卷前焦墨横塗，沙痕數寸，峰影

數分，垂楊夾水，柔枝嫋嫋；中幅大山層疊曼延，谿澗迴匝，橋横村隱，石壁干霄，頑巒見頂，雲瀑盤空，重巘複岫，漸迤而遠，平皋微徑，盡於幅巔；卷後兩峰聳峙，淺洲錯水，遠岸極天，小山如浮，征帆似蟻，孤亭瞰水，斷隄横堰，半壁突立，波面没於幅外，嶄然即止。通體枯株茂蔭，疎松修篁，山堂野店，曲徑奔湍，位置皆宜。人凡八，一曳杖行山間，一臨於亭，一釣於舟，乘舟者五。題款在後。

庚辰夏日，寫《九峰三泖圖》。吉州楊文驄。行書□行　押尾朱文文驄□印

後題詩二首，詩未録。款在詩後。

龍友自吉州寄惠此卷，漫成二截句酬之，并書畫上。沈士充。行書□行　押尾白文沈士充方印

又有周之蕃題詩一首，未録。

黄忠端書曹遠思文治論卷

綾本。高一尺有八分，長一丈一尺六寸。綾凡一接。

曹遠思推府文治論。

崇德曹公爲汀州司李起至其是之謂乎止　甲申歲中秋，北山遺臣黄道周識。真書六十六行

時草草山行，侯孝廉趍筆甚迅，夜漏篝鐙爲之，頭目俱暈，遂無倫次。見其扶枯出疎，課虛來散，知庸腐道學終無當於文章之務也。廿一日蚤起，道周再頓首。行書四行　押尾白文黄

道周印方印　白文石坐方印

藍田叔仿四家山水卷

冷金箋本。高一尺一寸，長二丈七尺八寸。墨筆，通景寫意山水。第一段仿北苑，山巒渾厚，純任中鋒；二段仿子久，亂石縱橫，遥天空濶；三段仿山樵，林巒茂密；四段仿梅道人，墨氣濃鬱。每段交接處用筆漸變，不露痕蹟。通體綴景，計村落一、亭二、閣一、舟三、橋一；人五，三在舟，二過橋。題在後。

季和詞兄撿六經之餘工，即研六法于筆墨外。余遊白嶽歸，館季和坐頭時楳雨初作，還棹不能，客窗寂寂。季和出此箋索仿董源、子久、黃鶴山樵、梅道人四家家法。旬日始成，欲乞季和正之，非敢江邊賣水耳。甲子錢塘弟藍瑛。行書□行　押尾白文藍瑛之印方印　白文田叔方印

卷前白文華田鴻蹟長圓印　夢舫鑑藏書畫長方印

卷後朱文麓村方印　夢舫方印　白文皇六子方印　學以聚之方印

隔水綾□文慎餘堂書畫印□印　亳州何氏珍藏方印

書畫鑑影卷九　卷類

國朝

王太常溪山勝趣卷

紙本。高一尺四寸，長一丈四尺六寸。墨筆，寫意，披麻皴。前後簡淡著筆，中間峰巒四起四伏，山凹村落長林，沙隄石徑，左右映帶，通幅無人物。題在前上。

溪山勝趣。四大字

山根小築趁閒身，甕牖繩牀不算貧。一夜風吹春茗绿，滿腔溪壑闢嶙峋。八十一叟王時敏畫於西田草廬并題。行書九行　押尾白文遜之方印　白文王時敏印方印

卷末朱文程瑶田審定方印　瑞清館收藏長方印

後另紙跋三段。一段『秀水朱彝尊識』，有『竹垞』印；二段『海鹽彭孫遹題』，有『羡門子』印；三段『退谷汪士鋐』。均未詳記。

王覺斯書詩卷

綾本。高一尺一寸九分，長七尺六寸五分。狂草，書經寸餘、數分不等。筆力横肆，盛氣流行。

登椒山絶頂。又到中峰上起至今古但冥冥止　嵩山作。癸丑神遊　大熊相絡繹起至金庭受道書止其四。　勾盤淩絶壁起至長歌劃混濛止　秋氣善於白起至身理想靈芬止　『芬』字應是『芳』字誤筆　丁亥十一月十三日夜，王鐸。草書三十三行　押尾白文王鐸之印方印　白文烟潭漁叟方印

王廉州仿高房山雲山卷

前額。

湘碧精品。隸書大字

婁東王掞。真書一行　押尾朱文西田居士方印　白文掞方印

畫紙本。高一尺一寸一分，長九尺三寸。墨筆，寫意。起手遥山近阜，淺渚長橋；中幅雲山縹渺，林木滃鬱，村舍寥落，室内一人獨坐；後路岡巒重矗。題在卷上。

哩庵道兄雅好筆墨，鑒賞古人法書名畫毫髮無遁，乃索余拙作，雖勉房山筆意，應之不禁沾沾流汗矣。時癸丑嘉平，王鑑。行書九行　押尾朱文圓照圓印　白文染香菴主方印

卷前白文胡春華字實君方印

卷後朱文澗飛珍玩長方印　得一軒藏方印　胡氏小琢藏書畫印長方印　遂性艸堂胡氏所藏長方印　胡實君監藏印方印　胡小琢藏方印

後另紙跋。

墨光潤翠，觸之可挹。持贈韻人，合宜什襲。客舍雨窗，展之雲入。江上外史笪重光書於松子閣。行書五行　押尾白文笪重光印方印　朱文笪在辛方印

丁卯九月廿二日，盡歷東山勝慨，歸飲茂動社兄齋中，鐙下復出王圓照先生卷快觀。秋氣已深，春光復醉，山情畫理，各爲千古。展玩之餘，用紀歲月。余固有天幸歟！高士奇謹記。行書五行　押尾朱文江村審定方印

觀王湘碧此卷，真得高尚書神髓。鬱密蒼渾，仍歸淡逸，非刻意粉墨者可比也。康熙辛未八月，題于長安寓齋。龍山查昇。行書五行　押尾朱文查昇之印方印　白文聲山翰墨方印

張友鴻贈王阮亭山水卷

絹本。高一尺一寸二分，長八尺有六分。墨筆，披麻皴。山勢逶迤，林屋間之。款在卷後。

别一山川氣候更，迢迢萬里不勝情。歸來蕭瑟存詩卷，畫得烟霞記遠行。壬寅夏滇歸，畫呈阮亭王老年祖臺，并題請正。年弟張一鵠。行書五行　押尾朱白文張一鵠印方印　朱文友鴻方印

後另紙題。

江南艸緑胡蝶飛，游子新自滇南歸。滇南遥遥一萬里，游子思歸夢江水。前年送君廣陵城，桃花落盡春潮生。去年憶君在京口，西津渡外千楊柳。桃花柳花又一時，吾徒踪跡尚天涯。何當共醉秦郵酒，却話昆明畫裏詩。壬寅冬，友鴻歸自雲南，偶過潤州。未及渡江眎予，以此卷相寄，兼後題詩其上。友鴻與余交同手足，萬里之别，忽如覿面，又念咫尺之間，交臂相失也。披玩之頃，悲喜交集，輒成此詩，兼寄友鴻，聊誌吾輩交誼，暨一時離合聚散之感云爾。長至前二日，驟雪初霽，呵凍書于抱琴堂中。羼提老人禎。行書共十九行

當今詞賦推平子起至瀟湘千里是君師止　邗上無山只有江起至展卷馳神到石淙止　晏上吴殳。行書四行　押尾白文吴殳之印方印

昔白樂天守杭日，元相出刺越州，各誇其境中風土之美，詩篇酬和，月無虚日。滇中新隸版籍，瘴雨蠻烟，不堪寓目，友鴻圖成此卷以寄阮亭。余披覽之，但覺山川明秀，林木清嘉，欲與江南諸山争勝。吾願亟啓使君過江，入吴諸集，焚香莊誦，使知吴中自有佳山水，勿徒讚題點去歎旁註此卷，如漢武帝鑿池長安以效昆明，爲後人所嗤也。癸卯二月朔日，崑山葉方靄識。行書十行　押尾朱文葉方靄印方印

《漁洋集》：『友鴻歸自雲南，在京口寄余此卷，自題詩「一别江山」云云，覽之慨然。』即此

卷也。攷《繪圖寶鑑續纂》：『張一鵠，字友鴻，松江人，順治十五年進士，官司李。善寫山水。』又《雲山唱酬》云：『友鴻，一字忍齋，綜博多才，瀟灑絶俗。』吴慶伯曰：『忍齋昔貢成均，入金陵，與黄石齋、楊機部唱和。倡「伴山會」，作《伴山圖》，與之交者得其詩畫爲快。司李滇南，撫殘黎，除宿弊，滇人德之。所著有《埜廬三集》、《河存草》若干卷。』觀此卷清圓朗潤，當時負盛名有以也。李佐賢。行書十二行

王石谷仿宋元山水卷

絹本。高一尺五寸六分，長一丈九尺六寸。著色，寫意。山則崇岡複嶺，長坂懸崖；水則流泉飛瀑，淺瀨平湖；人物則遊人釣客，行旅馬鸁；宫室則樓閣亭榭，梵宇浮圖，橋梁道路，村舍山居，帆檣舟楫；林木則松杉榆柳，灌木叢林，無所不備。章法前後俱淡，中幅濃厚，令人如遊山陰道上，目不給賞。題在卷後上方。

引首朱文上下千年圓印

辛卯夏日，宿雨初霽，涼風襲人。適吴閶友人持宋元名蹟賞玩旬日，極人間清曠之樂，因成此卷。劍門樵客王翬。行書四行　押尾白文八十老人王翬方印　朱文耕烟方印

卷後朱文耕烟散人方印　白文滄江白髭方印　竹朋真賞長方印

後界綾朱文竹朋鑒定長方印　朱白文李恩慶方印　白文愛吾廬珍藏印方印

後另紙題。

引首朱文秝葉山房長方印

收取丹青不賣錢起至恰好江南八月天止　溪山勝處自天然起至但饒風韻便堪傳止　脩堂二兄大人出所藏烏目山人長卷見示，因誌二絶句於卷尾。癸丑上春四日，夢樓王文治。行書十一行　押尾朱文王禹卿印方印　朱文夢樓方印

善詩者雖效法李杜韓蘇之詩，而自成一家之詩；善畫者雖規摹荆關董巨之畫，而自成一家之畫。若不能獨開生面，惟是依樣葫蘆，恐不免貌似神非之誚矣。此石谷仿宋元人長卷，一望而知其爲石谷之畫，并非宋元人畫。惟其不似宋元，所以善學宋元也。此中三昧，急索解人不得。王夢樓謂石谷畫『中年最佳，早年次之，晚年又次之』，非定論也。似此鑪錘在手，規矩從心，有神動天隨之樂，乃畫家無上妙境。屬石谷八旬所作，不但非早年所能，即中年亦未易臻此也。利津李佐賢。行書十二行　押印不記。

王石谷仿右丞山莊早春圖卷

絹本。高一尺四寸，長二丈二尺五寸。微著青緑色，兼工帶寫。前段岡阜重疊，遠渚流泉；中幅灌木叢雜，村落蟬聯，點綴牧牛、沙鳥之屬；後幅兩峰間露山城一角。通體平林遠岫，烟靄霏微，覺春色蓬蓬浮紙上。畫人凡十一，在室在樓者各四，騎牛者

二，步行者一。自題在卷前後，又徐、高二題在卷後。

王右丞山莊早春圖。行書一行

歲次甲子三月，客潤州雀林寺之杜鵑樓，有懷芳侯老道兄，寫此寄贈。王翬。行書□行　押尾□文石谷子方印　王翬之印方印

結屋千山萬山裹起至更覓黃精劚春雨止　辛未夏五月題於花溪草堂。崑山徐乾學。行書□行　押尾白文乾學之印方印

黛染遥山起至輞川依舊止　别墅藍田起至又誰認識，牧童村叟止　調寄《傳言玉女》。康熙辛未夏五月既望，江村高士奇。行書□行　押尾□文竹窗長方印

卷前□文燕庇方印　雲亭珍賞方印　商邱陳氏圖書長方印

卷後□文夢禪室鑒方印　葛氏珍藏半印

後另紙題跋。

出谷寒泉明起至猶剩殘冬葉止　深崖寒未解起至嵐烟翠幾層止　板橋横荒谿起至但見黃沙渚止

高樹微風度起至獨坐聽春聲止　青開凍壑痕起至不借東風力止　竹樹亂春禽起至烟柳過橋深止

霧合千灘色起至誰放剡溪船止　昔惠崇、郭熙皆有《早春圖》流傳人間，烏目王山人此卷即用其意。嵐容樹色，川光雲影，一點一拂，悉帶早春氣候。至於設色，變化神明，全以淺淡爲入微。愈淺淡而愈見沈深，見其沈深，而不知其以空靈澹蕩出之也。若賦色濃

厚，則非早春景色，惟淡極而沈深，蓋運其神氣於人所不見之地。經營苦心至此，無餘憾矣。鑒者珍之。乙丑初夏，觀於澄懷館，歎賞竟日因題。南田惲壽平。行書□行　押尾朱文壽平方印　白文惲正叔方印

後有古婁王撰跋一段、小宛齋王丹林題詩一首、柯谷老人題跋一段，均未録。

王石谷仿江貫道千巖萬壑圖

紙本。尺寸失記。墨筆，寫意。前路閒淡布置，中後千巖競秀，萬壑争流。帶水皴法，墨氣濕潤，淋漓滿紙。林木除松杉外多作落木。題二段在前。

倣江貫道千巖萬壑圖。烏目山人王翬。行書二行　押尾□文王翬之印方印

此余丙午秋爲西廬先生作者，屈指已三十四年矣。今爲文孫迪文孝廉所藏，出以見眎。展卷復逢故物，追思往昔，不禁悵然。時己卯春正，王翬題於求是堂。行書□行　押尾白文王翬之印方印　石谷子方印

中幅接縫□文衣園藏真方印

卷後□文教忠堂　衣園居士　子孫寳之　三印未詳記。

後另紙跋，不備録。款屬『乾隆五十年歲次乙巳嘉平月上浣，畢瀧呵凍書』。

王石谷江山晚霽圖卷

絹本。高一尺四寸，長二丈二尺八寸。設色，寫意。首段岡阜重疊，山徑崎嶇，行旅絡繹，對峰高聳，群山争出，山盡處院宇二所，樓左岡巒斜抱，一水通流阜前，後泊舟凡十五，岸上人無數；中段江面空濶，行舟凡三，江盡處現山城一角，城門洞開，車馬入城者踵相接也，城外又起數峰，峰前茆店，有行旅飲食者，峰後村居，禾稼登場，婦孺歡娱，有驅羊群者；末幅村落隱現，有度橋者、乘騎者、負擔者，林巒茂密，衆壑匯流，小橋三疊，又露遥村，垂楊淺渚，閈閬布置作結。題在後。

康熙歲次壬午秋日，寫《江山晚霽圖》。海虞王翬。行書□行　押尾朱白文王翬之印方印　朱文來青閣方印

下角李氏收藏二印，未記。

王石谷仿大癡富春山水卷

紙本。高一尺四寸二分，長二丈九尺五寸。墨筆，寫意。岡阜初見，隱起隆然，一徑繞岡夾流，直達前山，崔巍戴石，漸遠漸伏，連岡見頂，林木迴帶，平川安流，浩與

天際，山勢迤邐再起，高峰中鎮，充塞上下，諸崖羅列，狀若前驅，兩麓遞接，山勢又起，排空插漢，漸移漸遠，横陂高岸，洲渚呑吐，綿渺無極，孤峰危聳，遥山背倚，如水上連城。通體作大山凡四，中綿亘而前後截斷，屋之結於山、依於林者凡十，臨於水者二，山亭一，水亭二，橋三，舟四，人之度橋者一，坐亭者二，蕩舟者四，水禽有浮而近舟者，長松有仰而企者、俯而就者。題二段在後。

子久《富春山》膾炙藝林，爲海内第一名迹。沈徵君、董文敏先後標題，畫學淵源闡揚已盡。曩獲觀於燕臺寓齋，曾撫粉本，得遂賞心。庚辰夏，裹足山園，復爲重仿。僅存形似，但擬議神明，深有媿於癡翁也。虞山後學王翬并録原題於左。行書□行　押尾白文王翬之印方印白文耕烟散人方印

至正七年，僕歸富春山居，無用師偕往。暇日於南樓援筆寫成此卷，興之所至，不覺亹亹布置如許。逐旋填劄，閱三四載未得完備，蓋因留在山中而雲游在外故爾。今特取回行李中，早晚得暇，當爲著筆。無用過慮有巧取豪敚者，俾先識卷末，庶使知其成就之難也。十年青龍在庚寅，歜節前一日，大癡學人書於雲林間夏氏知止堂。行書□行

卷前白文山水性情癯樵雅趣耕烟散人富春高寄□印

前後鑒賞印四，未記。

王石谷南溪高逸卷

紙本。高一尺六寸，長一丈四尺二寸。淡設色，兼工帶寫。起處沙磧流泉，叢林曲徑，行旅向前；中幅山村聯絡，帶水通橋，林間策蹇，田畔牧牛；後路危峰峻嶺，上矗浮屠，下泛雙艇。題在前後。

南溪高逸。行書一行

去家南溪濱，還往南溪曲。未覺雲物殊，共愛山水緑。内有隱者居，桑麻繞茆屋。日出雞犬喧，春深散花竹。乘興泛滄浪，烟波渺相屬。山色遠逾净，白雲斷還續。歸來蘿徑深，芸窗愜幽獨。軒冕豈不榮，野服無拘束。鷗鳥相與閒，逍遥乃云足。右張伯雨題畫詩。乙未夏六月，海虞王翬。行書□行　押尾朱文耕烟方印　□文王翬之印方印

卷末白文我思古人方印　耕烟老人時年八十有四方印

後另紙題，俱和張伯雨詩元韻。一段款『白眉叟毛詩彬』，二段『鴛水盛大鏞和題』，三段『怡園韓雲追和』，四段『晚雷居士楊嗣震次韻』，五段『海寧楊景漣次韻』，六段『龍山查楨次韻』，七段『海昌邢鄂次韻』，八段『式玉次韻』，九段『平湖陸琰卓次韻』，十段『梧溪莊兆熊次韻』，十一段『歸愚沈德潛次韻』。詩俱未録。

王石谷仿趙文敏夏山真逸卷

絹本。高一尺六寸八分，長一丈四尺二寸。青緑色，兼工帶寫。前段垂楊淺渚，掩映蘆汀，釣艇漁翁，板橋行旅，峰巒遞起，林間古寺，松下危亭；中段大壑生雲，高峰挂瀑，山下幽居棟宇參錯，高士攤書，奚童候門，左方連樹，二人對話，一客度橋，後隨童子；後段竹林茆舍，幽澗奔泉，數人對立，一人乘騎方至。題在卷前。

引首朱文上下千年圓印

趙文敏體格高雅，爲元畫之冠。曩在燕臺寓齋獲見《夏山真逸卷》，尤屬注意傑作。後入内府，不復再覩。暇日心摹手追，撮用大概，轉贈芋田同學兄，以供卧遊之助。庚寅九月，海虞王翬。行書□行　押尾朱文石谷子方印　白文王翬之印方印

卷前後朱文清暉老人方印　來青閣方印　白文耕烟散人時年七十有九方印　臞樵雅趣方印　又鑒賞印二，未記。

王石谷仿趙文敏松竹卷

紙本。尺寸失記。墨筆，寫意。前幅懸崖陡峻，幽澗鳴泉，崖左右松竹成林；中幅平岡淺瀨，亦饒松竹，茆亭内一人趺坐；後幅作枯柳二株。題在後。

惜竹不除當路笋，愛松留得礙人枝。嘗見趙文敏有此本，清真秀拔，不減唐賢規格，最爲古雅。追用其意爲之，未識於筆墨形似間能得其一二否？甲午十月望前三日，劍門樵客王翬。行書□行　押尾□文王翬之印方印　石谷方印

卷前後朱文耕烟方印　白文耕烟散人時年八十有三方印　我思古人方印

王石谷仿曹雲西寒林雅趣卷

紙本。高一尺三寸餘，長八尺餘，未詳記。墨筆，寫意。起段岡陵逶迤，流水潺湲，落木成林，歸鴉作陣，水口交互，沙磧瀠洄；中幅長松覆亭，雙鶴對立，亭内一人獨坐，亭前一峰特起，瀑布三疊；後段崇山并峙，山前樓閣掩映寒林。題在後。

余在京師見雲西老人《寒林雅趣圖》，筆墨古淡，氣韻蕭爽，脱去畦町工整之習。元人胸中，真無一點俗氣。庚辰冬月，虞山王翬。行書□行　押尾白文王翬之印方印　朱文時年六十有九方印

卷首印二，未記。

王石谷虞山圖卷

絹本。尺寸失記。著色，寫意，皴作披麻。秋山景色，林木紅黄青碧相間。題款二段

在後。蓋内府物，今爲張星伯侍郎所藏。

元人作畫以意爲之，直得象外之趣。搆思經營，氣韻生動，不落畫史規格。此卷寫西城至劍門一帶峰巒樹石，屋宇舟梁，出規入矩，恐未盡脱縱横蹊徑。昔黄子久日坐湖橋，看山飲酒，以造化爲師，意在神韻，不求形似，遂爾入妙，可知會心不在遠也。甲申小春十日，耕烟散人王翬并識。行書□行　押尾□文石谷子方印　王翬之印方印

乙酉人日，其蔚先生復持見示，裝池完好，殊覺氣韻有致。珍重藏之，具愛我過情之意。王翬又識。行書□行　押尾白文王翬長方印

卷前朱文乾隆御覽之寶長圓璽　石渠寶笈長方璽　三希堂精鑑璽長方璽　白文宜子孫方璽　□文石渠定鑒□璽　寶笈重編□璽　養心殿鑒藏寶□璽

卷後□文乾隆鑑賞□璽　嘉慶御覽之寶□璽

王石谷雪景山水卷

絹本。高一尺五寸，長一丈二尺二寸。寫意，微著色，皴用披麻兼小斧劈。起筆依山梵宇浮圖，岡嶺逶迤，村居在巔，崇巒突起，山前廬舍綿亘，映帶寒林，計人在樓者四、在室者一、在廊者二、在院埽除者二、騎驢隨行者二，村後鳴泉百道，路繞平岡，岡上騎驢人二、步行荷擔人三，岡後又現流泉，石坡臨水，坡下待渡人八、驢四，溪

內乘舟人三、使篙人二，對面登岸人六，岸上崇山絶壁，飛瀑高懸，隔水酒帘高揭，室內一人獨坐，小村一簇。通體微烘雪意。題在後。

引首朱文上下千年圓印

清村先生客真定，雪中作長歌見懷，兼寄《赴都述懷詩》，詩中備述吴中林泉之勝，歷歷如畫。余作此寄酬，寫詩中畫耳，若畫中詩則何敢！康熙乙丑辰至前三日，耕烟散人王翬。行書□行

押尾朱文石谷子方印　白文王翬之印方印

卷前朱文來青閣方印　白文臞樵雅趣方印

卷後朱文友石秘玩方印

界綾白文蔡世松印方印　聽濤方印　金陵蔡友石收藏圖書方印

惲南田仿倪吴山水卷

絹本。墨筆，寫意。其尺度長短，通體布置與石谷仿大癡卷略同，惟用筆差簡，布景多著一橋、一泊舟露尾。沉雄遜王卷，而秀逸過之。題在上。自謂用倪、吴法，而仍不外一峰矩度，蓋同出《富春》祖本，雖參變仍不離其宗也。

文徵仲述古云：『看吴仲圭畫，當於密處求疎；看倪雲林畫，當於疎處求密。』先香山翁最愛此語，嘗謂：『此古人眼光，照見四天下處。』予則更進曰：『須疎處用疎，密處加密，合兩

公神趣而參取之，則兩公參用合一之精微也。』甲寅初冬，在陽羨寓樓坐雨，戲用雲林、仲圭兩家筆法作此卷，以鑒賞音。毘陵園客惲壽平。行書□行　押尾朱文壽平方印　白文南田艸衣方印

前後鑒賞印三，未記。

惲南田石菴圖卷

紙本。高一尺，長七尺七寸。墨筆，寫意。起手遠山稠疊，寒林沙磧，細澗橫橋；中幅飛瀑雙懸，坡上叢林，坡下曲徑依山，茆屋數椽，松林映帶，一人趺坐，虛堂案設書册，堂下石臺矗立，竹林盡處，雲樹繚繞；入後巨石危崖作結。題在上。

石菴圖。癸亥暮春，鹿白先生命畫。南田壽平。行書三行　押尾朱文正叔方印　白文壽平方印

卷後印三，未記。

笪江上仿董文敏江南秋卷

紙本。高八寸四分，長一丈七寸九分。著色，寫意。山水上下平分，起結小陂遥對，石岡隆脊，亘於幅中，青林紅樹，映水交加，野屋露頂，疊巘生雲，霜葉連山，扁舟如梗，全入綿邈空濶之境。題在上。

詩情畫意喜同參，結伴遊山許共探。猶記廿年前往事，白雲黄葉憶江南。往歲在毘陵王氏，泛舟湖上，間及繪事。石谷作《毘陵秋興》卷子，余與南田唱和題詠於上。今秋不雨，天日清朗，余亦山居多暇。石谷、南田諸君尋秋山中，回憶香光曾作《江南秋》矮卷，余略用其意，戲爲秋山寫照。諸君諒不吝珠玉，留爲他日佳話，庶不虚此一遊也。丁卯秋日，江上外史逸光并題。行書□行　押尾朱文江上方印

後有乾隆庚戌秋九月王夢樓文治題一段，未録。

黄尊古仿王石谷千巖萬壑長卷

絹本。高二尺一寸，長四丈七尺。絹凡四接。山用墨筆披麻皴，樹微著色。章法四開三合，起結由淡入濃。計村五處，不成村之野屋亦五處，山巔寺一、塔一，山下橋四、亭一，在室、在亭、過橋人凡三，瀑布一，林巒無數。題在卷末。

千巖萬壑。壬申秋月，客於桐露軒，見石谷子仿黄鶴山樵本，因擬其意。對菊灑墨，匝月經營，不知疲也。虞山黄鼎。行書□行　押尾朱文黄鼎方印　白文獨往園翁方印

卷前白文慎餘堂書畫印□印　亳州何氏珍藏方印

卷後朱文檉西老屋圖書□印　□文慎郡王印　紫瓊道人　露濕紅蕉月滿廊　三印未詳記。

張文敏仿趙文敏書唐律卷

紙本。高一尺一寸六分，長六尺七寸五分。紙凡兩接。字徑四分。

唐律。

露下碧梧秋滿天起至何待他年始惆然止　聞擣衣。　溪上東風吹柳花起至擬問田園學種瓜止
溪上。　絶頂清秋淩翠烟起至青壁有路何當緣止　道場山。　天門日湧大江來起至沙頭官渡
苦相催止　蛾眉亭。　層巔官閣幾時修起至角聲孤起甕城秋止　多景樓。　雨花臺上看晴
空起至往尋荒塚醉西風止　雨華臺〔一〕因至故人劉叔亮墓。　鄂王墳上草離離起至水光山色不
勝悲止　過岳王墓。　東南都會帝王州起至春風麥秀使人愁止　錢唐懷古。　白水青林引
興多起至何日歸休理釣蓑止　海子上即事。　意行騎馬到林間起至静中規寫水潺潺止　弁山
佑聖宫次孟君復韻。　手種青松一萬栽起至數日遲留不肯迴〔二〕止　城南山堂。　點點飛花
欲送春起至但喜論詩若有神止　春日言懷。　二月江南鶯亂飛起至把酒無言對夕暉止　紀舊
遊。　山城秋色静朝暉起至休文何事不勝衣止　東陽八詠樓。　與子同客帝王州起至日日痛
飲醉即休止　贈周景遠、田師孟。　延祐五年二月廿七日夜，寫舊詩十五首與從子珎。松雪
翁。行書七十八行

余年十一二，大人以敬慎老人書《琵琶行》及《溪上》等律七首同册付學字，此余生平學

字之始也。年十六，至京師從友人几研間見思翁臨《溪上》七首墨刻。年二十六，見陳學士世南所藏思翁《枇杷行》，乃知敬慎粉本於此。然但知《溪上》七首爲思翁臨松雪書，未見松雪帖也。歲癸卯雍正改元，狀元王君世琛貨其家名蹟，爲密戚䖍使宋君償帑，出此帖，索值百金。余摒當不可得，以明璣易之，不許。議未定，會使閩典試而解。臨得數本，流落人間。歲丙午，乃知此帖歸海寧陳相公，復得借臨。其年四月，爲内子臨一本，未竟，又使滇典試，遂還真跡于陳。行至武陵溪上，以他日所摹本彷彿竟其卷，以歸内子。後知真跡歸南沙蔣相公，復歸怡邸，不可復見矣。雍正乙卯春，復從武陵本臨得此。真行書十五行

押尾白文張照長方印

後另紙跋。

此卷未經署款，跋後僅一印章，印紙係另接，未免令人滋疑。而筆力沈著透快，確屬文敏真蹟，固不必藉款印而可決也。攷公行狀，於雍正二年甲辰典試閩省，四年丙午，典試滇省。此跋云雍正改元王君出是帖，索值百金，又云議未定，會典閩試而解。想是帖出於元年，而議價未定在二年。跋語省文，非有參差也。至丙午使滇，則與行狀㕛合，可以互證。又考公生於康熙三十年，此卷作於雍正乙卯，乃四十三歲所書，故已漸臻老境。咸豐己未春仲，利津李佐賢跋。行書十三行　押印不記。

校記

〔一〕『雨華臺』，原作『兩華臺』，徑改。

〔二〕『迴』，原作『迴』，徑改。

僧石濤山水卷

紙本。高一尺四寸三分，長一丈一尺九寸五分。墨筆，寫意。山勢崇崨，嵐氣浮動，通幅曳杖人一、乘舟人二、背行人一，點綴橋梁、野亭、村舍、帆檣、舟楫數處。題在卷後之下。

打鼓用杉木之椎，寫字拈羊毫之筆，却也一時快意。千載之下，得失難言，若無斬關之手，又誰敢拈弄？悟後始信吾言。清湘瞎尊者原濟。隸書十行　押尾白文膏盲子濟方印　白文清湘石濤長方印

卷前白文搜盡奇峰打艸稿長方印

王司農仿大癡富春山長卷

前題籤。

王司農仿癡翁富春山圖。神品。古泉山館主人珍玩。押尾白文老木長方印

畫紙本。高一尺九寸，長三丈八尺二寸。紙凡五接。墨筆山水，通體不著人物。起手淡淡著筆，高峰突起，山前村落，叢林環繞，山盡板橋橫亘，峽勢忽開，橋外群峰競秀，大壑生雲，山巔樓閣重重，下臨澗水，上露雲峰，山盡又開一壑，架木爲屋，臨水成村，以後山連峰斷，時露小村，懸瀑三重，石橋兩架，山峽棧道凌空，城樓平臨，雉堞微現，山勢碗蜒，石徑欹斜，澗水遥分，杉林成簇。題在卷後。

引首朱文埽華庵長圓印　朱文西廬後人方印

古人長卷自摩詰《輞川圖》始立南宗楷則，惜余未之見。偶閲畫稿，方知右丞之用意深遠，行間墨裏，配搭無纖毫罅漏，真有化工之妙。不知其筆墨之運用又何如耳？十年前，見北苑《夏景山口待渡圖》，乃知唐宋大家理同此心，心同此理，淵源相紹續，無少差別。北苑如是，右丞亦如是也。元季長卷，見大癡《富春山》，筆墨奔宕超逸，脱盡唐宋成法，真變化於規矩之外，神明於規矩之中。畫至此，神矣聖矣！余自幼學畫，每侍先奉常，竊聞講論，必以癡翁爲準的，癡翁筆墨，尤以《富春》爲首冠。及一見之，輒有不可思議之歎。此圖約略仿其大意，若謂能得古人堂奥，則吾豈敢！旹康熙辛卯春日畫成，漫題於穀詒堂。婁東王原祁，時年七十。行書十三行　押尾白文王原祁印方印　朱文麓臺方印

卷前朱文古泉山館書畫之記長方印　木夫所藏方印　朱白文瞿中溶印方印　白文鹿樵方印　幕府巡官方印

卷後朱文蒉生方印　杉庵寓老方印　古泉山館書畫之記長方印　自怡悅𡈼書畫録方印　白文張鹿樵鑒藏方印　少游浙西長居淮北東吴漫士南楚閒官方印
卷題後朱文自怡悅𡈼書畫録方印　適翁方印　木夫方印　白文張鹿樵鑒藏方印　古泉山館方印
瞿中溶方印
後另紙題鹿樵張鏞禮、姜孫、文杓各七古一首，未録。

無聲聯唱合筆山水長卷

畫紙本。高一尺五寸九分，長五丈五尺六寸三分。紙凡九接，計十幅，十家合作。通景寫意山水。

前額。

無聲聯唱。

乾隆壬辰小春，李汪度爲皇六子題并書。□書□行　押印不記。

第一段題。

辛卯冬，有持前明各家米山求鑒定者，連如銜尾，燦若列眉，峰轉溪迴，美兼曠奥。因思畫家邱壑變化在胸，倘興舉而神移，亦標新以領異。獻歲後退朝燕居，仿大癡法作長卷一角，俟世之深於畫者續焉。非欲競美前人，聊以集烟雲之勝耳。時乾隆壬辰上元，皇六子

并識。真書□行　押尾白文皇六子方印　朱文悟對古人方印

第二段至第十段題。

壬辰二月朔，錢維城謹畫。真書一行，下俱同　押尾白文維城方印

錢維喬謹寫。　押尾白文維喬方印　朱文季木方印

張洽謹寫。押尾白文張洽方印　朱文玉川方印

方琮敬寫。押尾白文方琮方印

王宸謹寫。押尾白文宸印方印

董椿謹寫。押尾朱文臣白文椿聯珠方印

董誥謹畫。押尾白文誥方印　朱文敬事方印

朱文震謹畫。　押尾白文震之印方印

毛上炱謹畫。　押尾白文炱印方印

接紙押縫有質莊親王名印十。

界綾有亳州何氏印二。

後另紙有乾隆三十七年壬辰小春歙溪汪廷璵跋一段。

均未詳録。

巽苕同岑合筆山水長卷

前額。

巽苕同岑。

乾隆癸巳清和月，李汪度謹爲皇六子題。□書□行　印不記。

畫紙本。高一尺四寸二分，長四丈四尺五寸七分。紙凡七接，計八幅。七家合作畫，亦通景寫意山水。

第一段至第六段題。

毛上炱謹畫。真書一行，下俱同　押尾朱文臣白文上炱聯珠方印

方琮謹繪。　押尾白文方琮方印

朱文震謹畫。　押尾白文震之印方印

王宸謹畫。　押尾白文王宸方印

董椿謹畫。　押尾朱文臣白文椿聯珠方印

董誥謹繪。　押尾白文誥方印　朱文敬事方印

七、八段無題有印，未記。

界綾亳州何氏二印。

後另紙題。

予既獲觀《明賢十人聯景米山圖》，爰仿其製作長卷。予發端，客繼作，亦十人。卷首『無聲聯唱』四字，寶幢先生題也；卷尾，持齋先生跋也。裝褫而弆之未幾，十人中若錢司寇伯仲及國學張玉川相繼歸里。憮然聚散之慨，乃集諸君子之在都門者六人，仍各繪一段，余末綴之，稍别於前卷位置云。嗚呼，烟霞過眼，即景生新，未審於昨年領會何如？顧規橅南宗，如出一轍。覽茲合璧，謂留米老庵瓣香也可。癸巳閏三月上浣，皇六子并識。□書□行

押尾白文皇六子質郡王印方印

卷前□文質親王收藏印□印　坐中佳士方印

卷後朱文妙筆可作無聲詩方印

消寒積玉合錦書畫長卷

紙本。高僅七寸二分，長五丈三尺。紙凡十四接，書畫分段。係彭文勤所集乾嘉年名公筆墨。時代雖近，然皆經意之作，決其必傳，故破格載之。凡詩文詞賦皆從省不録，但録題款，印亦不記。

前題。

消寒積玉。隸書大字

誥題。真書一行

第一段。《九九消寒圖》，七古詩一首。

壬午舊稿，壬戌書。元瑞時年七十有二。行楷書

第二段。工筆，著色。白梅。

惲廷楫。

第三段。鑪鐙窗帳，七律四首。

石菴居士劉墉。行楷書

第四段。唐花四詠。

大興朱珪。行楷書

第五段。工筆，設色。天竹、蠟梅、水仙、迎春。

花朝前一日，左田寫於澄懷園雪窗。楷書

第六段。詠氊簾、風門、熱炕、煖硯、火鍋、花窖、冰牀，七律七首。

此丁亥冬同筤圃年丈作。稿久佚矣，蓮士尚能略舉其詞，因臆補録之，并屬左田寫爲通景。

時嘉平十有一日，雪意頗重。瑞。行楷書

第七段。工筆，著色。畫氊簾等七詠之通景。

嘉慶八年歲在昭陽大淵獻孟陬二日，當塗黄鉞寫。細楷書

第八段。録前題七詠，七律詩七首。

右先大夫丁亥小集，同芸楣夫子暨諸鄉先生唱和之作。維時衢亨初學作詩，即從夫子受業，今三十六年矣。壬戌臈除，偶述前事，命録先大夫及同時諸作於卷，并以衢亨舊作附焉。行楷書

第九段至第十二段，俱七詠詩。

右饒霽南先生作。行楷書

右劉紉秋先生作。仝上

右姚雪門先生作。仝上

右丁亥步韻舊作，時年僅十三云云。嘉慶八年歲在癸亥，孟春之月，受業戴衢亨録藁。行楷書

第十三段。七絶二首。

二月朔題。瑞。行書

第十四段。五言長律。

右先大夫和雲崧先生觀家人醃菜之作，承芸楣夫子命補録《消寒詩卷》。時嘉慶癸亥二月十八日。趙秉冲謹識。

第十五段。《生白酒》、《凍豆腐》、《腌菜》、《蝦米》，五律五首；《炭墼》，五古一首。

雲楣夫子命書《消寒》舊句，録請鈞誨。受業黄鉞呈稿。真行書

第十六段。《冬庖八詠》，七律八首。

壬戌嘉平作，越歲花朝書。瑞。行楷書

第十七段。和《冬庖八詠》，七律八首。

受業黄鉞次韻謹和。

第十八段。詠風門、手鑪、暖椀、醃菜，五律四首。

此亦二十餘年前少作也云云。後學李堯棟呈槁。細楷書

第十九段。篆書詞一闋，又真書一通。

調《沁園春》一闋，應芸楣夫子命云云。受業蔡之定謹題。楷書

第二十段。詞一闋。

《百字令·題雪夜讀書圖》。芸楣夫子誨定。受業陳希曾呈稿。楷書

第二十一段。著色，寫意。松竹。

芸楣夫子命張問陶寫，時癸亥四月朔。行楷書

第二十二段。詠鐵雀，五言二十韻。

此甲寅冬應芸楣夫子館課作云云。受業周系英。細楷書

第二十三段。《臘八粥》，五言八韻。

芸楣年伯命録《消寒》舊作，即求誨定。年姪陳崇本呈藁。楷書

第二十四段。工筆，設色。兩仕女對坐刺繡，後書五言長律。

承命畫《日長添綫》小幅并録舊作，并求鈞正。後學佘集。細楷書

第二十五段。書『刺繡五紋添弱綫』五言排律。

錢楷附録舊作。小隷書

第二十六段。淡著色，兼工帶寫。山水雪景。

癸未伏日，芸楣夫子命寫，即求鈞訓。受業錢楷。細楷書

第二十七段。書《雪意》七律一首，《詠雪中古迹》五古、七律二首，《凍豆腐》五古一首。

右十年前與汪雲壑前輩銷寒一集作也云云。小長蘆門人錢楷頓首謹呈。行楷書

第二十八段。詠糊窗、燒炕、調粥、醃菜，七律四首。

芸楣夫子命書舊作，録《銷寒八詠》之四，敬奉誨定。癸亥七月，受業陳嵩慶呈稿。細楷書

第二十九段。《冬夜觀奕》，五言四十韻。

七月四日芸楣夫子命書云云。曹惪華。行楷書

第三十段。七古詩一首。

戲柬叔安光卿，時癸亥七夕後二日。瑞。行書

第三十一段。墨筆，寫意。雪景。無款。

第三十二段。書記一段，綴七絶一首。

芸楣夫子清玩。受業馬履泰。行書

第三十二段。書『僧寮聽雪』等題，五律八首。

壬戌臘月云云。後學法式善呈藁。細楷書

第三十三段。《冬庖八詠》，七律八首。

周厚轅呈藁。行楷書

第三十四段。《日長添線賦》一篇。

第三十五段。《九九消寒圖》，七言排律。

第三十六段。《消寒會》，七絶三首。

舊作一賦四詩皆卷中所有題也，因附録焉。厚轅。俱行楷書

書畫鑑影卷十　册類

唐附宋元

宇宙大觀集册

首開。

宇宙大觀。隸書大字

莆陽後學宋珏謹觀并書。行書一行　押尾白文宋珏之印方印　朱文宋氏比玉方印

第一開。紙本。方式。高一尺一寸一分，寬一尺四寸四分。墨筆，山水細入毫髮。下段岡巒起伏，溪水清泚，一人牽牛馬過橋，溪邊三鳥，二飛一浮，巒頭古樹三株、斷木一株；上段左畫平林一帶，樓閣參差，右方林後藏村，遥山幾疊。款題左方樹身下。

王維。真書

左上朱文宣和半方印　左下有米南宫題字。

米芾觀。真書一行　押尾白文米芾半方印

右上白文□閑館印方印　右下朱文長洲吴氏半方印　石居長印倒鈐　白文荆蠻民方印

下接紙。左方白文王氏敬美方印　王氏元美方印　右方白文停云主人方印　白文梅花屋方印　五峰樵客方印

對開另紙跋。以下跋皆另紙

右丞詩云『夙世謬詞客，前身應畫師』，蓋自道也。右丞詩與李、杜抗行，畫追配吴道子，畢宏、韋偃弗敢平視。至今讀右丞詩者則曰『有聲畫』，觀畫者則曰『無聲詩』。以余論之，右丞胸次灑脱，中無障礙，如冰壺澄澈，水鏡淵渟，洞鑒肌理，細現毫髮，故落筆無塵俗之氣。孰謂詩畫非合轍也？世傳右丞雪景最工，而不知其墨畫尤爲神品。若《行旅圖》，一樹一葉，向背正反，濃淡淺深，窮神盡變，自非天真爛發，牢籠物態，安能匠心獨妙耶？弘治五年八月晦日題。行書□行　押尾朱文原博方印　朱文長洲吴氏方印

第二開。絹本。團扇式。高一尺七寸四分，寬一尺八寸二分。工細青緑山水。宫殿嵯峨，水雲縈繞，殆類僊居，人在室内者四，過橋者三，遠近奇峰矗起，嵐翠撲人。無款，題上有兩方印，不可辨。

對開跋。

畫家著色山水最爲難工。李昭道綴以金碧，唐季尤極推重，後世亦宗其法。雖筆力視父稍有不及，而一時竗手鮮有過之者。世稱爲『小李將軍』，蓋以別其父思訓耳。行書□行

以下各跋俱無款，然字蹟與前跋無異，蓋均匏菴筆也。

第三開。絹本。方式。高一尺六寸八分，寬一尺五寸九分。墨筆，寫意。古木竹石。

款題上右。

錦江道人文同。行書一行　押尾朱文同圓印

右下朱文石居曾賞方印

左下白文□□齋方印

對開跋。

與可在宋季以文學、吏治爲時所重。雅好畫竹，風枝露葉，如寄腕中。間作古木怪石，離離奇奇，亦非凡筆能頡頏也。行書□行

第四開。絹本。方式。高一尺八寸，寬一尺五寸。青緑工筆山水。章法上下開合。下段古木青山，山下曲欄，二人過橋，山巔竹屋，一人獨行；上段雲泉翠巘，村落半藏，遥望無際。款題右下。

伯駒。真書　押尾朱文千里方印

左下朱文良貴方印　朱文石居曾賞方印

右上朱文□之苗裔方印

對開跋。

趙千里畫學摩詰，後别自成家。舉止豐秀，茂密適中，文敏父子皆師承之。行書□行

第五開。絹本。方式。高二尺有九分，寬一尺一寸一分。著色。雪山。松林挂雪，凍壑流泉，下艤孤舟，上矗層閣。款題右上。

雪川江參作。真書一行

右下朱文石居曾賞方印

左下白文□□主人方印

對開跋。

江貫道居霅川之湄，山色湖光，照映几席，故其畫多平遠，雖方寸小幅，曲盡浩渺之致。此學王摩詰，亦自古秀不凡。

第六開。紙本。方式。高一尺九寸八分，寬一尺一寸五分。水墨雲山，法傳二米。夏木垂陰，遠峰懸瀑，樓閣隱現，雲氣模糊。款題左上。

□□三年四月九日，舟泊武陵。克恭書。行書□行

左下白文棱□室印方印

右下朱文石居曾賞方印

對開跋。

高房山裔出西域，山水師二米，烘染變幻，烟雲出没，深得二米之妙。或謂其後稍宗北苑，惜未之見也。

第七開。絹本。方式。高一尺七寸六分，寬一尺三寸五分。青緑，没骨畫。設色妍麗，布景平遠。青山紅樹，一客乘舟，村落臨溪，遥山懸瀑，中峰高起，上入雲霄。款題左上。

大德二年正月，吴興趙孟頫畫。真書二行　押尾朱文趙氏子卬方印

左下朱文石居長印　白文玉蘭堂方印

對開跋。

畫家没骨法創自張僧繇，繼其後者絶少。趙承旨此圖規摹僧繇，氣韻瀟洒，是亦有神助與？

第八開。紙本。方式。高一尺四寸，寬九寸六分。墨筆。叢林密箐，淺渚藏舟，一人臨流濯足，上露遥山。款題右上。

鄭僖。真書

左下朱文石居長印　白文周臣方印

右下朱文□□王郎方印　性和方印

上接紙題。

參天古木氣蕭森，百尺藤蘿覆石陰。獨坐小舟閒濯足，野雲流水一般心。天游生。行書□行　押尾朱文天游生方印

天空木葉盡，水濶荻花稀。羡煞扁舟客，翛然與世違。子華椂。行書□行

盡道滄浪清，此水清且泚。借問伊何人，云是楚狂士。洪武三年仲夏，侯官黄元。行書□行

對開跋。

鄭僖，余郡人，畫法北苑，其用墨運筆，温雅秀爽。若《濯足圖》，真合作也。時胡彦超、李世賢同鑒。行書□行

此册選集不但真確，且俱屬精品。摩詰墨妙，固傳世無幾，即與可、貫道之畫，亦不多覯。房山、松雪，雖時代較近，然此二幅皆出色之作，均希世之珍也。

周景玄仕女盥手觀花圖册

絹本。尺寸失記。工筆，設色。無款。其布景俱詳高江村跋中。前後印章多不辨。

畫一開。

後跋二開。

向在都下得小畫，籤題『唐周昉盥手看花圖』。絹素僅尺餘，零落破碎，人棄我取，藏弆笥篋。二十年來，所見周昉遺跡如《楊妃出浴》、《春宵秘戲》、《春遊上馬》等圖，咸非文房雅鑒。所畫人物既大，又無布景，惟《演樂圖》景小而佳。此幅左列湖石，上有細

白花叢開，石根亦有卉草，石平處安金博山香鑪；中設髹漆案，案頭匳具一、鏡臺一、梳匣、脂粉盒各一，又半截古瓶，插白花一枝，瓶下襲以羅巾，正見閨閣氣味。案前朱方几，古銅觚中牡丹三朵，緋紅、魏紫、玉樓春，花比拇指頂梢大，葉有向背，花若吸露。案後又朱方几一，置古盆、拳石、翠草，極有致。旁有圓杌，覆繡花團墊，彩粲陸離。一仕女雲鬟宮披，拖地錦裠，曉妝初畢，却立盥手，回顧案前之花，容色穠豔，眉目妖冶，臂約雙金，指纖脂玉。久視之，疑盼睞有情，肌肉生香矣。一鬟衣藍色，背立，捧金盆，一鬟衣緑，側立，持長柄宮扇。扇紅色，畫碧葉四花。鬟皆倩雅，鬒髮如漆。後有緑絲布障，障外叢竹蘢葱，其下亦有筠石花樹，點綴不凡，似宮中院落，淑候融和，意致幽閒。用筆之精俏與布景之秀美，使後人爲之，非恬則俗，未可以語此也。《譜》載周昉，字景玄，長安人。傳家世胄，寓意丹青，至於傳寫仕女則爲古今之冠。其稱譽流播，往往見於詩篇文字中。真蹟散逸，又爲外國購取，不可多有。世謂昉以貴遊子弟，所見婦女多貴而美者，故以豐厚爲體。至其意穠態遠，覽者當自得焉。宋惟周文矩能造其藝，有織麗過之者。余見《東山寫照》、《説劍》二圖卷，與此不相上下云。康熙戊辰，養親多暇，重加裝潢。惜舊跋無存，因書記卷尾，復賦二詩，以永其傳。　冶裝纔罷倚春風，盥手金匜露玉葱。蕙性蘭心誰畫出，回身凝盼妒芳叢。　鏡匳脂匣任收遲，院落沈沈淑景移。何用緑絲施步障，竹間那有外人窺。　秋七月廿五日曉涼，書於簡靜齋。

江村高士奇。行書□□行　押尾朱文士奇方印　白文高澹人方印　白文高詹事方印

後又陸費墀跋一開，未録。

唐人書兜沙經册

紙本。每頁高一尺一有三分，寬四寸四分。每開二頁，計十二開。字徑五六分不等，首頁五行，餘皆六行。

兜沙經。靈山奇藏。後漢月支三藏支婁迦識譯。『靈山』以下係二行小字　一切諸佛起至兜沙經止　經文不録

天祐四年七月日，主持藏經僧師覺簽檢添善。真行書，行數失記

册前後朱文趙氏子印方印　松雪垒長方印　項子京鑒賞印凡十，未詳記。

後吴倓、方輔、巴慰祖跋各一開，均未録。

南唐附宋名畫集册

絹本。十幅，第一、七、九幅方式，餘俱宫扇式。均無款識。亦陳壽卿所藏。

第一開。高一尺一寸一分，寬一尺一寸九分。工筆，濃著色。緑林青嶂，一客泛舟。

有舊簽題。

趙幹春山曉泛。真書簽

第二開。高一尺一寸二分，寬一尺一寸六分。墨筆，兼工帶寫。寒林一簇，旁有渡船，船内四人。有舊簽題。

李成寒林遠岫。真書簽

右下印不辨。

第三開。高一尺一寸五分，寬一尺一寸八分。工細，墨筆。溪山微雪，高山流水，一客戴笠，舟中垂釣，遥村前一人張蓋度橋。畫意類范寬。

第四開。高八寸三分，寬一尺有五分。墨筆，兼工帶寫，石作斧劈皴。水亭虚敞，柳陰高覆，一人乘舠，榜人在後，遠山一角。

第五開。高九寸五分，寬九寸七分。工筆，設色。珠宫紺宇，橋亭高聳，垂柳環之。

第六開。高一尺有四分，寬一尺一寸二分。淡著色，工筆。秋山紅葉，山下雙羊，牧童獨立。

第七開。高一尺二寸二分，寬一尺二寸四分。著色，工筆。《嬰戲貨郎圖》。松下兩貨郎，一張繃，一張蓋，各携什物食品無數；右四嬰孩，左兩嬰孩，環繞嬉戲。

第八開。高一尺一寸，寬一尺二寸。墨筆，寫意。平林遠岫，林下一人獨坐，目送飛鴻。

上左白文□章方印

第九開。高九寸二分，寬九寸六分。工筆，濃著色。平坡正對青山，坡上山前，桃花爛漫，似武陵洞口風景。

第十開。高九寸五分，寬九寸六分。濃著色，工筆。梵宇紅牆，環以翠柳，門外四人，水中巨艦，上撑篙者二人。有舊簽題。

趙千里武林先春。真書簽

後跋二開。

溪上吴嘉賓鑒賞世家，所收宋元畫甚夥。山水册葉初得百幅，僅存其尤物爲十六，既别數年，廣之至三十六，則所兼收藏家幾盡其甲觀矣。余爲婆娑不能去者累日，恐石田、徵仲而在，必能一一審定，瞠目叫好，得未曾有，不若余之僅僅賞愛筆法，無所增進也。己未九月晦，董其昌觀因題。行書十三行　押尾白文太史氏方印　白文董氏玄宰方印

唐宋人物畫集册

絹本。方式。計四開。

第一開。高一尺一寸八分，寬一尺。工細，設色。一帶石欄，欄内木樨兩株，雞冠秋

卉，點綴秋色，旁設石案磁墩，案上盤盛瓜果；仕女一紫衣、一藍衣，俱錦裙并立，舉手似作穿鍼狀，一女郎負緋衣，幼孩在後；空際微雲淡抹，新月昏黃，類七夕乞巧景色。款在左。

金陵周文矩畫。小篆書一行　押尾朱文長印不辨。

右下朱文玉堂學士方印　白文宋景濂印方印

對幅題。灑金箋本。式同畫幅。以下每幅俱同。

周文矩，句容人，仕南唐，爲翰林待詔。舊譜稱其善畫人物、車馬、樓觀、山林、泉石，尤精士女。其行筆瘦勁戰掣，至畫士女則無戰筆。大約體近周昉，而纖麗過之。余曾見高江村所藏周昉《士女盥手賞花圖》。以此方之，有過之無不及也，信爲真品。李佐賢題。行書八行

第二開。高一尺四寸三分，寬一尺三寸一分。工筆，重設色。畫三獅，兩大一小，獰猙而兼馴擾之狀。一人乘於獅背，衣冠相貌，應屬外夷，右手執竿綴羽，左手曳紅葉一枝，頗異。款在左下。

駙馬都尉臣王銑恭畫。小隸書一行　押尾朱文駙馬都尉方印

上方朱文内府畫印方印

左下文圓印不辨。

右下朱文古雲山房方印　審定真蹟方印　白文□泉真賞方印

第三開。高一尺，寬九寸二分。工筆，著色。淺水蘆花，蘆上一蟹，坡上一人戴笠，傴僂前行，作撲蟹狀，神情畢現。款在右。

錢唐李嵩。

右下朱文□泉長方印

第四開。高七寸，寬八寸七分。墨筆，微著色，兼工帶寫。兩人相對趺坐，中設一盤，盤內緋桃二枚，旁設一罌，似酒器，一童執筯向內調和。無款。

下角朱文長方印同第三開。　白文徐氏子方方印

宋

蘇米翰札合册

紙本。共四幅。

蘇文忠第一幅敕。高一尺三寸，寬二尺。

宣德郎劉錫，　元年一百四歲。　可承事郎詔。　臣上。行書三行，每行各低九格

敕承事郎劉錫，尚齒教民，三代之義。咨爾百年之故老，乃吾六世之遺民。自非吉人，莫

亨上壽。張蒼事秦柱下，而至漢孝、景；思邈生隋開皇，而及唐永淳。古有其人，今乃親見。何愛一命，慰其子孫。特進爾階，故茲詔示，想宜知悉。行書七行

札前朱文忠徹方印　南昌袁氏家藏珍玩子孫永保方印

札後朱文洛陽武林甬東世家長方印　東郭郇氏四要堂印長方印　成勳方印　蓮樵方印　濟陽郡圖書印方印　皇十一子成親王詒晋齋圖書印方印　忠徹方印　南昌袁氏家藏珍玩子孫永保方印　南韻齋方印　玉齋鑑賞過物方印　德量審定方印　白文堇包子民新印方印　无羌□方印

袁申儒印方印　袁□□□方印

後另紙跋。

嘗見東坡諭著作郎范祖禹、吏部郎中范純禮、知衛州王晳三制草真跡卷，紙光墨采，與此本正同，收藏諸印，亦一一脗合。有袁中徹、包檟二跋，此蹟的爲卷中之一，不知何時割去耳。忠徹跋云：『茲稿出吾鄉史氏，予家藏之已久。』觀此紙仍有『申儒』等二印，則藏袁氏者又數世矣。忠徹字静思，乃柳莊之子，同父受知成祖於燕邸，官璽卿，正統中休致廿餘年，卒，年八十三。頗好讀書，所著有《鳳池吟稿》、《符臺外集》，故能鑒藏名蹟，不僅以術顯也。史稱柳莊鄞人，豈始家南昌歟？跋書於正統三年，猶自署『尚寶司丞』，則進少卿仍在英宗時耳。江德量記。行書六行　押尾朱文秋史聯珠方印

蘇文忠第二幅札。高一尺二寸，寬四寸。

蘇軾謹奉別功甫奉議。行書二行

前後朱文安儀周家珍玩長方印　江德量鑒藏印方印　白文張鏐方印　世家半印　寶蘇室方印　又方印半印不辨。

後另紙題跋。

蘇文忠《別郭功甫帖》，不著歲月。《宋史》傳載郭功甫仕蹟與《東都事略》不同。近日厲樊榭《宋詩紀事》小傳云：『元豐中知端州，元祐初階至朝請大夫，請老歸。』予攷《東坡集》，有《郭祥正覃恩轉承議郎敕》云：『朕丕承六朝，陳錫四國。』此是哲宗元祐初也。《宋史·文苑傳》：『熙寧中從章惇察訪，辟以殿中丞，致仕後復出，通判汀州，知端州。又棄去，隱於青山，卒。』予嘗於端州石室得功甫手題云：『元祐戊辰二月廿有八日，當塗郭祥正子功來治州事。即明年，以其日上書乞骸骨。』此是元祐四年請老歸，則所謂元豐中知端州，元祐中以朝請大夫請老歸者皆失之矣。此蹟稱『奉議』，宋時職官第二十四階，奉議郎正是殿中丞之秩。則是元祐初以覃恩再轉承議郎，迺出汀、端耳。章惇，熙寧初以王安石秉政，用爲湖南北察訪使，亦正與郭傳熙寧中知武岡縣僉書保信軍管度判官相合也。坡公集中與郭功甫尺牘五首，皆倅杭時作。先生以熙寧四年十一月到杭州通判任，正是功甫以奉議郎致仕之時。則此蹟當在熙寧四、五年間，坡公年三十六七時也。神采奕奕，照映古今，信蘇書中神品，亦可謂『兩行可壓三萬籤』者耶。秋史侍郎持以見示，爰爲考其大略，識于其後，而附綴以詩。時乾隆五十五年秋九月十有二日，北平翁方綱書于寶蘇室。

公與子功別何處，想在通守餘杭年。慇懃五札叙疎濶，稍涼倏到風雪前。何人傳會醉吟壁，一棋玉局琳房仙。七星巖口字待勒，謝家莊上圖未傳。槎枒怒墨吐竹石，江海起立雲雷旋。此別又在前十載，酒腸已作芒森然。兩髯相對鬱奇氣，劍光舞合雙龍纏。兩餅新茶小蒼璧，一圭賜墨虬松烟。米老揮毫笑對案，與可墨君來餞筵。豈知別緒不多語，驪珠九顆清而圓。沙邊誰子弄明月，翻風雪雀飛帖天。前身共作蓬萊住，青山那必尋青蓮。一壺九華竟誰得，十年萬里非世緣。三兩黄鸝要領取，千峰陣馬紛洄沿。且來蘇齋鑒真面，嵩陽帖已昏粉箋。今年謀作畫卷供，雲龍山下烹惠泉。二鶴亭邊想醉筆，亦似醉吟姑熟篇。枯株蒼茫亘天地，此腕氣可迴山川。留影又着蘇齋壁，夜潮夢艤浮玉船。秋光八月蕩瑶海，雨餘絫透梅子禪。方綱。

先生畫竹石于郭功甫壁，在元豐七年甲子。功甫自端州請老歸，在元祐四年己巳。查初白《蘇詩補註》，以爲功甫請老歸後，東坡畫竹石于醉吟庵者，未詳考也。方綱又記。

押尾白文翁方綱方印　白文寶蘇室方印

題後朱文子京壺盧印　檇李項氏世家寶玩長方印　德量聯珠方印　朱白文江秋史方印　白文項叔子

方印

米襄陽第一幅札。高一尺二寸，寬一尺九寸五分。

□月七日，芾頓首。得書知弟兄句達千里，每一笑慰慰。老嬾無能，□人間有樂處在浄□中。安得附郭三百，不老功名富貴各有，時時俱得□。何人作沉英□少一犆□□□留郎□爲主。汲汲乎示之。鄭□公云，十八□厚白直瀞□句朝奉□□□岸時□□耳。能迂玉趾取之乎？餘鏹續納。次遞中希極答。芾頓首，道祖吾友□已上烟賤只無船便。行草書十三行

札前半印四，俱不辨。

札後朱文□□齋半方印　白文江恂私印方印　又半印不辨。

米南宫第二幅札。高一尺二寸五分，寬如之。

芾啓：要惡札，是甚字？批及。芾頓首。章侯茂異。行書四行

札前白文江恂私印方印　又一小印不辨。

札後朱文蓮樵鑑賞方印　朱文皇十一子成親王詒晋齋圖書印方印

此册屬成邸舊藏，均經收入《詒晋齋摹古帖》。蘇書尚完好，第二幅尤佳。米書前札已有漫漶字，後札字雖不多，而神采奕奕，有龍跳虎卧之勢。册後附存陳望□、李壽朋及孝祥書共三開，均不録。

米襄陽書多景樓詩册

紙本。高一尺三寸，寬失記。字大三四寸不等。共十開半，每開四行，每行二三字。

華胥兜率夢曾遊，天下江山第一樓。冉冉明廷萬靈入，迢迢溟海六鼇愁。指分坱圠方輿露，頂矗昭迴列緯浮〔一〕。衲子來時多泛鉢，漢星歸未覺經牛。雲移怒翼搏千里，氣霽剛風御九秋。康樂平生追壯觀，未知席上極滄洲。行書三十五行

詩前朱文檜方印　朱白文秦熺之印方印

詩後朱文左史江氏方印　征南將軍圖書方印　白文沐璘廷章方印　公餘清玩方印

紙後朱文秦塤方印　白文黔寧王子子孫孫永保之方印　又朱文方印不辨。

多景樓。又行書二行

禪師有建樓之意，故書。又行書四行

前後鑒賞印不備録。

後另紙跋。

昨日，元度座上見襄陽米元章所題《多景樓詩》，不獨仰其翰墨，尤服造語之工，真可目之『三絶』。崇寧元禩清明前一日，劍川何執中謹跋。行書五行

多景樓第一之勝，非第一流人品題，不能極其妙。米襄陽《宋史》稱其『風神蕭散，音吐

清暢』，其書則沉着飛翥。爲詩尤奇峭，荆公嘗摘其句書扇上，東坡亦喜譽之，見重於當時如此。是必書於潤之致爽軒者，何大傅目爲『三絶』，信非溢美。惜畀僧舍，馴致淪落，後爲檜、熺父子所藏。陸沉悠久，天發其秘。永樂辛丑，素軒沐公自滇來朝北京，得而寶之，解襲見示。觀其超邁不凡，令人痛快，真所謂『天馬脱銜』者。於虖！忠孝世家，物類斯感。奇蹟逸氣，翕然有歸。視昔之隕獲於誤國姦臣之辱，萬萬霄壤矣。不辭蕪陋，僭識左方。南宫有神，亦幸其書之遇。是歲秋季之望，松雨老人虎林平顯拜題。行書十六行

首葉大篆印二，上印不可識，下印文曰『秦埧』，熺之子也。小楷書二行，低數格

册後朱文皇十一子成親王詒晋齋圖書印方印　聽雨屋印方印

此册載《墨緣彙觀》，稱原是横卷，在宋已改裝成册。擘窠大行書，每行兩三字，計四十一行。前引首有古篆朱文二大印，後有崇寧元禩劍川何執中一跋，内云在『元度座上見』者，即蔡卞也。册中每頁押『左史江氏』朱文大印及『檜』字印、『秦熺之印』。在明爲沐府所收，上有『黔寧王子子孫孫永保之』印，『沐璘廷章』、『公餘清玩』白文印，『征南將軍圖書』朱文大印。後藍箋松雨老人一跋，又有嘉興曹氏、大明成氏等印云云。今已刻《詒晋齋摹古帖》中，爲成邸所藏，不知何以散出。咸豐年，余曾見於京都廠肆，借觀一日。筆力矯健，傲岸不群，真有怒猊抉石、渴驥奔泉之勢。惜價昂，力不能致，爲多智友廉訪所得。智友去世，近聞轉歸徐壽蘅少司農處。瑰

寶奇珍，不脛而走，理固然也。

校記

〔一〕『迴』，原作『迴』，徑改。

黄文節札册

紙本。高一尺一寸五分，寬二尺六寸三分。

比過鶩山，會芝公書記還自嶺表，出師所畫梅花一枚，想見高韻。乃知大般若手能以世間種種之物而作佛事，度諸有情。於此薦得，則一枝一葉，一點一畫，皆老和尚鼻孔也。庭堅。行書十二行 押尾朱文黄氏庭堅長方印

札後朱文蓬萊仙隱方印 季迪方印 子子孫孫其永保之長圓印 白文許氏書畫之印方印 張氏珍玩方印

歷朝寶繪集册

俱絹本。山水、人物十幅，花卉二幅。梁蕉林相國舊藏。

第一開。宫扇式。高一尺二寸二分，寬一尺二寸五分。水墨，工筆。雪景。寒山枯樹，下有行旅三人，左右村居隱現，幅巔群峰積玉，懸瀑垂紳。無款。右有方印不辨。

對幅題。宣紙本。式與畫同。以下十一幅皆同。

范寬山陰積雪圖。雲鵬鑒賞。行書二行　押尾白文丁雲鵬印方印　白文南羽氏方印

昔年曾見中立巨幅，茂松疊嶂，山頭小樹濃密，皴法厚甚。此《積雪圖》削繁爲簡，當是教外别傳也。六湖題。行書三行　押尾白文羅天池書畫印方印

此幅丁南羽題爲范寬所作。攷《聖朝名畫評》，謂：『寬好畫冒雪出雲之勢，尤有氣骨』，《畫史》稱其『師李成，又師荆浩，山頂好作密林』，與此畫皆合。而布局造意，色色匠心，猶可想見其縱目四顧，躊躇滿志時也。李佐賢題。行書五行　押印不記，下仿此。

第二開。團扇式。高一尺有一分，寬一尺一寸。工細，墨筆。湖鄉風景。小舟水面，中載三人，岸上稻田，一人插秧，一婦隨稺子行於塍上，水邊茆亭，二人用桔槔取水，左方林下藏村，室内一人獨坐，右方野屋依山。無款。

上右朱文項元汴印方印　墨林秘玩方印

對幅題。藍箋本。

劉松年田園樂。其昌觀。行書二行　押印模糊。

此畫經思翁定爲松年筆。按松年於紹熙時爲畫院待詔，賜金帶。《杭州志》稱其『山水樓

臺人物，神氣精妙』，時稱絶品，觀此可見一斑。李佐賢。行書五行

第三開。斗方。高一尺一寸五分，寬稱之。墨筆，寫意。煙雨迷離，沙坡雙樹，坡後舟凡二，通幅空濶，遠山見影。款在左下，并有舊簽題。

閻次于筆。細行書一行　押尾朱文□東閣氏方印，印押字上

閻次于風雨維舟。真書簽

右下白文松石間意長方印

對幅題。宣紙本。

蕭然數筆，亦厚亦超。每一展閲，令人意遠。此畫中逸品，不食人間烟火者，當與倪高士小品同觀。六湖題。行書三行　押印同一開。

閻次于畫，世不多見。此幅以少許勝多許，開後人簡淡一派法門。

第四開。宫扇式。高一尺有七分，寬一尺有三分。粗筆，寫意，微著色已脱。雲壑鳴泉，對岸一人，拄杖凝眺。無款。

題跋在綾邊。

墨濃而不滯筆，粗而不俗，自是馬、夏的派。竹朋。

對幅題。絹本。

紫陌紅塵拂面來起至盡是劉郎去後栽止　行書四行　旁押白文張氏之印方印

題跋在裱邊。

對面字蹟墨色絹素俱古，當與前畫爲一時物，乃一扇之面背也。無款，而有張氏印，應是樗寮筆。曾見張樗寮寫經墨跡，又觀停雲館所刻即之手札，皆用側鋒，與此筆意吻合也。竹朋。

第五開。斗方。高一尺有四分，寬一尺。工細，墨筆，微著色已脱。平岡上喬木濃陰，竹籬茆舍，一人荷蓑戴笠，平原放牧。無款。

上角朱文神品聯珠方印

下角朱文墨林秘玩方印

對幅題。藏經紙本。

《山村放牧圖》，無款，亦無標題，僅有『項墨林秘玩』印識。畫筆真實不虛，不在劉松年下。竹朋識。行書三行

第六開。斗方。高一尺有二分，寬一尺有四分。水墨，粗筆寫意，皴類雨點。兩山間一人拄杖前行，近山叢樹四株。款在左下。又有舊籤題。

胡彦龍。行書

胡彦龍寒林策杖。真書籤

對幅題。宣紙本。

胡彥龍，儀真人，紹興間苗安撫薦入朝，爲畫院待詔。行書二行

濕秀遜吳仲圭，而古厚過之。王孟端、沈石田皆從此得徑。行書二行　押尾朱文六湖方印

胡待詔畫，舊譜稱其『用大落筆，自成家法』，觀此幅信然。冓跋二行，未署款，亦董文敏筆也。同治丁卯長至前十日，李佐賢。行書四行

第七開。宫扇式。高一尺有七分，寬一尺有三分。工筆，設色。《姮娥奔月圖》。石上雙松，姮娥獨立松下，通幅白雲環繞，對面月魄一輪，空處天氣蔚藍。無款。

上下方白文羅天池書畫印方印　墨林□□長印

對幅題。宣紙本。

趙千里臨王摩詰畫。王真跡在余家。董其昌題。行書三行　押尾白文董其昌印方印　白文□□氏方印

觀此可想古人渾穆氣象，覺實父、徵仲輩璀璨之氣未除。道光丁酉羅天池觀。行書三行

押尾朱文六湖方印

世傳千里僞品多用金碧。此幅淡中有韻，別饒光采，固非俗工所能夢見。李佐賢。行書三行

第八開。團扇式。高一尺，寬一尺有二分。工細，設色。青松翠竹，環繞幽居，草堂洞啓，二人對話，階下一童侍立；牆外澗水通橋，一童開門延客，一客携童前行，門

右緑柳三株，一童牧豬凡二，堂右設籠，内有雙雞；高處方亭虚敞，中設一牀一案，案上書册，牀上一人偃卧，亭右瀑布奔流。無款，有舊簽題。

何筌草堂客話。真書簽

對幅題。藏經紙本。

此幅舊題『何筌草堂客話』，係梁蕉林相國筆蹟。按筌，名畫譜無徵，不知此題何所據。然畫筆細入豪芒，無微不到，而一絲不亂，工雅兼長，洵屬宋人真實本領，元以後無此畫境矣。李佐賢跋。行書七行

第九開。斗方。高一尺有九分，寬一尺。淡著色，兼工帶寫。喬木成陰，半染紅葉，林下茆堂籬落，堂中二人，秉燭對話。無款，有舊簽題。

下角朱文趙忠簡公曾孫方印

左方朱文六湖方印

李晞古秋堂客話。真書簽

對幅題。藏經紙本。

晞古妙畫，較馬、夏更勝一籌。明唐六如得其雋永，失其厚實。行書二行　押尾白文羅天池印方印

李晞古於徽宗朝入畫院，建炎間爲待詔，賜金帶，年近八十。此幅沉着痛快，而自饒秀

色。經蕉林相國簽題，羅六湖復稱其較勝馬、夏，洵不誣也。同治丁卯冬日，李佐賢題。行書五行

第十開。團扇式。高一尺，寬一尺有八分。工細，設色。古松兩株，下有毛女三人，俱高髻赤足，身披草衣，一負花盒，一擎花蓋，一托花朵。題右方樹後，又有簽題。

庚戌歲，孫珏畫。細楷書一行

孫珏毛女圖。真書簽

對幅題。

此幅與劉松年可稱伯仲，仇實父尚當退避三合。行書二行　押尾朱文六湖方印

畫款在右，『庚戌歲，孫珏畫』六字細如蚊脚蠅頭。畫筆工麗而兼深厚，自是能品，而名不傳於畫譜。可見古人之湮没不彰者多矣，豈獨畫史也哉？竹朋。行書四行

第十一開。斗方高一尺一寸，寬稱之。墨筆，兼工帶寫。蒲葉荷梗，鶺鴒戲水，神致生動。無款，有簽題。

下角白文清意齋長圓印

宣和蓮渚鶺鴒。真書簽

對幅題。宣紙本。

宣和御筆，傳世甚稀。廠肆所收，盡皆僞物。此則廬山真面目，若珠在川，光氣自異，

固一望可知至寶者。行書四行　押尾白文羅天池印方印

第十二開。宫扇式。高一尺有二分，寬八寸。著色，没骨。畫粉紅牡丹一枝。款在下。

虞師文。小楷書　押尾朱文廣陵方印，印蓋字上

對幅題。藏紙本。

俗人旁點眼多爲南田所障，當以此爲换骨金丹。行書二行　押尾白文羅天池書畫印方印

裱邊朱文恒山梁清標玉立氏圖書方印　白文净心抱冰雪方印

外簽題。

歷朝寶繪。蕉林珍玩。真書

書畫鑑影卷十一　册類

宋附元

名賢手簡集册

俱紙本。共十九開。計十六人。

第一、二開。兩幅共一札。高一尺三寸四分，寬前幅二尺七寸九分，後幅九寸四分。

吕許公筆。

夷簡伏以即日閏餘盈數，歲易肇端。共惟觀使郎中鄉眷丈。小駐寓鄉，會頒新泥，行神先路，台候動止萬福。夷簡向心不得一見爲别，負慊久之。兹又茲茲度時，未及奉主書之敬，忽奉真翰，意愛甚隆，慙感溢寸衿矣。夷簡宜歸久矣，積蒙旒扆之知，偷枉歲月，不覺年數之趣，其後遂以情懇祈而遂所請。然當軸處中，不爲不久，而身偶艱難，勞無寸效。可以持謝鄉黨、親戚、朋友、故舊，負我夙志，枉有遭時遇主之大幸，而迄無以自見於明時。故雖蒙恩過優，以寵其歸，不敢以爲榮，而以爲愧矣。賤蹟甫達故山，疾疢即相尋，日惟呼醫啜藥，近忽增劇，歲旦不敢眠，勉拜此謝。記存顓价之候，信筆以道真情。疎□塵瀆，

不計也。蒙體照不宣。草書二十三行

前幅朱文蓮樵鑒賞方印

後幅朱文皇十一子成親王詒晋齋圖書印方印　蓮樵成勷鑑賞書畫之章方印　南韻𢆶印方印

夢禪室鑒方印　陳淮望之氏方印

第三開。一幅札。高一尺一寸一分，寬七寸二分。傅堯俞筆。

堯俞再拜。氣候蒸燠，伏惟台躰萬福。來日瞻奉，此不詳盡。堯俞恐悚。真書三行

幅内朱文江德量鑒藏印長方印　成親王、『蓮樵成勷』、『南韻𢆶』等印同前幅。

第四、五開。二幅。共記一篇。高一尺二寸二分，寬前幅二尺一寸一分，後幅二尺三寸。蔡京筆。

唐太宗得杜如晦、房玄齡等十八人，佐命興邦。臣考其施爲，皆不能稽古立政。然終致其君至太平者，蓋唐乘大亂之後，饑易爲食，渴易爲飲，故事半古人，功已倍之也。太宗嘗曰：『秦漢不足襲，三代之損益如何？』房、杜不能對。遂命魏正與玄齡等宿中書省講議，終不能定。太宗曰：『禮廢樂壞，朕甚憫之，有志不就，古人攸悲。』對曰：『非陛下不能行，乃臣等無素業，何愧如之！』正與玄齡、如晦慚慄而出。玄齡相謂曰：『有元首，無股肱，誠可歎也。』蓋玄齡、如晦學非堯舜三代，其所操知秦漢，蹇淺卑近，使太宗無鄉舉里選、制禮作樂之功，後之學者未嘗不掩卷太息。今天下去唐又五百餘歲，皇帝陛下睿智生知，

追述三代。於是鄉舉里選，制禮作樂，以幸天下，足以跨唐越漢。猶慨然緬想十八人，圖其形，寄意於詩什，有『廱泮育賢今日盛，彙征無復隱蒿萊』之句。求賢樂士，可見於此。則成人有德，小子有造，當如聖志，十八人不足道也。大觀庚寅季春望，太師、魯國公臣京謹記。行書三十三行

幅内朱文坐花閣主人章長方印　秋壑胡盧印　德畬方印　蓮樵鑑賞方印　硯北小霅方印　『成親王』、『蓮樵成勳』、『南韻亝』等印仝前幅。　白文王鋏夫閲過長方印　蓮樵曾觀方印

第六開。一幅札。高一尺二寸四分，寬一尺六寸八分。吴傅朋筆。

説頓首再啓。下車既久，凡百當就緒，扐謂便於迎養，爲況必甚適。來諭云云，何至是耶！別紙鐫委，已爲求得，但須開年始可剡奏耳。説竭來鄱江，亦粗安隱，俸餘尠少，坐食幾盡，未知何以爲計。此間雖物價廉平，亦未免艱急。投老首丘之念未遂，晝想夜夢，常往來于胷次也。説頓首再啓。行書十三行

幅内朱文德畬借觀方印　江德量鑒藏印長方印　覃溪審定方印　『成親王』、『坐花閣』、『蓮樵鑑賞』、『南韻亝』、『蓮樵曾觀』各印同前幅。

第七開。一幅札。高一尺二寸一分，寬一尺五寸一分。李端叔筆。

之儀再拜啓。自汴隄瞻近，遽復累年。一曾投書海上，不辱報，匆匆不敢嗣音。而舊德相求，庶幾未在棄黜。故役滿，未得還□，遂見□右，又爾維縶，其味可知。美績在人固久，

顯部回翔，詎得爲終歲計。歸歷嚴近，勤向尤屬。晚春，更覬善衛，荷對光寵。之儀再啓。行書十行

幅内朱文宋犖審定長方印　沿州方印　德量聯珠方印　『成親王』、『蓮樵鑑賞』、『南韻亝』等印同前幅。　白文汪恂之印方印　『蓮樵曾觀』印仝前幅。

第八開。一幅札。高一尺三寸六分，寬一尺六寸一分。孫升筆，吴子苾閣學斷爲王升筆。

頓首復伯興承務賢親坐下。首夏清和，伏惟神明贊相，尊候萬福。再會未期，伏幾相時保重。謹復啓，不宣。升頓首上。伯興承務賢親坐下。行書九行

幅内朱文珍繪堂記方印　『成親王』、『宋犖』、『蓮樵鑑賞』、『沿州』、『南韻亝』、『德量』等印、白文汪恂印俱同前幅。

第九開。一幅札。高一尺二寸三分，寬一尺六寸一分。陸放翁筆。

游皇恐拜問契家尊眷，共惟并擁壽祺。鏡中有委敢請，子聿亦粗能勤苦，但恨不得卒業。函丈若不棄遺，尚未晚也。張七三哥苦半缺貧可念，官期尚遠，奈何！每爲之心折，顧無所置力耳。三丈亦念之否？游皇恐再行。行書十一行

幅前後朱文詩境方印　德量借觀長方印　『成親王』、『沿州』、『宋犖』、『南韻亝』、『蓮樵鑑賞』、『德量』等印同前幅。　白文虞□私印方印　汪恂印同前幅。

第十開。一幅札。高一尺二寸七分，寬二尺有五分。袁和叔筆。

燮頓首再拜和仲學士親家契兄侍右。多日不得上狀，惟有詹仰。即此冬杪晴寒，伏惟侍庭春容，尊履有相萬福。燮碌碌乘障，深媿無補，惟日夜思歸。當今仕宦，大氐皆難，若沿江州郡，則難而又難者也。財賦取辦於舡稅，舍之則無策，征之則招謗。過客紛紛，有投贄者，有挾貴者，予之少即怒，多則不勝其費。此豈易區處哉！官中錢物，皆生民膏血，豈可輕用？寧使人謗且怒耳。賢昆仲朝夕款聚，浸灌磨礲，有日新之益。此乃兄弟爲朋友也，甚善甚善！更宜日課一經一史，尤佳。學者但慕高遠，不覽古今，最爲害事。子路曰：『何必讀書，然後爲學？』夫子曰：『是故惡夫佞者。』是雖聖人於書不敢廢，况他人乎？純仲近讀何書？更在賢伯氏程督之耳。匆匆通問。天寒，更幾保愛，不宣。燮頓首再拜。和仲學士親家契兄侍右。草書十九行

前後朱文退密壺盧印　檇李項氏世家珍玩長方印　檇李圓印　項子京家珍藏長方印　天籟閣長方印　項元汴印方印　子京父印方印　平生真賞方印　『成親王』、『蓮樵鑑賞』、『汪恂』、『南韻盦』等印同前幅。　白文墨林山人方印　項叔子方印　子孫世昌方印　德量方印　宮保世家方印

第十一開。一幅札。高一尺四寸四分，寬九寸。辛幼安筆。

棄疾自秋初去國，倏忽見冬，詹詠之誠，朝夕不替。第緣馳驅到官，即專意督捕，日從事于兵車羽檄間，坐是倥傯，略亡少暇。起居之問，缺然不講，非敢懈怠，當蒙情亮也。指

吴會雲間，未龜合并，心旌所向，坐以神馳。行書七行右謹具呈。宣教郎、新除秘閣修撰、權江南西路提點刑獄公事辛棄疾劄子。又真書三行

前後朱文松雪齋長方印　墨林秘玩方印　蓮樵成勳鑑賞書畫之章長方印　黄琳美之方印　休伯方印　『成親王』、『平生真賞』、『項元汴』、『子京』、『項子京』、『南韻齋』等印同前幅。朱白文德畬聯珠□印　白文蘧廬長方印　蓮樵曾觀方印　琳印長方印　墨林主人長方印　惟心□之方印　海印居士方印　原素齋方印　楊氏家藏方印　又半印十，未録。

第十二、三開。兩幅，共一札。高一尺五寸三分，寬前幅二尺有一分，後幅二尺一寸九分。魏了翁筆。

提刑提舉親家尊眷丈。所則□下有缺文昭代親友兄弟間，咸以□音來赴，謂久痢所致。謂八月四日午時，又記七月二十七日得了翁書，猶於枕間卧誦也。吁！何遽至此。中興勳德之家，令子賢孫，相繼零謝，況於事變錯出、人物眇然之時，而善人云亡，關繫匪淺，豈惟一家之私。諒惟孝思追慕，柴瘠弗任。或又云九月二十四日以喪車朝祖，十月十五日即窆。了翁荷提刑知予愛憐，誼均骨肉，而疾不得候問，死不得憑棺，葬不得請役。五谿之瀕，伶俜弔影，迸涕交揮，孰知此心也！邇來親友道喪，死喪不相赴，始聞不審，故審而後拜此，亦未知伯仲自離荼毒，體力何如，心之憂系，靡所限極。更惟彊飯節哀，以終大事。一門眷聚，各計勝喪。蓬州聞已開府，石泉只留江上，或在東山，亦坐不聞赴音之詳，失

於弔唁也。妻孥附致問禮偶逢簡□便，就以薄奠侑之，誄文并見別緘，乞爲薦陳。不宣，謹狀。了翁頓首再拜狀上機宜大夫子賢伯仲烟兄服次。草書二十六行　十一月十七日。末一行低七格

前後朱文卞令之鑒定　巢榕長方印　安儀周書畫之章長方印　江德量鑒藏印長方印　式古堂長方印　蓮樵鑒賞方印　式古堂書畫印長方印　『成親王』、『蓮樵成勳』、『南韻𢇁』等印同前幅。　朱白文江秋史方印　白文無恙魚雁形長方印　關内侯印方印　滕國文獻方印　易庵圖書方印　『琳印』、『蓮樵曾觀』等印同前幅，又半印二，未録。

第十四開。一幅札。高一尺三寸，寬一尺八寸三分。張温夫筆。

即之伏蒙台慈，寵賜寶墨，仰體記軫之厚。即之年來衰病日侵，視聽久廢，兩月前忽得小府癃疾，汔今未愈，不容親具稟謝之幅。仰乞台照，垂諭備悉。昨來大字，已曾納去，若小字，則目視茫茫，如隔烟霧，度不可下筆矣。切幸加亮。行書十一行

右謹具申呈。二月日，中大夫直秘閣致仕張即之劄子。又行書三行，低二格

前後朱文宋犖審定長方印　德量方印　沿州方印　成勳　蓮樵聯珠方印　朱白文德量聯珠方印　『成親王』、『南韻𢇁』、『蓮樵鑒賞』等印同前幅。　白文汪恂之印方印　虞□私印方印　『蓮樵曾觀』印同前幅。

第十五開。一幅札。高一尺三寸四分，寬二尺有一分。趙子崧筆。

子濟相見，望起居貴睠万福。兒曹上問兩承務爲學日益。吕老忽遭章，居仁兄弟尚留桂。若子正到柳，未必不來依劉也。張茂直華嚴何喜施吕子原而見吝乎？既印施，惟廣乃妙。於邇遠悲深者，李長吉之行也。耿順伯未行否？亦爲申意。比興化□過，有一書託郭鹽倉元亨，不知達否『否』字旁添，試詢郭生。子崧再行。行書十一行

新報荷見告，更有，亦望緣。韓諫未到。蕞爾邑豈容侍臣也。又行書三行，低三格

幅内朱文珍繪堂記方印『成親王』、『宋犖』、『蓮樵鑒賞』、『沿州』、『南韻□』等印同前幅。

朱白文江德量印方印　白文汪恂印同前幅。

第十六開。一幅札。高一尺三寸四分，寬二尺有一分。名不可辨。

子彦年來見識甚進，文亦衮衮，竟是老手高才。卿謂得之落卷之中，甚自以爲功也。子彦、申之、君益各不及手書照問。草書三行，低八格

□□政連連，憂一家必有冒暑者，政望一訊。忽得前月廿六日金山一帖，兩眼爲明，慰不可狀。方知繁孫果然病暑，全得吾親照應之力，一留金山□而行，益知人家豈可無親戚朋友之助也。愧荷。今想已至劒門，初七八必至益昌。已令辦船爲汎流，計可以少舒上下登頓之勞。但得□弟書，以爲水汎并盤灘處無草木之蔭，又費七日方至大安。頗以爲疑。已寫與繁孫，更同舍弟輩入細商之。今又得吾親偕行，必可斟酌而行。連日有雨水，劑必長。丁丈云：『占得七日，亦不妨，亦可行。』不能懸斷，一望酌處也。已借兵四十并夫五十名，

今到大安，上下明後日可遣也。此人夫若至，却可隨處發回他州之兵。此十五字旁注益昌詣報恩，或戎司小歇一二日方行，不妨。王申之、何君益俱在此，又得平生好延名醫之力。但申之爲□幕所招，欲爲帥診，帥首甚喜之，却不肯久『久』字旁注喫他藥。此爲難。致今帥胃弱甚，只與起胃爲急。不患申之無效，但患此老不喫耳。草書十五行

幅内朱文天籟閣長方印　檇李圓印　項元汴印方印　墨林秘玩方印　子京父印方印　德量聯珠方印　『成親王』、『宋犖』、『沿州』、『南韻亝』等印同前幅。　白文子京所藏方印　項墨林鑑賞章方印　子孫永保方印　汪恂印同前幅。

第十七開。一幅札。高一尺三寸二分，寬二尺二十一分。劉季高筆。

岑輕别門下，乃已逾四旬矣。雨滯南浦，深恨前日不少遲延，一聽教誨也。外生書中，聞近中常有賜書，度道路汗漫，書來尚緩，然已荷眷意之勤矣。即日不審台候何如。岑到此避水，三登城堞，其情況可想見。更數日，水退便行，益遠□□惘然於心。日夜叩談命者問公動静，多云秋後可歸。自是日夕俟邸報矣。外生荷經意，骨肉之親，不過如此也，兩家感德也。聞米老已歸山陰，度分携必動念，然公歸期既不遠，則必不須動懷也。未承語言，更益厚自愛重。庭闈康寧，□屬佳□。東歸有日教無小大，岑不愛於力，千万不可笑。

草書十九行

右詳兵道留守除文付郎。草書二行，低二格

六月　日，致事劉岑劄子。草書一行，低九格

幅内朱文蓮樵鑒賞方印　『成親王』、『宋犖』、『南韻𠫤』、『德量』、『沿州』等印同前幅。

白文虞□私印方印　『蓮樵曾觀』、汪恂等印仝前幅。

第十八開。一幅札。高一尺三寸二分，寬一尺有一分。名不辨。

岫□皇恐上問。大門仙聚，伏想均叶慶祉。寄况北果天花，不勝珍佩。新芽三十餅，松實一掩，附還介馳浼，切幸留恕。舍弟昨荷存顧之厚，豈勝感仄？是間有所禱屬。敢請。□皇恐上問。行書九行

幅内朱文成親王、『宋犖』、『南韻𠫤』、『蓮樵鑒賞』、『汪恂』、『沿州』、『德量』等印，白文虞□印俱同前幅。

第十九開。一幅札。高一尺二寸八分，寬一尺七寸六分。名不辨。

六姐太宜人。伏惟尊候萬福。梱中即始均慶。□再行。草書三行

幅内朱文珍繪堂記方印　□□巴慰祖予藉之印方印　『成親王』、『沿州』、『南韻𠫤』、『汪恂』、宋犖等印仝前幅。　白文王鋏夫閲過長方印　蓮樵曾觀方印　德量龍虎方印

後另開跋。

呂許公尺牘，首言『即日閏餘盈數，歲陽肇端』，中言『宜歸久矣，懇祈而遂所請』，末言『甫達故山，疾疢相尋』云云。詳其辭，乃既歸之後手筆也。按《宋史》，但言『許公感風

眩，仁宗翦髭賜之。三年春，敕乘馬入殿門，給扶，母拜，授司徒。固請老，以太尉致仕』。仁宗改元最多，而史第言三年，不著慶曆年號，疏略甚矣！薛應旂《宋元通鑑》載：『慶曆三年三月，許公罷相，改司徒。九月，以太尉致仕。』查慶曆二年閏九月，其時許公尚在朝。至四年九月，公卒矣。然則『閏餘』、『歲昜』及『遂所請』、『達故山』之云與《本傳》、《鑑紀》有未合也。

《宋史》之龎疏泰甚。如傅獻簡歷仕仁、英、神、哲四朝。哲宗立，自知明州召爲秘書少監，元祐六年卒。而乃謂神宗臨哭之，未有大謬若此者。或殿本字誤耶？

之儀劄云：『自汴隄瞻近，遽復累年。』案李之儀端叔，嘗提舉河東常平，能文，工赤牘，東坡以謂『入刀筆三昧』。此劄不着姓，或是端叔手蹟。

高郵孫升，字君孚。嘗言：『王安石擅名世之學，爲一代文宗。及進用，遂爲大害。今蘇軾文學，中外所服，德業器識，有所不足。爲翰林學士，極其任矣，若以之輔相，願以安石爲戒。』其言在元祐初。然則朱文公『蘇氏若用，禍甚荆舒』之論有開其端者矣。此札未委果孫升否？

鄞縣袁燮者，師陸氏之學，登進士第，後調江陰尉，又爲浙東帥幕，沿海參議，又知江州，最後以寶文閣待制提舉鴻慶宮，起知温州。今觀札中『碌碌垂障』及『沿江州郡，仕宦尤難』之語，豈即袁燮手筆耶？燮字和叔。

辛幼安以宰相葉衡之薦，遷倉部郎，提點江西刑獄。平劇盜賴文政，以功加秘閣修撰。《本傳》如是。劄中所謂從事兵間，正指平賴賊事也。手蹟作『宣教郎』，又作『江南西路提點刑獄公事』，與《傳》不合。知是《宋史》之多譌，此其小小者也。

魏秦公牘中有『五溪之瀕，伶傳弔影』語，蓋寶慶初降，三官靖州居住之歲，否則五年知瀘州時也。且又有『蓬州聞已開府』之文，必非公在朝時可知也。

張温夫平生所爲官，丞郎簽判而已，以言者罷，丐祠告老，特授直秘閣致仕。其以何事罷糾劾，何年得謝，均不可攷。閑居時移書賈似道，申雪閬州守王惟忠一事，論者義之。樗寮書世猶有傳者。

大内收藏大字杜工部《使君意氣凌青霄》一詩横卷，實合作。此劄暮年筆，較昔所見數種，則璀璨英華，脱落已盡，不可幾及也。

蔡京之言，猶襲王安石對神宗之語。

嘉慶十三年春，購得宋人書，計十八人，廿一葉，名不可識者四紙。成親王記。俱真書，行數失記

此册係成邸舊藏，有印識，且有總跋，曾經刻入《詒晉齋摹古帖》。跋稱：『廿一葉，十八人，不可識者四人。』今僅存十九葉，十六人，不可識者三人。數不相符，不知何時被人拆去二葉，不可考矣。跋内有註者九人，未註者除陸放翁詩名甚著，無須考核外，其餘六人，又經吴子苾閣學考出三人。其孫升書則斷爲王升書。愚亦有附註數條，

并列於後。皆書於另紙，未經入册。雖尚有三人名不可識，然紙墨亦皆係宋人無疑也。

『吴説，字傅朋，號練塘，錢塘人』，見《書史會要》。又『紹興以來雜書、游絲書，惟錢塘吴説』。又《洞天清録》載：『練塘深入黃太史之室，時作鍾體。』今此札上接右軍，下開松雪，於黃溍翁殊不相入也。

《三希堂法帖》第十七册有宋王升書一帖，與此孫升書相似。此亦當是王升書。

趙子崧，靖康末剽方士醫官邪説，傳檄謀不軌，高宗竄之嶺外。詳見《揮麈餘話》。

劉岑，字季高，號杼山，吴興人，遷居溧陽，博學愛士，有古君子風，登第累官户部侍郎，以徽猷閣待制致仕。《書史會要》稱其『草書縱逸不拘，有自得之趣』。以上四條係吴子苾註

傅堯俞，本鄆州須城人，徙居孟州濟源，東坡有《傅堯俞濟源草堂詩》，名列《元祐黨籍碑》。

李端叔之儀，趙郡人，著《姑溪集》。以草《范忠宣公遺表》爲蔡京所忌，編管太平州。見王文簡《居易録》。亦名列《元祐黨籍碑》。

《鐵網珊瑚》稱宋明名賢中，蘇、黃、米、蔡與吴練塘傅朋皆比肩古人，練塘深入大令之室。又李伯時《九歌圖》有吴傅朋跋，張丑云：『吴説題後，實高宗紹興丙子歲也。傅朋爲宋小楷第一，墨跡傳世絶少，僅見游絲書律詩，與此跋爲二。真可寶已。』

按《宋賢題徐常侍篆書卷》内有劉岑題名，字體、筆意與此札相似。竹朋附記。

宋元名人山水册

宋人六幅，絹本；元人二幅，紙本。共計八開。每幅約高一尺數寸餘，濶稱之，未詳記。趙令穰、倪雲林二開斗方，餘俱宫扇式。

第一幅。工細，墨筆，用小斧劈皴。畫雪景。群峰削玉，山下古松二株，夭矯屈蟠，松下一人獨行，灌木叢林，微露梵宇。墨氣濃厚，筆力沉着。右下有蠅頭款字，已模糊不辨。有舊簽題。

上方朱文乾隆御覽之寶長圓璽

下方朱文令之清玩方印　儀周珍藏方印　朱白文斧山方印　□文士介方印　稽察司半印

北宋范寬雪景寒林圖。真書簽

第二幅。微著色，工筆。上段叢杉下垂，小山數疊；中下屋宇界畫，木橋横跨，橋左廬舍數區，橋右水閣連楹，閣下有水輪車，亂石激流，橋右人四、繫馬二，橋上行人三，閣左耕田人二，閣下汲水人一。無款，有舊題簽。

幅内□文竹居方印　紉齋方印　又『令之』、『士介』、『儀周』等印同前幅。

北宋郭忠恕車棧橋閣圖。真書簽

對幅題。

郭忠恕畫，絶類右丞。其昌。行書二行

第三幅。墨筆，寫意。上段孤峰獨秀，皴如雨點亂麻，莫名筆妙；下段江干疎野之景，雜樹兩叢，楊柳三株，左右雙橋，坡側渡船四，乘舟、擔負、待渡共十餘人。無款，有舊題簽。

幅内『斧山』、『儀周』、『士介』、『令之』等印同前。

北宋巨然烟江晚渡圖。真書簽

對幅題。

僧巨然畫。其昌。行書二行

第四幅。兼工帶寫，設色。左作石坡，兩樹交加，繁枝細勁如鍼；右作野塘，群梟戲水，塘側兩樹，上有群鴉，將集未集，遥山三疊，掩映嵐光。無款，有舊題簽。

下方『儀周珍藏』印同前。

趙令穰秋塘群梟圖。真書簽

第五幅。著色，兼工帶寫。垂柳二株，一客前行，童子牽馬隨後，對岸渡船挂帆未至，隔水露遠山，筆墨甚簡。無款，有舊簽題。

下方『令之』、『儀周』等印仝前。

南宋馬和之柳隄待渡圖。真書簽

對幅題。

馬和之畫。其昌。行書一行

第六幅。工筆，設色。左半空濶，作夜色迷離景；右方石澗流泉，岸上紅梅二樹，一俯一仰，叢竹交映，澗流花落，一鶴飲水，遥方一鶴翔空欲下。用筆布景，離奇變化，不可思議。無款，有舊簽題。

下方□文卞氏令之清玩□印　金闓方印　又『儀周』、『斧山』、『士介』等印仝前。

南宋馬遠夜山圖。真書簽

對幅題。

馬遠夜山圖。其昌。行書

第七幅。墨筆，寫意，焦墨乾皴，筆如草隸。上下巒頭相稱，中抱屋宇，群松環繞。款在右，又有簽題。《墨緣彙觀》云爲張德機寫者，上有倪題。

叔明爲德機寫。行書二行

磵響風前激，嵐光雨後新。何人深此趣，黄鶴山中人。瓚。行書□行

下方『儀周』印同前，又有張氏印。

王蒙雨後嵐新圖。真書簽

第八幅。墨筆，寫意。下作坡陀，長松一株，小樹一株；上作石壁，僅露下段，皴法

折帶。題在上，又有簽題。

長松絶壁。倪瓚寫。行書二行 押尾□文雲林子方印

下文□文希之方印 又『令之』、『儀周』印仝前。

倪瓚長松絶壁圖。真書簽

《墨緣彙觀》有《唐宋集册》二十幅，此前六幅俱在内，餘不知歸何所矣。《彙觀》

又有《五代宋元集册》十二幅，此後二幅在内。不知何人將二册抽出八幅，合裝

此册。

李龍眠靖節高風殘册

前題二開。

靖節高風。四大字

三橋文彭。行書 押尾白文文彭之印方印

畫紙本。共六開，每開高一尺一寸八分，濶稱之。墨筆，白描細於毫髮，而筆力清勁

拔俗。

第一幅。淵明執巾漉酒，童子執罍下傾。

對幅題。

悵恨獨策還起至已復至天旭止　直柔。字體行數失記，下俱同

第二幅。淵明與客對立。

對題題。

饑來驅我去起至冥報以相貽止　直柔。

第三幅。淵明執卷，童子侍立。

對幅題。

愚生三季後起至言盡意不舒止　直柔。

第四幅。淵明坐席上，右手執筆就硯，左手携紙，旁有書畫卷及酒罍。

對幅題。

先師有遺訓起至聊爲隴畝民止　直柔。

第五幅。淵明坐籃輿，三人負之而行。

對幅題。

在昔聞南畝起至所保詎乃淺止　直柔。

第六幅。淵明趺坐撫琴。幅上有題款，僅三字尚可辨。

□□道人題。行書，上有缺字

對幅題。

榮叟老帶索起至了不見吾心止　紹興癸丑五月廿九日，洛陽富直柔書。

下角朱文楊默菴圖書印□印

後跋□開。

《靖節高風圖》一卷，相傳爲龍眠繪素。靖康之難，散失民間，爲鼠嚙去其半。洛陽富公得於建康書肆，惜其不全。歸，按圖狀手書淵明詩，合爲裝册。以告余，余曰：『吉光片羽，不必其盈車沈舟也。』天游生游。□書□行　押尾白文五岳游方印

宋李龍眠繪《靖節高風圖卷》散失已久，亦未知何人所藏。洛陽富公得其半於建康書肆，前後陶詩乃富公所補。見於《書畫譜》，而此册正合，其爲真蹟無疑矣。然巨眼者觀之，固不待余也。舊聞内府有全卷，今不及見，得見此册於少師楊公默菴齋中。往復披玩，不能釋手，敬識數語而歸之。海陽吴訥。□書□行　押尾白文吴訥之印方印

至正二十三年冬十月十有一日，金華戴良、會稽夏時同觀。□書□行

元統甲戌五月，青陽余闕鑒。□書一行

洪武二十三年夏六月，金華宋濂觀。□書一行

永樂甲辰，建安楊榮鑒定。□書一行　押尾朱文楊默菴圖書印□印

弘治改元冬陽月，盱江左贊曾觀。□書一行　押尾朱文時翌方印

書畫鑑影卷十二　册類

宋附元明

蕭待詔畫宋高宗瑞應圖殘册

前絹簽題。

宋高宗瑞應圖。蕭照畫。泥金真書

絹本。畫四段，共裝一册。工細，設色。絹素黝暗破損，幾不可辨，而筆鋒圓健，墨氣深入骨裏。真迹無疑。

第一幅。高一尺有五分，寬二尺一寸。布景後張圓幕，前張方幕，三面以布爲垣，兩幕之間一黄衣人正坐，應係高宗，緑衣人側坐，座前兩烏几，設食具，侍從在後者三人，在前旁立者八人，方幕前設朱几，垣外牽馬者一人，馬三匹，上方雙阜高峙，阜上叢林，杳無人迹。

上下方白文張氏伯起方印　吴門張氏收藏書畫長方印

裱綾邊白文靈岩山人收藏書畫印長方印　緼真𢆶長方印　蕉林秘玩方印　曼生方印

第二幅。高仝前，寬二尺餘。亦方圓兩幕，圓幕在後，被方幕遮映，高宗與后對坐幕中，前列兩烏几，食具如前，對面五色旗捲而不用，旗下并陳二鼓，幕右朱几，三人侍側，幕左二人侍立，左右布垣，垣左地竈，一人治炊，一人就几治饌，閒散三人、馬二匹、牛三匹、車二輛，垣右馬一匹，地草鋪茵，水環如帶，作行旅暫住憩息之景。下角『張氏』印仝前，下俱同。

第三幅。高仝前，寬二尺九寸餘。圓幕布垣如前，幕内設兩烏几前向，兩烏几左右向，俱設食具而無人，幕前一紫衣人正立，以袖掩面，左右侍從者十餘人，多掩面作涕泣狀，一人牽馬向前，似飯罷將起行者，垣前一朱輪車，黑白明駝二匹，車前後六十餘人，垣後一圓幄、一車、三人，垣左隔一山阜，阜前馬九匹，牽馬者三人，阜后遥方，旗幟就列，二車二馬尚未駕，僅露其半。

第四幅。高仝前，寬二尺四寸餘。畫三叉通衢，左右廬舍，舍前立牌，露『潁川陳家』四字，下半不露，衢中一朱輪車，車前後官民闐溢，有立者，有坐者，有拱揖者，有伏俯者，有獻食物者，有執器皿者，有運行李者，衢右高閎牆垣，垂柳兩列，柳下三馬尚未解鞍，牆内高堂迴廊環繞，諸嬪嬙有在堂内者，有升階者，有入門者，堂前雙柏夾植，别通旁院，有携囊橐而人者，堂後連甍無盡。

裱絹邊鑒賞印俱同首幅。

後跋另開。

往歲客吴門見此册，距今忽忽廿年事。展翫之下，如對故人。書此數語，以誌感慨，且喜結此一重翰墨緣也。乾隆癸丑春二月既望，鎮洋畢沅識。行書□行 押印二，未録。

譜載《宋高宗瑞應圖》六幀，每幀横長二尺許。沈宜謙常摹，以爲劉松年，而文休承載《嚴氏畫目》，以爲蕭照畫，畫未署款。據文文水所見，乃嚴氏藏本，後歸吴門張氏，今歸秋帆尚書。所藏四幀，絹色古懋，筆墨精妙，迥非宋代以後所能髣髴。既審張氏藏印，其爲文氏所藏之物無疑。尚書精於鑒古，宋元名蹟，常常有之。斯謂性之所嗜，物必聚焉。益信翰墨有緣，不容强致，亦惟有福者能先得之耳。乾隆癸丑秋九月，丹徒王文治獲觀因記。行書□行 押尾白文王文治方印 白文曾經滄海方印

文休承録《嚴氏畫記》有蕭照《中興瑞應圖》凡六段，應即此册，不知何時佚其二。卞令之《畫彙考》亦有蕭照《瑞應圖》凡十二段，布景與此册各異。孫鳴岐《名畫録》又謂宋高宗《禎應圖》，李嵩畫。可見此圖本非一册，亦不僅一人所畫。此册果屬蕭照與否，未可遽定也。

馬侍郎九歌圖册

絹本。高一尺四寸，寬一尺一寸。著色。人物。寫《離騷》經意。

第一幅。東皇冕旒秉圭，乘雲而行，僊女三人，一前導捧盤，二後從，執幢抱琴。
對幅書《離騷·東皇太一》一段，文不録，下倣此。
第二幅。青龍駕輿，雲中君立輿中，雲氣環繞。
對幅書《雲中君》一段。
第三幅。二妃凌波冉冉。
對幅書《湘君》、《湘夫人》二段。
第四幅。兩人相向，中見蒼龍。
對幅書《大司命》、《少司命》二段。
第五幅。東君捧日，兩人執旗翣夾，侍前有四人奏樂。
對幅書《東君》一段。
第六幅。河伯騎鼇，立驚濤中，左右雙龍并出，噓氣作蜃樓。
對幅書《河伯》一段。
第七段。一人執旛乘豹，猿狸隨行，雷神空中隱現。
對幅書《山鬼》一段。
第八幅。一人鎧甲乘馬，一人執旗，一姬手執蘭菊，作飛舞狀。幅末有款。
馬和之製。真書一行

對幅書《國殤》、《禮魂》二段。

後另開有周爾墉跋，未録。各對幅亦皆周爾墉補書，想原題已散佚也。

怡情散賞集册

册前題二開。紙本。集宋元畫二十四開，山水、樓閣、人物二十幅，花卉四幅。俱絹本。

首二開。

怡情散賞。行書大徑九寸

陳元素題。行書一行　押尾白文陳元素印方印　白文古白方印

第一開。絹本。宫扇式。高一尺有七分，寬一尺一寸。墨筆，兼工帶寫。落木成林，群峰戴雪，山前行旅人二、蹇驢凡四。絹已糜爛。無款，有舊簽題。

左下朱文固叔平生真賞長方印

許道寧雪山行旅圖。隸書簽

對幅題。藏經紙本。式與畫同。以下二十三幅皆同。

此畫舊題《許道寧雪山行旅圖》起至猶可概見止　李佐賢題。行書七行　押印不記。

《書畫彙考》載《名畫大觀册》第七幅許道寧《寒林戴雪圖》『團扇，絹本，水墨。雪路

迷濛，一行行李，策蹇數人，擁鼻篤速，不禁寒色』，應即此幅。圖右有『竹居』、『俠如』二印，今不存。想年遠重裝翦去也。竹朋又記。行書四行

第二開。團扇式。高九寸五分，寬一尺。工筆，著色已脱落。松岡茂密，夏木濃陰，石橋跨水，稻田清潤。無款，有舊簽題。

左方『固叔』印同一開，右方兩半印不辨。

郭熙江村清夏圖。隸書簽

第三開。斗方。高一尺，寬九寸三分。工筆，微著色已脱。石橋横澗，喬木成林，中有方亭，亭中設匡牀，兩童侍立。無款題，右下一長印不辨。

第四開。團扇式。高一尺有三寸，寬一尺有六分。工筆帶寫，微著色。垂柳雙株，下蔭方亭，亭中一人閒坐，亭外石砌臨水，朱欄環繞，遥山露影。無款題。

右下白文張羽珍方印 又爵形印文不辨。

第五開。團扇式。高一尺，寬一尺有六分。水墨，粗筆寫意。松亭内二人并坐，對面數峰，矗立峭削，類江郎山。無款，有舊簽題。

右方半印不辨。

馬遠松亭遠眺圖。隸書簽

第六開。團扇式。高一尺有三寸，寬一尺一寸五分。墨筆，寫意。小舟掛帆，舟載四

人，嵐光雲影，烟雨迷濛。款在右，又有舊簽題。

夏生。行書

左方朱文退密壺盧印　神遊心賞方印　又方印不辨　白文項叔子方印　又長印不辨。

右下朱文司馬蘭亭鑒賞長方印

夏珪烟江颿影圖。隸書簽

第七開。團扇式。高一尺有二分，寬一尺一寸。工筆，微著色。平坡上垂柳三株，濃陰似幄，柳下草棚中置水磨，一人驅牛拉磨。無款，有舊簽題。

右方『固叔』印仝一開。

馮覲柳陰水磨圖。

對幅題。藏經紙本。

此幅無款，舊籤題『馮覲柳陰水磨圖』起至洵屬宋人的派止　竹朋。行書八行　押印不記。

《辛丑銷夏記》載宋畫册有《緑陰驅磨圖》團扇，絹本，亦無款，布景與此幅同。行書二行

第八開。斗方。高一尺有三分，寬八寸四分。工細，設色。宮殿聯屬，高梧在旁，茂林在後，正殿洞開，宮娥二人，一鬟侍側，旁殿宏敞，一娥獨坐，一人侍側，殿後層樓傑閣，層出不窮，遥望如在雲中。無款，有舊簽題。

右下朱文希之方印　鮑氏鑒藏方印

郭忠恕桐陰宮殿圖。隸書簽

對幅題。藏經紙本。

此幅無款起至當不虛也止　李佐賢題。行書八行

第九開。團扇式。工筆，重設色。左方複道迴廊，廣廳大廈，後接崇樓，院中芍藥正放，廳内一娥搴簾，内一鬟憑欄，俱作賞花狀，垣外喬松二株，干霄蔽日，下植雜卉，右方跨橋飛閣，繞以石欄，兩宫娥降階同行，一鬟在欄内獨行。無款，有舊簽題。

右方『固叔』印同一開。　又朱文半印不辨。

趙希遠漢宫春曉圖。隸書簽

對幅題。藏經紙本。

《漢宫春曉圖》起至同治四年夏日題止　利津李佐賢。行書十一行

第十開。斗方。高一尺有五分，寬一尺一寸五分。工細，墨筆。畫岳陽樓，樓下崇臺，樓矗臺上，千榱万桷，層檐飛閣，界畫精絶，後依林巒，前對湖山，臺下三人，樓下層六人，上層二人。題在右上。

慶曆四年起至微斯人，吾誰與歸？右《岳陽樓記》止　細楷書二十三行，方僅寸餘

右上角朱文□廷相家□藏圖籍半印

左下角半印，不辨。

對幅題。繭紙本。

《岳陽樓圖》，界畫精巧，飛閣層樓，一絲不亂，樓中人物，纖悉具備，殆類鬼工。上題《岳陽樓記》，楷書如蠅頭蚊脚，足使離婁失明，不知作者如何著筆。此等書畫乃宋人絶技，元明以後已成廣陵散矣！古今人不相及，即藝事可見。李佐賢識。行書六行

第十一開。宫扇式。高一尺有二分，寬九寸五分。工筆，設色。錦堂綺疏，雙松夾峙，堂内一女郎搴簾外望，右户中一女郎捧印盒前行。無款，有舊簽題。

左下『固叔』印，仝一開。

趙士雷簾櫳乍暖。隷書簽

對幅題。藏經紙本。

此畫舊簽題『趙士雷簾櫳乍暖圖』起至見《宣和畫譜》止　竹朋。行書四行

第十二開。宫扇式。高一尺有八分，寬一尺有三分。工筆，重設色。石上古樹一株，有枝無葉，樹前姮娥獨立，手執如意，衣帶當風作飛舞狀，下有玉兔紫芝，通幅白雲散布，對面雲隙，露出蔚藍天光，月魄一輪。款在樹根。

漢臣。細楷書

左下朱文希之方印

對幅繭紙本。

《蘇漢臣姮娥奔月圖》起至見《圖繪寶鑑》止　行書五行　押印不記。

第十三開。團扇式。高一尺有六分，寬一尺一寸二分。工細，墨筆。貨郎周身携帶背負嬰戲貨物，五嬰兒環繞争奪，旁弛貨擔，兩嬰繞擔，竊取其貨，情狀畢肖。款在右下，又有簽題。

嘉定壬申，李嵩畫。細楷書一行

左方『固叔』印，同第一開。

李嵩嬰戲貨郎圖。隸書簽

對幅題。

《嬰戲貨郎圖》，款題右方『嘉定壬申李嵩畫』七字，細如蠅頭，而墨氣與畫無異，决非後增僞款。群兒環繞貨郎，備極情態，貨擔亦工細絶倫。考《圖繪寶鑑》載『嵩屬錢塘人，後爲李從訓養子，工畫人物道釋，得從訓遺意，光、寧、理三朝待詔。』又玫吴其貞《書畫記》『李嵩《夜潮圖》，畫法工細，上有蠅頭楷題詩二句，識曰「李嵩」』云云。余所見宋人畫多不署款，而嵩畫則款題屢見，殆好名者歟？竹朋。行書十行　押印不記。

第十四開。團扇式。高一尺一寸三分，寬稱之。工細，墨筆。一老人荷擔前行，擔中所載多係嬰兒戲物，四嬰兒在旁觀看，有覬覦之意。無款。

左方朱文公方印　信公珍賞方印　白文會侯珍藏方印　都尉耿信公書半方印　又半圓印不辨。

右方朱文真賞壺盧印　汪孟慈藏古画印長方印　又半方印不辨。　白文子孫半方印

對幅題。

此頁無款，屬耿信公舊藏。按明《嚴氏書畫記》有《蘇漢臣嬰戲貨郎》八軸。余所見宋人《嬰戲貨郎圖》亦不一而足。此圖或即漢臣筆，或係當時轉相摹倣者，皆未可定。必求其人以實之，則鑿矣。石泉翁時年六十有二。行書八行　押印不記。

左下朱文千山耿信公書半方印　白文琴書半方印

第十五開。團扇式。高一尺有二分，寬一尺有八分。工細，墨筆。岸上高柳兩株，岸下老牛渡水，後隨小犢，一人荷蓑戴笠，立於牛背。絹質糜爛，僅可辨認。無款，有舊簽題。

左右一方印、一半印，均不辨。

厲歸真牧牛度水圖。隸書簽

第十六開。斗方。高一尺二寸八分，寬一尺一寸三分。工細，墨筆。平原牧牛，牧童伏於牛背，後襯磐石雙柏，又古木一株，樹身破裂，虬枝盤屈，不可思議。款在樹根。希古。小隸書

第十七開。團扇式。高一尺一寸二分，寬一尺二寸。墨筆，兼工帶寫。山坡微雪，牧

牛前行，牧童戴笠，左手擁鼻，作禁寒狀，右持枯枝，蹲於牛背。無款，有舊簽題。

黄裳雪溪歸牧圖。隸書簽

對幅題。藏經紙本。

《雪溪歸牧圖》籤題黄裳。按黄裳於畫傳無徵，其畫亦未見標題，殊未可信。而畫筆之細潤，則猶存宋元人矩矱也。行書五行　押印不記。

第十八開。斗方。高一尺有七分，寬九寸三分。兼工帶寫，微著色。蘆岸莎汀，牧牛齧草，童伏牛後，口銜山果。無款。

右下朱文子京父印方印　墨林生方印

第十九開。宫扇式。高一尺有二分，寬九寸。墨筆，微著色，寫意。斷岸平橋，叢林茆舍，中峰蜿蜒回合，兩壑間紺宇重樓，現於林杪。無款，有印在右上。

白文盛懋方印　朱文子昭方印

左方朱文鮑氏鑒藏方印

對幅題。藏經紙本。

盛懋，字子昭起至猶有宋人法度止　李佐賢跋。行書七行

第二十開。斗方。高一尺二寸一分，寬一尺有一分。工筆，設色。石上古松兩株，青山白雲，流泉古洞，一人立於松下，一童背立石上，舉手摘洞口紫芝。無款，有印在

左下。

對幅題。羅紋紙本。朱文仲穆方印

趙仲穆《采芝圖》起至猶謹守家法也止　李佐賢。行書四行

第二十一開。團扇式。高一尺有四分，寬一尺一寸。工筆，著色。枇杷一枝，小鳥踏枝欲動。無款。

第二十二幅。團扇式。高九寸七分，寬九寸八分。工細，墨筆。水草一叢，殘荷一葉，一鶺鴒立於葉上。無款。

對幅題。繭紙本。

《蓮渚鶺鴒》，墨筆深入絹素，自係數百年前物。其用筆清勁雅潔，的屬宋賢名作。石泉翁。行書五行

第二十三幅。團扇式。高一尺有六分，寬稱之。工筆，傅色濃麗。畫秋葵、菊花之屬，團幅充滿，隙地填作藍色。有崔白僞款。

對幅題。宣紙本。

《秋芳競豔圖》，款題『崔白』，疑屬後補。至畫之設色濃厚，并填絹素作天藍色，確係宋以前古法，元以後已無此畫法矣。同治戊辰辰至前十日，重閱并題。竹朋。行書八行

第二十四開。團扇式。高一尺一寸，寬一尺一寸六分。著色，工筆。山茶花兩枝，共作三花，兩正一欹，又一萼含苞未放。花俱淡紅色，傅粉濃厚，已有剥損者，隙地俱用石青填滿，亦古法也。無款。

名畫集册

册共十二開。集宋畫，山水、人物六開，花卉、翎毛六開。一開紙本，餘俱絹本。

第一開。斗方。高一尺有八分，寬一尺三寸。著色，粗筆寫意。石畔雙松，一俯一仰，小樹間之，甃石爲臺，下臨溪水，一人撫松而立，童子抱琴侍立，對岸遥峰露影。款在左下。

臣馬遠。真書一行

右下朱文其永寶用方印

對幅題。宣紙本。式與畫同。以下十一幅皆同。

款題左方石上，『臣馬遠』三字僅可辨識。按欽山每畫殘山賸水，當時謂『馬一角』。此幅真所謂『一角山』耶！行書三行

第二開。宫扇式。高一尺，寬稱之。工細，青緑色。山樹用没骨法，白雲翠巘，迥非凡境，高臺崇級，飛閣層樓，界畫精絶，樓中人小如蟻，幾不可辨。無款。

對幅題。繭紙本。

《僊山樓閣》，不署款。按《珊瑚網》載趙千里有是圖，紅峰翠巒，瑶臺瓊島，飄渺霞際。此圖彷彿似之。或即屬伯駒筆，或宋人仿本，均未可定。其没骨山樹，清潤新妍，界畫樓臺，纖微呈露，固非近代畫史所及。竹朋李佐賢。行書七行

第三開。團扇式。高一尺有三分，寬一尺有八分。工筆，設色。石坡上緑筠紅葉，雜卉叢生，一人曳杖，一童執羽扇，一童捧花瓶，瓶内插花，前面高柳三株。無款。

第四開。方式。高一尺有九分，寬一尺一寸。石筍突起，坡下流泉，坡上孤松夭矯，一人坐於松下，一童蹲於石畔，月魄當空。絹已糜爛。無款。

左上朱文相林後人方印

右下朱文楊□□書畫印方印

對幅題。宣紙本。

松間明月，石上清泉。畫中有詩意，筆墨簡老，則與馬、夏爲近。竹朋。

第五開。團扇式。高九寸八分，寬一尺有四分。工筆，著色。怪石玲瓏，石前後修竹四竿，寒梅一樹，一女郎擁袖佇立。無款。

對幅題。藏經紙本。

天寒翠袖薄，日暮倚修竹。寫杜工部詩意，筆亦雅潔。

第六開。團扇式。高一尺二寸五分，寬一尺三寸七分。工筆，設色。駿馬駕鑾輿渡水，輿中正坐，應屬后妃，搴簾外望，一宫娥侍坐，四人執竿曳繩，牽馬前行，水没至骭，有一乘馬者，輿左三人，乘騎擁護，輿前五人，乘騎前導，有執旗者、抱壺者、戴雉尾者，遠岸一乘騎人飛奔前去，又一人兩馬，微茫見影。款在左上，已模糊。

□□燕□盛畫。小楷書一行

對幅題。繭紙本。

《鑾輿渡水圖》，款題『燕□盛畫』。考畫譜并無其人，然用筆細如毫髮，一絲不亂，且人物神情畢現，自非近代作僞者所能。惟惜如此法繪而名不傳於後世。士之湮没不彰者何可勝道，豈獨畫史也哉！李佐賢跋。

第七開。方式。高一尺有七分，寬一尺二寸五分。工筆，設色。老榦一株，似杏非杏，繁花爛漫，一戴勝鳥踏枝飛動。無款，右有大印，僅餘其邊，文已不辨。

第八開。團扇式。高一尺有五分，寬一尺二寸。著色。拳石秋葵，間以野菊花，下一母犬，兩子犬對戲。無款。

第九開。團扇式。高一尺有三分，寬一尺一寸。工筆，著色。嘉穀雨穗，小鳥一抱穗啄粒，一立葉上。無款。

左下有方印，不辨。

第十開。方式。高一尺有二分，寬稱之。工筆，設色。鸜鴿立於盆邊，張翼俯首，似欲飲水之狀。無款。

右下朱文汪孟慈藏書畫印長方印　又方印不辨。

對幅題。宣紙本。

《鸜鴿飲水圖》，神氣如生。分宜嚴氏書畫目有黄荃《金盆浴鴿圖》，或即此幅之藍本歟？竹朋。行書三行

第十一開。團扇式。高一尺有四分，寬一尺有六分。工筆，設色。翠竹白梅，踏枝瓦雀凡四。無款。

左方長印，不辨。

第十二開。方式。高一尺一寸，寬稱之。重設色，没骨法。山茶一枝，花朵朱色，濃豔奪目。款在左下。

吴炳。小楷書

右上白文黔寧王子子孫孫永寶之方印

對幅題。藏經紙本。

『吴炳』款在左下角，微茫幾不可辨。按炳，毘陵人，紹興畫院待詔，《圖繪寶鑑》稱其折枝花鳥，巧奪造化，采繪精緻富麗。此畫山茶，設色濃厚，經久不脱。宋畫之可貴者正

在此。竹朋。行書六行

後跋一開。

道光癸卯正月念日，余八旬生辰。一時親知皆有餽贈，悉謝不敢納。惟門下士浙省張君叔未餽余周之號叔鼎一、宋元畫幀十二。揆彼之意，鼎取其壽同金石，畫軸取其天地、山川、樹木精神常在，尤爲壽之徵。昔董思翁云：『黄公望九十而貌若童顏，文徵仲八十而書蠅頭楷法。』余何德以堪。此畫頁『頁』字塗去册旁添結搆、精神、章法，各極其妙，且嘉其爲數百年前之物，更爲希世之珍焉，因喜以誌之。道光甲辰正月，頤性老人元重裝記之并跋。行書十二行　押尾白文阮元私印方印　朱文伯元方印

下角朱文二分明月在揚州方印

名賢寶繪集册

俱絹本。計十二幅。第一幅、五幅、八幅、十二幅方式，餘宫扇式。爲陳壽卿所藏。

第一開。高一尺有四分，寬九寸四分。重設色，没骨。畫雪山行旅圖。樹作紅黄，山巒施粉，苔攢朱點，穠豔而不傷雅。山前一客騎驢篤速，有寒態，一人曳驢過橋。無款。意在楊昇、僧繇之間。

下左右角朱文帝高昜之苗裔長方印　侍御吴□安家珍藏長方印

第二開。高一尺有八分，寬一尺一寸。工細，墨筆。垂柳兩株，牧童倚樹假寐，前有子母牛，作舐犢狀。無款。

第三開。高一尺有四分，寬一尺有六分。墨筆，寫意。竹枝覆屋，屋後依山，門前一人埽徑，橋外一人，曳杖逍遥。無款。

第四開。高一尺有八分，寬一尺一寸四分。工筆，微著色。山下流泉，山上茅亭虛敞，竹籬瓦屋，半入雲中，上置長橋，二人步過，一人荷擔隨行，橋外峰巒叠起。無款。

右方朱文宣和聯珠方印　令之清玩方印

左上儀周珍藏長方印

第五開，不記。

第六開。高一尺，寬一尺有三分。墨筆，兼工帶寫。左方樹下二羊，右方泉流噴湧下注，亂石飛花激雪，如聞其聲。無款。

對幅藏經紙題。

馬和之，宋禮部侍郎，畫學李伯時，而山水清逸過之。董其昌題。行書四行　押尾白文太史氏方印　白文董其昌印方印

第七開。高一尺，寬稱之。寫意粗筆，微著色。右方群峰矗立如屏，峰側懸瀑，左方一客曳杖看山，童子攜琴在後。無款。

左方白文明安寶玩長圓印

第八開。高一尺一寸，寬一尺一寸四分。工筆，設色。一狸奴回顧蜻蜓。款在右上。

紹熙癸丑歲，李迪畫。楷書一行　押尾朱文李迪印章方印，印加字上

第九開。高一尺有二分，寬稱之。著色，工筆。一石一樹，高廳廣厦，畫漢武帝會西王母故事。王母正坐，武帝側坐，旁無侍從，空中青鸞雙飛，上有雲霞。無款。

第十開。高一尺有五分，寬一尺有八分。水墨，粗筆寫意，頗類馬、夏。傑閣二層，閣下一人，喬松一樹，夭矯不群。無款。

對幅題。絹本。

絲綸閣下文章静，鐘鼓樓中刻漏長。獨坐黄昏誰是伴，紫薇花對紫薇郎。行書四行　押尾朱文緝熙殿寶方璽

第十一開。高一尺有一分，寬七寸八分。墨筆，寫意。柳亭内一人納涼，柳偏一面，作風雨驟來之勢。款在左下。

臣馬肇。行書一行

對幅題。絹本。

晚風飄暑至，新雨送涼來。行書二行，字與前幅同　押尾朱文乙卯壺盧璽

朱文御書之寶方璽

第十二開，不記。

宋元集錦册

絹本。凡十開。前三幅有款，餘俱無款。

第一開。斗方。高一尺有八分，寬一尺一寸三分。淡著色。古木竹石，葉俱雙鈎。題款在右，字如蠅頭。

李迪。真書

上方朱文睿思東閣方璽　都省書之□方印

左下朱文令之半印

第二開。團扇式。高一尺有六分，寬一尺一寸。濃墨，粗筆。水亭連棟，林木成陰，對岸江山平遠。款在右石上。

道寧。真書

左方白文李氏廣生方印

右方朱文蕉林珍秘方印

第三開。宫扇式。高一尺有八分，寬一尺有四分。著色，工筆，石作小斧劈皴。坡上孤松垂蓋，坡右長橋，橋外行舟，舟内二人。款題在樹下石上。

劉松年。真書

左方朱文珍半印　信公珍賞方印　白文宜□半印　會侯珍藏方印

右方朱文真賞壺盧印　白文丹誠半圓印　信公□畫之章半印

下方朱文公方印

第四開。團扇式。高一尺有五分，寬一尺有九分。工筆，微著色。水村風景，灌木圍村，連檣泊渚。舟中三人，岸上二人，遠方驅牛耕田人一、樓中人三、水亭人一、沿徑拄杖携琴人二。無款。予藏劉松年《田樂圖》小幅，經思翁標題，與此相似。此或亦闇門筆也。

第五開。斗方式。高一尺，寬九寸一分。工筆，青緑。高山流水，山上喬松，水翻巨浪，一客撫琴，臨水而坐。

右下白文闇生半印

左下白文文氏半印

第六開。團扇式。高一尺有五分，寬一尺一寸一分。墨筆。石上竹木，踏枝雙鳥。

左下白文佟氏度藏方印　又方印不辨。

右下白文明安寶玩長圓印　□氏正□方印

第七開。團扇式。高一尺有三分，寬一尺有九分。墨筆。怪石奔泉，松下一僧執笛，二人携笠相向，鞠躬對立。

第八開。團扇式。高一尺，寬一尺有二分。墨筆。一仙人履水上，御風而行，衣紋方折，筆可屈鐵。

第九開。宫扇式。高一尺二寸九分，寬如之。著色。二穀同生，一枝垂穗，下有雙鶉，俱白色。頗似宋徽宗筆意。

第十開。團扇式。高九寸九分，寬一尺。著色。風柳一枝，上有鳴蟬，下有小蝶。柳枝頗似馬和之。

右上朱文令之清玩方印　黔寧王子孫永保之□印

左下方印不辨。

張樗寮書無量壽佛經册

首幅，姚公綬補畫壽佛象。工細，墨筆。款失記。

經紙本。共九十二開，每開高一尺四寸，寬一尺二寸，一開八行，行十字，字徑八分。

佛説觀無量壽佛經。宋元嘉中畺良耶舍譯。行書二行

如是我聞起至佛説觀無量壽佛經止　真行書七百三十六行

張即之伏爲顯考少保大資政參政相公忌日謹書此經，以遺笑翁妙湛長老，受持讀誦，以伸

嚴蔦。淳祐元年歲次辛丑六月一日。真行書七行

後跋應祥二開，吴珵、楊循吉、周鼎、姚綬、吕常、周澤、徐夔七段，共□開，南潛二開，皇甫欽一開，均未録。

宋元明各家山水集册

俱紙本。共六開。

第一開。高一尺有九分，寬一尺九寸二分。水墨，粗筆寫意。樹擁高樓，樓中一人，憑欄望雲。款在左下。

馬遠。真書一行　押印殘泐。

左下朱文□西鄙氏善之方印

右上下兩半印，不辨。

第二開。高一尺三寸，寬二尺五寸。墨筆，淡著色，寫意。沙岸小橋，二人傴僂，平湖泛舟，上有雲山，山作側勢。款在左上。

金門羽客方壺子。行書二行　押尾白文方壺書印方印

左下白文墨池清興方印　又方印不辨。

右下白文程正揆方印

第三開。高一尺一寸二分，寬二尺七寸一分。墨筆，寫意。崇山峻嶺，茂林修竹，室内一人，旁列蘭盆。題在左上。

隱居結蓮社，地僻無人聲。瑶草穿階緑，幽蘭入夢清。吟詩憐楚澤，分坐憶南屏。色映千華偈，香同九畹英。何當風月下，相對説無生。至正五年春二月，徐賁贈文遠道兄作。真書九行

押尾朱文徐賁之印方印　白文幼文方印

第四開。高一尺二寸二分，寬二尺二寸九分。著色，寫意。松竹茅舍，一人曳杖登岸，童子逢迎，舟中一人執篙，對岸遥峰。題在左下。

吴興唐棣作。行書一行　押尾朱文唐棣方印

左下朱文吴門袁□卿家珍藏長方印　白文程正揆方印

右下白文瑩川方印

第五開。高一尺三寸二分，寬二尺四寸八分。墨筆，寫意。竹林結舍，主人觀書，童子捧茶，一客拄杖，一童携琴，過橋來訪。自題又王題俱在上左。

至正辛丑秋日，寫《友竹圖》於存存齋。趙元。行書三行　押尾白文趙元之印方印

錢郎友竹久相宜，竹友錢郎即舊知。高節總無塵俗界，虚心并有歲寒期。王猷逕造非今日，蔣詡論交是昔時。更愛此君何處好，清風吹我鬢成絲。太原王肆題。旹年七十有一

矣。真書十行　押尾白文敏道方印

第六開。高一尺三寸三分，寬二尺八寸。墨筆，寫意。雪景。山下幽居，對岸一人扶杖看梅，童子侍後。題在上中。

山上梅開俯磵阿，山中積雪晚嵯峨。寒香亂破驪珠顆，凍色全凝翠玉柯。月下飢烏聞剥啄，天邊祥鳳憶經過。相思春雨秋霜後，此地還應感慨多。洪武丁丑臘月廿一日，寫贈俞君行簡。王紱。真書九行　押尾白文孟端方印

左下朱文吴門袁□卿家珍藏長方印

右下兩方印，不辨。

書畫鑑影卷十三　册類

元附明

趙文敏書道德經册

紙本，有朱格。每開高一尺有三分，闊一尺三寸，共二十四開。格紙中縫有『管公樓』三字，旁有『仲姬手集』四字，當係管夫人鈔書之紙也。字體真中帶行，毫不經意，而無一懈筆，想見揮毫時有神動天隨之樂。

引首朱文大雅方印

老子。首行

道可道，非常道起至不欲以静天下將自正止　真行書共十開，行數失記。下同

自跋。

右《道德經》三十七章，明大道盡於有無，而有實生於無。天地人物，萬事萬變，互有無而不窮，是之謂玄。聖人明此以修身、齊家、治國、平天下，皆以静爲本，而順其自然，後天下之後，寧居其無，不居其有，則反得其實。古今治亂興衰，得失之由，出作

入息，精粗巨細之道，盡於此矣。至唐爲天子之始祖，而其道益尊，藏之金匱石室。家有之者，可以捍災，可以永福，顯著於天下萬世者，真實不虛。誠哉仲尼之所謂『猶龍』乎！觀其微辭奧旨，廣大精深，真洩造化之秘。即所謂『玄牝之門』，歷千萬世而莫識其旨。有以爲口鼻，有以爲心腎，有以爲陰陽之户，不亦謬乎？不知其所指者乃天地之根，即人得以生之根也。君子熟察之而識其根，則於長生久視之道思過半矣。真行書，自十開至十二開之前二行止

老子下。十二開第三行　押尾朱文趙方印

上德不德起至聖人之道，爲而不争止　真行書十二開

又自跋。

老子書八十一章，以九爲節，而又重之以九，合天地自然之數，命之曰《道德經》。其言精瑩粹善，有金寶之光。下卷四十四章，著德之用爲多。德者，得也，行道而有所得之謂也。然名雖爲得，實無所得。遠自天道，邇極人事，上自天子，下至庶人，可以榮富，可以貧賤，可以用世，可以退隱，皆以不得爲得，得之實。故曰『無爲』、曰『自然』，而參極乎事物宇宙之常變，罔不畢具。至於養智、藏用、蓄威、昭德、斂精自保之法，推之以保國、保天下，此理尤致心焉。後世以偏曲之見，註釋愈多而愈失其旨，至有妄爲句讀、大悖經義者。孟頫深見其謬，悉與去之，重爲繕寫，庶不失其初，以俟深於道德者考訂焉。此必

熟玩深察，心領神會，自然知之，不當與淺見寡聞道也。老子《道德經》全。集賢侍講學士中奉大夫趙孟頫書。真行書一開　押尾朱文趙氏子印方印

冊前後鑒賞印凡十二，均未録。

趙文敏書多心經冊

紙本。共三開，每開二頁，每頁高一尺二寸餘，寬五寸，字經七八分。

引首朱文神品長方印

般若波羅蜜多心經。

觀自在菩薩起至即説咒曰止　揭諦揭諦起至菩提薩婆訶止　般若波羅蜜多心經。松雪道人奉爲日林和尚書。行書共二十□行　押尾朱文趙氏子印方印　朱文松雪齋長方印

冊前□文子孫永保方印　桃里圓印　項元汴印方印　墨林秘玩方印　平生真賞方印　子京半印

押縫□文蓮樵鑑藏方印　水部成勳方印

冊後朱文退密壺盧印　子京父印方印　神品長方印　寄敖長圓印　□文墨林山人　項叔子　六藝之圃　子孫永昌　項墨林鑑賞章　中□齋　蓮樵審定真蹟　蓮樵鑑藏　蓮樵成勳　蘭膢珍賞　子京所藏　墨林生　項子京家珍藏　神游心賞各印　押縫□文墨林　净因兩半印

前裱紙邊朱文亳州何氏珍藏長方印　慎餘堂書畫印長印　春如園鑑藏方印

趙文敏書詩册

紙本。凡四開，每開二幅，每幅二行，高九寸七分，寬三寸八分。七絶二首，字徑一寸。

第一、二開。

玉斧修成寶月團，月邊仍有女乘鸞。青冥風露非人世，鬢亂釵横特地寒。陳無己《題畫扇》詩。子昂。行書六行

幅前朱文恭壽方印　白文王澍印方印

幅後三印，未記。

第三、四開。

青青石上歲寒枝，一寸岩前手自移。聞道近來高數尺，此身蒲柳故應衰。陳無己《蔣山種松》。子昂。行書六行

幅後二印，未記。

後跋四開，款生洲董奕相、樸村雲章、王澍，均未録。

趙文敏書札册

前一開，題。

水晶宫道人墨妙。癸卯嘉平月，伯元題。行書五行　押尾朱文怡志林泉方印

札二開，緑箋本。每開二幅，每幅四行，高一尺二寸四分，寬五寸一分。

孟頫書致景亮縣尹賢甥坐右：别去未久，已深馳想。伏計榮上之後，吏敬民愛，佇聽政聲，以慰老懷。語溪濮尉潤遣人來，爲其小令嗣求令女秀姐，其意殷殷懇懇。前者以其長子年長，今則小男年貌相若，於理亦可許之，託老夫致此意。兼已曾令福壽長老達意於　婭，婭云一從景亮言語。用敢再以爲請。今令人去，如蒙允可，望付下草『草』字旁注帖，僕家自來起細帖。專此奉字，不具。孟頫書致，十一月二日。行書十六行

前後項氏印及各家印凡十三，未記。

古古閣元人翰墨集册

紙本。尺寸失記，行數、頁數均失記。是編所載皆經寓目者，惟此册係張雲村戎部弼所藏，余未親見。雲村曾手自鐫刻，以拓本見貽。據拓本斷爲真跡，故破格登之。

第一帖，趙文敏札。

孟頫和南拜覆下注『五月十一日』五字中峰和上老師侍者：孟頫近爲先妻再期，託千江達下意於尊前，伏蒙慈悲，俾千江代作佛事。既而以中奉命遠訪，過蒙香奠，即已白之神主前矣。所有齊儀之惠，孟頫尋常蒙賜，不一而足。今若又拜受，實是惶愧。附以中歸納，切告矜察。此番幸得緣事周圓，願心不負，又謝老師特爲脩設，佛無妄語，先妻必然有超度之望，無非皆出老師之恩。孟頫伏楮，不勝悲感之極，百冗作字不謹，時暑，惟冀珍重。不宣。弟子趙孟頫和南拜覆。行書

第二帖，倪高士詩札。

《病中九日懷山園》三絶句，録呈慎獨先生。笠澤今歲木犀九日始盛開，菊本則猶未蓓蕾也。倪瓚頓首。　江村九月木犀風，不與山園景物同。還擬澗西行採菊，茱萸交綴入杯紅。　病骨稜層山影瘦，敦敦擁褐坐忘言。當年親舊携壺處，應有寒泉滿石尊。　登高多在九龍山，湖水蒼茫白鳥還。醉拂松蘿臨石溜，黄花楓葉暮班班。有大軸畫一幀，或可飯後縱步來一觀也。滯下疾猶未除，殊惙惙，比想尊體安佳也。候不具。十三日，謹承。瓚啓。真行書

第三帖，鄭明德記。

山人乃爲之言曰：人之生，言行不同，出處亦異。故虞仲夷逸，隱居放言，而其人不棄於孔子，矧南州高士哉？天〔二〕高士蟬蜕汙濁之中，鳳舉霄漢之上。即其孝弟忠信，形之動静語默，又豈獨高出於一時，可以師表萬世者也。環行矣，至洪都之日，既已即省署以拜其

親。其復往東湖之上，肅瞻儀型，挹其人之清風。其足以廉頑而立懦，範世而矯俗，則環之所以觀感而興起者，本之以心術之隱微，見之于言行之章箸，形之而爲孝弟。處而窮居，不失爲善士，出而干禄，思所以致身。是皆師法高士之大致也。於其行，遂爲之記以勉之。江西文儒淵藪也，以是記質之儒先君子。歸之日，其有以復我。歲旻爲至正五年冬，山人則遂昌鄭元祐也。行書　押尾□文鄭元祐印方印　横岡逸老方印

環至洪都之日，持此記爲元祐往拜　江西廉使劉相於賓階之下，展其鄉慕仰企之心耳。鄭元祐再拜。行書三行　押尾□文遂昌山樵方印

師孺齋記。行書一行　押尾□文環樞室長方印

第四帖，鮮于伯幾札。

樞頓首再拜存誠聘君先生左右：樞屢奉椷題，獲知動静，雖披覿如對，然不若一睹　德宇寧謐。令嗣郎中美譽日聞，陞陟在邇。錢塘麗地，先生偉人，總覽湖山之勝，以遂平昔之懷。巾車獨游，自適足矣。尹侍講《語序録》如不可伯輝意者，幸以見還，勿使它人輒有改竄也。《東海集》、《韓節婦詩》、《天興近監》一一署語，并册子納還。伯善之行，知延佇之已久，而遊樂之未既也。臨楮依依。伏丐照察。不具。契生樞頓首再拜。真行書

第五帖，陳敬初札。

基頓首再拜元善經歷相公、敬甫都司相公二先生閤下：頃者慶新之禮，乃樞府盛典，施之

於使，相宜矣。而僕與周卿都事例辱厚意，此固二公以忝領寅好之末，然受之者寧無愧耶？感悚感悚！辰下初春，緬惟叶宣機務，體道安謐。基承乏行間，强顔徇禄，非不願竭犬馬之私以効涓涘，而力不勝任，爲之奈何！區區屢致勳賢之請，莫審嘗爲上聞否？因便率此奉狀。新歷各一本，附敬而已。餘幾順消息理，爲國加愛。不備。基頓首再拜。

真行書

第六帖，楊仲舉札。

翥端拜奉書修撰鄉尊先生執事：爲别益久，思仰益深。辰下初炎，緬惟高房著述，神物交相，尊候起居禔福爲慰。翥碌碌奉職苟安，第以固陋索居，無所啓沃，幸先生有以教之也。承寄示和陳伯玉《感遇》詩，辭意高古誦味，欽羡欽羡！錢吏部行時曾奉狀，計已徹聽。兹因顧先生還，便復此致起居問。侍教未期，亮亦不甚遠也。未間，惟冀善加調養。不備。孟夏廿有四日，里生楊翥端拜奉狀。行簡、汝弼、嗣初承寄詩，皆附此致意。嗣宗先生兹欲告還，想必遂也。真行書　押尾白文楊翥印章方印

按《古古閣帖》不止此，此擇其最佳者載之。

校　記

〔一〕「天」當爲「夫」之誤。

鮮于伯幾書御史箴册

絹本。每頁高二尺一寸，寬一尺七寸八分，共十開，每開兩頁，字六行，每行四字，字徑五寸。類《瘞鶴銘》。

太微執法，御史象之。周官小宰，則惟其司。耳目之寄，綱之紀之。惟其舉措，休戚繫之。吐剛茹柔，時汝之羞。毋玩法以偷，毋怙勢以求仇。斁我彝憲，時汝之尤。毋皦皦沽名，毋庸庸保禄。毋毛舉細事，毋蝟興大獄。剛果正直，神介爾福。陰賊險狠，天厚其毒。于氏父子，世尚其賢。亦有延年，蓋父之愆。持斧作威，幸寵一時。冤魂塞路，持此安歸。有銕斯冠，有朱斯衣。德不稱服，中心恧而。神草指佞，神羊觸邪。顧忌畏避，爾之職耶？勁松不屈，鷙鳥無朋。如霜之清，如衡之平。不幸遇患，亦全令名。匪銘汝前，寔銘汝心。敢告司僕，敬服斯箴。大楷書四十九行　右《御史箴》。大德三年七月十七日，鮮于樞書。大楷書□行　押尾朱文鮮于圓印　朱文困學齋方印

後跋。

伯幾書筆筆皆有古法，足爲至寶。孟頫跋。行書□行　押尾朱文趙孟頫印方印　朱文趙氏子印方印

册後朱文□齋方印　喬氏□成方印　句曲外史方印　白文張雨私印方印

元人山水集册

絹本。計三開，俱方式。

第一開，高一尺二寸五分，寬二尺一寸。工筆，青緑色。章法左右開合，左下岡巒起伏，松杉茂密，林下茆堂，一人憑案獨坐，面前白雲泛海，右上層巒疊嶂，嵐翠出没雲中，勢疑浮動。無款，有舊簽題。

左方朱文乾隆御覽之寶長圓璽　項子京家珍藏長方印　白文項墨林鑑賞章方印

右方朱文神品聯珠方印　張則之方印　檇李項氏世家寶玩長方印　白文倪氏□□方印　又兩半印不辨。

盛懋松陰高士圖。楷書籤

第二開，高一尺四寸，寬二尺七寸五分。工細，著色。共畫六人，一左手執壺，右手執箸，向茶竈治火，旁置炭籠，一右執茶壺，左執盞而斟，一左執盞，右携提籠，貯各茶具，三人俱在左，一左手持盞，右手擎盞而飲，前列炭籠及各種茶具，一手提圓盒，盒内置杯盞之屬，一右手傾盞而飲，三人俱在右，旁襯樹石點綴。無款，有舊簽題。

左方朱文晋府書畫之印方印　清河張若靄晴嵐氏珍□之章長方印　又方印不辨。

右下朱文張晴嵐收藏印長方印

錢舜舉品茶圖。楷書籤

第三開，高一尺六寸二分，寬一尺五寸。工細，墨筆，樓閣微著色。下段孤峰戴雪，落木寒林，峰右懸瀑垂紳，下注石橋，峰右崇臺累級，石欄曲折，臺上樓高四照，界畫精微，對岸迴廊別館，臨水方亭；上段兩峰開處，復現樓閣，殆類仙居，平岡上一人乘騎追一野獸，人馬僅三四分許，而神情畢現，正中雪山高聳，石骨堅瘦。無款，有舊簽題。

右下白文張□聯珠方印

王孤雲雪獵圖。楷書籤

元明人書集册

俱紙本。尺寸失記。共十八開，録十二。

第一開，二幅，共一札。

瓚再拜。適草草奉狀，伏屢答教。及乃子與諸名公作爲弔挽頌德詩文，偶筆及耳，不煩先生爲言之也。賤累及少家具，則必須移挈以避之，斷斷不敢稽滯執占，以負累人也。先生千萬不必與之言。切祝切祝。來信踵門，方次韻答，克用一詩，用寫呈發笑，使知不肖無怨惡於人也。詩雖不工，情則可見，教之幸甚。朱絃流水寫徽音，古意寥寥何處尋。道力已銷金鑛浄，禪那曾任嶺雲深。毀譽不礙逍遥樂，懲窒應無忿慾心。説與先生應悵恨，牛山何日見成林。辱處之曾南豐，而執事欲爲荆公，爲之辯謗。瓚固不敢當南豐之擬，則亦不必荆公爲之極辨也。不疑之偷金，陳平之盗嫂，不必較也。先生其亮之。幸甚幸甚。昏晚作字，極草草，乞尊照。瓚啓上。行書共二十二行

第二開。

正月廿日題所寓屋壁。梓樹花開破屋東，鄰牆花信幾番風。閉門睡過兼旬雨，春事依依是夢中。　鄰牆桂花盛開。扶疎桂樹隔鄰牆，時有飛花到石牀。起近南簷看月色，不須更炷水沈香。八月七日，德機徵君、公堇宣郎雨中見過，聽單風子自話。適案上有片紙，因録謬詩二首，呈德機徵君。倪瓚。至正癸卯。行書共十行

幅前後朱文□壽堂方印　耿壽祚印方印　又兩半印不記。

第三開。

□賡□惟先生醮□□老人席上之什。□□載四月廿六日，侍生陳樟九拜。華堂入夜酒行西，露下天清月在奎。儑老詩成揮彩筆，書生卷列照青藜。玉簫星粲麒麟角，金斝棱深天馬蹄。自惜無從躋勝會，臨風想像謾成題。松雲老人命軒曰『空翠』，因索鄙賦，爲歌長句一解。天濃地濃樹無數，白晝清虛緑陰度。晴雲翳地濕團光，藹藹青葱泫清露。室中寶書書萬軸，

海綃紅文明爛目。氍毹香暖彈秋聲，月射緗簾金籠簌。主翁耆艾神骨寒，白鸖仙氅芙蓉冠。大夫封松擬秦記，華星落字書天官。逍遥歲年不知久，鶗鴂啼春熟春酒。龍頭瀉酒邀鐵僊，白玉鸞中折楊柳。酒酣金壺汁狼籍，長歌短歌題滿壁。真書十三行

幅後至正壬寅六月東維叟跋一段，不録。

第四開。

奕奕金壇世壽堂，鍾才應運世相當。練川新借光華月，吴縣陰垂蔽芾棠。孝友已堪民表率，清廉更作吏隄防。殷勤父老求篇詠，寫向葵心品藻旁。遂昌山人鄭元祐賦。行書五行

後接紙王鏊跋一段，不録。

第五開。

成公者，漢成帝時自隱姓名起至就受政事十二篇止　出皇甫謐《高士傳》。嚴遵，字君平起至沖大槧止　右同前。洪武丁巳中秋日，雨窗録一過于荆溪之夕佳軒。横塘居士。行書共十四行

押尾朱文張德機方印

幅前朱文真賞壺盧印　耿會侯鑑定書畫之章方印　□善堂方印　琴書堂方印

幅後朱文子長方印　白文丹誠圓印

第六開。

引首白文思學齋長方印

伯樂一過冀北之野起至愈因推其事而序之止　右昌黎先生《送温處士赴河陽軍序》。俞鎬寫。

楷書二十一行　押尾朱文山史長方印　白文朴齋方印　白文俞鎬方印　白文孟京章方印

第七開，二幅，共一開。

或謂草書十字，行書十字，不抵真書一字。蓋以草至易，而真至難。知書者大抵真草本出一法，能用筆之精，運意之妙，何施不可。今觀王逸老此書，遒勁圓熟，非得之鼻祖筆意，焉能臻此？至黄山谷以下，餘人自不可及。華亭錢應庚。真書八行　押尾朱文錢氏南金方印

幅前朱文寄敖長圓印　真賞壺盧印　項子京家珍藏長方印　白文丹誠圓印

對開。劉伯温書，不録。

第八開。

雲林山房詩。嵯峨閩山路起至景晏逍遥墟止　江上書樓。江上盛書百尺樓起至清夢長時在福州止　馬治藁呈。

此稾在河北内邱時所附子新處，意謂轉遞雲林山房主者，今已十有二年矣，而子新藏襲如新。朋友之間守常不變如此，子新君子哉！善與人交，久而敬之。舍斯人，吾誰與歸？時洪武十七年甲子十月十四日，爲立冬日。治識，時年六十三。兒子同船歸晚起至治悚恐止　草書共十六行

第九開。

引首白文白雲深處方印

東皋。桂林江東。旁注城府厭喧雜，移家寓東皋。柴門倚江渚，出入借輕舠。地卑夏多雨，庭階隱蓬蒿。稚桑與新筍，時至各已高。雖云生理薄，幸無官事勞。妻孥亦解意，井臼甘自操。

雨晴寫懷呈諸友。雨晴江聲怒，不聞争渡喧。端居收視聽，展卷對義軒。心役神易喪，慮息道斯存。坐見樵牧歸，流月照蓬門。美人隔南浦，有懷思共論。但契千古意，握手亦何言。

雙貞詩。洪武初，燕人某爲廣東守土。官月餘，得疾卒。其二妻，姊弟也，鬻簪珥，具棺殮畢，皆自經死。南人哀之，爲立祠。涼颸折庭緑，寒露泫林紅。哀此兩節婦，邈有二姚風。夫殁殯遠鄉，偷生亦奚補。忍作雙孤鸞，低迴鏡中舞。捐妾紅芳歲，逐君黄壤魂。不負皦日誓，用報所天恩。淳風久已漓，大節猶敝屣。鑱詞表雙貞，日星麗南紀。

贈張伯皋知縣。時謫戍廣西。旁注南來歲月過衡湘，季子無金舌尚强。桂筦新詩傳細柳，桐鄉遺愛在甘棠。三江歸夢雙蘭槳，萬里吟身一草堂。擬引麴生同取醉，爲君重製芰荷裳。

送樊通判還蒼梧任所。桂林南望是蒼梧，下水風帆迅若鳧。春盡燕泥還自落，愁來蛇酒爲誰沽。月庭覓句何年共，雨館挑鐙此夜孤。若到嘉魚亭下住，肯持雙鯉寄來無。

興安道中有感。檥棹灕江寂寞濱，舊游回首一傷神。徒聞狗監能推士，未信羊公不酖人。閲世誰爲遼鶴返，忘機偶與海鷗親。故園只在台山下，流水桃花别有春。

蒲節泊陸洞。雨晴山澗落飛泉，五月人猶種石田。官市馬坊晨點料，猺家茶課夜輸錢。浙江東去音書遠，桂嶺南來節候偏。此日解官殊未易，湖湘萬里一歸船。　題方方壺畫。爲武昌吴教授題。旁注武昌博士延陵裔起至想在匡廬五老峰止　見泰録呈章齋郡博先生求教。行書共四十三行　押尾白文葉□仲氏方印

《題方方壺畫》，詩見卷五方壺《□江秋興卷》。

第十開。

錢逵次韻。　潘虞二子愛論文起至吴江春雨亂雲昏止　白籙裁牋帶玉紋起至不減顔公屋漏痕止　十日無人慰病懷起至著履休辭踏雨街止　積雨孤村水滿隄起至只借淮南處士栖止　江村二月雨穇穇起至讀書何必在城南止　喧喧春鳥報新晴起至塹分私地聽蛙鳴止　獨立春江古岸基起至南陌東阡遲子歸止　隱居贏得客情長起至竹樓千古在黄岡止　村塢深如華子岡起至莫遣濡須草樹荒止　關河猶未息風塵起至題詩且慰白頭人止　真書共二十一行

幅末朱文子長方印　白文項篤壽印方印

第十一開。

題唐《五王擊球圖》。興慶宫前春正熱，緑楊夾道花如雪。球門風起日西斜，五馬歸來汗成血。潞州別駕醉眼纈，雙袖欹傾擁岐薛。申王按控宋王馳，杖撲球囊手親携。草平如掌馬力均，玉鞭十里不動塵。黄門扶入五花帳，大被長枕如家人。花蕚相輝雨氣寒，樓中歌管漸闌殘。紫騮不踏球場路，萬里青騾蜀道難。　周昉《横笛圖》。一婦跨凳如習騎，一婦鵠

立類勇士。一婦横笛坐胡牀，容貌衣裳略相似。蓬鬆雲髻作嬾妝，丫鬟手擎紅錦囊。人言天寶宮中女，我意梨園舊樂倡。憶昔承平生内荒，宫中消息漸難藏。昨宵一曲寧哥笛，明日新聲滿教坊。春嬌滿眼情脈脈，喚起紅桃親按拍。不將三弄作伊涼，潛把閒情訴秦虢。聲悽調低風索索，翛然有聲如裂帛。月落長安天四更，六宫一夜梨雲白。《明皇太真并笛圖》。黑仗絃索花仗鼓，渾仗撫掌閣奴舞。阿環自品玉玲瓏，御手游移親按譜。風生龍爪玉星香，露濕櫻唇金縷長。莫倚花深人不見，李謩側足傍宫牆。楷書共十四行

幅前朱文壽堂方印　白文丹誠圓印

對幅。

自度南後起至子慶必不以爲過也止　右趙文敏公論書法，切中今人之病，予故表而出之。臨謹識。行書九行

幅後朱文真賞壺盧印　耿會侯鑑定書畫之章方印　白文琴書堂方印

第十二開。

早春卧病首壓，澄齋、南村二先生枉顧荒寂，失喜成詩，録呈改正是幸。□貞敬上。老去頻年病，春來半月陰。故人纔見過，詩興輒相尋。南國登山約，東風伐木音。人間春有限，莫待落花深。庚申元夕前二日，書于漁溪客舍。行書共十行

幅前朱文吴寬方印　耿嘉祚印方印　白文文□方印

元明人山水集册

前二幅，絹本，後四幅，紙本，俱長方式。

第一開，高一尺八寸二分，寬一尺二寸九分。淡著色，兼工帶寫。林陰亭子，亭内賓主同坐，展卷讀畫，亭外一童捧盤，亭後高山兩疊。題款在右上。

枕簟入林僻，茶瓜留客遲。子昂。行書三行 押尾朱文趙氏子卬方印 右下三印，未記。

第二開，高仝第一幅，寬一尺一寸六分。著色，寫意。山深林密，村居三處，磴道盤空。自題又李題在上左右。

至正五年六月，魏唐盛懋爲士衡丈造。行書三行 押尾朱文子昭長方印

沉瞑澹天際，山光過不留。松高呼落翠，隱約映孤樓。應楨。行書三行 押尾白文鼎夏方印

上下項氏等七印，未記。

第三開，高一尺六寸五分，寬一尺三寸二分。墨筆，兼工帶寫。石壁懸泉，林下平坡，一人拄杖遥觀，童子携琴侍立。題在右上。

八月十又一日，陽湖過訪，寫此奉贈。徵明。楷書四行 押尾朱文徵明聯珠方印

第四開，高一尺七寸五分，寬一尺一寸二分。工細墨筆。峻嶺崇山，高閣臨水。題在右上。

君家東海上，學道師浮邱。來往三神山，戲步弱水流。飄然立九峰，西來過長洲。愧非採真侶，幸接餐霞儔。頗聞左虛勝，不減方壺游。金庭開浩蕩，神景佇真斿。願執化人袪，御風一夷猶。翩然復東邁，風雨靈威愁。聊寫仙人居，贈子先卧遊。柘湖過訪，因談具區林屋之勝。想像爲此，且以爲後遊張本云。師道。楷書十一行　押尾朱文師道聯珠方印

下右共四印，未記。

第五開，高一尺七寸，寬一尺有二分。墨筆，寫意。上下開合，畫法簡瘦，類雲林。題在左上。

林木蕭蕭帶落霞，遠山無數淡籠紗。横塘西去應如昔，未得拏舟候日斜。丁卯夏五，憶西山舊遊，漫作此圖，并書短句。衜復。行書七行　押尾朱文淳方印

左上三印，未記。

第六開，高一尺八寸六分，寬一尺二寸。工細，墨筆。春江淡遠，一客泛舟，遠山挂瀑。題在右上。

潮滿春江澹不流，東風扇暖柳初柔。夕陽遥見青山色，吹破浮雲落小舟。辛酉二月十又七日寫。居節。楷書三行　押尾朱文士貞聯珠方印　朱白文居節印方印

右下四印，未記。

後跋龍暝方亨咸一開，未録。

書畫鑑影卷十四　册類

明

文待詔詩畫合璧册

前題二開。

筆底溪山。行書四大字，無款，係待詔自題

畫絹本，八開，每開高一尺九寸，寬如之，俱無款。詩紙本，亦八開，高寬與畫同。

第一開，工筆，青緑。春山桃柳争豔，水亭兩人對坐，曲港獨泛漁舟。有印在右上。白文文徵明印方印

第二開，題。

仙源深靚絶囂塵，夾岸桃花萬樹春。遺世近多高士在，不應雞犬屬秦人。徵明。行書五行，下俱同　押尾白文文徵明印方印　朱文衡山方印

第三開，墨筆，寫意。遠峰懸瀑，曲徑通橋，依山架屋，灌木濃陰。印在左下，同一開。

第四開，題。

密樹垂青春落一字重，亂山壓屋晚雲低。沿溪去去人家近，一段幽情屬瀼西。徵明。印同二開。

第五開，青緑，工筆。二客松陰對話，一童煮茗，一童抱琴。左上名印同首開。

第六開，題。

碧樹鳴風澗草香，緑陰滿地話偏長。長安車馬塵吹面，誰識空山五月涼。徵明。印同二開。

第七開，著色，寫意雲山。叢樹連村，浮嵐懸瀑，筆意在房山、方壺之間。左下印同一開。

第八開，題。

層層濃緑暗千村，雲起遥山翠欲沉。大似楞伽春雨歇，一天斜日半湖陰。徵明。印同二開。

第九開，工筆，著色園林小景。怪石對立，桐蕉修竹間之，緋衣人獨坐，童子煎茶。印在右下。

白文徵仲父印方印

第十開，題。

高梧修落一字翠交加，坐愛清陰幽興賒。應有美人期欲至，旋呼童子試烹茶。竹 徵明。

印同二開。

第十一開，寫意，著色秋山。疎林藏屋，長橋跨澗，一人策蹇，童子隨行。左下印同一開。

第十二開，題。

汩汩泉聲瀉碧灣，離離樹影夕陽間。十分秋思飛梁外，驢背遙看隔岸山。徵明。印同一開。

第十三開，寫意。秋林紅葉，歷落村墟。無印章。

第十四開，題。

霜後平林含古色，雨餘流澗雜風聲。空山歲晚無車馬，一塢斜陽照獨行。徵明。無印。

第十五開，兼工帶寫。雪山突兀，下藏紺宇，青松紅葉，點綴生妍，筆意雅近丹邱。無印。

第十六開，題。

鳥絶雲埋萬木空，行行雪徑見孤松。未誇鄭谷漁蓑好，儘有閒情在短笻。無款印。

仇十洲初唐應制畫册

首開。

初唐應制。篆書大字，無款，應是許元復題

畫絹本，工細重設色。每頁高一尺有八分，寬一尺一寸八分，十六頁俱同，惟末幅有款，餘多有印，對幅俱許元復題。

第一開，畫早朝景。一人提燈，引緋衣人抱笏徐行，宫門中閉，左右半掩半啓，門上層樓，門旁華表。印在右下。

朱文仇英長方印　白文仇英之印方印

對幅題。

廣達樓下夜侍酺燕應制。東嶽封迴燕洛京起至喜戴千年聖主明止　頲。和立春日内出采花尌。岑羲。和風助律應韶年起至空如率舞聽薰絃止　真書十四行，下十五開俱同。

綾邊朱文亳州何氏珍藏方印　白文慎餘堂書畫印長方印

押縫朱文李氏珍秘方印

第二開，坡後鹵簿匀排，雲中樓觀高聳。印在右下。

朱文仇英長方印

對幅題。

奉和初春幸太平公主南莊應制。李嶠。主家山第接雲開起至簫聲猶繞鳳凰臺止　奉和立春日内出采花尌。鸞輅青旂下帝臺起至更促霞觴畏景催止　武平一。

第三開，唐皇立於平臺，侍臣四人，臺依松山，前臨溪水，鑾輿藏於林後。印在左下石上。

朱文十洲壺盧印

對幅題。

幸安樂公主山莊應制。銀河南渚帝城隅起至方知朝野更歡娛止　元旦奉和幸安樂公主山莊應制。宗楚客。玉樓銀榜枕嚴城起至無勞萬里訪蓬瀛止

第四開，平臺臨水，臺上設幕，左右侍臣十二人，排班鵠立，龍舟向臺前行，舟中十人。印在左下，同第三開。

對幅題。

興慶池侍燕應制。蘇瓌。金闕平明宿霧收起至若濟叨陪聖主遊止　興慶池侍燕應制。韋元旦。滄池漭沆帝城邊起至承恩更欲奏甘泉止

第五開，水面崇臺，高樓廣厦，雲氣浮山，孤峰獨秀，厦中唐皇看山正坐，侍臣四人。印同第三開，在右下。

對幅題。

侍宴安樂公主新宅應制。皇家貴主好神仙起至稱觴獻壽樂鈞天止　佺期。奉和幸安樂公主山莊應制。盧藏用。皇女璚臺天漢潯起至璧月無文興轉深止

第六開，雲中樓閣，山後旌旗，清溪中隔。印同第三幅，在左下。

對幅題。

奉和初春幸太平公主南莊應制。傳聞銀漢支機石起至乘潮共汎海潮歸止 李邕。奉和初奉幸太平公主南莊應制。主第山門起灞川起至不羨乘槎雲漢邊止 頲。

第七開，御道坦平，戟門在望，兩內監捧香鑪前導，唐皇御小輦，二宫人推行，二內監執宫扇夾輔之。印在左下。

朱文仇氏實父方印　白文仇英之印方印

對幅題。

奉和立春遊苑迎春。金輿翠輦迎嘉節起至龍驂薄暮下城闉止 適。 奉和春初幸太平公主南莊應制。佺期。主家山第早春歸起至併將歌舞報恩輝止

第八開，高樓四照，上出雲端，樓中環立七人，對面旗幟林立，雉堞半隱半現。印仝第三開，在左下。

對幅題。

奉和春日幸望春宫。鄭愔。晨蹕凌高轉翠旌起至願比盤根應帝榮止 奉和立春遊苑迎春。馬懷素。元籥飛灰出洞房起至恒隨聖藻狎年光止

第九開，雲氣半没林巒，雲表兩峰對出，峰開處飛樓高峙，樓中七人，樓下歷階而升者二人。印仝第三開，在右下。

對幅題。

從幸香山寺應制。南山奕奕通丹禁起至還將祇苑當秋汾止　佺期。奉和人日燕大明宮恩賜綵縷人勝應制。適。朱城待鳳詔年至起至天文垂耀象昭回止

第十開，青山白雲，雲中樓閣，樓上五人。印同第三開，在右下。

對幅題。

人日燕大明宮賜綵縷人勝應制。疏龍磴道切昭回起至群心能捧大明來止　頲。人日侍燕大明宮。寶契無爲屬聖人起至年年願奉屬車塵止　彦昭。

第十一開，桃柳争豔，春水緑波，兩岸全施步障，中泛樓船，後峙水門，船中十五人。

印在右下，同第二開。

對幅題。

三月三日承恩遊宴定昆池官莊得筵字。鳳凰樓下帶天泉起至誰令醉舞拂賓筵止　張説。侍燕安樂公主新宅應制。趙彦昭。六龍齊軫御朝曦起至年年歲歲樂於斯止

第十二開，兩山夾輔，水殿宏開，唐皇正坐筵宴，殿内一宮娥持壺進酒，一倚門外望，殿外侍臣四人。印在左下石上。

朱文仇氏實父方印

對幅題。

嵩山石淙侍宴應制。金輿旦下緑雲衢起至無如太室覽真圖止　佺期。奉和立春遊苑迎春。東郊蹔轉迎春仗起至棲烏半下鳳城來止　佺期。

第十三開，左右步障，水中平臺張幙，唐皇正坐，侍臣六人，面對龍舟競渡，舟凡八，每舟人凡十四。印在左右。

對幅題。

朱文仇氏實父方印　白文仇英之印方印，俱在右下　朱文仇英長方印，在左上

駕幸興慶池戲競渡應制。李適。拂露金輿丹旆轉起至歌舞年年聖壽杯止　奉和駕幸興慶池戲競渡應制。徐彦伯。夾道傳呼翊翠虯起至共哂横汾歌吹秋止

第十四開，奇峰長坂，石洞泉奔，唐皇御輦，六龍并駕，前後騎從旗幟甚夥。印同第三開，在右下。

對幅題。

奉和聖製早發三鄉山行。羽衛森森西向秦起至猶欲高深訪隱淪止　張九齡。奉和春初幸太平公主南莊應制。宋之問。青山路接鳳凰臺起至共歡明主賜金迴止

第十五開，雲封城堞，半隱鑾儀，遥望高樓，上出雲漢，樓内唐皇居中，右方侍臣四人，樓外二人。印在左下。

白文仇英之印方印

對幅題。

侍燕安樂公主新宅應制。蘇頲。騄騄羽騎歷城池起至和鳴雙鳳喜來儀止　奉和春日幸望春宮應制。東望望春春可憐起至鳥弄歌聲雜管絃止　頲。

款在右。

第十六開，唐皇御殿，紅燭高燒，熏籠前設，侍臣三人，殿前孔雀對立，梅花一株。

仇英實父堇製。楷書一行　押印同第二開。

左下朱文雁冰遠印　押縫印同第一開。

對幅題。

守歲侍宴應制。杜審言。季冬除夜接新年起至蹔留歡賞寄春前止　人日侍燕大明宮。瓊殿含光暎早輪起至窮谷晞陽亦自春止　愔。

後跋一開。

吾友西園中舍冢子鳳鳴，以髫年奇質，挾藝薄遊上都，余與西園出餞滸墅。酒次，西園以仇册展示，命書舊作以貽鳳鳴。余謝不敏，乃選初唐名家應制之作，得三十二律，勉强書之，以復西園，非敢爲鳳鳴作則也。呵呵。嘉靖丁酉三月望，初識。草書八行　押尾朱文許氏元復方印，印押名上

仇實父寫唐人詩意十六幀，窮玄極微，歷寒暑而後成，真一代名手也。許太僕書應制詩，

筆法遒勁，出入顔柳之間，書與畫可稱合作。青霞得此，以天球銀甕視之可耳。雁門文從簡。行書五行　押尾白文文從簡方印　朱文彦可方印

幅末朱文雁冰遠印方印　青霞方印　季雲方印

裱綾邊題。

氣韻在筆墨之外起至以此慰觚稜之夢也止　道光丙午嘉平，許乃普記。真書四行　押印不記。

丁南羽山水册

紙本，每幅高一尺一寸，寬七寸八分，共十幅，設色工筆。前九幅均無款印。

第一幅，春原牧馬，平坡上一圉人兩馬遊牧。

第二幅，青緑春山，杏林争豔。

左下角白文振軒秘玩方印

第三幅，青嶂流泉。

第四幅，懸崖飛瀑，下臨清溪，一客乘舟，一客携杖閒行。

第五幅，漁莊清夏，二人設罾，一人泛舟。

第六幅，二人同來松徑，上半雲海浮嵐。

第七幅，一客渡橋，山巒重疊，中藏古寺。

第八幅，兩人泛舟，林間村落隱現，遥望雲山無際。

第九幅，群峰合沓，一客曳杖，覓句秋林。

第十幅，山高林密，有兩人對談。題在右上。

壬午春月，聖華居士丁雲鵬寫。真書□行　押尾朱文南羽長方印

左下角朱文□□珍藏方印

丁南羽觀音變相圖册

紙本，每幅高二尺一寸餘，寬一尺二寸餘，共二十三幅。墨筆，工細白描。

第一幅，觀音大士趺坐層巖之下，巖底海水翻騰，諸夜叉海怪挾巖而走。款在左下角。

丁雲鵬。楷書　押尾朱文雲鵬長圓印

上下朱文乾隆御覽之寶□璽　秘殿珠林□璽　乾清宮鑑藏寶□璽　白文道昆方印

第二幅，坐石坡執卷展閲，韋陀侍立，左右三柏夾峙。款在右下。

雲鵬。楷書　押印仝首幅。以下各幅有款無款印俱同。

下角白文道昆方印　以下各幅亦俱同。

第三幅，欹坐竹林中，清流繞座。無款。

第四幅，石洞中着一石臺，側卧臺上，流水環之。款在右石脚。

丁雲鵬。篆書

第五幅，欹坐石上，左右修竹，上下雲水。無款。

第六幅，亦欹坐石上，澗水環流在左。

雲鵬。楷書

第七幅，坐怪石浮海中，上露圓光，左手持鉢，右手仗劍。無款。

第八幅，坐方石平臺上，文甃砌地，祇樹四株，上帶流雲，鸚鵡、孔雀各二，仙鶴一。

款在左。

丁雲鵬。楷書

第九幅，立像，提魚籃散步，映楊柳二株。無款。

第十幅，趺坐危崖下，俯瞰清溪。款在右。

雲鵬。篆書

第十一幅，亦危坐。款在左。

雲鵬。篆書

第十二幅，依石闌對蓮池而坐，闌内祇樹三株，修竹四竿。款在右。

丁雲鵬。楷書

第十三幅，坐平坡小石，四木成林，白雲在上。無款。

第十四幅，坐圓石浮海中，頂露圓光。款在右。
雲鵬。楷書
第十五幅，坐蓮座，怪獸馱之，前導韋陀，後隨二尊者。無款。
第十六幅，坐火燄中，燄作紅色。款在右。
雲鵬。楷書
第十七幅，大水中現圓光，坐圓光中，旁列楊柳枝瓶。款在右。
丁雲鵬。楷書
第十八幅，端坐石臺，頂現圓光，海水瀰漫。無款。
第十九幅，乘雲下降，左手持鉢，右執柳枝。款在右。
丁雲鵬。楷書
第二十幅，坐海中圓石，現八臂并圓光。款在□。
雲鵬。篆書
第二十一幅，乘蓮瓣浮海。無款。
第二十二幅，行雲水蒼茫之中。無款。
第二十三幅，立雲中，韋陀執旛前導，童女抱蓮瓶隨行。款在□。
雲鵬。楷書

上角□文芳林心賞□印　妙蓮花室□印

對幅題。

此丁南羽先生白描觀音大士，汪伯玉司馬所藏，直與龍眠頡頏。晚年出入盧楞伽、貫休之間，時帶吴道空一格，邁之不復能作此少年神通矣。是册所在，即是塔廟，當有白毫光、吉祥雲攝其上。張仲焚香頂禮，白衣胎中，善財童子應念出現也。

陳繼儒題。行書□行　押印二，未記。

董文敏書信心銘册

絹本，共五開，每開高一尺有七分，寬一尺二寸五分。

引首白文玄賞㕛長方印

信心銘。

至道無難起至非去來今止　壬子元正四日書。其昌。真書三十七行　押尾白文知制誥日講官長方印

白文董其昌印方印

册末朱文玉烟堂方印　白文陳氏子孫永寶之方印

後另開跋。

董文敏書滿天下，然所見多行草，真書固百不得一也。此册小楷，乃公書之尤佳者。世

人但以姿媚學公書，甚至有濫董之目，互相詬病，豈知公書固未可輕爲訾議乎。似此剛健嫋娜，端莊流利，兼而有之，且從容中矩，有意到筆隨之樂。其書名震耀一時，楷模百世，洵無愧色。貽良得此於京都，其永寶之。竹朋李佐賢跋。

董文敏書杜詩册

絹本，十開，計十九頁，每頁高一尺有四分，寬六寸，字二行。書杜詩二首，乃手卷改裝，筆法遒緊不放，係屬變格。

引首白文玄賞齋長方印

巢父掉頭不肯住起至道甫問信今何如止　草書二十七行　不見旻公三十年起至頭白昏昏只醉眠止

其昌。草書十一行　白文知制誥日講官長方印　白文董其昌印方印

董文敏書舞鶴賦册

綾本，高九寸，寬失記，共五開。

舞鶴賦。鮑明遠。下押□文神品聯珠方印

散幽徑以驗物起至結長悲於萬里止　楷書共三十七行

往余以《黄庭》、《樂毅》真書爲人作牓署書，每懸看，輒不得佳。因悟小楷法欲可展爲方

丈者，乃盡勢也。題牓如細書，亦跌宕自在，惟米襄陽近之。襄陽少時不能自立家，專事摹帖，人謂之『集古字』。已有規之者，曰須得勢乃傳，正謂此。因書《舞鶴賦》及之。丙午六月有八日，蘄州公署避暑識。董其昌。楷書十一行　押尾朱文昌方印

下角□文潤州笪重光鑒定方印

董文敏書蘇詩册

金箋本，每幅高一尺二寸，寬九寸，共四開，計八幅。

書王定國所藏《烟江疊嶂圖》。

江上愁心千疊山起至山中故人應有招我歸來篇止　共三十二行　丙辰十二月，書於青溪舟次。其昌。行書一行　押尾白文宗伯學士方印　白文董玄宰方印

董文敏仿古書册

藏經紙本，每幅高一尺一寸，寬六寸二分，計十四開，共二十八幅。

第一段，臨顏書《争坐帖》。

今閤下挺不朽之功業起至可不儆懼乎止　行書十七行

第二段，臨顏書《祭姪文》并跋。

惟爾挺生起至百身何贖止　此顔魯公《祭姪季明文》真蹟，於乙未秋借觀兩閲月，已爲溪南吴氏所收。諺曰：『見之不取，思之千里。』自是嘗以意臨，亦略得其似耳。行書共十九行

第三段，臨顔書《送蔡明遠叙》并題。

明遠鄱陽人起至良有可稱止　顔魯公《送蔡明遠叙》，卓契順所欲渡海訪蘇玉局者。名公卿故吏不少，明遠輩亦賴平原墨妙而傳。東坡亦爲契順書淵明《歸去來辭》，行於世。太史公所謂附青雲聲施於後，爲此耳。行書共二十七行

第四段，臨《潭帖》并跋。

拙於生事起至仍恕千煩也止　此《潭帖》所刻。今日見《武崗帖》乃遺之，聊爲背臨。行書共八行

第五段，書詩并題款。

揚清歌，發皓齒起至只應訪藥是優賢止　其昌書。己巳八月十一日，金閶門舟次。行書共二十行

押尾白文宗伯學士方印　白文董氏玄宰方印

册前朱文寶勤堂書畫印方印　六湖方印

册後朱文安儀周家珍藏長方印　又鑒賞朱文印二、白文印六，均未記。

董文敏詩畫册

畫絹本，詩冷金箋本，每幅高一尺五寸，寬一尺二寸，計二十幅，共十開，又前題

二開。

前二開。

引首朱文玄賞𢆯長方印

閒窗遺筆。四大字

董其昌書。行書一行　押尾朱文玄宰方印

第一開，淡著色。黄葉林間，茆𢆯人坐，危峰合抱，林屋深藏。題在右上。

仿叔明《山房讀書圖》。玄宰。行書□行，以下俱同　押尾白文董其昌印方印

對幅題。

自公無暇日起至因聞郢曲妍止　其昌。行書□行，以下俱同　押尾朱文董其昌方印

第二開，墨筆。夏木濃陰，野橋通徑，遥村隱現，雲嵐飄渺。題在右上。

米海嶽《瀟湘白雲圖》藏在余家，此亦擬之。董玄宰。印同一開，以下至第十開印俱同。

對幅題。

烟景駐征騎起至絲管隔窗紗止　其昌。押尾朱文玄宰方印

第三開，著色。叢林野屋，山右横橋，主峰中峙，兩山夾輔，林下藏村。題在右上。

仿黄子久筆意。董玄宰。

對幅題。

雲館接天居起至且莫上空虚止　其昌。押尾白文董氏玄宰方印

第四開，墨筆。喬木四株，野廬比舍，危峰疊起，架屋連楹。題在上。

仿北苑筆。董玄宰。

對幅題。

萬山青嶂曲起至空傳沈隱侯止　其昌。押尾朱文董其昌印方印

第五開，青緑設色。孤松傍石，雙峰夾閣。題在右上。

董玄宰畫。

對幅題。

來雁霜寒楚客歸起至絶勝朱門薦陸機止。印同三幅，以下至第十幅印俱同。

第六幅，墨筆。林蔭俯橋，山雲泛海。題在右。

此余學元暉《欲雨圖》。玄宰。

對幅題。

無數歸鴻落照邊起至閒倚荒村泊釣船止　董其昌。

第七開，著色。亭孤石瘦，峰斷雲生。題在左。

玄宰畫。

對幅題。

風蒲獵獵弄輕柔起至藕花如雪滿汀洲止　其昌。

第八開，墨筆。喬松插漢，峭壁懸泉。題在右。

懸流石壁。董玄宰畫。

對幅題。

風吹河海雪起至雙飛似入秦止　董其昌。

第九開，著色。雙松并起，兩峰對出，亭橋在左，寺門居右。題在上。

《吴山蕭寺圖》。余得大癡真蹟，欣賞不已，余常仿之。董玄宰。

對幅題。

水影山光翠蕩磨起至好著輕舟一釣蓑止　董其昌。

第十開，墨筆。亭小林疏，石皴帶折。題在左上。

倪迂不作設色山，以好潔故。此圖學之，不能盡似。玄宰。

對幅題。

舞劍助書顛起至燕處得超然止　董其昌。

董文敏詩畫册

畫絹本，墨筆，詩冷金箋本，每幅高一尺四寸一分，寬一尺五寸，計二十幅，共十開，又前題二開。

前二開，金箋四幅。

閒窗興致。四大字　押尾白文太史氏方印　白文董氏玄宰方印

第一開，重巖疊巘，縱横盤錯，白屋倚厓，懸瀑挂壁，水際石洲上攢樹五株，水邊小岡上攢樹三株。題在上。

仿元人筆法。玄宰。行書。行數失記，下俱同　押尾白文董其昌印方印　以下至十幅俱同。

對幅題。

開此鴻濛荒起至不入青城市止　董其昌。行書行數失記，下俱同　押尾白文太史氏方印　白文董氏玄宰方印　以下至十幅俱同。

第二開，溼墨淋漓，遠處起伏三峰，近處横陂夾水，雲樹重重，上翳嵐光，下混水氣，蒼潤欲滴。題在上。

仿唐王洽潑墨畫。玄宰。

對幅題。

兵符受自降城石起至是何神物却能飛止　其昌。

第三開，波澄岸闊，高樹蕭疎，野亭孤嶼，映帶遠峰。題在上。

仿北苑《溪山亭子》。玄宰。

對幅題。

江上宣城郡起至此別數年期止

第四開，連岡見頂，喬柯茂蔭，崇巒中峙，林開屋比，曲徑高盤，幅巔雲外，懸崖淩空欲墜。題在上。

玄宰畫。

對幅題。

緑谿青嶂是秦餘起至頑仙窗讀未焚書止　董其昌。

第五開，左巖露頂，攢樹七株，對岸水溢沙横，楓林濃翳，奔雲舒卷，危閣浮空，雲外三峰，勢疑飛動。題在上。

《江郎山圖》。此仿董源畫法。玄宰。

對幅題。

愛君紫閣峰前好起至有田多與種黄精止　其昌。

第六開，高岸層巖，危崖複澗，林繁蔭密，屋依山脚，亭隱林腰，嶺横嶂直，懸瀑穿雲。題在上。

龍潭草閣墨戲。玄宰。

對幅題。

煙景駐征騎起至絲管隔窗紗止
第七開，岡阜錯出，石湍衝激，高樹八株，或俯或仰，近水夾岸，遠水涵虚。題在上。
森梢樹起於北苑，老杜所謂『請君放筆爲直榦』者是也。董玄宰識。
對幅題。
嘯自蘇門旨起至極目向蒿萊止　其昌。
第八開，大山渾淪，横峰側嶺，鬱紆盤結，遠樹遥村，寥寥迴帶，巖脚插水，岡頂出岸。題在上。
仿黄子久《谿山秋霽圖》。玄宰。
對幅題。
水寬山遠烟嵐迴起至却疑初夢鏡湖秋止　其昌。
第九開，淺洲戴石，石間作二楓一柳，亭下兩松隔水，沙岸迢迢，峰嶺斷續，隱見村居。題在上。
畫閣凝清晝，青山鎖白雲。董玄宰畫。
對幅題。
楊子愛詠詩起至須作白雲期止　董其昌。
第十開，兩坡側注，中露淺原，灌木連陰，横峰成嶺，懸瀑垂紳，短樹芊縣，澄湖浩淼。題在上。

甲寅小春月，舟次京口戲寫。董玄宰。

對幅題。

剪得吴淞水半江起至大纛豈非精進幢止　董其昌。

明人翰墨集册

俱紙本，每開或一幅，或兩幅，高俱一尺内外，寬一幅者俱一尺内外，兩幅者俱數寸，大小相似，從省未記。以下集册仿此。

第一册，詩翰三十開。

第一開，共兩幅，五律二首。

高人幽隱處起至毋容到白頭止　華亭張黻。真書五行　押尾白文鳳□餘暇方印

畫刻傳呼淺起至騎馬欲雞棲止　四明王益書。隸書五行　押尾朱文東遐長方印　朱白文王益私印方印　白文鳳閣舍人方印

跋在裱邊。

張黻，字孟著，華亭人。永樂中仕禮部員外郎，善行草隸書。行書一行

王益，字東遐。成化中官中書舍人。行書一行

第二開，一幅，七絕。

愛爾孤芳倚翠陰起至贏得吟詩適此心止　舜江顧瑾。行書四行　押尾白文彦瑜方印　白文琴書清暇方印

下角朱文子京長圓印　汪氏柯庭秘玩方印　白文曹溶之印方印

第三開，一幅，七絕。

梅竹當窗最好看起至玉蕋從來奈歲寒止　草庭。行書三行　押尾朱文□兆松嵐方印　白文温厚和平方印

幅前後朱文子京長圓印　汪氏柯庭秘玩長方印　白文曹溶之印方印　朱白文德昭聯珠方印

跋在裱邊。

周塤，字草庭，武進人。登弘治己未進士，官至臬憲。著有《草庭集》，詩載《皇明詩統》。行書二行

第四開，一幅，七古。

雨歇芳塘春水足起至還讓臨江老稚川止　東淮謝斐。行書七行

下角朱文汪氏柯庭秘玩長方印

跋在裱邊。

謝斐，景泰中官工部侍郎。見《淮安府志》。行書一行

第五開，一幅，五古。

新晴雲氣鮮起至事事皆可悦止　龝日。真書六行　押尾朱文澹齋長方印

跋在裱邊。

陸光深，號澹齋，成化中官禮部主事。

第六、七開，共二幅，七古。

引首朱文停雲圓印

東山圖。東山高卧如龍蟠起至登山也復携歌妓止　嘉靖甲辰秋七月既望，書於晤言室。徵明。行書十九行　押尾白文文徵明印方印　朱文衡山方印

第八開，一幅，七絶。

木末高臺倚碧空起至萬里都來在眼中止　文徵明。行書六行　押尾白文文徵明印方印　朱文徵仲方印

第九開，一幅，五律。

引首朱文停雲圓印

對酒。晚得酒中趣起至輸我北窗眠止　徵明。行書七行　押尾白文徵仲父印方印　朱文衡山方印

第十開，一幅，五律。

畫戟排巖嶂起至圭組賁藤蘿止　右題《真趣圖》。彭年。行書八行　押尾白文□彭年印方印　白文彭孔加印方印

第十一至十六開，共六幅，七古。

觀吴道士舞劍歌。我來江夏吴郎宅起至室卑地窄難迴旋止　右歌一章上覽正兼奉答來教。大復山人何景明頓首，孫太初先生有道。草書共三十四行　押尾朱文仲默方印

題在接紙并裱邊。

乙丑花朝後一日起至喜而識之止　卞鏊。行書三行

第十七、八開，共二幅，七古。

祝融南來鞭火龍起至爲我埽除天下熱止　其昌書於婁江道中。己巳三月朔。行草書共十二行　押尾白文宗伯之章方印　白文董玄宰氏方印

第十九至二十一開，共三幅，五律二首，七律、七古各一首。

恭讀□音志喜二首。丹鳳啣來字起至急爲破樓蘭止　一言星退舍起至論功在徙薪止　霜降日送鄭孝廉試南宮。池上芙蓉細雨寒起至先向離人鬢裏看止　袁生行。袁生袁生，爾胡玩世愛學嚴君平起至牀頭尚有支機石止　穉登具草上，巢父詞丈博笑。行書共三十九行　押尾朱文百谷方印　白文王穉登印方印

前後鑒賞印四，未記。

第二十二開，一幅，五律。

循良高漢傳起至還將福曜臨止　徐州學訓太倉周之冕。行書七行　押尾白文廣文清署方印

第二十三開，共二幅，七絶二首。

引首白文嘯樹齋長方印

懸崖老木澹秋寒起至世途何似水雲寬止　天啓元年六月題。光浚明。行書五行　押尾朱文光浚明子亮氏長方印　白文岳洞暝雲海磯釣日方印

白雲紅葉亂秋山起至囊中流水瀉潺湲止　辛酉季夏日，光浚明。行書五行　押尾白文子亮氏方印白文光浚明印方印

第二十四開，一幅，七絶。

引首白文縣青長方印

日暮獨尋野寺行起至清耳先聞石磬聲止　辛酉季夏，光浚明題。行書五行　押印同第二幅。

第二十五開，共兩幅，七絶。

若往長橋紅藕灣起至且畫荆巨龝後山止　洪綬似雲復道長兄。行書共七行　押尾朱文洪綬方印　白文章侯方印

第二十六開，一幅，七律。

嘉植軒前歲已深起至宜與林王共此心止　知來子孔玩。行書七行

下角子京等印二方，又半印，均未記。

跋在裱邊。

孔玩，曲阜聖裔。見《山東通志》。

第二十七開，一幅，七律。

遥遥行役爲防邊起至能無幕下薦君賢止　陳鴻。行書八行　押尾白文陳鴻之印方印　白文尗度方印

跋在裱邊，摘録其略。

陳鴻，字叔度，閩人。曹能始爲之延譽，名其詩曰《秋水篇》。以貧病死，周櫟園爲書碑，曰『明詩人陳叔度墓』。

第二十八開，共兩幅，七律。

遠上長安賦采薇起至只管臨歧囑早歸止　林叔學。行書八行　押尾白文讀書方歎國無人方印　朱文歸畊艸堂方印

第二十九開，共二幅，七律二首。

將軍此去建高牙起至不勞邊徼聽胡笳止　廿載烟霜只論文起至諸將誰人得似君止　陳衎。行書共十行　押尾白文磐生方印　白文陳尼方印

第三十開，共二幅，七律。

馳驅王事獨慇懃起至笑他絳灌不能文止　陳肇曾。行書八行　押尾白文陳肇曾印方印　朱文昌基氏方印

第二冊，文札三十開。

第一、二開，共兩幅，跋語。

子畏予執友起至永宜珍護止　石田老人沈周。行書共十行　押尾白文沈周方印　朱文沈啓南氏方印

第三至五開，共二幅半，序文。

每見眉公著作起至吾不能叙之也止　草書共十七行　押尾白文王思任印方印

第六至第八開，共二幅半，臨《禊帖》。

永和九年起至亦將有感於斯文止　隆慶己巳新正三日，文彭臨。行書共二十九行

押尾朱文文彭之印方印　白文壽承氏方印　又一印殘缺不辨。

幅前下角白文文彭之印方印　龍山草堂方印

第九開，文札一幅，祝札一幅。

向日辱枉顧起至餘容叩謝不宣止　徵明頓首，録之吏部先生執事。行書共十二行

幅前後朱文亦峰圓印　語石書畫方印　白文陳希濂印方印

鄉間一友在舍起至乞抱琴一過，至荷止　允明頓首，雲溪先生足下。草書四行

幅後朱文紺山書屋方印　張孝思方印　白文陳希濂印方印

第十一二開，共四幅，札。

纍徐渭頓首頓首，謹奉啓正峰老先生大人門下起至聊呈伏謝之尺箋止　四月廿三日，渭再頓首具啓。真書共二十行

第十三開，一幅，札。

眷侍教生徐渭頓首拜。優以分膰起至尚須諸工刊刷後一對後歸止　渭頓首。原鈔本四起至俱悉心對剩之物止　行書共七行

第十四開，共二幅，陳札、邢札各一。

蔣致和，善人君子也起至餘容面悉止　二十日弟儒頓首，董三先生世愛教下。行書五行

幅後白文陳希濂印方印

成都別駕起至賜之盼睞之飾，幸甚止　侗頓首。行書四行　押尾白文邢侗之印方印

第十五開，一幅，王百谷家書。

聞汝已至南都起至俱爲致意止　五月十三日，叔手書付三姪。下有花押，行書十行

第十六開，一幅，札。

再辱手教起至草此復，諸不具言止　錫爵再頓首。四月十七日。草書十行

題在裱邊。

王錫爵，太倉人，嘉靖壬戌會元，官至文淵閣大學士，謚文肅。

第十七開，一幅。

惠諭讀之三四，不能解起至當飛信約兄領教也，不一一止　錫爵再頓首。行草書十五行

第十八開，一幅，文札。

兄何日定行耶起至爲兄作天大人事，呵呵止　小弟震孟頓首，公鳴仁兄。行書六行
幅後朱文尺素長方印　松巢長方印
第十九開，一幅，札。
弟頃一痛幾殆起至謝教不悉止　弟孟頓首。冲。行書八行　押尾朱文尺素長方印
幅後朱文蘭陵珍賞方印　繆曰藻印方印
第二十開，一幅。
天氣方炎起至不盡種種止　弟孟又頓首。冲。行書十一行　押尾朱文尺素長方印
幅下朱文蘭陵珍賞方印　曰藻聯珠方印
第二十一開，一幅，札。
昨籌鐙成送行詩起至不能悉，縷縷容面言止　陳元素奉記，元翔伯兄記室。行草書十一行
幅後朱文此中人長圓印　白文聊復爾爾長方印
第二十二開，一幅，范札。
歲行暮矣起至若撫老丈詞宗止　即刻允臨頓首。行書十三行
第二十三、四開，共四幅，張札。
炯伯先生起至勞使中轉致止　癸巳三月廿四，風弟再頓首。真書共十七行　押尾壯不如人方印
第二十五至三十開，共十一幅，札。

手勒別後數寄書起至在永老世兄大人止　正月廿四日，弟□又頓首，具於遂安縣。左沖。草書

共四十七行

前後朱文□守大節志思抗厲長方印　飛鴻延年圓印　在翰私印方印　白文鹿園方印　有情眷屬方印

此札名款蠹損，所言係明末勤王事。閩中人，書法類《出師頌》。

書畫鑑影卷十五　册類

明至國朝

明人書畫扇面集册

俱金箋本。尺寸相似，從省未記。凡扇面册仿此。

第一册，書并山水。

第一開，五古。

題沈石田山水圖。累月不出門起至卧遊殊未倦止　匏翁。行書十一行。詩不備録，以下俱同　押尾朱文

古太史氏方印

對幅，墨筆，寫意。溪山獨釣，款在右上。

沈周。行書　押尾朱文啓南方印

第二開，七律。

東園不見緑紛紛起至楣間題字是云云止　五月十三日，種竹一首。時舊竹已望醫俗，亦撤去，將别扣數椽，名之曰『復竹齋』。因和甫出扇索書舊作，故録之。匏翁。行書二十行　押印

不辨。

　對幅，墨筆，寫意。清溪泛艇。七絶在左上。

白髮蕭蕭風滿船起至只咏金焦兩和篇止　承寄示和章，聊申懷仰而已。沈周上，匏庵少宰先生。行書共九行　押尾朱文启南方印

　第三開，七古。

庭下戎葵高十尺起至寂寞闌干春晝永止　徵明。行書十七行　押尾白文文徵明印方印

　對幅，墨筆，寫意。古木歸鴉，水邊一人浮艇，林間一客憑窗遠眺。題在右上。

寒鴉棲不定，飄泊楚天秋。弘治戊申冬十月二日，石田老人。真行書四行　押尾朱文启南方印

　第四開，七律。

　對幅，著色，寫意。秋山紅葉，水閣長橋，一客閣中獨坐，一客山半獨行。題在左上。

春盡南湖碧玉流起至盡逐波光上綵舟止　徵明。行書十一行　押尾白文徵明長方印

秋日顧應和新舟成，過于陽湖，仝遊西山，途中漫作。沈周。真行書六行　押尾白文白石翁方印

　第五開，七律。

　對幅，墨筆，寫意。山谿水閣，一客閒行。款在右。

月如有意向人妍起至一行歸雁落樽前止　徵明。行草書二十行　押尾白文文徵明印方印

戊午春日寫。徵明。行書二行　押尾白文徵明長方印

第六開，七律。

十日春陰一日晴起至去聽林塘滿樹鶯止　徵明。行書十二行　押尾白文文徵明印方印　朱文衡山方印

對幅，茂林垂蔭，一客乘舟。款在上。

徵明。行書　押尾白文徵明長方印

第七開，五古。

久客急當歸起至疇須問今昨止　舊作二首，閒録一過。戊戌八月晦日，徵明。草書十七行　押尾白文文徵明印方印　朱文徵仲方印

對幅，墨筆寫意。山重水複，二人乘舟。款題在右，又兩家題五絶二首。

徵明。行書　押尾白文文徵明印方印

遠樹兼天凈起至蘭槳蕩空明止　堯峰袁袞。楷書四行　押尾朱文補之聯珠方印

初秋風日好起至何爲答聖明止　汝南袁袠。行書四行　押尾朱文邦正聯珠方印

第八開，七律。

故人死別意茫茫起至自梯高閣看鴻翔止　湯君汝舟寄示徵明往歲與先公詩，因復次韻。嘉靖丁巳，徵明。行書共十六行　押尾白文文徵明印方印　朱文衡山方印

對幅，著色寫意。沙水瀠洄，林間高閣，一客憑欄。無款，有題。

衡山先生學黄子久《沙磧圖》也。又有《水村圖》學趙子昂，今在王□仲家。董其昌。行

書四行

第九開，七律。

連雨幾回妨飲興起至莫負春光到柳條止　穀祥。行書十五行　押尾朱文祿之方印　朱文堅白齋方印

對幅，墨筆微著色，兼工帶寫。雪嶺彌漫，修竹壓廬，廬内一人獨坐，門外枯木垂枝，一漁人過橋。題七絶，在左上。

雪滿千山鳥不飛起至剛是溪翁拾蟹歸止　正德辛巳冬日，畫於桃花菴。晉昌唐寅。行書七行　押尾朱文南京解元長方印

第十開，唐律。

東望望春春可憐起至鳥弄歌聲雜管絃止　穀祥。行書十四行　押尾朱文祿之方印　白文停雲館方印

對幅，設色，工筆。松下山居，兩人對坐，一童旁立。題在上。

緣知對坐松間客，水注山經細較量。晉昌唐寅。行書四行　押尾白文唐寅私印方印

第十一開，五古。

高樓俯廣榭起至塹隨南飛鴻止　仲山王問爲梧岡先生書。草書十七行　押尾白文王子□氏方印

對幅，墨筆，寫意。疎林亭子。題五絶，在左上。

江上披霞島起至白露下丹楓止　治。楷書三行　押尾白文陸治之印方印　白文陸氏叔平方印

第十二開，五律。

鼓楫詠滄浪起至人羨季鷹良止　仲山王問爲偲亭先生書。行書十五行　押尾白文王問印方印　又方印不辨。

對幅，著色，寫意。橋亭山亭各一，秋林下一人閒行。題五古，在左。

寒霜肅長林起至鹿豕自相逐止　乙未九月，包山陸治在陽城湖上作。楷書八行　押尾朱文叔平方印

第十三開，七絶六首。

贑州船子兩頭尖起至買花只選樹齊簷止　栽花人盡是烏蠻起至花船都泊虎丘山止　滿筐如雪叫扣街起至隔簾微露鳳頭鞋止　烏銀白鑷紫磨金起至晚妝朝月拜深深止　賣香傖父笑吴兒起至家家茉莉盡編籬止　章江茉莉貢紅蘭起至一年一度買來看止　右《茉莉曲》六首，己亥歲病中作。今年夏，愚公先生持扇索書。適此花盛開，戲録。一笑。王穉登。行書共三十三行　押尾朱文穉登聯珠方印

對幅，著色，寫意。臨水村居，遥横峻嶺，兼露梵宇。題在右。

戊辰八月，寫于有竹居。包山陸治。行書二行　押尾白文陸氏叔平方印

左下白文包山子方印

第十四開，七律。

錦帆涇邊種柳園起至不及龎公住鹿門止　江長洲夜集小園作。王穉登。行書共十八行　押尾朱文穉登聯珠方印

對幅，青緑，兼工帶寫。水閣臨江，危崖垂瀑。題七絶，在左上。

翠壁江波凝遠天起至一抹流霞鎖淡烟止　陸治。押尾白文陸氏叔平方印

第十五開，七絶二首。

宛溪汾水似龍蟠起至麻姑山月幾迴看止　淩敲臺下泛潺湲起至不堪回首敬亭山止　右路經宣城率爾漫賦二首。青門山人沈仕。行書共十七行　押尾白文青門山人方印

對幅，墨筆，寫意。山林樓閣，筆墨高簡。題在中上。

天啓戊午秋九月，天池山人渭。草書三行

第十六開，唐律四首。

皎然青瑣客起至應無鼙鼓喧止　見誦甘泉賦起至暫覺雁行稀止　雙旌漢飛將起至天驕已清和止　幾年烏府内起至音書從此稀止　乙卯歲三月五日，詣石壁先生萬玉齋中。出文太史所繪佳箑索書，有唐詩在案，漫爲録之，殊不足觀也。周天球。楷書二十九行　押尾朱文周天球聯珠方印

對幅，設色。仿米雲山。題在右上。

衛復。行書　押尾白文復□氏方印

左下白文伯元清玩方印

第十七開，七律五首。

仄磴縈紆鳥道過起至載酒來聽伐木歌止　初春四日同袁補之紹之天池山。明湖風日弄春晴起至

關關空谷語流鶯止　次韻衡山太史丈同遊石湖。高眺憑虛醉復醒起至半嶺鸞凰倚杖聽止　次韻衡山丈同登望湖亭。良游勝日美初晴起至養生高卧竹林情止　同休承過補之虎邱别墅。城南蕭寺水中央起至坐看堆砌雨花香止　同衡山丈諸名勝集大雲寺。龍池山樵彭年書。丙申六月三日。楷書共三十七行　押尾朱文孔加方印

對幅，著色，寫意。江村泊舟，岸上一人，張帆舟二。題在左上。

丁巳清和寫。陳煥。押印不辨。

第十八開，五律。

小艇煙江雨起至家近吕僊堂止　潞河道中作似渚竹先生。袁宏道。草書十六行　押尾白文袁宏道印方印　朱文緑□方印

對幅，墨筆，寫意。疎林野屋，秋山明净。題在左上。

乙丑長夏，仿倪雲林筆。李流芳。行書四行　押尾白文李流芳印方印

第十九開，臨王帖。

前足下起至皆生也止　臨王《胡桃帖》。辛酉暮春，雲卿莫是龍。行草書十二行

押尾朱文無德方印　白文一木居士方印

對幅，著色，寫意。密林中垣門樓閣，閣中門内各一人，林外乘舟四人，岸上一人。款在左上。

庚午中秋，劉原起。行書二行　押尾白文劉氏□□方印

第二十開，《舞賦》。

舞賦。楚襄王既遊雲夢起至聊以永日止　己酉秋八月寓金陵，觀美人舞，因書此賦贈之。陸安道。楷書五十五行　押尾朱文子行聯珠方印

對幅，墨筆，寫意。烟雨迷離之景，一人水閣獨坐。題在左上。

師道。草書　押尾白文子傳方印

第二册，書并山水。

第一開，七律。

盛世徒嘆麟在野起至轉見江湖浩蕩情止　王寵。行書十三行　押尾白文王履吉印方印

對幅，著色，寫意。江樹亭臺，山下一人趺坐。題在左上。

癸亥春寫。張復。押尾白文張復方印

第二開，五古四首。

歲暮雜言三首。當年不曉事起至孤鳳求其凰止　迴薄江海心起至寒山繞天碧止　萬木未改色起至天涯安可期止　煎茶一首。我愛山谷句起至吾與爾徜徉止　子美過小閣燕坐，是日爲十月廿二，偶暄暖，故復持扇，因索書此。王寵。行楷書三十六行　押尾白文王履□印方印

對幅，著色，寫意。山前沙水瀠洄，松下野屋人坐。題在右上。

辛卯冬，張復。行書一行　押尾白文張復方印

李鄴侯贊。辟百穀起至李長源止　陳繼儒。行草書十七行　押尾朱文眉公方印

第三開，書贊。

又方印不辨。

對幅，著色，寫意。畫唐人詩境。題在左上。

停車坐愛楓林晚，霜葉紅於二月花。文嘉。楷書三行　押尾朱文休承長方印

第四開，書詞。

有兒事足起至世家閉户先生止　小詞似竹嶼詞丈正。陳繼儒。行書十五行　押尾朱文眉公方印　白文腐儒聯珠方印

對幅，設色，兼工帶寫。平遠溪山，拍浮釣艇。題在上。

三月江南薦櫻筍起至畫橋紫陌踏香塵止　花開遲起至閒看梁燕壘經營止　詞二闋　文嘉。細楷書十三行　押尾朱文休承聯珠方印

江南春事過櫻筍起至粉得新茶勝麯塵止　無雙亭起至日暮歸來抱劍營止　和韻詞二闋，下俱同　朱曰藩。行書十四行　押尾朱文子介壺盧印

琱盤珍簌登櫻筍起至春裝催去踏郊塵止　啼鶯遲起至韶華疑在心思營止　彭年。細楷書十行　押尾朱文彭年方印　白文彭生孔加方印

輕雷動地驚抽筍起至金輪碾破芳原塵止　鳥求友起至仙游汗漫心無營止　穀祥。行書十行　押尾朱文西室方印

春雷昨夜送新筍起至紅芳碾破細香塵止　春事遲起至亦與遊客同營營止　陳鎏。行書十三行　押尾白文雨泉長方印

江南地暖春生筍起至夫差范蠡皆成塵止　土風嘉起至何如菀裘先自營止　病目久不作細書，殊不成字也。癸丑七夕後二日，文彭書。細楷書十二行　押尾朱文文彭方印

第五開，五律。

無絃覺太古起至冰桐忽自吟止　閒詠。文震孟。行書十三行　押尾白文文震孟印方印　朱文文起氏方印

對幅，著色，兼工帶寫。林間茆屋，平坡上二人對坐，水外雲山無盡。題在右上。

五峰文伯仁寫。行書一行　押尾朱文□□方印　朱文文伯仁方印

第六開，七律。

飛龍天啓景光新起至可能名姓寫麒麟止　及第紀恩作。文震孟書似令侯世兄。行書十七行　押尾白文文起震孟方印

對幅，微著色，寫意。怪石玲瓏，竹木交加，二人趺坐，兩案陳文玩茶具，一童煎茶，一童侍立。題在左上。

五峰文伯仁寫。行書一行　押尾朱文五峰方印　文伯仁聯珠方印

第七開，五律二首。

欲訪桃源去起至一倍惜年華止　一。春光那忍負起至相携緩步行止　二。堅似汝抑兄。行書二十二行　押尾白文婁堅之印方印

對幅，青緑，工筆。山前茆屋，一客策蹇，一童隨行，山從高樓聳起，樓上一人。題在左上。

己卯冬，效趙文敏筆。吴令。細楷書三行　押尾白文宣遠長方印

第八開，書詞六闋。

翠葆搖新竹起至艾花矗止　龍舟噀水飛相逐起至罩銀燭止　深院榴花吐起至浪花舞止　靈均標致高如許起至吊千古止　思遠樓前路起至又重午止　清江舊事傳荊楚起至怎歸去止　朱之蕃書爲南溟翁丈。楷書共三十三行　押尾朱文□之蕃方印　又一印不辨。

對幅，著色，寫意。雪嶺彌漫，嶺下青松紅樹，并艤小舟。題在左上，薛題《雪賦》於右上。

壬午冬十月既望寫，居節。行書四行

歲將暮時既昏起至何慮何營止　萬曆乙酉冬十月，薛明益甫書。細楷書六十二行　押尾朱文明益長方印

第九開，七古。

傳聞卧病維揚者起至他日一鳴驚世人止　右胡元瑞見過，走筆贈此。張鳳翼。行書二十六行　押尾白文鳳翼方印　白文張伯起氏方印

對幅，墨筆，寫意。兩人觀瀑。題在左上。

癸巳仲秋寫。張元舉。行書二行　押尾朱文元舉方印

第十開，録王書。

古之辭世者起至老丈志願盡於此也止　王羲之與吏部謝萬書。甲寅夏五月既望，雨窗漫録。耿菴金俊明。楷書二十九行　押尾朱文明□方印　白文耿菴方印

對幅，著色，工筆。危巖懸瀑，巖後高樓，樓上下二人，山谿跨橋，抱琴過橋一人。題在左上。

壬申夏，爲二如詞兄寫『古木迴巖樓閣風』。搦管命意，覺涼氣竦竦也。道椚裸時年七十。細楷書八行　押尾白文□□氏方印

第十一開，唐詩。

李白乘舟將欲行起至不及汪倫送我情止　董其昌爲岱松丈書。行草書十四行　押尾白文董其昌印方印

對幅，墨筆，寫意。雲山欲雨。題在左上。

巖壑雲初起，山郵雨欲來。倣高尚書。玄宰。行書七行 押尾朱文董其昌印方印

第十二開，七律。

乍把瓊枝宛舊游起至翻可高歌散旅愁止 詶劉燕及似管涔老先生正。董其昌。行草書十六行 押尾白文董玄宰氏方印

對幅，著色，寫意。林木叢鬱，木末高樓，右倚雲山。題在上。

玄宰。行書 押尾白文玄宰方印

第十三開，七律。

仙女吹簫忽下樓起至多子先教采石榴止 似唐侯詞兄正。陳繼儒。行草書十五行 押尾朱白文醇儒聯珠方印

對幅，著色。山深林密，一人曳杖逍遥。題在右上。

壬子冬日寫，丁雲鵬。楷書二行 押尾朱文南羽聯珠方印

第十四開，書詞二闋。

背山臨水起至陳仲子止 不衫不履起至看月起止 似鳳林老先生笑正。陳繼儒。行書十六行 押尾白文陳繼儒印方印

對幅，著色，没骨畫。青山紅樹，二人乘舟。題在右上。

甲辰秋仲，雲鵬。行書二行 押尾朱文雲朋長圓印

第十五開，臨王帖。

想小大皆佳起至王羲之白止　邢侗臨。草書十七行　押尾白文邢侗之印方印

對幅，著色，寫意。亂石流泉，蕭疏古木，一客閒行。題在右上。

庚寅黄梅雨天，畫范華原《寒山秋霽》，似相公先生較正。是日放舟湖南。藍瑛。行書十一行

押尾白文藍瑛方印　朱文田叔方印

第十六開，臨王書。

吾有七兒一女起至故具示止　邢侗臨。草書十五行　押尾白文邢侗之印方印

對幅，墨筆，寫意。山村水閣。題在左上。

楳華老大得董、巨，余復得老也。藍瑛。行書六行　押尾白文藍瑛　田叔氏聯珠方印

第十七開，七律。

梅花開比杏花遲起至未然能共把青藜止　次答楊曰補春陰見懷詩畫於白門之媚獨居，請正。

葛一龍。草書十六行　押尾朱白文一龍之印方印　又一印不辨。

對幅，墨筆，寫意。山後藏村，道上一人策蹇，一童隨行。題在右上。

辛亥冬日，爲太酉世兄寫。黄炳中。楷書三行　押尾白文黄炳中印方印

第十八開，七古四首。

黄鳥和鳴紫燕翔起至稱詩調曲歡未央止　春。青山合沓路逶迤起至歌殘曲罷低蛾眉止　夏。金

氣應節涼颸回起至雕闌玉砌自徘回止　秋。紫紵錦毿花蒙茸起至但願歡娛千歲同止　冬。屠長卿《白紵歌》，爲中宇兄書。孫克弘。隸書三十行　押尾白文漢陽太守方印　白文孫允執方印

對幅，著色。寫唐人詩意。題在右上。

停車坐愛楓林晚，霜葉紅於二月花。鍾惟爲慎思先生。細楷書四行　押尾朱白文爾雅聯珠方印

第十九開，五律。

蕭條微雨絶起至他宵關夢魂止　范允臨。行書十四行　押尾白文范允臨印方印

對幅，寫意。林巒稠疊，村居絡繹。題在中上。

庚午秋八月，仿董北苑《秋山圖》筆，似茂桓詞丈。沈士充。行書四行　押尾朱文士充方印　白文子居方印

第二十開，七律。

寒凜水月澹鬚眉起至峽猿巫雨任追隨止　文寵光。行書十一行　押尾白文晤言室印方印

對幅，著色，寫意。虎邱山，山巔梵宫疊起，山下平橋，一人前行，童子携琴隨行，清溪挂帆，舟二，遠山無數。題在左上。

近遊虎山橋，漫圖於禹老篷，供一玩耳。黄宸。細楷書六行　押尾朱白文黄生聯珠方印

第三册，書并山水人物。

第一開，七絶二首。

耘鋤芝中亦參差起至真符猶繫老農家止　其一。魚龍風浪隔雲關起至方知秋色似人間止　其二。重九前爲諸兄捲裝，録似念道世丈。弟黃道周。草書共十七行　押尾白文黃道周印方印　朱文幼元方印

對幅，墨筆，寫意。林下茆屋。題在右上。

第二開，文。

丁丑季閏，寫似□翁老父母笑。元璐。草書三行　押尾白文元璐方印

爲性好閒起至不知朝日之晏矣止　爲元里詞丈書。光啓。行楷書十五行　押尾朱文光啓聯珠方印

對幅，墨筆，寫意。巒頭圓渾，點綴林泉。題在左上。

己丑秋，爲雪公書。張風。行書三行　押尾朱文風方印

第三開，五律。

竹深斜見屋起至他年未寂寥止　吉老詞兄。吴偉業。行書十七行　押尾朱文駿公方印

對幅，著色，寫意。松嶺藏村，一人度橋。題在左上。

庚午冬月，倣大癡筆法。張宏。行書三行　押尾白文張宏君度聯珠方印

第四開，佛經。

如是之法起至名主中主止　一日與袁中郎語次及《寶鏡三昧》，云一篇都是爲人之語。中郎云：『十地菩薩，方能爲人。佛法大小乘之分，全在于此。吾儒言時習，必言朋來；言成

己，必言成物也。』因記其語于此。佛弟子李長庚書付，旹崇己卯冬十月。行楷書共三十六行　押尾朱白文□長庚聯珠方印

對幅，淡著色，寫意。疊嶂喬林，茆舍中二人對坐。題在右上。

戊午三月寫。趙左。細楷書二行　押尾朱白文文度趙左聯珠方印

第五開，蘇詩。

北風捲地百草折起至惟有青青松樹枝止　右東坡《送武判官天山雪歌》，雨窗漫録。邵彌。楷書二十四行　押尾朱文邵彌私印方印　白文字僧彌方印

對幅，著色，寫意。風林雲岑，室内外二人。題在左上。

吴郡魏居敬寫。細楷書一行　押尾朱文居敬方印　白文蘭□方印

第六開，《清賞録》。

上古無墨起至辛苦頭白止　右録《清賞録》四闋，冬日爲□□先生書。虎林明綱。楷書三十一行　押尾白文釋明綱印方印　又方印不辨。

對幅，著色，寫意。一客乘舟。款在左上。

海雲爲世丈寫。草書二行

第七開，書《禊帖》。

永和九年起至亦將有感於斯文止　戊子七月三日，徵明書。行楷書四十三行　押尾朱文徵明聯珠

方印

對幅，著色，工筆。《番王行邊圖》。一騎飛奔前導，番王在後，中有八人，執旛者、執刀者、捧盞者、捧盒者、抱壺者皆乘騎，一立馬上者。款在右。

仇英製。楷書一行　押尾朱文十州壺盧印

第八開，書《禊帖》。

永和九年起至亦將有感於斯文止　右《蘭亭記》。時壬寅秋八月十日，有客持仇實父畫扇索書，漫録如此。徵明。行書共三十八行　押尾白文□□父印方印　又方印不辨。

對幅，青緑，工筆畫。蘭亭曲水流觴，凡二十五人。無款。

第九開，七律。

良宵載酒狎招尋起至不如玉露浥幽襟止　右《賦得翫月臨華池》。項元汴。行書十二行　押尾白文墨林山人方印

對幅，設色，兼工帶寫。畫《張騫乘槎圖》。題在左上。

墨林山人項子京寫。楷書二行

第十開，《宴桃李園序》。

夫天地者，萬物之逆旅起至罰依金谷酒數止　右李青蓮《春夜宴桃李園序》。壬子三月，薛明益書。楷書二十七行　押尾白文虞卿長印

對幅，設色，兼工帶寫。一人坐樹下觀瀑，一童抱琴侍側。款在左上。

東村周臣寫。行書一行

第十一開，七律。

龍樓候曉報雞人起至覃恩何幸及微臣止　文彭。草書十二行

對幅，著色，工筆畫。蘭亭曲水流觴，凡十二人。款在右。

長洲文從忠。楷書一行　押尾白文文從忠印方印

第十二開，《雅集記》。

西園者起至其可謂盛也已止　《西園雅集記》。葛應典書。楷書五十七行　押尾朱文應典方印　鈞南長方印

對幅，青綠，工筆畫。《西園雅集圖》，凡十七人。款在右。

朱竺。楷書　押尾白文朱竺聯珠方印

第十三開，五律。

石路何其險起至時換右軍鵞止　瑞圖。草書十七行　押尾朱文瑞圖聯珠方印

對幅，著色，兼工帶寫。二人乘騎，畫唐人詩意。題在上中。

草枯鷹眼疾，雪盡馬蹄輕。癸卯秋日寫。吴彬。楷書三行　押尾朱文吴彬之印方印　文中聯珠方印

第十四開，五律。

放迹正莫定起至明月趁人不止　程光禄招同諸詞友邗水泛月，次韻似延甫丈。米萬鍾。草書共十五行　押尾朱文萬鍾聯珠方印

對幅，著色，兼工帶寫。一騎飛馳，一駒前導。題在右上。

吴郡周時臣寫。楷書一行　押尾白文周旹臣方印　朱文秉忠方印

第十五開，唐人七絶八十二首，詩不備録。

風動梅花宮殿香起至樂遊原上望昭陵止　茂苑雁門文從簡書於停雲館中，時年六十有二。細楷書共九十九行　押尾方圓印二不辨。

對幅，著色，工筆。水閣依山，二人對話。題在左上。

己酉春日作。錢貢。行書二行　押尾白文吴門□□方印

第十六開，五絶九首，詩不備録。

空山萬株木起至舟行何近遠止　文從簡。行書三十七行　押尾白文文從簡印方印

對幅，青緑，兼工帶寫。山下藏舟，舟中凡十五人。題在右上。

辛丑夏日，爲丹霞先生寫。錢貢。行書二行　押尾朱文禹方方印

第十七開，七絶五古共五首。

芰蒼鑿翠一菴經起至我來添取一巔青止　一。纓縈絡柏絮團涼起至山南山北響淙淙止　二。黄

壚短阮偶來賓起至南窗闕住一峰雲止　三。幽花任意蕩春暉起至香風陣陣野薔薇止　四。日夕石梯静起至南山吹緑笙止　貧道結菴崛嶇，自謂可以終老。忽離變亂，東西趨避，此事廢矣。竹扉石垣，寒寂萬榕中，時以黑甜一到耳。時甲申冬至前一日也。石道人山。行草書三十行　押尾白文石道人方印

對幅，著色，寫意。秋林中一人獨坐，茆屋内一童啓牖。題在右上。

隆慶壬申秋九月寫圖。錢穀。楷書三行　押尾朱文叔寶聯珠方印

第十八開，詞六闋，三家合書。

二月江南薦櫻筍起至畫橋紫陌踏香塵止　花開遲起至閒看梁燕壘經營止　《江南春》二首。文嘉。楷書十一行

吴州二月生蒲筍起至春風笑人飛路塵止　游絲輕起至似君飄泊并州營止　張鳳翼。楷書十二行　押尾白文古弓正氏方印　白文張鳳翼方印

驚雷昨夜抽薪筍起至靈芽吹香嫩麯塵止　春來遲起至游梁事楚將何營止　彭年。楷書十一行　押尾朱文孔加方印

對幅，著色，工筆。松山稠密，筆墨濃厚，山中人乘騎者七，隨行者二，室内静坐者一。無款。

第十九開，七律三首，三家合書。

莫説離群便得閒起至但少平禽重繭艱止　扃樓近作。薛益。楷書九行　押尾白文虞卿方印

薰風習習起銀塘起至山陰逸興一何長止　雲間道中。韓道亨。楷書九行　押尾白文韓道亯方印

草堂虚敞對群山起至每携雙屐恣躋攀止　藤谿別業。陳元素。楷書九行　押尾白文陳元素印方印

對幅，工細，白描。《東坡遊赤壁圖》，山下乘舟四人。無款。

第二十開，五律。

清川帶長薄起至歸來且閉關止　董其昌。行草書十四行

下角白文伯元清玩方印

對幅，設色，工筆。青山白雲，蒼松紅杏，亭中三人對飲，一童侍側，山下三人乘騎前行。款在左下。

公子遊春圖。杜陵内史仇氏製。隸書二行　押尾白文杜陵内史方印　白文仇氏□方印

下角白文伯元清玩方印

第四册，書并花卉翎毛。

第一開，七律。

楊雲早歲侍甘泉起至閉門手著解嘲篇止　右贈楊繕部止菴。八十八翁茅坤書。草書十七行　押尾白文茅坤私印　朱文鹿門之印方印

對幅，墨筆。蘭竹。款在左上。

徵明。行書　押尾白文文徵明印方印

第二開，七律。

相隨□詔下天閣起至歸休過我莫嫌頻止　爲元資詞丈。鄭之元。草書十九行　押尾白文□之元印方印

對幅，墨筆。蘭竹。款在右。

第三開，七絶。

吴郡陳粲寫。行書一行　押尾白文長晴長方印　朱文灌園生方印

遠山近山何氤氲起至胸中吞吐盡烟雲止　陳元素似菊軒先生。行書八行　押尾白文陳孝平氏方印

對幅，墨蘭。無款，左有印。白文蘭癡長方印　白文陳孝平氏方印　白文陳元素印方印

第四開，七律。

金莖晴擢掖垣高起至千秋那得見吾曹止　得袁中翰書。周天球。行草書二十行　押尾白文六止居士方印　白文周公瑕氏方印

對幅，墨蘭。款在左。

六止生球作。行書一行　押尾白文公瑕長方印

第五開，五律。

湖光横波急起至不用擇行鄰止　文山。草書十二行　押尾白文祝允明印方印

對幅，墨筆楊梅。題在右。

五月山人便枕肱，楊梅盧菊雜洮冰。只嫌山衲來論道，敲破柴門不肯應。晋昌唐寅。行書四行　押尾白文禪仙長印　朱文唐子畏方印

第六開，五古。

高梅臨道院起至駕言空知還止　枝山爲世卿寫。草書十三行

對幅，著色叢蕙。題在左，又五家題七絶五律共六首，在左右。

蕙花分贈到山齋，對酒貪看把眼揩。就與寫生腰扇上，香風依舊入君懷。旁注腰扇見《褚淵傳》。石菴以蕙花見贈，因寫此爲答。唐寅。行書五行

愁漫相逢共把觴起至醉眼猶青阮籍狂止　夏日侍飲石菴先生于陳春山席上，漫呈短句。王寵。楷書五行

我愛段夫子起至叨此挹清芬止　文彭。楷書六行　押尾白文文彭之印方印　朱文文壽承氏方印

一叢幽蕙幾枝芳起至却携紈扇感存亡止　彭年。細楷書五行

悵望芝蘭友起至虚室與君同止　朱應登。楷書六行　押尾朱文□之方印

孤根託岩谷起至繁香近酒樽止　徐尚德。楷書五行　押尾朱文□睿方印

風過沅湘百里江起至舊讀離騷喜未忘止　錢亨。楷書四行

第七開，五律。

送客滄谿縣起至坐穩興悠哉止　洪綬爲爾翁老先生畫。行草書十四行　押印不辨。

對幅，墨梅。無款，有印。白文孫允執氏方印　朱文雪居方印

第八開，五律。

極覽兩湖秋起至半月此夷猶止　洪綬書正道子辭兄。行書十二行　押尾朱文洪綬長方印

對幅，著色海棠。題在右。

名種來西蜀，栽培勝洛中。搖春一枝茂，帶雨落字絲紅。幾冬日爲正之兄作。克弘。行書五行　押尾白文漢陽太守方印

第九開，七絶。

積鐵千尋届紫虛起至流澗聲中把道書止　其昌爲君承詞丈。草書六行　押尾白文董其昌印方印

對幅，墨梅，瓦雀踏枝凡三。款在右。

王中立。行書　押尾朱文中立方印

第十開，五律。

烟景駐征騎起至絲管隔窗紗止　似乾伯世丈正。董其昌。行書十五行　押尾白文董其昌方印

對幅，著色。石畔流泉，寒梅一樹，雙雀踏枝。款在左上。

乙卯冬日，王中立寫。行書一行　押尾白文中立之印方印

第十一開，五律。

清秋望不極起至暮鴉已滿林止　爲我真丈書。其昌。行草書十六行　押尾朱文董其昌方印

對幅，著色荷花。款在左上。

周之冕寫似岱陽先生。行書二行　押尾白文服卿方印

第十二開，五律。

瑞氣淩青閣起至時接絳鸞飛止　董其昌。行書十四行　押尾白文董其昌印方印

對幅，墨筆。梅竹，一雀踏枝。款在上。

汝南周之冕。行書一行　押尾朱文之冕方印　白文周服卿氏方印

第十三開，五律。

移舟問山徑起至行看又採茶止　阻風横塘之作。婁堅。草書十五行　押尾白文字子柔方印

對幅，設色。翠竹紫薇，枝上小鳥。款在左上。

己丑秋□寫意，周之冕。行書一行　押尾白文服卿方印　朱文之冕方印

第十四開，唐律。

背郭堂中蔭白茆起至嬾惰無心作解嘲止　婁堅。草書十六行

下角朱文梁吉甫收藏長方印

對幅，設色。竹枝縈絡牽牛花，上下一鶉一蝶。款在左上。

周之冕。行書　押尾白文服卿聯珠方印

第十五開，七律二首。

長安三月鳳池濤起至品題曾使至尊勞止　春雲遥護紫宸居起至天涯朋好莫教疎止　賀新及第詩二首。文震亨。行書二十二行　押尾朱文震亨聯珠方印

對幅，設色。玉蘭三花。款在左。

嘉靖壬戌二月十三日，文嘉寫。行書一行　押尾白文文休承印方印　白文文嘉印方印

第十六開，四家合書五律四首。

邀歡當月晦起至烟霏滿路生止　穀祥。真行書四行　押尾白文酉室方印

泉石形骸外起至吹角麗譙雄止　彭年。真書四行　押尾朱文彭年聯珠方印

日暮渡江來起至慚愧濟川才止　文嘉。真書四行　押尾朱文文嘉方印

萬事不關慮起至何事慕嘉招止　姬水。真書四行　押尾朱文志淳聯珠方印

對幅，設色。梅花。題在右，又兩家題五絶在左。

瑶花倚雕檻，千朵白紛紛。已訝林爲玉，還疑樹即雲。似洞湖兄。姬水。真書四行　押尾白文姬水方印

萃白千金價起至疑欲墮香塵止　雁門文仲義。楷書四行　押尾朱文仲義長方印

群花攢一萼起至明月照珠林止　穉登爲洞明世兄書。真書四行　押尾朱文百穀聯珠方印

第十七開，四家合書七絕四首。

湖上方舟忽漫逢起至飛逐行雲十二峰止　周天球。行書五行　押尾朱文周天球聯珠方印

白馬空中駕雪來起至公子清秋自越迴〔一〕止　杜大中。真書七行　押尾白文芝蘭室長方印

水碧山青灘瀨迴起至不見羊裘把釣來止　道復。行草書五行　押尾白文紫薇軒方印

萬古江門一點青起至潮落還看白鶴鳴止　文嘉。真書五行　押尾朱文文水道人方印

對幅，墨筆。殘荷水鳥。款在左上。

爲魯儒盟兄。仕。行書三行　押尾朱文仕方印

第十八開，五家合書七絕五首。

躡磴梯巖四望周起至紅日應須近舉頭止　張鳳翼似崑源老公祖。行書六行　押尾朱文伯起長方印

鳷鵲樓高高入雲起至不少停聲避使君止　王穉登似崑源老公祖。行書六行　押尾朱文穉登聯珠方印

紈扇無聊髩怯風起至飄盡西齋一樹桐止　陸士仁似崑源老公祖。真書六行　押尾白文陸士仁方印

白雲千片暎平湖起至東風日日畫船多止　錢允治似崑源老公祖。真書六行　押尾朱文功父方印

谿流如玉自逶迤起至白雲無數盡相隨止　文從龍似崑源老公祖。行書六行　押尾白文文從龍印方印

對幅，設色。梅花紅葉，踏枝雙鳥。題在右上。

丁亥清和，同孫竹癡合作于吴山之奚雲閣。藍瑛。行書十行　押尾朱文藍瑛長方印

第十九開，兩家合書七律二首。

鸚鵡無言悄画屏起至欲訪仙人種樹經止　和《落花詩》之一，書似定所禪師。歸昌世。真書十一行　押尾朱白文昌世之印方印

借得園居亦我居起至那倩虛聲問土苴止　《借友人園居詩》，似定所禪師正。黄文旦。真書十六行　押尾朱文黄文旦印方印

對幅，墨筆。枝上白頭翁。款在左。甲子夏，李鍾衡寫。草書一行　押尾朱文李平子方印　白文鍾衡私印方印

第二十開，三家合書七絶三首。

品茶嗜水陸鴻漸起至日暮看雲懷二君止　文嘉。真書五行　押尾白文文嘉之印方印

卧聽仙人黄竹歌起至酒盡山瓢奈興何止　周天球。行書五行　押尾白文群玉山人方印　白文周公瑕氏方印

澤國烟波別有天起至纔得蘆花一夜眠止　張鳳翼。行書五行　押尾朱文張鳳翼印方印　朱文張伯起氏方印

對幅，墨筆。蘭石小竹。款在右上，又三家題五絶三首。丙子春日，妹馬守貞爲新宇兄寫。真書二行

嫋嫋含芳日起至幽思向君言止　題爲新宇兄。王慎修。行書九行　押尾朱文□東氏方印

何來九畹香起至春淺湘娥色止　張岱爲新宇兄題。行書八行　押尾朱文句吴逸民方印

飄摇翠帶長起至憔悴同芳草止　彭年。真書三行　押印不辨。

校記

〔一〕『迴』，原作『廻』，徑改。

兩朝合璧桑梓之遺書畫集册

書畫一百餘册，紙絹本皆有之，或方或圓，或長式、摺扇式，册之高低廣狹不一律。自明迄今，計人甚衆，皆吾鄉之名公鉅卿、學人高士，而名宦流寓，間亦附焉。編輯者，創於高南阜先生鳳翰，繼於郭棖莽先生廷翕，先成七十八册。今濰邑陳小蘭孝廉介錫又續之，共成一百餘册，洵稱大觀。册外有目録小傳若干卷。因篇帙浩繁，不能備載，僅記其崖略如此。

書畫鑑影卷十六　册類

國朝

張大風山水人物册

紙本，高九寸，寬六寸。畫俱墨筆。

第一開，人坐平坡，上有危崖，下有孤鶴飲水。

第二開，一人背立柳下，上飛雙燕。

第三開，危峰上結茆亭，下二人偕行。

第四開，怪石對出，修竹芭蕉，一人獨坐望月。

第五開，荒山無徑，一人曳杖獨行。

第六開，人坐懸崖，俯看流水。

第七開，枯木寒鴉，一人拄杖仰觀。

第八開，洞中老僧趺坐。

第九開，高山流水，一客扁舟垂釣。

第十開，人坐懸崖觀瀑，一童侍側。

第十一開，叢林落木，一人携壺獨行。

第十二開，梅花書屋，人在窗前展卷。題款在左上。

乙未夏四月二日寫。上元老人張風。朱文大風長圓印

王太常仿古山水册

前額二開。

西廬逸興。隸書大字

丁未嘉平，王時敏自題。行書一行　押尾朱文王時敏印方印　白文西廬老人方印

畫紙本，高一尺二寸四分，寬九寸一分，十幅俱同。

第一開，墨筆，寫意。章法開合，深淺濃淡相間。題在左上。

倣巨然。行書一行　押尾白文王時敏印方印　以下至十幅印俱同。

第二開，青緑，工筆。林間亭子，面對溪山。題在右上。

倣趙伯駒。真書一行

第三開，墨筆，寫意。松下觀瀑。題在右上。

倣王叔明。行書一行

第四開，墨筆，寫意。秋林亭子。題在右上。

倣雲林筆意。行書一行

第五開，墨筆，寫意。烟林濃厚，沙水瀠紆，雲山浮動。題在左上。

倣小米雲山。行書一行

第六開，濃著色，兼工帶寫。楊柳水村。題在左上。

臨趙大年。行書一行

第七開，寫意。青山紅樹。題在右上。

倣趙承旨。行書一行

第八開，墨筆，寫意。山谷藏村。題在右上。

倣黄子久。行書一行

第九開，墨筆，寫意。林下村居，嵐陰濃郁。題在右上。

倣梅華道人。行書一行

第十開，兼工帶寫，淡著色。空林寒舍，山巒戴雪。題兩段在右上。

臨李成雪圖。真書一行　押印以上俱同第一幅。

丁未冬日，仿宋元諸家十幀。西廬老人王時敏，旹年七十有六。楷書四行　押尾朱文欅閣長圓印

王太常仿古山水册

紙本，尺寸失記，計十二幅。畫皆寫意。

第一開，墨筆。三樹一廬，遠岫兩重。無題有印。

□文時敏方印

第二開，墨筆。層巒疊嶂，墨氣濃鬱，石法披麻。以下十一幅俱有題款。

倣吴仲圭《烟江疊嶂圖》。行書一行　押尾□文野老長印

第三開，設色。青山紅樹，筆意深厚，作荷葉皴。

倣趙文敏筆。行書一行　押印損蝕

第四開，墨筆烟巒。

倣黄子久。行書一行　押尾□文遜之方印

第五開，墨筆。山樹蓊鬱，雲氣騰上。

倣米敷文。行書一行　押尾□文烟客圓印

第六開，青緑色。秃柳松杉，中藏古廟，坡下艤舟。

倣趙白駒。行書一行　押尾□文遜之方印

第七開，墨筆。棧道周迴，山岡參錯。

倣北苑半幅《溪山行旅圖》。行書□行　押尾□文烟客圓印

第八開，墨筆。松岡上面兩峰對出，中藏梵宇。

倣巨然。行書一行　押尾白文王時敏印方印

第九開，墨筆乾皴，沉鬱頓挫。下作松林，兩峰間一泉陡落。

倣黃鶴山樵。行書一行　押尾白文野老長印

第十開，淺絳色。山法樹法開麓臺之先聲。

倣一峰筆。行書一行　押尾白文王時敏印方印

第十一開，墨筆。棟宇橋梁，峰凹垂瀑。

倣梅華道人。行書一行　白文烟客壺盧印

第十二開，墨筆。雪景，樹作蟹爪，石兼斧劈。

李營邱雪景。辛丑春仲，寫此十二幀。王時敏。行書□行　押尾白文王時敏印方印

彦會寫懷詩詞合册

紙本，十二開，每開高一尺，寬一尺五寸。

第一開，七絶。

引首朱文康丝長方印

西苑仙舟午日開起至特召廷臣自捧來止　賜魚紀恩之一，録爲牧仲年兄正。雲中老人魏象樞。行書五行　押尾白文魏象樞印方印　朱文環谿方印

第二開，七律二首。

四十年來世法疎起至别後誰能一起予止　寒沙漠漠度關河起至夜行須耐霸陵訶止　贈高念東之二，書似牧仲年詞兄教正。梁清標。真行書十二行　押尾朱文清標方印　朱文玉立方印

第三開，五律二首。

晨光敞高閣起至憑欄携手稀止　古郡風流地起至黄菊對斜曛止　行經高丘有懷牧翁老世臺，并書請和正。清和月杪，弟施閏章稾。行書十三行　押尾白文施閏章印方印　朱文尚白一字愚山方印

第四開，七絶五首。

引首朱文皆山閣長方印

紫蝶黄蜂繚竹笆起至悮了酴醾兩度花止　杏粥初嘗柳火新起至筍老籬殘最惱人止　櫻桃生子荻生芽起至杏花時節不還家止　春向垞南汫北生起至小待先生曳杖行止　劃了柔桑種薄田起至不要安車特地懸止　書似牧翁年先生正。小弟汪琬。真行書十四行　押尾朱文汪琬聯珠方印

第五開，七律四首。

卧聽鐘動杵撞胸起至榮枯歷盡本來同止　饑鴈脱臂向風呼起至可憐原只在枋榆止　滑滑泥聲塞路歧起至果否前賢樂在斯止　欲憑書册且婆娑起至期君不至奈君何止　歲暮偶成四首，呈牧仲

老先生，并求和教。弟葉方藹。楷書十九行　押尾白文方藹方印

第六開，七律二首。

炯炯丹誠日月明起至青史千秋仰令名止　一。粵徼欃槍入夜明起至取義成仁不爲名止　二。輓劉太僕江屏殉節富川，次葉訒菴韻二首，録奉牧老年世翁教。弟沈荃。真書十三行　押尾朱文沈荃印方印　白文繹堂方印

第七開，四言五古各一首。

解愠惟春起至鵬鷃何有止　仁知各有懷起至釋彼吝與安止　擬《蘭亭詩》，録似牧仲先生正。徐元文。真書十一行　押尾白文徐元文印方印　朱文豆齋方印

第八開，七律二首。

引首白文琅邪長方印

閩天烽火達錢塘起至早聞憂國鬢如霜止　爛柯山上陣雲低起至天書頻下武都泥止　寄兩浙李尚書作。王士禎具艸。行書十一行　押尾朱文阮亭方印

第九開，七律。

引首朱文大雅長方印

過雨輕涼送客行起至清磬數聲山月生止　次滁州作書，似牧仲老世翁正。弟咸。行書六行　押尾朱文方亨咸印方印

第十開，詞二闋。

引首朱文甌舫長方印

朔雁度紅峴起至恰照小門開止　八行發起至歲暮艸堂回止　答曹秋岳侍郎，調寄《水調歌頭》，録請牧仲先生教定。朱彝尊藁。詞隸書，款行書，共十三行　押尾白文朱彝尊印方印　朱文錫鬯方印

第十一開，七古。

生不識錢塘門外水起至他年勝事傳彤史止　《三舟圖歌》爲王吏部西樵先生賦，呈牧翁老世叔教正。江上曹禾具草。真書十九行　押尾朱文禾印圓印　白文頌嘉方印

第十二開，七絶五首。

大江兩岸見烟巒起至更憑飛夢到江南止　渡揚子江。浮家泛宅度年年起至洞庭飄渺隔春烟止　洞庭漁歌。春風吹客水雲間起至故園偏隔數重山止　客中偶見千里鏡。去年烽火照瀟湘起至至今飛絮繞河梁止　憶別友人作。緑綺初從錦席張起至空谷於今有國香止　贈琴師作。拙咏五首呈牧翁老先生教正。陳光綍。真書十五行　押尾朱文光綍方印

外簽題。

彦會寫懷。

名人翰墨集册

俱紙本，高一尺内外，寬一開一幅者一尺内外，兩幅者數寸，從省未記，共四册，每册二十開。

第一册，詩。

第一開，二幅，七絶三首。王文簡筆。

枕借塗林又一奇起至好示孫郎帳下兒止　題榴枕絶句。行書五行　紫塞風煙萬里餘起至不及黄河有味魚止　十年不到劉光禄起至却思春網見琴高止　門人王燕及寄石花魚。漁洋老人。行書六行

第二開，一幅，七絶二首。

乘願蕭然現宰官起至添得清風竹萬竿止　何人寫出篔簹谷起至此君風味略相同止　奉題天老年長兄先生寫真書正。濟南弟王士禎。行書十一行

第三開，一幅，五律一首。

愛爾出群姿起至葩發早春時止　脩梅一律，爲文卿世丈。京江張玉書。行書七行　押尾白文張玉書方印

第四、五開，二幅，七律一首。查初白書。

揚眉氣色任充閭起至過時光景合交疎止　聲兄索書近作，苦不能記憶，仍以門神應命，真數

見不鮮矣。弟慎行。行書十一行

第六開，一幅，七絶。

引首白文欲指嶺邊雲長方印

桐花初吐燕歸巢起至雨餘斜照滿林梢止　竹垞尊。隸書五行　押尾白文朱彝尊方印　朱文竹垞方印

第七開，一幅，七古二首，跋四段。

城東楊柳蕩春風起至昨日上巳今清明止　清明謡。西溪溪上花成村起至屢藏鄉醞傾匏尊止　康熙戊辰三月八日起至用東坡《松風亭下梅花盛開》韻止　高士奇。真行書共十四行　押尾朱文士奇白文高澹人聯珠方印

近作二首起至聊記一時之興會云爾止　行書二行　押尾朱文高士奇方印　朱文澹人方印

京師梅花起至詩中及之止　此康熙戊辰都門所書起至再記於柘湖瓶廬止　癸酉正月，江村獨旦翁。行書共五行　押尾朱文曉林長方印

第八開，兩幅，七絶二首。

秋日過肅告軒。丹篆青囊一卷書起至投老惟思禮玉虛止　秋壇晝暖寂無譁起至玉真軒裏看黃花止　莘田。行書共十行　押尾朱文名在丹臺方印

題在裱邊。

黃任，字莘田，永福人云云，不備録。行書三行

第九開，一幅，七古一首。

詩示三子二孫。老夫迂愚復衰朽起至孝子慈孫能念否止　未齋。七月四日稾。能和者和來。草書十行

題在裱邊。

徐浩，字未齋。行書一行

第十開，一幅，五律一首。

生平聆至誨起至朋遊憶舊蹤止　八十老友來益林侗。隸行書共五行　押尾朱文林侗長方印　白文同人于野方印

對幅題。

林侗，字同人，侯官人，貢生。著《來益金石考》云云，不備録。

第十一開，一幅，七絶一首。

淡墨秋山畫遠天起至不到平山漫五年止　背臨米帖。鹿原佶。行書四行　押尾白文臣佶之印方印　朱文鹿原方印

對幅題。

林佶，字吉人，侯官人，同人弟，善篆隸。康熙三十八年舉於鄉，授中書，著《樸學齋詩文集》云云，不備録。行書五行

第十二開，一幅，七律一首。

廿年硯席佩芳型起至欲將花歷紀蕘蓂止　古梅謝道承。行書八行　押尾白文道承辭翰方印　朱文種芸山人方印

題在裱邊。

謝道承，字又紹，又字古梅。康熙辛丑進士，官至閣學。著《小蘭陔詩文集》云云，不備録。行書三行

第十三開，二幅，七律一首，七絶五首。

正月二十二日出門作。衰年作事當收棋起至西湖還欠幾行詩止　渡錢塘江。卅年前渡此江風起至也難認得此衰翁止　湖上雜詩。肩輿望見聖湖烟起至一邱一壑總纏綿止　雖名故土全無屋起至不成孤客不成家止　范公祠裹藕花居起至自家一步一躊躕止　誰家愛唱玉玲瓏起至知他船在水當中止　觀文世兄屬書近作。袁枚。真書共十八行　押尾白文柏葉仙人方印　白文慧男子方印

第十四開至十九開，六幅，七古四首，七律五首，五律一首，七絶二首。

草花豔紫林花紅起至梨花樹上桃花落止　直廬晚坐。塵勞擾擾復紛紛起至暫將奇字課劉棻止　湛懷園見花落有感。名園一棹水沄沄起至醉餘書好乞羊欣止　昆明湖水接天流起至會看飛將下商州止　四月十一日綺春園雅集，即席應教。我從黔中來起至努力共輸太平税止　送吴子華歸歙縣。雙橋日栽新柳起至種花人隔三千里止　將乞假南回，戲題壁貽後來者。三日蕭蕭雨

起至仍在益梁州止　七月朔日雨竟數日不止遣悶作。往昔朞功例去官起至況聽荒雞感萬端止
廿年彈指別親闈起至祇應分半貯斜暉止　聞舍弟南中之訃起至兼别京邸諸同人止　前宵風，昨
宵雨起至枕上馬蹄聲已來止　夜起作。八分日影上階除起至成王書罷定王書止　屈指風光五月
前起至日午傳宣集後天止　湛懷園即事十首之二。少河十一兒起至洪亮吉稿止　行書共六十一行
押尾白文卷施閣方印

第二十開，二幅，七絶二首，五古一首。

病起拄杖循廊小步戲書。曾鬭蘭陵八百兒起至扶得晴廊立片時止　蹣跚平地亦難前起至太行容易上青天止　七月初九日脱稿後，奉舊止主人養疴一笑。紙裘老生農。

題何禮康先生活埋庵十韻。客舍如團焦起至好山在終南止　庚戌九月小重陽日，錢塘金農脱稾。行書共十七行　押尾朱文金司農印方印

第二册，文。

第一開至三開，五幅，引一篇。

粤自空洞浮光起至即藏勝緣止　康熙己丑秋日，香案小吏何焯引。楷書共二十七行　押尾朱文辛丑長方印　朱文何焯之印方印　朱文香案小吏方印

第四開至十三開，十幅，序一篇。

引首朱文吉日戊辰方印

大台拄如翁周太老先生大人榮壽序。瞻梁棟之輪囷者起至可以報周公矣止　順治己丑歲起至三山許友恭書止　共草書七十八行

末對幅題。

余三十年前起至七十一叟梁章鉅漫記止　行書四行　押尾白文御史中丞方印

許友，初名宰，字有介，侯官人，著《友米堂詩》云云，不備録。行書二行

第十四、五開，共二幅，序一篇。林侗人筆。

送邵武守王聘三擢洮閩道序。閩列郡八起至其以斯言爲棠思之萬一云爾，是爲序止　草書共二十五行

第十六、七開，共二幅，呈詞一篇。

代里民投王制府。題蠲廿四年舊逋呈詞，爲蠲新之。皇恩已沛海隅起至公侯奕世而弗替矣止　草書共二十行

後跋。

是卷雖草稿，書法遒勁，細閱乃知爲同人先生蹟也云云，不備録。乾隆甲辰季冬朔，秀水深識於西峰書館。行書共五行

第十八至二十開，三幅，序一篇。

引首朱文文章如面長方印

瞻園兩公子送行詩序。雲中笙好起至共唱江文通之《别賦》止　錢塘袁枚頓首撰。真書共五十行

押尾白文存叅的筆方印　朱文以拙轉少方印　白文弱冠舉鴻詞科入翰林方印

第三册，札。

第一開，二幅，共二札。無款，係王文簡筆。下三開俱同。

送張宏蘧第二首起至鐙下再上止　行書三行

昨袁氏人行起至然後付之吉兄也。心名止　行書六行

旁簽題。

前輩風流。漁洋先生尺牘雜藁。雍正七年，南村寄贈。

第二開，二幅，共二札。

入春知興居清吉起至諸不盡教。心名止　行書六行

馬齒加長起至并候近祉不宣止　行書五行

第三開，二幅，共一札。

侍頃具一疏請急起至并此附謝不一止　侍名專肅，沓餘。行書共十一行

第四開，二幅，跋一段，札一通。

讀此文，想見先生萬物一體之意起至王士禛伏枕跋止　行書四行

老景侵尋起至不盡馳依止　伯名專肅，沓餘。行書八行

第五開，二幅，共二札。彭善長筆。

委書對聯起至即晤未一止　弟善長頓首，持之老社兄。行書五行　押尾朱文彭氏本□善長方印

三石自南湖來起至過我極慰止　持之老社兄，弟善長頓首。行書三行

第六開，二幅，共二札。姜西溟筆。

忩遽不得過別起至語不盡宣止　宸英頓首。草書五行

書板煩送葉聖老處起至容後面謝，不一止　愚宸英頓首，奉世老弟先生。草書五行

第七開，二幅，共二札。高雲客筆。

昨小孫見陳兄起至候候止　□□會兄，弟兆頓首。行草書六行

兄喜事云近起至至記至記止　□□會兄，弟兆再頓首。行書五行

第八開，二幅，共二札。

弟抱痾，無刻非筆墨追呼起至人生大快事也止　世符先生，弟年頓首。草書十二行　押尾白文静樂方印

病中得故人晤對起至可充采納不止　符兄老契，弟年頓首。行書六行　押尾朱白文高士年印方印

第九開，一幅，一札。李澄中筆。

山誌返璧起至石民有道君子止　生澄中頓首。行書十四行　押尾白文蓬島第九境道士方印

第十開，二幅，共二札。一係王石谷筆。

脩翁先生處起至同先生過談也，不一止　晚輩頓首，穆翁有道尊先生大人。行書七行

近日非俗務起至俟趨謝，不一止　黔夫尊丈先生，學晚生管希寧頓首。行書七行

第十一開，二幅，共二札。蕭雲從筆。

昨擾張玉老行厨起至不知可當否止　□老社兄，期弟從頓首。草書七行

昨來阜老枉顧起至明示，切切止　弟從頓首。但包不可□□。草書六行

第十二開，二幅，共二札。

今日了揚州畫起至爲我婉復之止　弟賢頓首。行書四行

日來欲出門起至俟見時泥首止　吳先生有道，小弟龔賢頓首。行書五行

第十三開，一幅，一札。汪退谷筆。下一開同。

昨心友起身起至故不能作字耳止　弟鋐頓首，二兄大人尊前。九月四日。行書十三行　押尾白文數點梅花天地心方印

第十四開，二幅，共二札。

先生歸後起至承命書數字，奉趙亮書大兄止　期弟鋐頓首。行書七行　押尾白文□雲書屋方印

初三日過午起至惟端兄在都否止　弟鋐頓首，亮兄大人。　押尾白文瑇瑁牀堆翡翠箋方印

第十五開，兩幅，共二札。趙秋谷筆。

寒疾最忌勞起至幸無見絶止

更可造福起至何如何如止　無想道人手札。行書七行　押尾朱文如相與言方印

不相見亦大久矣起至當面相問訊耳止　十二賢弟，無想兄具。行書七行　押尾朱文白衣道人方印

第十六、七開，四幅，共一札。柳堉筆。

郊居以來起至亦不知老之將至也止　長干弟堉醉書。草書共十六行

第十八開，二幅，共二札。一陳香泉，二何義門筆。

昨承顧，未及晤語起至速示方妙止　弟奕禧頓首，冲老長兄文几。冲。行書五行　押尾白文呼雲入硯池方印

足下兩次字到起至諸續布止　十月廿四日，生焯再拜，季友足下。行書六行　押尾朱文水精域方印

第十九開，二幅，共二札。

歲盡移居起至秘之秘之止　又老盟長兄，弟圖河頓首。別札致郭于兄。尊詩祈并書來。行書七行　押尾朱文河白事長方印

獻歲伊始起至黑□望黑□望止　又老盟長兄，同學弟顧圖河頓首。冲。行書六行

第二十開，一幅，一札。高鳳翰筆。

蝗兵瘟使起至賓谷親家賢姪姻契止　老阜左手。草書九行　押尾白文一臂思扛鼎方印

第四册，札。

第一開，二幅，共一札。徐葆光筆。

來諭極是起至諸面盡，不具止　弟葆光筆，郘寉大兄先生。行書共八行
下角白文得失寸心知方印
第二開，一幅，一札。牛空山筆。
十年握手起至乾隆四年正月廿六日，運白止　真行書二十二行
第三開，二幅，共二札。方環山筆。
前晚一札奉瀆起至草瀆不宣止　樨學弟士庶便紙頓首上，學經齋主座前。行書九行
宣德紙用供清玩起至乞哂納不宣。弟士庶頓首，令老親家先生。行書四行
第四、五開，四幅，共二札。蔣衡筆。
自去歲中秋起至渠家中安好，又及止　固我七世兄，拙老衡頓。清明安東寄。行書二十二行
屢荷寵招起至此復固我老世臺聯元止　拙衡頓首。閏月七日。押尾朱文寫十三經拙老人方印
第六開，二幅，共一札。金冬心筆。下三開同。
尊紀至起至陟山先生望道相思止　弟農上，石卿三兄先生足下。十六日揚州寄。行書共十四行
名上押朱文農方印
第七開，二幅，共二札。
偶爾小别起至不盡所言止　舊止主人，弟農頓首。行書九行
擾食半載起至幸甚幸甚止　弟農頓首上，清谷學長兄先生。令弟介子八兄并致謝聲。行書九行

押尾白文之江三老方印

第八開，二幅，共一札。

子端先生起至不必急急也止　廿五日，農頓首，清谷學長兄。行書共十六行

第九開，二幅，共二札。二係鄭板橋筆。

病與時違起至殊爲馳想不宣止　清谷先生閣下，農頓首。十五日伏枕書。行書八行

尊稿深造自得起至幼翁年先生止　弟鄭燮頓首，敬璧尊謙。晚。行書七行

第十開，二幅，共二札。袁簡齋筆，下一開同。

水晶屏詩起至必得爲妙止　行書八行　押尾朱文隨園圓印

畫秀而厚起至此啓香亭弟覽之止　兄枚札。行書八行

第十一開，一幅，一札。

今日知弟來起至弟覽之止　子才拜。　押尾朱文簡齋方印

第十二、三開，二幅，共一札。胡稺威筆。

別殊悢悢起至即有相見之喜也止　游頓首。行書共十九行

第十四開，一幅，一札。王夢樓筆。下二開同。

姬傳六兄先生閣下起至此候近安不一止　弟文治頓首。行書八行　前後押朱文王氏禹卿方印

第十五開，一幅，一札。

姬傳先生閣下起至餘容面罄止　弟文治頓首。行書八行　前後押印同前。

第十六開，一幅，一札。

昨晚歸途起至蓮巢以爲何如止　行書□行　文治頓。名上押印同前。

第十七開，一幅，一札。翁覃溪筆。

老先生所説起至《未信堂文稿》二册奉覽止　學弟方綱頓首，林汲先生史席。行書六行

承見招，多感多感起至奉候日佳不一止　愚弟桂馥頓首。

第十八開，一幅，一札。

第十九開，一幅，一札。

違奉芝輝起至醒蘭大兄年丈止　年愚弟董誥頓首，尊謙敬繳。廿一日三義閣。冲。行書十八行

第二十開，二幅，共一札。

承示七律起至并候文祉止　愚兄孫星衍啓，思翁二弟如手。行書共十一行

名人文札集册

俱紙本，高一尺内外，寬一開一幅者尺餘，兩幅者數寸。

第一至六開，十一幅，共傳一篇。

引首朱文啓事長圓印

傳藁皇清歸化教諭孝廉方先生家傳。史官蕭山毛奇齡撰。行書共三行　押尾朱文毛奇齡印方印　白文太史氏方印　邑侯方公起至予雖老，猶佩此言止　行書共六十五行　押尾白文毛奇齡印方印　朱文文學侍從之臣方印

前後朱文飛鴻延年圓印　在翰私印方印　鹿園方印

第七至十二開，六幅，共序一篇。

奉賀立軒先生壽序。名山大川之氣起至以是爲先生諸子姓頌耳止　康熙庚午立夏前三日，前史官長洲年弟汪琬頓首撰并書。行書共五十七行　押尾白文汪琬之印方印　朱文鈍翁方印

第十三至十五開，六幅，共表一篇。

出師表。先帝剏業未半起至臨表涕泣，不知所云止　庚午冬十二月二十二日，雨後書似御臣會元。高兆。楷書共三十五行　押尾白文高兆之印方印

幅後朱文在翰私印方印　白文有情眷屬扁方印

裱邊題。

高兆，字固齋，福州人。與毛西河、朱竹垞友善。真書一行

第十六至十九開，七幅，共一札。周櫟園筆。

引首朱文願君自看長方印

囊在都門起至爲我咨嗟也。不一止　丙午寒食後二日，愚兄亮工頓首頓首。冲。行書共五十二行

名上押朱文亮工聯珠長圓印

幅前朱文亳州何氏珍藏方印　白文慎餘堂書畫印長方印

第二十至二十二開，六幅，共二札。

潁川小弟劉體仁頓首啓起至餘不及止　仁弟頓首。沖。草書共十八行

幅前名上押朱文劉體仁印方印

引首朱文體仁長方印

三哥附一函起至欲言何能盡止　弟仁百拜。沖。草書共十八行

第二十三開，二幅，共一札。亦劉公猷筆。下四開俱同。

引首朱文副啓半長方印

郡中快晤起至餘不一一止　弟名肅具。沖。草書十二行

第二十四開，二幅，共一札。

引首半印同前幅，下二札俱同。

別後不得消息起至匆匆不悉所懷止　生名肅具。沖。草書共十二行

第二十五開，二幅，共一札。

拙宦數年起至不能盡所欲言止　弟名心肅。沖。草書共十四行

第二十六、七開，三幅，共一札。

風俗至此起至幸與同志料理之，不盡止　生名肅具。冲。草書共十九行

第二十八開，二幅，共札一通。

晨間林學山兄到舍起至仝賜照止　侍生謝道衡百拜。又呈『内無一朝之患』句、『見小利』句、『日昃不遑』句。望再酌改，何如？行書共十四行

幅後朱文鹿園方印

第二十九至三十開，三幅，共題辭一篇。

雕蟲小技起至毋以小道自晝也止　乾隆乙亥初夏，長洲沈德潛題。行書共十行　押尾白文沈德潛印方印　朱文□士方印

幅後沈天中跋五行，未録。

對幅題。

嘉慶二十一年，葉申萬、廖鴻藻、林則徐、李彦章同觀。

王廉州仿古山水册

紙本，高一尺餘，寬七寸，計十幅。畫俱兼工帶寫。

第一幅，墨筆。枯木杉林，峰巒積雪。題在上。以下至十幅題俱在上。

仿王維。真書一行　押尾朱文鑑方印　以下至九幅真書押印俱同。

第二幅，淡著色。林巒野屋，沙磧淺瀨，主峰偏右。

仿范寬。

第三幅，著色。叢林繞屋，幽客倚窗，疊嶺撑霄，村居藏隖。

仿巨然。

第四幅，墨筆。喬松并秀，漁舟一人垂釣，右峰雄奇特立。

仿趙令穰。

第五幅，青緑色。遠近峰巒三疊，下方喬松特立。

仿松雪。

第六幅，淡著色。傍樹置亭，依山結舍，室内一人獨坐。

仿馬琬。

第七幅，著色。叢林亂石，峻嶺崇岡，人坐廬中，橋横樹外。

仿子久。

第八幅，微著色。雙松并矗，主峰正中，右繞流泉，左露梵宇。

仿叔明。

第九幅，淡著色。曲澗通橋，高原結屋，橋上屋中各一人。

仿仲圭。

第十幅，墨筆。彷佛六君子圖。

仿雲林。辛亥夏日，擬古十幀，似殿翁老表兄正。弟王鑑。□書□行　印失記。

各對幅有黄鉞、蔡世松、程懷憬、吴某、胡長庚、金鼎壽、鮑有萊、俞誦芬、侯雲松、王澤、張應雲、程荃諸家題跋，未録。

王廉州仿宋人山水册

絹本，高一尺三寸五分，寬一尺九寸四分，計十二幅。仿范華原、許道寧、李迪、米襄陽、李營邱、馬遠、趙大年、董北苑、巨然、米友仁、郭河陽、夏珪共十二家筆法。

每幅布景及印識均未詳記，總題在末幅。

余卜築虎邱西墅，幾八年矣。今將歸婁水，雨坐鑑雅堂。見柳色牽情，山光惜别，爲之黯然。漫弄筆墨，以抒鬱結。遂擬宋人十二幀，其間邱壑位置，殊多未妥，偶師其意，未能超絶。余所謂學步邯鄲，殊可笑耳。戊寅仲春，王鑑識。行書□行　押尾朱文鑑方印

八大山人山水册

綾本，每幅高一尺，寬一尺二寸，計八幅。俱寫意。

第一開，墨筆雲山，頗類董文敏畫意。款在左上。

八大山人。行書　押尾白文拾得長方印

第二開，著淺絳色。松壑藏村，有子久筆意。款同前，在右上，印朱文不辨。

第三開，著色。江上峰青，意在房山、方壺之間。款印俱同第一開，在右上。

第四開，淺絳色。疏林野屋。款同第一開，印同第二開，在右。

第五開，墨筆秋山，布景簡淡。款在右。

拾得。行書　印同第二開。

第六開，微著色。主峰中起，筆墨奇崛。無款，印同二開，在右。

第七開，墨筆。雲山渺茫，有小米意。款印俱同第一開，在右上。

第八開，墨筆。重疊雲峰。款印俱同第一開，在右上。

書畫鑑影卷十七　册類

國朝

王石谷山水册

紙本，八幅，每幅高一尺七寸五分，寬一尺有三分。俱墨筆寫意。對幅題，尺寸與畫同。

第一開，枯木小山，石橋竹隝。題在上右。

蕭條憐歲晚，凍色入林皋。古樹心逾勁，疎篁節自高。玉峰道中戲墨，時丁巳正月廿四日。

石谷。行書五行　押尾名印未詳記。

下七幅均未詳記。

第二開，雲山村落，勢擬飛動。題在右上。

青山白雲父，白雲青山兒。白雲終日依，青山自不知。劍門樵客。行書二行　押名印。

對幅題。

石谷畫無一筆不從宋元神髓中來。此八幀乃出於緒餘，戲弄筆墨，宛似劉完菴復現，真可謂畫中之龍。得者宜珍藏，勿作尋常視也。王鑑題。行書七行　押名印。

第三開，松下茆亭，面對山巒。題在右上。

舟泊婁關，寫雲林《幽磵寒松》。烏目山人王翬。行書二行　押『石谷子』印。

對幅題。

峻嶒鬼斧何年鑿起至夜鳴鷲起巢中鵲止　曾見陸天游小景，與此圖筆趣相似，如出一手。而石谷誤題爲雲林，因正之。癸亥暮春，南田壽平。行書共八行

第四開，水閣内一人，前對荷塘，上覆疎柳。題在左上。

亂草空塘生緑波，秋風秋雨幾經過。王孫臺榭今何在，閒煞垂楊與芰荷。石谷。行書二行　押名印。

第五開，山法折帶，下有平林。題在右上。

疎林疊翠。倪高士有此圖，因倣之。石谷。行書三行　押名印。

對幅題。

能與米顛相伯仲，古來還只數倪迂。應將爾雅蟲魚筆，爲寫荒林疊嶂圖。南田。行書三行　押『壽平』印。

第六開，峰巒圓厚，林下藏村。題在上。

大癡、仲圭之間。王翬。行書二行　押『石谷子』印。

對幅題。

高逸一派，如蟲書鳥蹟，無意爲佳。所謂脱塵境而與天游，不可以筆墨蹊徑觀也。王山人此圖極似趙善長、張伯雨，絶無一筆是一峰、梅沙彌也。而山人自題如此，豈蘇長公所云『論畫以形似，見與兒童隣』耶？俟石谷異日觀此，當發大噱。壽平。行書共九行　押名字二印。

第七開，枯木竹石。題在左上。

日澹風高木落時，玲瓏蕭洒竹枝枝。山人近得林泉意，一段幽閑也自知。石谷王翬畫。行書三行　押名印。

第八開，亦枯木竹石，而景與前幅異。題在右上。

雨阻維亭，翦燭戲墨。丁巳正月廿又六日，王翬。行書一行　押『石谷子』印。

對幅王輔銘跋，未録。

王石谷仿古山水册

紙本，十幅，每幅高一尺一寸二分，寬一尺五寸二分。畫俱兼工帶寫。

第一開，墨筆。左方人坐茆亭，右方松石梧竹，意境清疎。題左上。

鶴老空巢夢，雲忘出岫心。不知林葉下，山翠入秋吟。倣盧浩然筆，劍門樵客王翬。真書六行　押尾朱文王翬長方印第二開，落木寒山，土坡戴石。題在左上。

倣荆浩《寒山圖》。耕烟散人王翬。行書二行　押尾白文王翬印方印

第三開，淺絳色。右下石上鳴泉，竹木覆岡，漁罾在水，左上危橋架澗，山樓高聳，雲映杉林。題在右上。

倣關仝《漁莊秋霽》。真書一行　押尾朱白文臣翬方印

第四開，墨筆。下段叢林藏屋，上段巨壑懸流，沙磧重疊。題在右上。

山色連沙磧，泉聲咽冷溪。仿巨然筆，耕烟散人王翬。行書四行　押尾朱文王翬長方印　下角白文滄江白髟方印　澄懷館印方印

第五開，墨筆。蘆汀淺渚，潑墨雲山。題在右上。

寫米南宫但當以氣勝，有吞吐雲烟之勢。行書四行　押尾白文王翬之印方印

第六開，著色。長橋接岸，曲隄界水，田廬稠密，林木叢雜，五小艇聚於菱渚，每艇一人。題在右上。

採菱圖。倣惠崇筆。行書二行　押尾朱文石谷子方印　白文王翬之印方印

第七開，青緑。流水平隄，一人扶杖過橋，秋柳蕭疎，林有紅葉，遠山翠疊，落照霞烘。題在左上。

霜後平林含古色，雨餘流澗雜風聲。空山歲晚無車馬，一塢斜陽照獨行。仿趙文敏筆意。

王翬。行書十行　押尾白文王翬之印方印

第八開，淺絳色。石壁懸崖，秋林映屋。題在左上。

子久《秋山圖》設色最妍麗，《浮嵐圖》則黯然澹古，不爲絢爛，真可師也。王翬。行書六行　押尾白文王翬印方印

第九開，淺絳色。雙澗奔泉，群峰競秀，一人策蹇，一人隨行，林巒交互，樓閣迭起。題在上。

仿黃鶴山樵《仙山樓閣圖》。行書二行　押尾白文王翬之印方印

第十開，墨筆。雪山落木，作鹿角蟹爪之形，右方竹林樓閣，竹微著色。題在左上。

山樓霽雪。仿許道寧筆，寄呈商翁先生清玩。海虞王翬，丙子九秋。行書九行　押尾白文王翬方印　朱文石谷子方印

後跋一開。

石谷仿古，備極能事。此册臨各家，鈎神取魄，不遺餘力。攷石谷生於崇禎壬申，此自係康熙丙子年所作。方六十五歲，正功深養到之時，通體無一懈筆，尤徵精力彌滿。存爲後學楷模，洵無愧一代正宗。同治戊辰夏日重觀，題於石泉書屋。利津李佐賢。

王石谷山水二册

紙本，每幅高二尺有三分，寬一尺三寸。筆意俱兼工帶寫。

上册十開。

第一開，著色。竹籬茆舍，環繞緑楊，樓中二人，門側一童子。題在右上。

盧浩然《嵩山草堂圖》。行書一行　押尾朱文石谷子方印　白文王翬之印方印

第二開，青緑。依山村舍，跨水板橋，室内三人。題在右上。

時依簷前樹，遥看原上村。倣惠崇筆意。行書三行　押尾白文王翬之印方印　朱文石谷方印

第三開，設色。柳岸漁舟并泛，舟中四人。題在左上。

擬趙大年《山口捕魚》，兼用惠崇《柳岸圖》意。幽澹沖和，不入時史畦徑。耕烟散人王翬。行書三行　押尾白文八十老人王翬方印　朱文耕烟方印

第四開，設色。竹林荷沼，茆堂一人觀書，曲徑一人前行，琴童隨後，林下雙鶴。題在左上。

竹裏坐消無事福，花間補讀未完書。行書二行　押尾白文王翬之印方印　朱文石谷方印

第五開，墨筆。雲山。題在右上。

引首朱文西爽長方印

高尚書《雨山圖》，皴染布局，直抉董、巨精微。風格高華，的爲元畫之冠。行書三行　押尾朱文石谷子方印　白文王翬之印方印

第六開，墨筆。深山迷徑，洞壑奔泉。題在右上。

山稠隘石泉。中押朱文上下千年圓印　遠法梅道人，近師石田翁。行書三行　押尾朱文石谷方印　白文王翬之印方印

第七開，設色。山居聯絡，一客浮舟垂釣。題在右上。

疊嶺晴雲。倣大癡道人。行書二行　押尾白文王翬之印方印　朱文石谷方印

第八開，設色。山閣臨江，峽中藏寺，閣内二人，寺内一人，山前行旅四人，雁行天半。題在左上。

夕寒山翠重，秋静雁行高。臨范華原。行書二行　押尾朱文耕烟方印　白文八十老人王翬方印

第九開，設色。秋林平遠，兩峰對出。題在左上。

《鵲華秋色》是趙文敏一生得意筆。行書二行　押尾朱文石谷子方印　白文王翬之印方印

第十開，設色。雪嶺梅林，松竹繞舍，堂中樓上各一人。題在右上。

引首朱文西爽長圓印

數枝梅向林梢出，一脉泉從嶺背來。放翁詩，王翬畫。行書三行　押印同前幅。

下册十開。

第一開，設色。漁村蟹舍，柳岸稻畦。題在右上。

惠崇《水村圖》。行書一行　押尾白文王翬之印方印　朱文石谷方印

第二開，墨筆。疎林遠岫，寥落村居，室内一人，門外泊舟。題在左上。

引首朱文上下千年圓印

點點青苔欲上衣，一池春水鶴鶵飛。荒村闃寂人稀到，只有書舟傍竹扉。倣雲林并録原題。真書四行　押尾朱文石谷子方印　白文王翬之印方印

第三開，墨筆，微著色。松嶺參差，雲中藏寺，峽内行舟，舟凡四，舟中人凡七。題在左上。

武夷疊嶂。倣燕□貴。真書二行　押尾白文王翬之印方印　朱文石谷方印

第四開，設色。遥山近水，楊柳藏村，室中一人展卷，岸上一童騎牛。題在右上。

深柳讀書堂。倣王晋卿。行書二行　押尾朱文耕烟方印　白文八十老人王翬方印

第五開，淡設色。雲山挂瀑，林下流泉。題在左上。

横雲嶺外千重樹，流水聲中一兩家。倣范華原。行書三行　押尾白文王翬之印方印　朱文石谷方印

第六開，設色。棧道盤空，山樓踞頂，長隄行旅人凡六，驢凡七。題在左上。

半崖縈棧遊秦路，疊嶂生雲入剡山。以華原法補劍南詩。行書三行　押印同前幅。

第七開，墨筆。亂石縱横，流水重疊。題在右上。

洞壑奔泉。倣巨然。真行書二行　押印同前幅。

第八開，設色。秋山林木，絡繹村莊。題在左上。

引首朱文□門長圓印

黄子久《晴巒曉色圖》，皴染大類巨然，意象沉鬱，絶不以姿致取妍。信筆拈此，未知彷彿何如也。行書三行　押尾朱文石谷子方印　白文王翬之印方印

第九開，設色。秋山紅樹，堂舍中藏，堂中一人觀書，橋外一人策蹇前行，一人隨行。題在右上。

山壓茅檐樹壓溪，攤書不覺日痕西。庭前紅葉落如雨，一個竹鳩當客啼。王翬補白石翁題畫句。行書四行　押印同前幅。

第十開，墨筆，微著色。雪嶺崱岁，落木寒林，山莊寂静。題在右上。

引首朱文上下千年圓印

層軒皆面水，老樹飽經霜。浣花老人句。辛卯春正，山樓對雪寫此。海虞石谷子王翬。行書六行　押尾白文王翬之印方印　朱文石谷方印

王石谷山水册

紙本，每幅高一尺一寸二分，寬一尺七寸。俱墨筆，寫意。

第一開，兩山懸瀑，架木爲屋，下臨小橋，橋側雜木七株。無款，有印，又有惲題。下俱同。印在右下，題在左上，字體行數未記。

白文王翬私印方印

鎮老世翁寄情毫素，一丘一壑，借以娱閒。石谷子戲作此册相贈，并屬余商榷源流，爲墨池之助。君家雲西風徽未遠，後先標映，何快如之。惲壽平題於婁東王氏之西田。押尾

朱文惲方印　白文壽平方印

第二開，流水小橋，叢杉垂柳，雲峰三起三伏，勢疑飛動。印在左角石上，題在右上。

白文王翬之印方印

元人逸品，在方壺、伯雨之間。壽平。押印同前幅。

得筆先之機，方可舒捲雲烟，驅使靈匠。南田題石谷畫。押尾朱文園客方印

第三開，章法開合，下右坡陀，小亭蔭竹，上段峭壁懸泉，高處樓閣疊現。印在右下，題在上。

朱文石谷方印　白文王翬之印方印

峭壁流泉，得之曹雲西也。押尾朱文壽平方印　朱文園客方印

第四開，虚舟泊岸，野屋傍林，遠渚沙灘，遥望無際。印在左下，題在上。

白文王翬私印方印

董宗伯臨趙吴興《水村圖》，予曾見三四本，皆秀逸清潤可法。石谷子戲爲臨摹，遂有出藍之美。　押尾白文壽平方印

第五開，叢木六株，仿雲林《六君子圖》，林後野屋，林右板橋。印在左下，題在右上。

朱文石谷子方印　白文王翬之印方印　朱文上下千年圓印

倪高士畫法，樹木師營邱，山石宗關仝，作平坡勾勒用正鋒，神趣古澹，蓋取諸北苑也。壽平。

倪迂幽澹天真，脱盡縱横習氣，足稱逸品。江東之家以有無爲清俗，其珍貴如此。押尾白文正叔方印　朱文壽平方印

觀王山人此幀，深得雲林用筆意。雲林後又一雲林矣。　押尾朱文白華齋長印

第六開，坡上小亭，平林沙磧，林後雲氣中斷，孤峰特起，筆墨靈動。印在右方，題在上方。

朱文石谷方印

方方壺烟霞散人，蟬蜕物外，故其用筆詭岸超忽，不落尋常畦徑。　押尾朱文園客方印　白文南田艸衣方印

方壺墨戲，神趣奇逸，能得二米法外之意，故足稱也。　押尾朱文壽平方印

第七開，叢林濃樹，遥露樓閣，雲峰數疊，作米家點。印在右下，題在左上。

朱白文王翬之印方印

雲山不始於米元章，自唐詩王洽潑墨已有其意。董北苑好作烟景，雲烟變没，即米畫也。押尾朱文園客方印

米海嶽以雲山爲墨戲，前人勾斫之蹟爲之一變。吴道子以後獨稱擅長。南田壽平。押尾白文南田小隱長方印

第八開，古木成林，平岡豐草。印在左下，題在右上。

朱白文王翬之印長方印

第九開，右方岡阜林木，左方壑中架屋，叢杉無數。印在右下，題在上。

平遠荒寒，幼文真趣。壽平。押印同前幅。

子久畫有極鬱密者，《浮嵐》、《夏山》諸圖是也；有極簡潔者，《九峰》、《沙磧圖》是也；有極妍麗者，爲《秋山》；極蒼茫、極高逸超遠者，爲《富春卷》。此幀得《富春》之一曲耳。押尾朱文惲方印

朱文王翬長方印

第十開，平岡野屋，竹木交加，小橋旁跨，石磴鳴泉。自題在上，惲題在下。

鎮老世翁先生吟嘯之餘，雅好六法。因效海嶽、方壺、癡翁、迂老諸家，得十種。别是簡潔清疎一路，聊爲賞音助含毫破墨之興云。庚申夏五月廿又四日，石谷王翬。押尾

朱文石谷子方印　白文王翬之印方印

倪迂有《書堂秋色》小景，此圖似之。　押尾朱文壽平方印　朱文園客方印　白文惲正叔方印

王石谷惲南田畫集册

俱紙本，計八幅，山水七，花卉一。字體行數失記。

第一開，高一尺，寬一尺四寸，二開同。墨筆寫意。雲山兩重。題在右。

雲藏神女館，雨散楚王宫。學大米筆，石谷王翬。

第二開，墨筆寫意。偏右石坡林木，左畫石壁懸泉，架屋跨澗，石法折帶兼斧劈。題在上。

寒泉飛瀑。迂翁筆意。石谷。

第三開，高一尺，寬一尺二寸五分，至第六開俱同。著色寫意。沙磧杉柳，村落小景。題在上。

偶在虎林郭外見此景，極似大癡《沙磧圖》。毘陵惲壽平。　印失記。

第四開，墨筆寫意。山巒周環，中藏屋宇，前繞長廊，上下林木茂密，林下一人拄杖。無款，有印。

白文南田小隱方印

第五開，設色，兼工帶寫。山含秋色，下帶欄杆，依欄三人，二坐一立，上作平坡，二人對立，山法折帶，木葉紅黄絳碧相間，豔而不俗，洵非名手不辦。無款，有印。

白文惲壽平印方印

第六開，墨筆寫意。山坡上五樹參差，平岡後一村隱現。題在上。

馮子置酒湖舫，招木翁與余同遊孤山。遲翁久不至，悵然登舟。抵孤山，途遇二客，皆善飲，狂呼至暮。予謂此遊可以傲張君。歸問張君，已攜妓遊吴山，爛醉酒樓矣。十月朔，弟壽平記。　印失記。

第七開，高一尺一寸，寬一尺五寸，墨筆，寫意。枯樹間松杉數株。題在上。

溪平沙岸直，霜樹扶雲立。偶然發幽想，筆與空翠濕。戊辰春戲學雲西意，爲鴻翁先生壽。雲溪外史惲壽平。　印失記。

第八開，高一尺，寬一尺一寸。没骨法。鳳仙一枝。無款，有印。

白文壽平方印　朱文正叔方印

惲南田仿古書畫册

紙本，高九寸一分，寬一尺一寸二分。

第一開，墨筆。平林帶屋，淺渚停舟，雲山數疊。題在左上。

米海嶽《烟雲供養》。行書一行

下角白文壽平之印方印　朱文正叔方印

第二開，微著色。兩岸夾溪，秋聲蕭瑟，晚鴉作陣。題在右上。

趙大年《寒鴉圖》。行書一行　押尾朱文正叔方印

左下角白文南田艸衣方印

第三開，楊柳成叢，荻蘆無際，斷橋隱現，孤艇拍浮，艇内一人。題在右。

趙松雪、王黄鶴皆作《華溪漁隱》，南田生因畫西溪釣徒。壽平。行書□行　押尾朱文壽平方印

白文惲正叔方印

第四開，墨筆。奇石松竹，書齋内一人趺坐。題在左上。

倪迂《獅林圖》。意致相似不？·行書一行

下角朱文正叔方印　朱文壽平方印

第五開，墨筆。峰巒圓秀，草木蒙茸，山頂結亭，巖際垂瀑，惟山坡下微著色。題在右上。

曹雲西《雲巖濺瀑》。筆意亦近營邱。行書一行　押尾朱文叔子方印

下角白文南田小隱長方印

第六開，著色。枯木竹石。題在右。

橅柯敬仲。園客壽畫。行書一行　押尾白文壽平之印方印　白文東園外史方印

第七開，墨筆。板橋跨澗，小閣臨溪，遠渚泊舟，崇岡架屋。題在左上。

思翁《雲山春樹》深得北苑蒼茫之致。此圖全以秀潤擬之，未免邯鄲之笑。南田客。行書□行　押尾朱文壽圓印　白文正叔方印

第八開，墨筆。平岡叢木，一客乘舟眺遠。題在右上。

長林之下，放艇滄浪，眇然可以蹔忘人世。行書三行　押尾朱文尗子方印

下角白文南田艸衣方印

第九開，仿古書。

賀公雅吴語起至併賦詩以贈。倪瓚止　昔人論倪高士得力于楊義和《黄庭内景經》，故落筆有烟霞之致。晚乃研精于畫，畫益工，而書法漫矣。然觀其神骨秀削，今人亦未易及也。惲壽平識。行書十三行　押尾朱文尗子方印　朱文壽平方印

第十開，仿古書。

今秋盡，野外草木變衰起至此後異于人境耳止　作畫餘暇，偶閲宋儋書，戲臨數行。書畫一理，其用筆正同，不能求異。故一點一畫，能盡其趣，千巖萬壑，只在間架結構中，斧柯不遠。余非敢謂即能通之，庶幾不至於下士聞道耳。壽平。行書十三行　押尾朱文壽圓印　白文正尗方印

惲南田山水花卉册

紙本，尺寸失記，計十幅。畫法、字體、行數、印章均失記。

第一開，山桃一枝。題在上，下九幅俱同。

唐解元《折枝山桃》，逸氣飄舉，非時史所能夢見。壽平。

第二開，秋江烟柳，漁舟一人垂釣。

滄浪秋泛碧雲涯，又出烟汀傍柳絲。人道仙舟無處覓，荻花風裏坐吟詩。臨徐幼文，壽平。

第三開，枯木新篁。

鱗甲遮藏翡翠竿，不驚風雨尚泥蟠。那知變化原俄頃，猶作千尋拂霧看。臨九龍山人巨幀。

第四開，山崖陡峻，上作烟樹，下作蘆汀。

李晞古《烟崖蘆渚》。白雲外史戲臨。

第五開，殘荷，花萼蓮房各一，葉二。

衝泥抽柄出，點水鑄錢肥。西風吹不入，留護美人衣。臨白陽山人。

第六開，枯木竹石。

點石分泉興不窮，墨華能與碧雲通。何惜著屐尋山去，萬壑雲烟在此中。

第七開，菊花五朵，一深紅，二淺紅，二白，下以墨筆作石。

紅霞看絳樹，碧月麗金波。撫北宋徐熙法。

第八開，林下小亭，遥山折帶，仿雲林意。

閒將瀟散荒寒筆，戲寫秋林遠岫圖。白雲外史。

第九開，老少年二株，一紫一黄，碧石作墨筆。

醉放玉山眠錦石，歌成金縷唤紅兒。壽平。

第十開，松山盤結，中疊流泉。

無雲石逾峭，得雨山更濕。蘩蘩青翠中，一縷冷泉白。壽平。

乙丑初秋，臨趙承旨《秋巖鳴澗》於茗華閣之西窗。

惲南田花卉册

絹本，十二開，每開高一尺一寸二分，寬八寸。兼工帶寫，第一幅墨筆，餘俱著色。

第二幅至第十幅均無款。

第一開，梅花。題在左下。

臨逃禪老人。南田。行書一行　押尾白文南田艸衣方印　白文惲正叔方印

第二開，牡丹。印在左下。

白文惲正叔方印

第三開，映月梨花。印二在左，同一開。

第四開，罌粟花。印在右上。

白文南田小隱長方印

第五開，黄玫瑰。印在右下，同一開。

第六開，牽牛花。印二在左。

白文南田小隱長方印　白文惲正叔方印

第七開，石竹。印在右，同四開。

第八開，老少年。印二在右上，同六開。

第九開，木穉。印二在右，同一開。

第十開，竹石新筍。印在右。

朱文赤子方印

第十一開，紫花朱實。題在右上。白文南田艸衣方印

丹臺紫氣。南田。行書一行　押尾朱文園客方印　白文惲正叔方印

左下『南田草衣』印仝前。

第十二開，蠟梅山茶。題在右。

苕華閣擬宋元名蹟十二種。南田客壽平。行書二行　押尾白文壽平之印方印　白文南田艸衣方印

後二開，敘𠀤陳功跋四段，未録。

惲南田山水扇面集册

紙本，十幅，俱寫意。

第一開，墨筆。松崖垂瀑，棧道淩空。題在左上。

溪閣連松崖，翠微下虧蔽。危棧盤青泥，雲頂上無際。南田撫黄鶴山樵。真書十二行　押尾白文壽平方印

第二開，淺絳兼青緑山林。題在右上。

用筆鬆秀，從子久《富春圖》得此。壽平。行書五行　押印同前幅。

第三開，著色。柳岸荷田，漁莊蟹舍。題在右上。

種花南田，偶憶天荒湖爲王張二子銷夏處。種荷栽柳，點置漁梁水榭，别似一世界矣。悠然神遊，因繪此圖。真行書八行　押尾白文南田艸衣方印

第四開，墨筆。烟嵐叢樹，蘆溆扁舟。題在右上。

柯丹邱畫叢林喬柯，秀挺落落有奇致，每欲效之。山巒流泉，兼採關仝，峭立勁拔，不墜畦町。所謂『太華夜碧，人聞清鐘』，清趣幽揚，超於象外。吾友虞玉襟期迥高，聊復取似。

《高山》滿耳，無俟援琴。古音愈稀，玄賞獨妙。識者既領，辨之已忘。海天寥寥，誰可晤語耶？甲辰閏六月，東園壽平記。真行書十九行　押尾白文壽平方印　朱文正叔方印

第五開，墨筆。亭榭園林，左右松竹，闌外兩人散步。題在上。

松竹成三徑，圖書傲四隣。階前雙鶴舞，長伴太平人。雲溪漁壽平。行書十行　押尾白文南田艸衣方印

第六開，墨筆。石兼折帶，樹盡含烟。題在右上。

在静嘯軒觀宋人墨妙，得此意。南田壽平。行書四行　押尾白文壽平方印　朱文正叔方印

第七開，墨筆。松石。題在上。

雙松流泉，秋雨未歇。在高澹游書齋觀宋元名蹟，樂玩久之，晚歸追摹一角。壽平。真行書十三行　押尾白文南田艸衣方印

第八開，墨筆。近樹遥山，扁舟載鶴。題在右上。

雲靈澹蕩，絶去筆墨畦徑，吾于雲林無間然矣。南田壽平。　押尾白文壽平方印　朱文正叔方印

第九開，墨筆。古柏竹石。題在右。

予渡錢塘，游山陰，泛舟鏡湖，探禹穴。上有古柏盤曲，夭矯離奇，霜皮雪幹，閲數百年。戲圖其意，以發奇狀。庶幾黄鶴之畫桐，香山之畫報國松也。丁巳九月，壽平記。行書六行

押印同前幅。

第十開，著色。紅樹蒼松，危樓人坐，園外疎林，眺遠清曠。題在右上。

歲寒清賞。南田壽平畫。行書四行 押尾白文壽平方印

惲南田花卉扇面集册

紙本，十幅。字體、行數均未記。

第一開，著色。碧桃楊柳。題在上，下九幅俱同。

花想鮮霞未散時，葉遮黃鳥曾啼處。裂開明月寄華春，縱有東風吹不去。癸丑暮春之初，壽平擬宋人法畫桃柳并題。押尾朱白文惲壽平聯珠方印

第二開，著色。芍藥繡球。

發白紵之新聲，演紅羅之妙舞。癸亥長夏，惲壽平在小山堂寫生。押尾朱文赤子方印 白文壽平方印

第三開，著色。落花魚藻。

紅香春不隔，碧藻望如積。花潭千尺波，魚戲在半壁。臨劉寀本。惲壽平。押尾白文壽平之印方印 朱文赤子方印

第四開，著色。紅榴葵花。

丁巳端陽前五日，在静嘯軒臨瓶中花影，戲爲韶翁老親臺。東園惲壽平。押尾朱文赤子方

印　白文南田艸衣方印

第五開，著色。竹石雜花。

錦石秋花。元人逸趣。壬戌九月，南田壽平。　押尾朱文壽平方印　白文南田艸衣方印

第六開，墨筆。木樨。

金井涼如水，身疑踏月輪。吴剛曾似我，還守桂華根。白雲外史壽平。　押尾朱白文壽平方印

第七開，著色。秋海棠。

苕華秋豔。己巳新秋，在湘雨亭擬宋人法。南田惲壽平。　印同第一幅。

第八開，著色。紫薇秋葵。

豔雪徵歌處，紅羅醉舞時。流霞長在手，含笑看瑶姬。壬子新秋，在南田草堂對花臨寫。草衣客壽平。　印同前幅。

第九開，墨菊。

孤松籬畔撫清絃，坐對南山意渺然。買得糟邱多釀酒，與君同醉菊花天。在東皋園池戲題。壽平。　押尾朱文正叔方印　朱文壽平方印

第十開，著色。蠟梅天竹松枝。

寒香晚翠，朱實金英，太和不凋，絳雪常盈。仙人夜宴，燭樹宵明，黄鶴醉舞，獻千年觥。癸未初冬，南田壽平題贊。　印同第一幅。

惲南田花卉扇面集册

紙本，十二幅，俱設色寫意。題字、行數均失記。

第一開，翠柏靈芝，竹石小景，筆意生動。題在上，下十一幅俱同。

百齡圖。癸丑暮春，擬宋人法。南田惲壽平。押尾朱白文惲壽平聯珠方印

第二開，碧桃柳枝。

花想朝霞未散時起至縱有東風吹不去止　南田草衣壽平。押尾朱文壽平方印　朱文正叔方印

第三開，絳桃一枝，上結雙實，下有一花三蕾。

度索山頭駐綵霞，柏梁臺殿即僊家。共傳西苑千秋實，先著東風一樹花。南田得句并題。押尾白文南田小隱方印

王母千年實，秦人幾代孫。戲臨宋人本。押尾朱文叔子方印　白文南田之印方印

第四開，牡丹黄紫兩朵。

姚魏丰神。丁酉六月上澣，在北郭草堂撫徐崇嗣《没骨華圖》。南田壽平。押印同第一幅。

第五開，荷塘，一花一葉一蓮房，點綴蒲枝。

荷塘真趣。六月八日，惲壽平在南田草堂畫。押尾朱文叔子方印　白文南田艸衣方印

第六開，蔆藻游魚之景。

紅香春不斷起至魚戲在半壁止 臨劉寀本。白雲外史。押尾朱文壽平方印

第七開，罌粟花，一紅一白，間壽丹一枝。

豔雪徵歌處起至含笑看瑶姬止 壽平。押尾朱文正叔方印 白文壽平之印方印

第八開，紫薇木樨。

紅薇曉豔，金粟秋香。横山樵者南田壽平于甌香閣畫。押尾朱文叔子方印 白文壽平之印方印

第九開，木樨深淺兩叢。

金井涼如水起至還守桂華根止 壽平。押尾朱文壽平印方印

第十開，紅黄菊兩叢。

東園佳趣，菊有黄花。戲拈似晋老，博一破顔耳。草衣客壽平。押尾朱文叔子方印 白文壽平方印

第十一開，菘菜蘿蔔。

翦蔬曾與故人邀，翠甲肥甘帶露燒。我已久忘粱肉味，不須三月待聞韶。雲溪得此真趣。押尾朱白文壽平方印

第十二開，天竹蠟梅。

寒香晚翠起至獻千年觥止 癸丑初冬，南田壽平。押尾朱文正叔方印 朱文壽平方印

五家合璧山水花卉册

絹本，高一尺二寸，寬八寸。

第一開，工筆著色。柳岸荷塘，小艇獨泛。題在右。

蓮溪漁隱。仿趙大年意。石谷。行書一行　朱文石谷子方印

第二開，墨筆寫意。雪山藏寺。題在左上。

余與愚一老世翁别三十餘年矣。庚申九月，邂逅吴門，浹旬聚首，殊快客懷。臨行，篝燈圖此相贈，聊博拊掌。弟王翬。行書六行　押尾白文王翬之印方印

第三開，墨筆寫意。山前釣艇，江上遥峰。題款在左上。

野岸江村雨熟梅，水平風軟燕飛回。小舟送餉荷包飰，遠旆招沽竹醒醅。江上。行書六行

押尾朱文江上外史方印

第四開，墨筆。遥山近樹，上下開合。題左上。

庚申十月，爲愚一道兄戲墨。笪重光。行書三行　印同前幅。

第五開，著色，兼工帶寫。園亭瀟灑，人坐茆堂。題在右上。

竹几藤牀小硯屏，薰風簾幕篆烟青。閒齋幾日黄梅雨，添得芭蕉緑滿庭。庚申十月上浣，客吴門百花里，爲愚一先生博粲。虞山楊晋。行書四行　押尾朱文楊晋聯珠方印

第六開，淺絳色，寫意。林深村密，徑曲溪迴。題在右上。

仿大癡道人筆意，請正愚一先生。水村楊晋。行書二行　印同第五開。

左下角朱文子寉方印

第七開，墨筆寫意。空山明月，深澗飛泉。題在左上。

月澗圖。庚申一月九日，爲愚一先生正。維亭顧在湄。行書三行　押尾朱文荇文方印

第八開，墨筆寫意。雪山，叢林迷徑，高閣淩虛。無款，亦顧荇文筆。

第九開，墨筆寫意。緋桃一枝。題在右上。

花到綏山密，春從秦洞來。今朝瑶水上，知待歲星開。南田艸衣惲壽平。行書二行　押尾朱文

赤子方印　白文南田小隱方印

第十開，朱菊紫菊各一枝。題右上。

南山真相。庚申九月，壽平在百花深處戲作。行書三行　押尾白文正叔方印　朱文壽平方印

虞山各家合畫册

紙本，十二幅，尺寸失記。字體、行數，各幅著色、墨筆，均失記。

第一開，雲山稠疊。題在上。

白雲迴望合，青靄入看無。寫唐人詩意，在一峰、房山之間。王翬。　押尾□文石谷子方印

王翬之印方印　清暉老人方印

下角朱文賜硯堂查氏珍藏□印　竹南珍玩方印

對幅，查昇題詩，未録。下仿此。

第二開，著色。長松怪石。題在上。

九華秀色可攬結，吾將此處巢雲松。太白句，王翬書。　押尾□文王翬印方印

對幅，陳元龍題詩。

第三開，洞外流泉，雲氣滃鬱。題在上。

洞壑奔泉。倣方壺外史筆意。海虞王翬。　押尾□文石谷子方印　王翬之印方印　富春高寄方印

對幅，沈世瑞題跋，蔣嘉□題詩。

第四開，斷港艤舟，高峰矗塔，帆影江光，一望無際。題在上。

天際斂雲山盡出，江流收漲水初平。　押尾□文石谷子方印　王翬之印方印

對幅，陳奕禧題詩。

第五開，墨筆。老屋枕溪，古樹扶疎。題在上。

趙鷗波水村圖。押尾□文王翬方印　年已七十矣方印

對幅，李振裕題詩。

第六開，石上流泉，松間二人對坐。題在上。

石徑盤紆山木稠，林泉如此足清幽。若爲飛屬千峰外，卜築誅茅最上頭。王翚画。　押尾□文王翚印方印　石谷方印　澄懷館印方印

芃水道兄雅好六法，借以娱閒。每見落筆，絶似元人一派，雲林、子久恐不得專美。勝國辛巳春，芃兄過訪湖邨，快聚月餘，足稱翰墨知己。余老矣，荒穢抱慙，乃辱問道於盲。出册索圖，隨意點綴，得小景六幅，并乞諸同人續成，亦可見芃兄風雅耽趣矣。上巳日雨窗漫識。海虞王翚。　押尾□文王翚之印方印　石谷子方印

對幅，凌竹題跋。

第七開，茅屋枕流，喬松垂蔭，二人席地觀書。題在上。

松溪高隱圖。仿趙吴興筆。野隺晋。　押尾□文楊晋聯珠方印

對幅，王佩璁題詩。

第八開，澗樹蒙戎，山泉湍激。題在上。

山中一夜雨，樹杪百重泉。辛巳二月既望，仿巨然小景。楊晋。　押尾□文楊晋之印方印

第九開，巖壑深窈，結廬幽處。題在上。

雲壑仙居圖。辛巳仲春，劍門客館。蔡遠。　押尾□文蔡遠方印　徵涯方印

第十開，平原牧馬。題在上。

落日照大旗，馬鳴風蕭蕭。　押尾□文徐方印方印　銕山父方印

對幅，凌竹題詩并跋。

第十一開，黄菊一枝，淡墨點葉。題在上。

叢菊媚秋光，深紅復淺黄。何如圖畫裏，不怕夜來霜。寉道人晋。　押尾□文楊晋私印方印
埜寉無糧天地寬方印

第十二開，梅竹雙清。無款，亦子寉筆也。

對幅，王式丹題詩。

張文敏書黄庭經小册

紙本，烏絲闌，共十五開，每開二幅，每幅四行，高五寸八分，寬二寸九分。

黄庭經。上有黄庭起至常能行之可長生止　永和十二年五月廿四日，山陰縣寫。慶初大姪，照。小楷書一百一十九行　押尾白文張照方印

册末朱文古香亭長圓印

四家山水集册

俱紙本，計十開，畫俱寫意，題俱在上。字體、行數失記。

第一開，高一尺三寸，寬一尺，以下至六開俱同。設色。石磴盤空，松林葱鬱，野屋梵宫，雲浮山斷。

倣大癡。押尾白文王時敏印方印

第二開，墨筆。長林亂石，兩峰間重樓傑閣現於木杪。

倣梅道人。丁未冬日寫此四幀，請正静孚道兄。時年七十有六。王時敏。押印同前幅。

第三開，墨筆。水口松石，谷中村落，大山左抱，沙磧右迴。蓋王廉州筆。

擬巨然。押尾朱文鑑方印　以下押印至六幅俱同。

第四開，墨筆。雜樹攢岡，小村通徑，沙嶺杉林，主峰在左。

倣仲圭。

第五開，大壑中茆屋數間，喬松密蔭，山勢峥嶸。

倣叔明。

第六開，青緑。雲山，曲徑通幽，秋林覆屋，屋内朱衣人獨坐，林外白雲無際，傑閣露頂。

倣趙千里。丁未冬日，擬古四幀，似静老道盟兄政之。王鑑。

第七開，高一尺二寸，寬九寸，筆墨失記。亭隱林中，樓矗峰後，橋横石上，巒浮雲端。

倣元人筆，呈芝翁先生正。吴歷。　押尾朱文吴歷方印

第八開，高一尺六寸，寬一尺四寸，墨筆。攢岡三樹，架屋二楹，村居散布，山勢透迤。

引首朱文蒼潤長印

康熙癸未夏日，仿大癡筆。麓臺祁。　押尾白文王原祁印方印　朱文麓臺方印

第九開，高一尺七寸，寬一尺一寸，設色。長松并峙，左壑架閣，右坡置亭，小村現於峰前，回廊轉於山脚。

癸巳春日，倣大癡筆於京邸穀詒堂。王原祁。　押尾白文王原祁方印　朱文麓臺方印

第十開，墨筆。尺寸失記。疎林傍石，茆屋依竹，小山映帶。

倪迂全師荆關，故雲山泉壑，在意到筆不到處。癸酉雨窗寫此破寂，殊愧未工也。王原祁。

押尾白文王原祁印方印　朱文麓臺方印

書畫鑑影卷十八　册類

國朝

名人扇面集册

計二册，每册廿四開，每開一書一畫。

第一册，金箋本。

第一開，七律。

璚姿只合在瑶臺起至東風愁寂幾回開止　書爲天偉年翁。韓菼。行書十七行　押尾朱文慕廬方印　朱文韓菼之印方印

對幅，寫意，濃著色。雲樹山村，氣味深厚。題在上。

壬子小春，畫似居翁老祖臺教正。王時敏。行書五行　押尾白文王時敏印方印

第二開，五律。

雲蒸花吐豔起至逢人勸碧筒止　右爲長倩年翁。韓菼。行書十四行　押尾朱文韓菼之印方印　朱文元少氏方印

對幅，墨筆，寫意。山水。題在左上。

丁酉孟秋，爲禹木大師畫。王時敏。行書五行　押尾白文王時敏印方印

第三開，五律。

月出露已白起至應不負幽期止　張玉書。行書六行　押尾白文張玉書印方印　朱文素存方印

對幅，墨筆，寫意。山水。題在左上。

己丑秋，爲雪翁畫。張風。行書三行　押尾朱文風方印

第四開，臨蘇書。

軾啓起至六月三日止　共樞老世臺屬書。王翬。行書十八行　押尾朱文石谷子方印

對幅，墨筆微著色。仿米雲山。題在中上。

春山曉日，爲蛟門先生擬意并祝。弟查士標。戊申。行書六行　押尾白文二瞻方印

第五開，五律。

何以楓彌老起至□□一躋還止　遊山贈友，似從賢詞盟正之。許宰。行書十七行　押尾朱文有介方印

對幅，墨筆，寫意。山水。題在左上。

戊寅秋孟，畫於移翠閣上。翁陵。行書三行　押尾朱文翁陵長方印

第六開，臨米書。

茀頓首啓起至不審肯顧否止　琅邪王澍臨。行書三十行　押尾朱文虚舟方印　白文澍聯珠方印

對幅，著色，兼工帶寫。林藏梵舍，峰挂飛泉。題在右上。

壬子清和寫。卞文瑜。行書二行　押印糢糊。

第七開，七律。

寒嵐依約見華陽起至不離窗下見羲皇止　張魯唯。行書十三行　押尾白文魯唯印方印

對幅，淡著色，工筆。溪山。題在左上。

壬寅冬日，寫侶公美詞宗。樊沂。楷書二行　押尾白文浴沂長方印

第八開，七律。

客裏君來醉幾回起至無奈當歌是別杯止　書政公發仁兄。顧夢游。行書十六行　押尾白文顧夢游印方印　朱文與治方印

對幅，寫意，濃著色。梅林茆屋。題在中上。

楳華書屋。禹之鼎寫。題隸書，款行書，共二行　押尾白文禹之鼎方印　白文慎齋方印

第九開，七律六首。文省不録，録題款。

趙熊詔次韻。楷書十八行　押尾白文熊詔方印　朱文侯赤聯珠方印

張照次韻。楷書十四行　押尾白文張照方印　朱文得天方印

薄海次韻。楷書十九行　押印不辨。

對幅，兼工帶寫。墨筆松山。題在左上。
倣元人墨法，并似維新年翁一笑。金侃。行書二行　押尾白文金侃方印
第十開，五律。
夏入園林好起至一抹暮山横止　庚申夏，爲素侯年道翁書。笪重光。行書十六行　押尾朱文重光方印　又一印不辨。
對幅，墨筆，寫意。山水。題在中上。
雍正戊申，擬巨然老僧《横山圖》大概於天傭書館。環山方士庶。真書七行　押尾白文小師老人長方印
第十一開，五律四首。詩不録，録題款。
右杜五律詩四首，録似景禹詞丈。郭鼎京。楷書共十五行　押印模糊。
對幅，工筆。雪山行旅，筆意雅近宋人。題在左。
甲寅秋八月，在春漲菴爲田村老社翁詞宗寫正。古愚章谷。行書三行　押尾朱文言在方印　白文章谷方印
第十二開，七絶。
飽食緩行初睡覺起至風送水聲到耳邊止　書爲何老年翁。米漢雯。行書十四行　押尾白文米漢雯印方印　朱文紫來氏方印

對幅，設色，工筆。林巒。題在左上。

庚午秋九月，擬李營邱畫法，爲蒙翁先生。李寅。行書四行　押尾白文臣寅壺盧印　又圓印不辨。

第十三開，七絶。

李白乘舟將欲行起至不及汪倫送我情止　祁豸佳。草書十二行　押印蝕損。

對幅，墨筆，寫意。樹下扁舟垂釣。題在右上。

師仲圭法，爲君老道兄。陳卓。行書四行　押尾朱文中立方印

第十四開，七絶。

小船停槳逐潮還起至不知雲氣失前山止　程正揆。行書十行　押尾白文程正揆印方印

對幅，墨筆，寫意。一人松岡策蹇。無款有印，係李穀齋筆。

白文倬印方印

第十五開，七律。

青藤杖出氛埃外起至菊花消息已先傳止　村居作書，似請正石香辭兄。孫杕。行書十五行　押印蝕損。

對幅，著色，兼工帶寫。《春夜宴桃李園圖》。題在左。

蕭晨畫，時年六十有四。行書二行　押印模糊。

第十六開，七律三首，不録，録題款。

別武水詩之三，書呈況青社兄詞宗教正。弟方舟。真書三十三行　押尾白文方舟之印方印　又方印模糊。

對幅，著色，工筆。《文姬歸漢圖》。題在右。

癸亥夏日□，□才世兄。沈韶。行書二行　押印不辨。

第十七開，七律。

元臣清節照西華起至須從休息説兵家止　寄禹臣親家年世兄正。法若真。行草書十六行　押印模糊。

對幅，墨竹。題在右。

籠葱翠色擅風標起至五雲深處和蕭韶止　相老學長先生屬，寫於潤州月華山。張道浚，時癸巳秋後六日。行書八行　押尾朱文道浚方印

第十八開，七律。鄒臣虎書。

嶺梅何日到長安起至幾回低首倚闌干止　逸麟。文止親丈。行草書十八行　押尾朱文臣虎方印

對幅，墨筆。竹石。款在右。

諸昇。行書　押尾白文諸昇方印　日如聯珠方印

第十九開，五律。羅飯牛書。

路自中峰上起至鐘磬雜笙歌止　書似復老道翁。牧行者。行書十四行　押尾白文羅牧之印方印　白文

飯牛方印

對幅，墨筆，寫意。枯木竹石。題在右上。

張孝思似沂公表盟兄笑。草書二行　押尾白文則之父方印

第二十開，七律。

桃花照水楊柳長起至不是漁航是酒行止　似荆玉道兄。查昇。行書十四行　押尾白文查昇之印方印朱文聲山方印

對幅，墨蘭兩叢。款在右，係石濤僧筆。

清湘老人濟。行書一行　押尾白文苦瓜和尚方印

第二十一開，五律。

飛白起至元度來數日爲慰止　臨爲觀海年翁一笑。弟劉正宗。草書十八行　押尾白文劉正宗印方印

對幅，著色，工筆。紅杏梨花。題在右。

太老夫子清鑒。門下晚生蔣廷錫。楷書二行　押尾朱文廷錫□孫聯珠方印

第二十二開，五古。

青松勁挺姿起至安得保歲寒止　癸巳秋日，臨米元章體，呈巽翁陳老年伯。侄紀之竹。行書十七行　押尾白文紀之竹印方印

對幅，墨筆。古松夭矯，有化龍之勢。題在右上。

山窗龍鱗，片片飛動。一朝風雨，應騰空起蟄。庚申長夏，戲墨并題。邵泌。行書五行　押尾朱文湄泌聯珠方印

第二十三開，書唐人五絶二百七十首，七絶二十五首。文不録，録後款。

劍邑端木一韓。小楷書共五百九十九行　押尾白文端木一韓聯珠方印

對幅，著色，工筆。古梅半樹。題在中上。

乙丑麥秋，寫爲慶甫社兄。黄石。真書三行　押尾朱文黄石聯珠方印

第二十四開，書唐人七絶一百四十七首。文不録，録後款。

長洲吴允蒿書。小楷書共二百九十五行　押印模糊。

對幅，設色，寫意。花卉。題在右。

黄梅時節，疎風細雨。旅館遺興，寫『麥黄蠶老櫻桃熟』之句，更添玫瑰一枝，亦時新佳品也。棕亭三兄以爲何如？弟李鱓。行書十行　押尾白文李鱓方印

第二册，素紙本。

第一開，臨米書。

芾再啓起至足示俗目止　臨米九帖，似蘭老年道翁正。弟查士標。行書十四行　押尾白文查士標印方印　朱文□真方印

對幅，青緑色，兼工帶寫。松山稠疊，雲水交縈。題在中上。

松壑雲泉。仿趙承旨筆，恭祝崇翁老先生大壽。壬申初夏，虞山後學王翬。真書七行 押尾朱文石谷方印

第二開，七絶。

古寺高樓倚暮闌起至且作滄溟萬里看止 書似哲南年翁。查士標。行書十二行 押尾白文士標私印方印 朱文二瞻方印

對幅，墨筆，寫意。雲山林屋。題在左上。

縈迴水抱中和氣，平遠山如蘊藉人。己卯中秋寫意，奉贈茋水社道兄。耕烟散人王翬。行書八行 押尾白文石谷王翬長方印

第三開，五古。

霜清曉風冷起至誰知羨魚網止 康熙丙戌夏日，似□年道兄。何焯。行書十六行 押尾朱文何焯聯珠方印

對幅，惲畫，工細墨筆。柳陌晚鴉，荒寒幽静。題在左上。

不傍朱門傍小家，夕陽明滅酒帘斜。鶯兒燕子歸何處，忍耐淒涼衹暮鴉。甲辰閏六月，壽平製。行書十一行 押尾白文南田艸衣方印

第四開，七絶。

谷口春殘黄鳥啼起至不改清陰待我歸止 奕禧。行書十四行 押尾白文陳奕禧印方印 朱文子文方印

對幅，墨筆，寫意。山林茂密。題在右上。

己亥季秋，爲平宙詞兄仿子久筆。王鑑。行書四行　押尾朱文鑑方印

第五開，五律二首。

簷影微微落起至種子夜能賒止　好雨知時節起至花重錦官城止　書爲老年道翁。姜宸英。行書十六行　押尾白文姜宸英印方印　朱文西溟方印

對幅，寫意，淡著色。雪山樓閣。題在左上。

朝日初升紫翠重起至遥見蓬萊海外峰止　上年奉使滇南起至覺兩腋習習清風生也止　南華張鵬翀。行書十七行　押尾朱文鵬翀長方印　朱文天扉方印

第六開，共古歌兩首，五律二首，詩不録，録款。

奉送枚吉老襟丈入都兼訊令兄天石，書正。弟陳維崧。真書十一行　押尾朱文其年方印　白文陳維崧印方印

枚吉大兄西城看雪之作起至毘陵弟惲格録正止　兩度到荆谿起至索枚吉昆友一笑止　真行書共二十五行　押尾朱文壽圓印　白文正叔方印

對幅，著色，兼工帶寫。松山竹屋。題在左上。高澹游筆。

倣唐六如筆。一雲山人簡。行書二行　押尾朱文高簡聯珠方印

第七開，七絶。

青青南陌柳如絲起至春風三月落花時止　書爲儼思年翁。孫岳頒。行書十四行　押尾白文孫岳頒印方印　朱文樹峰方印

對幅，設色，寫意。山水。題在左。

己巳夏四月，擬洪谷子溪山秋霽。張宗蒼。行書二行　押尾朱文張宗蒼聯珠方印

第八開，臨古書。

若乃遠心曠度起至用垂頌聲止　臨《東方曼倩傳》。張照。楷書二十九行　押尾白文張照方印　朱文得天方印

對幅，墨筆，寫意。山驛城樓，横橋跨瀑。題在左上。

丁未三月，爲□翁年先生正。黄鼎。行書三行　押尾白文黄鼎之印方印　朱文曠亭聯珠方印

第九開，臨古書。

僕行年五十起至真可謂淡而有味者止　辛未秋日偶録。鍾岳。行書十五行　押尾朱文鍾岳聯珠方印

對幅，著色，寫意。林巒村舍。款在左下。

臣朱倫瀚指頭恭畫。楷書一行　押尾白文臣朱倫瀚　指頭恭畫聯珠方印

第十開，臨米書。

芾篋中懷素帖如何起至芾頓首再行〔一〕止　竹厓年大兄老先生正臨。愚弟錢棨。行書十八行　押尾白朱文錢棨聯珠方印

對幅，墨筆。山水。題在上。

欲結松雲巢起至攄毫寫心曲止　仿檀園筆法并題。東山董邦達。行書二十一行　押尾白文邦達方印　朱文東山方印

第十一開，七古。劉文清書。

璇閨玉房上椒閣起至不願雲間之别鸖止　石菴。行書十五行　押尾朱文東武圓印　白文劉墉之印方印

對幅，設色，寫意。山水。題在右上。

大癡畫華滋渾厚，不爲奇峭，沙水容與處甚多。兹取其意，爲作此圖，未知有少分相合否？甲午中秋下瀚，麓臺祁。行書八行　押尾白文王原祁印方印　朱文麓臺方印

第十二開，七律。

丹詔優乘六傳行起至佇看蒲輪及老更止　陳邦彦。行書十五行　押尾白文彦長方印　朱文世南長方印

對幅，墨筆，寫意。山水。題在右上。

燈下偶倣大癡《富春山居》法，興會頗合，亦孫過庭所謂『偶然欲書』也。乾隆庚午冬初，居士庚。行書十一行　押尾白文浦山長方印

第十三開，五古。

秋氣集南澗起至當與此心期止　孔繼涑。行書十七行　押尾白文孔繼涑印方印　朱文谷園方印

對幅，設色，工筆。雪江待渡，意近營邱。題在中上。

壬辰秋七月，顔嶧師古。行書三行　押尾白文顔嶧聯珠方印

第十四開，書贊。

容體底頌起至雅謨遠播止　右書《文心雕龍贊》。河間紀昀。　押尾白文紀氏名昀方印　朱文行十八方印

對幅，工筆，淡著色。寫唐人詩意。題在左上。

寫得『漠漠水田飛白鷺，陰陰夏木囀黄鸝』。乙卯夏日，仿宋人筆意於安雅室。渾楚佟文。楷書九行　押尾白文西園長方印

第十五開，七古。

檐柳初黄燕初乳起至碧蕪狼藉棠梨花止　己卯暮春十四日，錫山道中書爲學人賢甥倩正字。陳元龍。楷書二十八行　押印模糊。

對幅，工筆，微著色。烟波漁笛。款在左下。

高其佩恭畫。楷書一行　押印模糊。

第十六開，七律。

素紙疎櫺乍曉暾起至月滿樓頭酒尚温止　録爲時菴五兄先生正之。王文治。行書十五行　押尾朱文文治聯珠方印

對幅，著色，寫意。秋林亭子，二人對話。題在左，潘蓮巢筆。

黃葉詩意圖。衆芳消歇盡起至迢迢直到今止　右并録舊作。恭壽。真行書六行　押印模糊。

第十七開，七古。

拈筆經營輞口居起至問渠何許洞中天止　南州彭元瑞。真行書十六行　押尾朱白文元瑞聯珠方印

對幅，墨筆，寫意。竹枝豆花。款在右。

竹籬秋影。王武。真書一行　押尾朱文勤中方印

第十八開，絶句并序。

山高地深起至因成絶句云止　人間四月芳菲盡起至不知轉入此中來止　録白香山詩。沈初。行書十四行　押尾白文沈初聯珠方印

對幅，墨筆，寫意。白蓮。題在左上。

六月最宜花是白，四時惟有月能寒。玉几。行書五行　押尾白文陳撰之印方印

第十九開，臨黃書。

庭堅頓首起至立之承奉足下止　壬子閏夏臨，請東翁學長兄鑒。汪由敦。行書二十一行　押尾白文由敦方印　朱文師茗方印

對幅，設色，寫意。菊蟹酒罌，重陽景物。題在上。

漉酒持蟹插菊忙起至不是空閒在故鄉止　寫博養翁學先生清鑒。山陽弟子邊維祺。行書二十二行　押尾白朱文邊頤公聯珠方印

第二十開，臨帖。

書法雖貴藏鋒起至學《禊帖》者參取止　臨董帖，爲竹厓老公祖正。王杰，時年七十有九。行書二十三行　押尾朱文王杰聯珠方印

對幅，寫意，著色。芍藥。題在右上。

緑楊城外二分月，紅芍欄邊三朵花。筱園花瑞燕集句，并似樸園先生雅正。八十一老弟尤蔭，寫於竹心亭。行書七行　押尾朱文貢父方印　白文尤蔭之印方印

第二十一開，七律。

放脚村邊野徑斜起至閒看山蜂放晚衙止　春日野興。敩放翁體，書爲何山世兄。南村高翰。行書十八行

對幅，墨筆，寫意。牡丹。題在前後。

庚子。行書一行　押尾朱文畫意方印

仿白昜荒率之筆，爲子寅大兄大賞鑒家清政。弟翰。行書五行　押尾白朱文高翰方印　白文南村方印

第二十二開，七律。

君恩郢上詒歸去起至不容待得晚菘嘗止　書爲鳳丹年老先生。板橋弟鄭燮。隸書十九行　押尾白文鄭燮聯珠方印

對幅，墨蘭一叢。題在左上。

蘭芳葉勁，神柔筆硬。清品清材，此交可訂。爲慧如大師法正。板橋燮。行書十二行　押尾白文鄭燮聯珠方印

第二十三開，仿古書。

明光於上下起至旁作穆穆止　隸體横書

乙卯夏五，桂复。行書二行　押尾朱文冬□方印

對幅，墨筆。竹林。題在上。

爲鳳詔先生畫。七十二翁杭郡金農。真書横題　押尾朱文壽方印

第二十四開，絶句六首。文不録，録題款。

右王建《小游仙》詩，録於寫韻軒。墨琴女史曹貞秀。楷書三十一行　押尾白文貞秀印方印　朱文墨琴方印

對幅，著色，工筆。白梅翠羽。題在左上。

端的羅浮仙侣起至畫來幾朵争妍止　右《河滿子》。女士龔静照画并題。楷書八行　押尾朱文静照聯珠方印

校記

〔一〕『行』當爲『拜』之誤。

王司農仿古山水册

紙本，高一尺五寸，每幅寬一尺一寸，畫皆寫意。題款字體、行數失記。

第一開，著色。崇山疊嶂，樓閣杉林，雲海浮空，天紳挂瀑。題在上，下俱同。

引首朱文求是堂長圓印

人家在仙掌，雲氣欲生衣。用松雪法，寫家右丞詩意。　押尾朱白文王原祁方印　白文麓臺方印

左方□文白雲紅樹方印

第二開，墨筆。茆屋一間，疎林傍石。

江貫道學董、巨而另有生趣，宋法一變，此圖近之。　押尾朱文原祁啓事方印　當係誤用

下角白文石師道人

第三開，設色。秋山山巔，樓閣微現。

宋法精嚴，荆關旗鼓。步法止齊，筆墨繩武。麓臺題。　押印同首幅。

第四開，墨筆。章法團結。

倣大癡。　押尾白文原祁之印方印　白文石室道人方印

第五開，著色。濃雲重霧，緣崖架屋，流水通橋，竹木交映。

清月未及上，黑雲如頹山。余扈從，風阻江上。讀坡公詩有感寫此。　押尾朱白文王原祁方印

右方『白雲紅樹』印同前。

第六開，墨氣濃郁，野渡艤舟，左右林屋。

此幅呵凍，用筆過重，尚未失梅道人意。存之。　押尾朱白文王茂京方印

下角『石室道人』印同前。

第七開，墨筆。依崖結舍，傍壑成村，礬頭烘染深厚。

巨然墨法，此幅略有入門處。麓臺。　押尾朱白文王原祁方印

右角印同前幅。

第八開，著色。左右開合，室映青杉，樹留紅葉。

大癡《秋山》，先奉常曾見之。余就所聞，略述其意。原祁。　押尾『石室道人』印同前。

左方『白雲紅樹』印同前。

第九開，墨痕濃厚，危磴盤空，平橋通徑，野屋三楹。

倣黄鶴山樵《丹臺春曉》筆。石師道人。　押尾白文原祁之印方印

右方『石師道人』印仝前。

第十開，設色。秋林亭子。

秋林竹色，兼用松雪、大癡筆寫意。麓臺。　押尾亦誤用『原祁啓事』印。

第十一開，雲氣浮嵐。

高房山傳米家筆法，而渾厚華滋，又開大癡生面，兼宋人三昧者。太原祁。押印誤用仝前。

下角『石師道人』印仝前。

第十二開，著色，筆意簡略。

引首印仝第一幅。

空山不見人起至復照青苔上止　倣倪高士設色寫詩意。王原祁。押尾朱白文王茂京方印

右方『白雲紅樹』印仝前。

左下『慎餘堂』、『亳州何氏』兩印。

黄尊古蜀中八景册

紙本，八幅，每幅高一尺二寸，寬一尺五寸五分。俱細筆寫意，繪蜀中真景。

第一開，亂峰争出，澗水瀠洄，策蹇渡橋各一人。題在左上。

寶雞清曉。真書一行　押尾朱白文鼎閒圃聯珠方印　下六幅字體、行數、印章俱同。

右下朱文觀我堂長圓印

第二開，墨筆。危峰插雲，巴江泛艇，艇内三人。題在左上。

嘉陵春漲。

第三開，著色。崇岡巀業，古洞陰森。題在中上。

龍洞伏流。
第四開，淡設色。雲山峽水，方城如罫。題在右上。
褒城平曠。
第五開，墨筆。山高水長。題在右上。
觀音奇堧。
第六開，淡著色。石筍競秀，磴道淩空。題在左上。
雞頭峻嶺。
第七開，淡著色。峰巒壁立，林木叢雜。題在右上。
五丁古峽。
第八開，著色。巒頭排列如隍，劍閣居中，氣象雄偉。題在上。
劍閣雄關。戊戌春上遊蜀，過雲棧，即寫眼前景，漫成八幀。黄鼎。真書八行 押尾白文黄鼎方印 朱文曠亭方印

黄尊古仿古山水册

紙本，十二幅，每幅高一尺二寸，寬一尺六寸。俱寫意。
第一開，著色。近山蒼翠，遥峰稠疊。題在上，至十二幅俱同。

井西道人起至不識有少分相合否？·止　字體、行數失記，下俱同　押尾白文鼎印方印　白文尊古方印　下至七幅押印俱仝。　仿黃大癡。另一行，下同

下角白文山水癡□印　慎餘堂書画記長方印　朱文亳州何氏珍藏長方印

第二開，墨筆。

朝雨染成新漲緑，春烟淡盡遠山青。仿黃子久。

下角朱文曠亭□印

第三開，遠近開合，小亭疎樹。

野竹分青靄，飛泉挂碧峰。仿倪高士。

第四開，墨筆深厚。

層軒皆面水，老樹飽經霜。倣梅華道人。

下角白文卧遊□印

第五開，淺絳色。

門外水流何處起至朝朝幾度雲遮止　荆關。

下角白文虞山□印

第六開，墨筆。

山可樵兮水可漁起至幾樹松聲結草廬止　仿王叔明。

下角『虞山』印仝前。

第七開，淡著色。山巒渾厚，棧道横空。

細棧跨雲縈峭絶，危橋飛柱插澄清。仿范中立。

下角『山水癡』印同前。

第八開，墨筆。左右開合，漁翁浮艇。

吴仲圭純師巨然起至學者難識其堂奥也止　秋落寒潭水更清起至破帽青鞋却有情止　押尾□文

曠亭方印

第九開，淡著色。崇巖梵宇。

山穿古樹參差出，泉落清溪散漫流。仿闗仝。　以下押印失記。

下角『山水癡』印仝前。

第十開，墨筆，淡而有神。

李營邱生平自貴重其畫起至今追其法爲之止

下角『曠亭』印同前。

第十一開，墨筆濃湛。

董北落『苑』字《萬木奇峰》起至豈易參悟耶？止

下角『卧遊』印仝前。

第十二開，落木雪山。

雪山黯淡常如晚，烟樹微茫直欲無。雍正五年十月望日，净垢老人黄鼎寫，時年六十有九。仿郭河陽。

下角白文獨往□印

顧元始山水册

紙本，六幅，每幅高九寸餘，寬一尺二寸。俱墨筆，寫意。

第一開，懸崖垂瀑，古木叢篁。無款，下四幅俱同。

第二開，兩山開合，村落相望，遠瀑挂峰，長林傍屋。

第三開，書舍三楹，桐蕉竹木環之，室内一人，窗外一鶴。

第四開，松石激湍，遥山倒影。

第五開，澗水平橋，橋左右孤松插霄，野屋傍水，松竹間之。

第六開，茆屋土坡，枯木修竹。自題又王題二段在上。

仿倪高士筆法。丁丑秋八月，顧昉。行書□行　押尾白文顧昉私印方印

不見雲林三百年，誰將凡骨换神仙。風烟慘淡秋光好，恰得金丹在眼前。王翚題。行書□行

押尾白文王翚之印方印

高雲皋左筆書畫册

紙本，每幅高一尺二寸二分，寬一尺五寸。書畫俱左筆，書狂草而畫寫意。係晚年出色之作，寄濰邑郭芸亭者。

前二開，題款并嵌自鐫印十八方，從省不録。

第一開，微著色。古松一株，兩石夾輔并立。題在右，又在上。

鬼塹深沈立上頭，孤撑禿頂野雲秋。縱然墮水疑龍化，莫作盲人瞎馬愁。老皋左筆戲墨。四行　押尾朱文鳳翰聯珠方印

歲寒清照。老皋寫圖。橫題　押尾白文老皋方印

第二開，題畫松石七絶一首，不録。下仿此。

第三開，著色。石間黄菊一叢。題在右上。

晚香冷趣。雲皋左手。二行　押尾朱文西園方印　白文霜華方印

第四開，寄郭芸亭札一通。

第五開，墨筆。雪景，拳石古木，鴉陣盤空。題在右上。

雪鴉圖。雲皋左手戲。橫題　押尾白文蘗琴老人方印

第六開，題雪鴉五言詩二句。

第七開，著色。紅白老梅二樹。題在右上。

冰雪文心。雲阜左手戲。五行　押尾朱文西園聯珠方印

第八開，題畫梅七言詩二句。

第九開，著色。盆中黄楊。題在左右。

黄楊盆供。南阜山人戲寫苦照。三行

生憎厄運似黄楊。阜老痺有焉，慨然拈書其後。二行　印俱未記。

第十開，題黄楊七律一首。

第十一開，設色。怪石錯落，位置老横，而兼秀潤。題在右上。

石交圖。戊辰畫，老阜左手并識。七行　印未記。

第十二開，《石交圖贊》并題款。

後二開，《喜雨》七律一首，《半亭》七律三首。

王蓬心畫永州山水册

紙本，十二頁，每頁高一尺一寸五分，寬一尺三寸五分。山水八頁，竹石四頁。俱墨筆寫意。

第一開，章法上下開合。題在上。

黄葉渡。行書一行　押尾朱文蓬心方印
第二開，崇山巀嶪，左開一壑。題在上。
澹巖。行書一行　押尾朱文蓬心長方印
第三開，景聚中段。題在右。
㕍溪。行書一行　押尾朱文蓬心壺盧印
第四開，一洲在水中央，環洲皆山也。題在左。
司馬塘。行書一行　印同首開。
第五開，右實左虛。題在上。
高風亭。蓬心作。行書□行　印同首開。
第六開，主峰中立，群山對出。題在上。
愚溪。行書一行　押尾白文玉虎山樵方印
第七開，岡巒迴互，犬牙相錯，溪水三折。題在右。
白蘋洲。行書一行　押尾朱文蓬心方印
第八開，小山叢樹，松竹芭蕉，掩映虛堂。題在左。
緑天菴圖。行書一行　押尾白文蓬心翰墨方印
九開至十二開，臨各家墨竹。款印俱不記。

後二幅，書題畫詩七言絶句十五首，均不録。

黄小松嵩洛訪碑廿四圖册

前二開，孫星衍大篆書題，未録。

圖紙本，每幅高七寸七分，寬二尺二寸。前半幅畫俱寫意，後半幅小松自題行書，又翁覃谿方綱題小行楷書廿四幅，俱同。是編收乾隆以前書畫，此册較近。亦收入者，緣屬必傳之作也。

第一開，墨筆。荒城野寺，旁矗浮圖。題在上，下至廿四幅俱同。

開元寺。篆書一行，下俱同

後跋不録，下仿此。

第二開，墨筆。寺在山巔。

等慈寺。仝前

第三開，墨筆，微著色。山徑彎環，關門在頂。

轘轅。隸書一行

第四開，著淺絳色。秋山古寺。

少林寺。隸書横題

第五開，墨筆。平原雙闕，前對雲山。

少林石闕。仝前

自跋後有翁題五古一首。

第六開，淡著色。書院中漢柏二株，豐碑在外。

嵩陽書院。篆書一行

第七開，墨筆。山徑崎嶇，雙闕當路。

開母石闕。隸書横題

自跋及翁跋後又王念孫跋一段。

第八開，著色。嵩山前廟宇宏深。

中嶽廟。篆書横題

第九開，著色。洞内怪石玲瓏。

石淙。隸書横題

第十開，淡著色。杉林藏寺。

會善寺。仝前

第十一開，淡著色。河繞嵩麓，山缺處古寺遥現。

嵩嶽寺。仝前

第十二開，墨筆。寺在平原。

白馬寺。篆書横題

第十三開，墨筆。龍門造象。

龍門山。隸書横題

第十四開，山崖造象，中開洞門。

老君洞。篆書一行

第十五開，墨筆。荒山無徑。

緱山。隸書横題

第十六開，墨筆。茆堂中二人踞案，一人旁坐。

小石山房。仝前

第十七開，墨筆。荒村寒舍，碑在曠野。

平等寺。仝前

第十八開，墨筆。瓦舍連楹，碑在道旁。

大覺寺。篆書一行

第十九開，洞中造象，洞外隔水，山路平夷。

伊闕。隸書横題

自跋及翁跋後又洪範跋一段。
第二十開，淡著色。古洞陰森，中有造象五軀。
奉先寺。隸書一行
第二十一開，淡著色。平岡隔水，一人乘桴。
香山。篆書一行
自跋及翁跋後又何琪跋一段。
第二十二開，淺絳色。碑在岡上，遥山飄渺雲中。
邙山。隸書横題
第二十三開，濃著色。紅樹秋山。
太行秋色。仝前
第二十四開，淡著色。三人在草堂前搨碑。
自跋五行外又總跋一段。
嘉慶元年九月，自開封至嵩洛，十月經懷慶、衛輝東還。往返四十日，得碑四百餘種。游屐所經者，成此廿四圖，以誌快幸。錢塘黄易。行書二行 押印不記。
翁跋外又伊秉綬及羅聘、趙懷玉、方楷、金學蓮、董士錫觀款二段，均不録。
後各家題跋四開，亦不録。

書畫鑑影卷十九　軸類

後梁

洪谷子鍾離訪道圖軸

絹本，高六尺三寸五分，寬二尺二寸五分。山林墨筆，人物著色，兼工帶寫，皴用小斧劈，樹石鈎勒，筆如篆籀。下段左角，雲松出没，右坡上蔭喬松，下阻澗水，佇立五人一馬，鍾離儒服，四裨將戎服櫜鞬，前者舉手作問訊狀；對巖二童，一背行，一拄杖回顧作指示狀；再轉山岡，真人傍虎而行，又上一童，亦背行；松頂半露茆亭草舍，中峰插天，崚嶒陡峻，山頂叢杉，右巖垂瀑，群峰朝拱，疊嶂無窮。無款。

左下半印不辨。

左裱綾邊嵌題。

《鍾離訪道圖》，又有《卸甲圖》，此荆浩筆也。董其昌題。行草書二行　押尾白文董其昌印方印　白文宗伯學士方印

又嵌朱文蕉林方印　白文觀其大略方印

左裱綾邊嵌札二紙。

洪谷子《鍾離訪道圖》，定爲真蹟無疑。昔人所稱『骨體迥異，思致高深』，此俱有焉。香光題語、蕉林私印皆逼真。頃送至錢少宰處，亦嘆賞不已。容再面述一切，先此奉繳，并請台安，不盡馳仰。葯齋八兄大人，世愚弟鄒炳泰手啓。廿一日。行書十行

下綾邊跋。

道光十七年歲在丁酉除夕前四日，北平李恩慶得於京寓之愛吾廬，書此誌幸。真書三行押印不記。

《愛吾廬書畫記》云：『下角雲氣蒼茫，測其意匠，不到山深，真人豈容託足？若寫深處人物，又難顯豁。著此一筆，全局攝入靈境。淺人何能思及也！』

南唐

顧德謙溪山情話圖

紙本，尺寸失記。工筆，淡著色，山作淺絳，皴類雨點，樹法蟹爪下垂。溪邊二人對立偶語，筆墨清潔，静氣迎人。款在右下，標題在上。

建康顧德謙畫。真書一行

溪山情話。顧德謙畫。行書横題八字，瘦金體，蓋徽宗御筆也

上方□文雙龍圓璽　宣和御覽方璽　御府寶繪方璽

下方朱文趙□印　松雪𠃠圖書記長方印　悦生壺盧印　□文賈似道方印　秋壑方印

趙畫學騰蛟圖軸

絹本，高五尺餘，寬二尺餘。著色，兼工帶寫。全幅攝入急風驟雨境中。絶頂一蛟，鱗甲畢現，蟠拏作勢，夭矯騰空。大雨飛注，狂飇驟捲，近嶺遥峰，横空斜斷，遠渚平洲，微茫辨影，水勢浩浩，野亭臨岸，高柳長林，深葭豐草，隨風披靡。舟中一人戴笠，努力撑篙，舟内置農餂諸具，大牸牛垂頭聳脊搐尾，亢然不動。長橋危聳，一人負薪，以袖掩首，跛履而上。水軒虚敞，接屋開窗，粉垣横界，軒前壺樽列案，二人酬酢，童子臨軒。垂釣一人，倚檻縱目，婦人携兒，憑窗外看。窗前垣内，修篁森立，掩映於高柳長林之後，墨氣蒼蔚。款在下邊。

江南趙□□。□書，『趙』字僅上半可辨，餘字已缺

上中朱文宣文閣印方璽

按元順帝時用康里巙巙議，改『奎章閣』爲『宣文閣』。此畫蓋曾入元御府收藏也。又有

『小倉山房鑒藏印』及各家鑒賞印三，均未詳記。

《圖繪寶鑑》：『趙斡，江南人，爲南唐畫院學生。學山水林木、水村漁市，無朝市風埃。然傳世絶少，故今不多見。』

前蜀

僧貫休十六羅漢屏

絹本，尺寸失記，屏計十六幅。畫羅漢，備極變相。末幅有題款。

信州懷玉山十六羅漢，廣明初，於登高和安送十身，乾寧初孟冬廿三日，於江陵再續前十本，相去已十六年。時景昭禪人自北來見，請將歸懷玉。西岳僧貫休作。篆書□行

予昔游西湖聖因寺，寺僧出貫休羅漢十六幅相示。雖近千年，而神采奕奕，筆墨渾古。惜匆匆過目，未及詳記。近閱厲樊榭《城東雜記》云：『城東長明寺，向藏唐高僧貫休畫羅漢十六幀，其題款「信州懷玉山」云云。字爲小篆體。其画法之奇逸飛動，向讀歐陽炯長歌，歎其妙絶。如「聽經弟子擬聞聲，磕睡山童如有夢」、「繩穿木屐兩三片，線補衲衣千萬行」，今始親見之也。相傳明神宗時，慈聖太后以賜紫柏大師。大師坐妖書事，於獄中示化，此画歸法嗣某，流傳至杭，藏一小庵。本朝嚴侍郎沆、盧職方之頤

共捐千金購得，喜捨寺中有年矣。憲皇初年，敕改西湖行殿爲聖因寺，制府李敏達公衛請至聖因，永充供養。』於此畫本末言之綦詳，因補録於此，以備掌故。今兵燹之後，不知畫尚無恙否？

後蜀

黄要叔寒梅㶉鶒圖軸

絹本，長七尺，寬二尺七寸二分。著色，寫意。下作小石坡，老梅横榦偃卧，榦上㶉鶒雙立向左，雄者在前，回顧其雌，上作老梅仰榦，茶花翠竹間之，花竹俱用雙鈎，梅梢有寒雀五，右向者四，左向者一。通幅著色濃厚，筆力沉雄。標題在中右。

黄荃寒梅㶉鶒圖。真書一行　下有宣和御押　朱文御書方璽，璽蓋押上

右方朱文宣和之寶方璽

無款福禄鴛鴦圖軸

絹本，高七尺五寸，寬四尺三寸。設色花鳥。下作平坡，巨石傍水，石用大斧劈皴。石後芙蓉蘆花，錯雜叢生，花葉俱雙鈎填色，作迎風飛動之勢。下方鴛鴦二，上方翠

羽二，俱一飛一止。無款。

上方朱文乾隆御覽之寶長圓璽　白文乾隆鑒賞圓璽　朱文三希堂精鑒璽長方璽　白文宜子孫方璽　朱文石渠寶笈長方璽

黄荃《寒梅瀉鵜圖》，間寫山茶翠竹，花竹俱用雙鈎，與此幅筆意酷肖。此因未經前人標題，不敢遽定爲荃筆，然確屬荃派，故附於荃畫之後。

宋

董北苑谿山行旅圖軸

絹本，尺寸失記。據《書畫彙考》及《江村銷夏録》，俱載長三尺四寸，寬一尺六寸。所稱『江南半幅、北苑真蹟』者，此也。墨筆，披麻皴。下段林巒偏右，溪屋在左，連橋通水。溪上酒館數楹，青簾高揭，中有行旅數人，作休憩進飲食狀，橋下泊小舟凡五。上段又一板橋，遠接棧道，上插雲霄。無款。

旁題在裱綾邊。

余求董北苑畫於江南，不能得。萬曆癸巳春，與友人飲顧仲方第，因語及之。仲方曰：『君入長安，從張樂山金吾購之，此有真蹟。乃從吾郡馬耆卿和尚往者。』先是，予少時於清公觀畫，猶歷歷在眼，特不知爲北苑耳。比入都之日，有徽人吴江村持畫數幅謁余。余方肅客倦甚，未及發其畫首。叩之曰：『君知有張金吾樂山否？』吴愕然曰：『其人已千古矣，公何謂詢之亟也？』曰：『吾家北苑畫無恙否？』吴執圖以上，曰：『即此是。』余驚喜不自持，展看之次，如逢舊友，亦有冥數云。辛丑五月廿六日記。真書□行。無款，乃思翁筆也

此畫爲《谿山行旅圖》，沈石田家藏物。石田有《自臨谿山行旅》，用隸書題款，亦妙手也。玄宰。真書□行

思翁曾云：『余家有董源《谿山行旅圖》，沈石田曾仿之。文待詔所謂平生所見北苑畫山，只得半幅，皆謂此。』此圖用筆古雅如篆隸，令人尋味不盡，歷代名家多有臨本。予藏趙元一幅，形模與此無異，筆意亦彷彿相似，而神致固不逮也。

董北苑山水大軸

絹本，高七尺六寸二分，寬四尺九寸，絹係雙緋。寫意，人物，微著色。下段蘆汀；中段山峰偏左，叢林茂密，村舍掩映，村内四人，村前二人，一荷絛，一荷擔；上段雙峰居中，左右茆舍，山後沙汀無際。通體布景平淡，筆力圓渾。無款，標題在上綾邊。

魏府收藏董元畫天下第一。董其昌鑒定。行書横題

上右朱文宣文閣寶方璽　又一印不辨。

下左朱文緝熙殿寶方璽

下右朱白文萬鍾半印　朱文秘玩半印　又二印不辨。

下有洪殿撰瑩跋一段在綾邊，未録。

杜祁公仙山樓閣圖軸

絹本，高六尺二寸，寬一尺七寸。青緑，工筆。主山偏左，高松雜樹，懸瀑飛橋，山腰二人對立，二童子，一側侍，一過橋，山巔一人望遠，一童侍立，隔水城樓高起，雲中傑閣疊現。題在左下方石上。

至和甲午中夏，在南都。太子太師致仕杜衍製。真書二行

題跋在綾邊左右。

崇禎庚辰五月，覯於石憲老親家齋中。灃水漁人王鐸。行書三行　押尾朱文鐸方印

城臨渭水天河静，闕對南山雨露通。右題宋杜太師畫。丁卯仲春，後學黄潤。行書三行

押尾白文黄潤方印

杜祁公，山陰人，宋仁宗時官集賢殿大學士，致仕後加太子太師，謚正獻。工書畫，見《宋史》本傳。此畫乃公七十七歲所作，迄今已八百一十年。名賢遺蹟，歷久不敝，可弗

寶諸？同治戊辰秋，李佐賢識。行書□行

左綾邊朱文八十翁方印　白文孫承澤印方印　白文無棣李佐賢生平真賞方印　朱文石泉主人秘玩方印

僧巨然萬壑松風圖軸

絹本，高八尺七寸五分，寬三尺四寸。墨筆，人微著色，兼工帶寫，皴用披麻，筆力渾厚。大壑奔泉，危橋橫跨，右臨水閣，閣内一人白衣，別室内一童朱衣，右亘長廊，層樓高起，廊内一人，樓中二人。通幅千峰萬壑，目不給賞，松林稠密，缺處梵宫兩現，懸瀑高下三見，主峰居中。無款。

上方正中朱文雙龍方璽

右上朱文宣和長方璽　朱文宸翰半方璽　朱文清賞半方璽

左下朱文檇李圓印　朱文項子京家珍藏長方印　朱文天籟閣長方印

右下朱文可庵珍藏方印　朱文長白法良鑑藏方印

上題在詩堂。

宋巨然《萬壑松風》，見于《宣和書畫譜》。左方有『宣和』等印，正中有雙龍璽，蓋内府所藏即是此本。惜失款識，惟以尺度之，龍璽稍偏，似左方截傷寸許。或款留在内，亦未可定。古人畫無題識者甚多，或樹根石角，細書名字，因不欲傷畫氣故耳。再觀筆意老辣，全是巨公家法，其爲真蹟何疑。宋畫至今如星鳳，可不寶諸？道光庚戌，得於袁浦。咸豐甲寅冬至前一日，記于漚羅盦。『甲辰』易『甲寅』 長白法良。行書十一行 押尾白文法良之印方印 朱文可盦方印

崇山峻嶺鬱千盤，圖畫休將圖畫看。彷彿閩疆霞嶠路，碧雲深護萬松寒。余昔行八閩道中，合沓雲峰，虧蔽天日，時聞松風謖謖，今披圖如獲重游。此等真景，非妙手不能摹繪，非身歷者亦不能領會也。巨師畫曾見數幅，就中北平李氏所藏《萬壑圖》橫卷與此相類，異曲同工，餘則罕有其匹。此幅筆墨之雄渾，氣味之深厚，臨摹家縱能形似，焉能神似？斷爲真蹟，又不獨『宣和』、雙龍諸璽堪爲左證也。利津李佐賢。行書共□行 押印不記。

文湖州竹軸

絹本，高六尺三寸八分，寬四尺六寸五分。墨筆。晴竹一竿，自右向左，勢下垂而梢上仰，繁枝密葉，皆可尋源。自題在上中，又懶魚題在左。與可畫世已罕見，此與下一幅皆濰邑陳壽卿京卿所藏。

熙寧二年己酉冬至日，巴郡文同與可戲墨。大楷書五行 押兩方印不辨。

老可自是瀛洲仙，才名四絶稱世賢。風神蕭散孰敢擬，不矜藻麗務清妍。賦性孤高惟愛竹，移家欲住篔簹谷。直待幽思寄毫端，信手寫出森森玉。新梢老榦宛如真，坐見鮮飆起緑寒二字顛倒。當時一寫超群俗，紛紛餘子驚心目。再寫湘江兩岸秋，蒼翠依稀隔林麓。三寫四寫少人知，渭川千畝連淇澳。邇來歸自湖州守，玉堂學士皆蜀叟。風月文章皆同調，心契能聲篤相友。或時對酒發浩歌，醉墨變化無不有。鸞翔鳳舞鬼神驚，烟飛雲擁蛟龍走。看來畫法合書法，柯葉分明生篆籀。乾坤清氣入詩脾，光嶽英華歸畫手。問君何處得此圖，價重千金莫肯售。應須十襲秘錦囊，遺爾雲仍垂不朽。嬾魚。行書十二行　押兩方印，不辨。

文湖州晴竹軸

絹本，高四尺二寸，寬一尺一寸五分。墨筆。片石獨立，石後晴竹三竿，墨分深淺，枝葉上仰。題在右。

與可筆。行書一行　押尾白文與可方印

二題在詩堂。

虚心冰雪榦，香葉孔鸞巢。素壁餘雲氣，朱甍卷露梢。風清金石奏，節重歲寒交。會見昂霄漢，何能混草茆。王寵。真書三行　押尾白文王寵私印方印

西齋半日雨浪浪，雨過新晴出短牆。塵土不飛人跡斷，碧陰添得晚窗涼。王守。真書二行

押尾白文涵峰方印

米襄陽雲山圖軸

絹本，高六尺八寸，寬三尺七寸五分。墨筆，微著色。岡巒圓渾，林樾濃鬱，樹榦只作一筆，碎石只類圓圈；中左沙磧縈洄，水口交互，橫跨小橋，左右林中，俱藏茆舍，幅巔依山，朱樓高起，主峰中立。無款。

中上朱文皇宋之寶方璽

左上朱文宣和殿寶方璽　乾卦圓璽

右上朱文政和半璽　之印半璽　白文御書長方璽

左下朱文婁東畢瀧澗飛氏藏長方印　墨文魁□學士方印

右下朱文孟津王鑨世寶長方印　琅邪世家方印

題在詩堂。

宋海嶽雲山圖真跡。此圖前朝内府藏本，未經文、董諸公寓目，故無題識。相傳賜孟津王氏。觀其烟雲變幻，氣魄沉雄，全從北苑化出，非老米不辦。竹癡親家得此，足以壓多寶船也。顧光旭題。行書十三行　押尾朱白文臣光旭方印　白文江東顧氏方印

黃字壹千叁伯柒拾肆號宋米元章山水一軸。此宋内府舊題一行

外簽，題在畫櫝之面。

米海嶽真蹟。分書一行

又跋粘畫櫝之内。

此圖與楊青巖所藏大米《雲起樓圖》無二。《雲起樓圖》米亦無款，右角有宣和題『山川出雲，爲天下雨』八字，董文敏上題『雲起樓圖』四字，兩旁皆題滿。質余一載，贖去，今在無錫秦氏。嫌其絹太破，不如此圖之完整。此圖本河南王仲和家物，後歸餘姚呂氏。呂名本，前明奸相也。嘉禾一友從呂氏購出，售余□□金。竹癡記。行書四行　押尾朱文畢方印

右角乾卦印是宋高宗印。蓋上所刻分書是孟津王覺斯字無疑。外注一行

按：此圖雖無款，實與《雲起樓圖》筆墨無異。《雲起樓圖》舊藏太原温氏，予曾寓目，今不知歸何所矣。

米襄陽雲起樓圖軸

絹本，長六尺五寸，寬三尺四寸。墨筆，寫意。下段似有缺軼。景分七層：起手第一層，平林露頂；二層，圓岡戴樹；三層，林杪露樓閣三楹，即所謂雲起樓也；四層，

兩山之間，林木模糊；五層至七層，俱作圓岡無樹。通體墨汁淋漓，烟雲繚繞，其用筆渾淪，無蹟可尋。無款，有印在左下角。

白文米芾之印方印　朱文元章方印

右上題。

天降時雨，山川出雲。行書，乃宋徽宗筆　押尾朱文御書方璽

裱綾三面俱經董文敏題。

雲起樓圖。行書大字横題　董其昌書。在上綾邊

徽宗『御書』小璽下有『米芾之印』、『元章印』。蓋元章爲書畫學博士時所進御，元章狀所謂『珍圖名畫，須取裁聖鑒』者也。後有『朱象元印』，此吾鄉司成，好古具眼人。米畫以此圖爲甲觀。其昌。行書□行，在右綾邊。『朱象元印』想在缺處，今已不見

光禄澈如吴年丈屬余作《書疑是『雲』起樓圖》，卷、軸、團扇共三幀。余未愜意，以此圖貽之。又欲爲補趙文敏《汲長孺傳》，合成雙美。澈如以文章氣節名世，非古人名蹟，何足爲雲起樓重也？董其昌。行書□行　押尾白文知制誥日講官長方印　白文董其昌印方印　此跋在左綾邊

祝枝山謂：『米畫紙不用膠礬，不肯於絹上壁上作一筆。今所見米畫作絹者，皆後人僞作。』然此幅與前幅經宋徽宗、高宗及董文敏、王文安鑒定，其爲真蹟無疑。按《格古要論》：『元章畫紙，不肯於絹上畫，臨摹古畫有用絹者。』又《書畫舫》云：『《杜東原

集》題米畫：「蛟人水底織冰蠶，移入元章海嶽庵。醉裏揮毫人不見，覺來山色滿江南。」』觀此，則元章無絹畫之説，未爲定論也。

趙千里岳陽樓圖軸

絹本，高一尺一寸，寬一尺三寸。工筆，山石青緑，樓閣金碧，布景設色，鮮妍奪目。起手石磴曲折，二客先後同登，飛閣淩霄，開軒臨水；對岸艤舟無數，但露帆檣；上方湖天空闊，征帆聯翩而至。無款，有印在下角。

朱文趙千里印方印

郭河陽雪景山水軸

絹本，高七尺有五分，寬二尺一寸二分。工筆，雪景，微著色。起筆長橋跨水，左右平林，樹留紅葉，石帶折皴；中幅危峰對出，高懸瀑布；峰巔木杪，迭露梵刹，主峰在上中。無款印，左右裱綾題跋。

郭熙真蹟。甲辰夏五，觀於婁江舟次。其昌。行書一行　押尾朱文昌方印

辛丑秋，觀於瓜渚江樓。東村劉藻。行書一行　押尾白文劉藻方印　朱文水心氏方印

康熙辛亥，觀於長安邸舍。華亭沈荃。行書一行　押尾白文沈荃之印方印　朱文繹堂方印

乾隆戊辰冬月，觀於湯都客舍尋樂堂。後學張維道。行書一行　押尾白文維道方印　朱文允濟方印

此畫爲胡小琢刺史所藏。刺史收藏頗富，近來多分贈同人，獨此軸則珍似璆琳，不肯輕易示人者。

郭河陽七賢度關圖

絹本，高六尺四寸五分，寬二尺有五分。墨筆，兼工帶寫。層巒疊嶂，綿亘不絶，充牣滿幅。瀰漫積雪，焦墨鉤成，如奇雲萬變，不可端倪。一橋横亘，已度者二人，將度者五人，一叟乘牛，六人策蹇，俱作顧盼問答之形，畏寒凜慄之狀，妙於形容。關踞山腰，群峰攢簇，峰坳多徑寸小樹，近巖作喬松六株，高二尺許，全局俱振。題在上。

河陽郭熙擬古。楷書一行　押尾白文印不辨。

馬侍郎群靈朝觀音圖軸

絹本，高六尺四寸，寬二尺七寸七分。工筆，重設色。觀音衣白，坐山石上，瓶插柳枝。面前群靈左右列，有執笏者，有拱手者，有執各儀衛者以及四目雙翼，牛首蟒身，

怪怪奇奇，不可思議。石後一人，袍帶拱立，後一童子。祇樹成林，雲山滿幅。題在左下。

馬和之恭繪。隸書一行

右下朱文安儀周家珍藏長方印

上題在詩堂。

引首朱文洗竹所長方印

杖錫早能超萬劫，徐聽説法坐千人。卧雲徙倚三生石，汎爾慈航隔世塵。石川寰。行書七行

押尾白文省訓堂印長方印　白文石川吟藁長方印

裱綾邊白文寬夫收藏方印

李晞古渭水招賢圖軸

絹本，高五尺九寸，寬三尺二寸。布景墨筆，人物設色，山用大斧劈皴。下作平坡，文王朱衣，太公白衣，相向拱揖，坡上釣竿書篋各一；左方四人牽馬執儀衛，蓋文王之侍從也；巨石上古松二株，一俯一仰，盤曲夭矯，垂蔭滿幅；右上孤峰斜矗，後露遥山。無款。左右下方似被翦裁，想款已割去。上題在詩堂。

太公望呂尚者，東海上人。其先祖嘗爲四岳，佐禹平水土，甚有功。虞夏之際封於呂，

或封於申，姓姜氏。夏商之際，申、吕或封支度子孫，或爲庶人，尚其後苗裔也。本姓姜氏，從其封姓，故曰吕尚。吕尚蓋嘗窮困，年老矣，以魚釣奸周西伯。將出獵，卜之，曰：『所獲非龍非彲，非虎非羆，所獲霸王之輔。』於是周西伯獵，果遇太公於渭之陽，與語大悦，曰：『自吾先君太公曰：「當有聖人適周，周以興。」子真是耶？吾太公望子久矣。』故號之曰『太公望』。載與俱歸，立爲師。右《史記·太公世家》。道光戊戌二月，吴榮光書。真書十八行　押尾朱文荷屋方印

此幅李晞古真蹟，非馬夏輩所能夢見。惜左右爲人裁去，故不見款識耳。丙申九月，得於京師，因書《史記·世家》於軸端。戊戌二月十二日，并記於福建藩署之來復吉齋。伯榮時年六十有六。行書四行　押尾白文榮光之印方印

馬待詔觀瀑圖軸

絹本，高六尺七寸，寬二尺二寸，惜絹已殘損。墨筆，寫意，山皴大斧劈。一峰獨秀，上矗雲霄，峰腰泉落，尋丈虬松二株，一偃一仰，仰者夭矯拏雲，及峰之半，一客坐松下觀瀑，一童侍後。題款在左下。

馬遠。隸書

馬祇候黄鶴樓圖屏

絹本，高一丈一尺三寸，四幅通景，共寬七尺四寸。設色樓閣，工筆山水，寫意。畫黄鶴樓江天雪意。樓前繚以長垣，垣外垣内，迴廊畫閣，通衢坦夷，綽楔當路，三門洞啓。門内行人絡繹，有乘馬者，有牽馬者，有立觀者；迤邐前來，有荷擔者，有抱琴者，有執各器物或携食具者，有釋擔而憩者，有歷階而升者，有引領遠望者，有臨階俯瞰者，有匍匐在地者，有舉袂蒙面或以袖掩口作禁寒狀者。門前垂松兩株，夾峙群舍，盡處鶴樓高峙，上入雲霄，畫棟雕甍，千榱萬桷。樓計三層，上層無人，中下兩層遊人填溢，户牖或闔或闢，就中憑闌者、倚牖者、獨眺者、并坐者、觀畫者、對飲者，各極情態，不可殫述。樓後臨江漢，空中仙人乘鶴高騫。對岸左方，高峰挂雪，峰頂半露高閣，右方山村點綴，村前水閣平臺，臺上二人就船買魚，臺下泊魚舟凡三，臺右泊舟大小各一，舟中岸上俱有人，多寡不等。款在末幅樹根。

馬麟。小楷書

下角白文詒晋齋印方印　朱文皇十一子方印

宋人溪山深秀圖軸

絹本，高四尺七寸五分，寬二尺三寸。墨筆，工細兼寫意，山用小斧劈兼鬼臉皴，樹多虬枝下垂。下段臨水村居，林屋重疊，室内人五，門外擔負人三，舟中人三；中段平坡迤邐，登坡人三，坡左又露小村，村前驅犢人、乘舟人各一，過橋人三，坡後峻宇瓊樓，映帶林巒；上段主峰中立，群山朝拱。題在左下，『李成』二字，真書。前人久作無李論，此款詎能深信？然通幅墨氣沉厚，深入絹素，的屬宋人佳品。或果屬營邱真蹟，或宋人仿營邱者，俟識者鑒之。

左下朱文青藜□□□□長方印，半泐

裱綾邊白文雲心珍賞方印　朱文太原温雲心氏鑒藏方印

宋人仙山樓閣圖軸

絹本，高六尺五寸，寬三尺六寸五分。工筆，青緑色，山廓石皴鈎勒俱用泥金。下段兩艇并泛，一艇内高人坦腹倚篷，一艇内舟人向之，旁艤一舟近岸，一童持櫂；登岸三人，前者冠帶朱衣，中者白衣曳杖，後者冠帶藍衣，又二人舁酒罎從之，欲度石橋；橋左水榭半隱，榭右長阪緜亘，二白鶴游於其上，榭左水碓，有屋覆之，屋後一軒垂簾，軒右長廊，三人雅集，二色衣，一白衣，倚欄一童，朱衣侍立；層山之上，微露石磴，一人荷榼前行，上有平臺樓閣，近主峰矣；主峰形似仙掌，峰巔更矗丹臺，右覽江天帆影，遥山映帶。無款，而筆意大似大李將軍。亦陳壽卿藏。

宋人山水巨軸

絹本，高八尺一寸三分，寬七尺一寸。墨筆人物，微著色，已脱落。布景稠密，下段左方疏籬茆舍，一人門前埽徑，舍後一客乘馬，一人擔荷前行，舍右林下，三人倚竹對立；中間峰巒缺處，飛樓迭現，右方一人曳驢過橋，山坳青簾高揭，一人拄杖前行；上段崇岡峻嶺，起伏無窮，泉水亂流，林木攢簇，主峰居左，陪峰在右。無款。舊簽題『關仝山水』，實無確據。然筆力沉著，墨氣深沉，斷爲宋人畫無疑。

上方朱文怡親王寶方印

左下印未記。

宋人停車坐愛圖軸

絹本，高一尺，寬一尺四寸。工筆，青緑朱藍，設色穠豔。寫唐詩『遠上寒山』意。四山回合，一朱衣人坐石上，停車在側，旁立二人，當係推車者。楓林幾簇，木葉紅碧相間，花勝二月；中段白雲翁起；上段兩山間露出舍宇，紅葉遮映，深窈無際。無款。下方鑒賞印，未録。

宋人村學圖軸

絹本，高一尺四寸五分，寬一尺五寸五分。工筆，著色。松下書堂，户牖洞啓，堂中老塾師端坐，童子環而就案展卷者三人；堂外一婦人牽一童子，似將送入塾中，童子作反走不前狀，前一男子持竿逐花猪，回顧婦人，似與語者，各極情態。無款。筆意頗與劉松年爲近。

上角白文和碩怡親王寶方印　中和方印

下角朱文柱國武安侯印長方印　白文□氏家藏方印　明善堂□氏書画印記長方印

楊用修《名畫神品目》有毛文昌《村童入學圖》，即此畫所本。

金

任君謀山水軸

絹本，高四尺一寸七分，寬二尺有五分。粗筆寫意，微著色。下段喬木成林，林下蔭屋，門對小山，徑通略彴；上段峰高泉落，對岸方亭中一客坐而觀瀑。筆法蒼古簡勁，洵屬名蹟。題在左上。

辛巳秋初有三日，龍巖君謀畫。行書二行　押尾白文君謀長方印　白文任氏私印方印

上題在詩堂。

任君謀，名詢，號南麓貴子，易州人，生於虔州。正隆丁丑進士，歷益都勾判官、北京鹽使。爲人慷慨，多大節。畫入神品，山水師王庭筠、張才，得其三昧，書法不讓二王。評者謂畫高於書，書高於詩，詩高於文。見《金史·文藝傳》。又按今世傳君謀石刻有《古柏行》，款署『龍巖』。此畫得於京師海王村，亦署款『龍巖』，筆力清剛，與《古柏行》無異，其爲君謀真跡無疑也。君謀書畫，在當時已名震一世。况此幅題『辛巳秋初』，乃正隆六年所作，迄今已七百二十有五年，而絹素完好無損，豈易覯耶！重付裝潢，當球琳寶之。同治戊辰新秋，利津李佐賢竹朋題。行書十六行　押印二，不録。

書畫鑑影卷二十　軸類

元

趙文敏詩翰軸

絹本，高四尺餘，寬一尺六寸。字體開拓，筆力圓潤中自具勁健。雖無款，固非松雪不辦。

湘簾疎織浪紋稀，白紵新裁暑氣微。庭院日長賓客退，繞池芳草燕交飛。行書□行　押尾朱文趙氏子卬方印

籤題。

趙文敏公真蹟。詒晋齋七十一歲藏。

趙文敏詩翰軸

絹本，高三尺七寸，寬一尺三寸八分。書太白詩，字體圓健，揮灑自如。

問余何事栖碧山起至別有天地非人間止　子昂。行書三行　押尾朱文趙氏子卬方印

趙文敏鷗波亭圖軸

絹本，高八尺餘，寬三尺餘，著色。通幅布景三疊，空闊處居其大半，俱作波平浪静之景。隔水崇岡，東西側注，岡上三茂樹，一凋樹，一拳曲柳，枯藤縈絡，亭在幅中岡後半隱；林中一人脱巾露髻，憑欄遠眺，漁舟内紅衣童子垂釣；遠山近渚，烟水渺茫。款題在右，又在上，又王題。

至大三年六月，吳興趙孟頫爲吳彦良畫。楷書□行　押尾朱文趙氏子印方印

岸静樹陰合，江清雲氣流。可憐無限景，詩思落扁舟。子昂又題。行書□行　押印仝前。

吳興名邦山水曲，上箬下笠蘭苕緑。翰墨學士偶歸來，小立鷗波送吟目。亭前倒開天十頃，玻璃風動珊瑚影。鹿頭舫子漁家郎，想有蠻歌度深静。故人徵畫復徵詩，真行妙墨臨羲之。嗚呼鄭虔三絶世無有，何幸得見至大三年時。至正壬寅八月白露日，王逢題。行書□行　押尾白文王原吉氏方印　朱文席□山人方印

幅中鑒賞，墨林項氏印十三，蕉林梁氏印一，丹徒張氏印三，未詳記。又兩印不辨。

趙文敏古木竹石軸

絹本，高七尺，寬三尺七寸二分，墨筆。怪石玲瓏，平坡芳草，石前修竹三竿，後枯

木一株。題在左上。

至治元年三月廿日，子昂畫。行書一行　押尾朱文趙氏子卬方印

題在綾邊。

趙吴興畫山水人物樹石，皆入神品。説者以爲逸品在神品之上，不知吴興于六法之外，以書爲畫。畫家不能爲吴興書，即不能爲吴興畫。如此圖全用八分飛白，興寄蕭遠，蓋神逸兼之矣。己酉重陽日，觀於墨禪軒因題。行書四行　押尾白文董玄宰氏方印

趙文敏雙柏圖軸

絹本，高四尺餘，寬失記。墨筆。雙柏交加，屈蟠夭矯，筆意圓渾，墨氣濃厚，如其書法。題在左。

戰國方忿争，險絶悉開去。斯樹逃空谷，苟生偶成趣。山中無木客，千載復何慮。當兹太平世，努力樂高舉。大德元年秋八月，子昂。行書□行　押尾朱文趙氏子卬方印

下角□文武林袁氏春圃珍藏方印　子孫永寶方印

錢舜舉雙瓜圖横幅

絹本，高九寸九分，寬二尺有六分。青緑色，工筆。帶葉雙瓜，枝蔓有生趣。題在左。

金流石爍汗如雨，削入冰盤氣似秋。寫向小窗醒醉目，東陵閒説故秦侯。舜舉。行書三行

押尾朱文舜舉方印　白文舜舉印章方印　白文錢選之印方印　白文清輝□□方印

右下方印不辨。

李息齋墨竹軸

絹本，高四尺九寸，寬二尺一寸五分。墨筆。坡陀偏右，磐石居中，晴竹二竿在前，墨氣較濃，左右高低相讓，一竿居後，墨色微淡，上露枯梢，下方叢篠芳草，繞石環生。無款，右有印章。

朱文息齋方印

下角白文都尉耿信公書畫之章方印　又一印惟『耿昭忠信公氏』六字可辨。

李息齋松石軸

絹本，高五尺七寸，寬二尺七寸二分。墨筆。頑石數拳，石前點葉樹一株，石後古松一株，枝葉交加，環石晴竹幾竿，墨氣濃厚。題在右方。

息齋道人作。真書一行　押印模糊。

下方朱文息齋方印　安儀周家珍藏長方印　張爾唯方印　敬亭長方印　六有堂書画印方印

簽題。

李息齋寫松石圖真蹟。妙品。詒晋齋藏。真書　押尾朱文成親王方印

唐子華岸闊帆懸圖軸

紙本，高三尺六寸，寬一尺六寸三分。墨筆，寫意。主峰在下，林木攢生，右峰高聳，左開湖面，湖岸山遥，兼露帆影。自題在右上，張題在中上。

潮平兩岸闊，風正一帆懸。至正辛丑秋日，用北苑法寫王灣詩意。唐棣。行書四行　押尾白文子華方印

子華此圖全師叔達典型，燦然得其筆潤森鬱之氣，亦元人中之巨擘也。吴郡張丑。行書四行　押尾朱文青父方印

下左右朱文元美□印　子京父印方印　大雅長方印　白文汪砢玉印方印

菂林跋并詩在裱絹邊，未録。

黄大癡天池石壁圖軸

絹本，高五尺五寸三分，寬二尺三寸。淡著色，寫意。下段林巒稠密，左有山村，右有水榭，下有板橋；中幅峰巒重疊，灌木叢林，點綴野屋，右峙石壁，下繞曲欄，上

懸飛瀑，溪邊屋宇對出；上段危峰中立，杉林中微露梵宇，旁植旛杆，臨風摇颺。通幅布景茂密，幾無隙地。用筆清剛，力透紙背。題在左上。

至正元年十月，大癡道人爲性之作天池石壁圖，時年七十有三。真書三行　押尾方印不辨。

上方朱文三希堂精鑒璽方璽　乾隆御覽之寶長圓璽　石渠寶笈長方璽　白文乾隆御覽圓璽　宜子孫方璽

下左朱文皇十一子方印　白文詒晉齋印方印

下方白文俞籛年印方印

跋在左右綾邊。

引首朱文詒晉齋印長方印

此畫是子久真蹟。張伯雨稱其『峰巒渾厚，草本華滋』，信然。

乾隆戊申十月，皇十一子識。真書□行　押尾朱文永理之印方印

劉完菴仿大癡畫，上有楊龍友題云：『黄大癡喜作《天池石壁圖》，一在吴門，一在雲間，一在鑾江，而鑾江爲最。』余與友人同觀者累日。是龍友所見已有三本，而董文敏《容臺集》以爲所見子久《天池石壁》皆贋本。何也？豈此三本皆未得見耶？此幅未識即屬三本内之一與否，要其筆力清剛，氣韻深厚，固非子久不辨。李佐賢題。

《書畫彙考》載一幅，款係『至正九年四月一日，大癡』，與此本異。可見大癡喜作《石壁

圖》之説不謬。

黄大癡山水軸

絹本，高五尺九寸五分，寬二尺三寸八分。淡著色，寫意。林巒茂密，棟宇參差，左藏樓閣，中建茆亭，右方危厓重疊，上方雙峰對出，左特高聳，懸瀑下垂。絹素下半已損，上半神采奕奕，决爲真蹟。題在右上。

至正辛卯八月，大癡爲叔敬賢親畫於西湖之東。是月十八日識。行書三行　押尾朱文大癡長方印

白文黄氏子久方印　朱文一峰道人方印

倪高士漁莊秋霽圖軸

紙本，高四尺，寬二尺有三分。墨筆，寫意。下半石坡重疊，六樹叢生，上段遥峰沙磧。題在中右。

江城風雨歇，筆研晚生涼。囊楮未埋没，悲歌何慨慷。秋山翠冉冉，湖水玉汪汪。珍重張高士，閒披對石牀。此圖余乙未歲戲寫於王雲浦漁莊，忽已十八年矣。不意子宜友契藏而不忍棄捐，感懷疇昔，因成五言。壬子七月廿日，瓚。行書七行

題在裱絹左右。

倪元鎮漁莊秋霽圖。玄宰題。行書一行

萬曆辛丑三月，獲觀于天馬山之雙松僧舍。七十七翁宋旭。行書二行

石田云，雲林戲墨，江東之家以有無爲清俗。孫克弘。隸書二行　押尾白文漢陽長印方印

倪迂蚤年書勝于畫，晚年書法頹然自放，不類歐、柳，而畫學特深詣，一變董巨，自立門庭。真所謂逸品，在神妙之上者。此《漁莊秋霽圖》，尤其晚年合作者也。仲醇寶之，亦氣韻相似耳。董其昌。己亥秋七月廿七日，泊舟徐門書。

倪高士疎林小景軸

紙本，高三尺有五分，寬二尺六寸。墨筆，寫意。陂陀兩疊，三樹叢生，後映小山，餘無點綴，樹法清勁絶俗。自題在右，又題四段在上。

疎林小筆聊娱戲，畫□金華張隱君。好爲林間横玉笛，秋風吹度碧山陰。倪瓚畫并詩書，贈德性徵君。歲七月。

乾隆丙子御題一段，又易履、俞希魯、盛萬年題共三段，未録。

倪高士林亭遠岫圖軸

紙本，高二尺四寸，寬一尺五寸五分。墨筆，寫意。小橋平坡，竹陰亭子，三樹成叢，

遠岫在望。題在左上，已剥殘。

敬亭山色青如染，宿德幽居在西崦。片雲出岫本無心，拂□□梢晴冉冉。江西汎影又江南，笑看群狙等四三。道過化城聊暫止，更營寶净小禪龕。九月望日，過孤雲大士寶净精舍，留宿一日，爲畫林亭遠岫并賦。無住主嬾瓚。□書九行

下右朱文清森閣書畫印長方印　白文何氏元朗方印

上下裱絹，吴胤、吴夢印、吴展三題，未録。

倪高士小山竹樹軸

紙本，高三尺七寸，寬一尺四寸。墨筆。竹樹蕭疎，山石雅秀。題在上。

來訪幽居秋滿林，塵喧暫隔散煩襟。風迴硯沼摇山影，夜聽寒蛩和客唫。危磴白雲侵野屐，高桐清露濕瑶琴。蕭然自得閒中趣，老鶴眠松萬里心。至正壬午秋仲，雲浦判官設茗讌，索余作畫，因寫小山竹樹以贈。東海雲林子瓚。行書九行

上方朱文乾隆御覽之寶長圓璽　石渠寶笈長方璽　白文乾隆鑑賞圓璽　朱文寄傲長圓印　子京壺盧印

平生真賞方印

左下角朱文宫保世家方印　清華講官方印　白文半古樓居氏所藏長方印

右下角朱文檇李圓印　虚朗亝方印　銕史方印　蕉林方印　項墨林父秘笈之印　白文子孫世昌

方印

題跋在左右絹邊。

清閟當年風度，雲林此日襟期。每向詩中見畫，今於畫裏觀詩。石田老人沈周。行書三行

押尾白文石田方印　朱文启南方印

迂翁畫在勝國，可稱逸品。昔人以逸品置神品之上，歷代惟張志和可無愧色。宋人中米襄陽在筆墨蹊徑之外，餘皆從陶鑄而成。元之能者雖多，然稟承宋法，稍加蕭散耳。吴仲圭大有神氣，獨雲林古淡天真，米顛後一人也。甲子八月二日，董其昌觀因題。行草書四行　押尾朱文董其昌印方印　白文宗伯學士方印　此跋載《書畫彙考》卷一《畫論》之三十六頁

雲林畫近世極推巨手，思翁極贊此幅，信爲得意之筆。石田老人詩亦極推稱，均非虛美也。成親王。真書二行　押尾朱文皇十一子方印

雲林畫世多贋本。此幅秀骨天成，真所謂藐姑僊子，不食人間烟火者。即題字亦饒别趣，豈凡筆所能彷彿耶？同治己巳冬至前三日，利津李佐賢。行書六行　押印不記。

倪高士幽亭秀木軸

紙本，高五尺四寸，寬二尺八寸。墨筆。下段石坡間土，坡上虛亭無人，亭前攢樹四株，亭後環以叢竹，亭左右竹木蕭森，小橋横跨；上段方岡碎石，岡後峰巒三疊，嵐

光遥映。題在上。

七月一日風雨急，桐里湖邊吟夕涼。蕉葉滴懸籠翡翠，荷花迷睡鎖鴛鴦。却疑身在瀟湘渚，且著舟停雲錦鄉。笑我雖非徐孺子，陳蕃下榻更銜觴。七月一日，留昌言高尚書堂，戲寫此圖并賦贈焉。瓚。壬子。行書共七行　押尾朱文雲林聯珠方印　朱文倪元鎮氏方印　下角白文詒晋亝印方印　錢載方印　朱文□氏鑒賞方印　錢方印

題跋在裱綾邊。

倪雲林山水真蹟。庚戌十一月望日，八十三老人錢載題。行書一行

籜石先生於乾隆癸卯南歸，此鄉居時所題簽也。嘉慶〔一〕丙子余購得之，相距廿七年矣。圖中『錢』字朱印及名印猶是予手製。成親王記。□書□行　押尾白文詒晋齋方印　朱文壬申以後書長方印

『瓚季』題款不多見。□書，似以『壬子』二字爲『季』字　押尾白文成親王方印

《畫彙考》有雲林《桐里湖堂圖》，亦題此詩，微易數字。款係『留昌言云云，瓚。七月一日』。應屬同時所畫。

校記

〔一〕『嘉慶』，原作『喜慶』，徑改。

倪高士霜柯竹石軸

紙本，高三尺七寸，寬一尺五寸五分。墨筆。起手平坡細篠，惜已漫漶，片石在左，竹木在右，雙樹居前，雙竹蔭後，各分高下，賓主顯然，木杪向左，尚帶微葉，竹梢向右，偶露繁枝。題在上右。

來訪幽居秋滿林，塵囂暫可散煩襟。風迴研沼摇山影，夜静寒蛩和客吟。危磴白雲侵野屐，高桐清氣濕完琴。蕭然不作人間夢，老鶴眠松萬里心。八月十三日，爲耕漁隱者寫霜柯竹石并詩。瓚。 真書共六行 此詩與《小山竹樹軸》題同，而易九字

左下朱文商邱宋犖審定真蹟長方印 □文一號□夫方印 鐵墨堂長方印 張氏少□方印 又三印不辨。

右上下□文借亭方印 蔡少文方印 乾静齋長方印 琅邪忠貞瀟洒世家長方印 又三印不辨。

趙仲穆武皇天閑閱駿圖軸

絹本，尺寸失記。設色，工筆。閲時未經詳載，兹依《愛吾廬書畫記》載入。人凡四，皆作挽轡徐行狀，肅穆恭謹，威儀如睹；馬凡四，黑黄蒼白，黑者尻間四蹄帶白，餘俱純色；雕欄横界，奇石玲瓏，襯以敷色牡丹及墨竹。有款。

仲穆趙雍繪圖。行書一行　押尾白文趙雍方印

《書畫記》又云絹左闌角微露回肘衣紋，下露石頂。詳參位置，所缺實多。以氣象擬之，似漢秺侯牽馬過殿事蹟，遂爲標題。

王叔明夏山高隱圖軸

絹本，高六尺五寸，寬二尺八寸。微著色，兼工帶寫。下段右方，林屋中高士據牀而坐，旁一童捧盤，庭前一童調鶴，左方室内外各一人，中間林陰繁薈，流泉下注，兩山缺處，一人捧敕前來，當係使臣徵召高士者；中段兩山間三露梵宇，一露茆屋，大壑奔泉，瀠洄曲折；上段高山峻嶺，瀑布孤懸。題在右上。

夏山高隱。至正二十五年四月十七日，黄鶴山人王蒙爲彦明徵士畫於吴門之寓舍。真書三行

押尾朱文蒙方印　朱文叔明方印

右下朱文慎邸珍藏方印　永瑢壺盧印　士奇之印方印

王叔明松山圖軸

紙本，高三尺，寬一尺五寸五分。兼工帶寫，水墨雲山，皴用披麻。岡巒迴互，松杉聯絡，瓦屋連楹，水榭跨澗，正峰居中，群山合抱。題在右上。

至正廿有二年秋九月，黄鶴山人王蒙画于玉鱗塢中。真書二行 押尾朱文王蒙印方印 朱文叔明方印

上方朱文乾隆御覽之寶長圓璽 石渠寶笈長方印 三希堂精鑒璽長方璽 汪氏柯庭秘玩長方印

白文宜子孫方璽

下左朱文子京父印方印 永存珍秘長方印 安定郡圖書印長方印 白文墨林山人方印

右下朱文雁門文氏家藏長方印 天水趙氏家藏長方印

王叔明鶴巢圖軸

紙本，高五尺，寬一尺六寸。墨筆，皴如古篆。起坡處一人背行此處有缺，屬董文恪補筆。近接平岡，短垣横帶，修竹蕭森，板扉雙闔，草堂洞開，童子立垣外，楓樹交蔭，雙松鬱起，東偏山勢陡峻，高松蟠屈，亂石積巖，懸瀑怒激，堂後萬木蕭槮，孤松獨秀，鶴巢其巔，中峰奇突，石壁右削，遥山數疊，石骨可辨。題在上。

鶴巢松樹偏，人訪蓽門稀。黄鶴山中樵者王蒙画。篆書□行 押尾白文王蒙方印 朱文黄鶴樵者方印 蔡友石平生真賞方印

左綾邊有蔡友石世松一跋，未録。

《愛吾廬書畫記》云：『董文恪爲本朝名手，下角補筆雖宛然無痕，然神骨終遜一籌。蓋山樵筆力，游刃有餘，斷非規摹所能到。蔡跋稱其「全以篆籀之法爲之，樹如屈鐵，

山如畫沙，力透紙背，而墨光復奕奕紙上」，非虛譽也。』

王叔明雅宜山齋圖軸

紙本，尺寸失記。此圖亦就《愛吾廬書畫記》載入。勒筆圓勁，皴筆披拂，兼用篆隸。崇山峻坂，充牣高下，平原環水，茅堂相接，長松九株，俯仰虧蔽，懸瀑側注，激湍横溢，一人對瀑危坐，巖石疎竹，細草承蔭，傍階苔點離離，不著雜木。繁重簡遠，會心并到。題在左上。

雅宜山齋。篆書一行

黄鶴山人王叔明爲雅宜生陳惟允畫，時至正十八年四月也。楷書□行　押尾朱白文王叔明印方印

下角朱文子有方印　白文褱古閣方印

倪雲林亦有《雅宜山齋圖》，《書畫舫》云係爲『陳徵君惟寅』作者，此作『惟允』，不相符合。雲林又有《贈陳君惟寅竹圖》，亦作『惟寅』，并非筆誤。閲《甫田集》，方知『惟寅』即『惟允』，名汝秩，不仕張士誠。雲林稱其『外混光塵，中分涇渭』者，蓋獨行之士也。

王叔明静深秋曉圖軸

絹本，高六尺五寸，寬二尺六寸。工筆，設色。紅樹秋山，層巒疊嶂。下段村落園亭，

樓閣隱現，計畫人凡十四、馬一、驢一、鶴三；上段中峰高起，蔚然深秀。題在右上。

静深秋曉。黄鶴山中人王蒙爲貞伯左司畫。篆書一行　押尾白文王蒙方印　朱文叔明方印　朱文黄鶴山中人方印

左下朱文蕉林方印　白文棠村審定方印

吴仲圭秋山古寺軸

紙本，高五尺九寸，寬二尺四寸五分。水墨，粗筆寫意，氣韻渾厚。主峰在中，左右澗壑瀠迴，村墟映帶，古寺中藏。款題左上。

秋山古寺。至正二年七月，梅道人戲墨。行書□行　押尾朱文梅華盦方印　白文吴鎮私印方印

右下白文嘉興吴鎮仲圭書畫記方印

左下朱文震澤王氏鑒賞圖書長方印　白文共月菴主方印

吴仲圭竹石軸

絹本，高六尺二寸三分，寬三尺四寸八分。墨筆。怪石中立，後映修竹二竿，一正一斜，下作穉竹三竿。題在右上。

輕陰護緑苔，清風翻紫籜。未參玉版師，先放揚州鶴。梅道人戲墨。草書三行　押尾朱文梅花

盦方印　白文嘉興吴鎮仲圭書畫記方印

右下白文長白法良方印　朱文可盦鑒賞圖書印方印

吴仲圭竹石軸

絹本，高六尺六寸，寬一尺七寸五分。墨筆。片石玲瓏，後倚修竹，一竿作迎風帶雨之勢，下作零枝碎篠，苔草間之。題在右上。

新蟬第一聲，獨有客先驚。何處尋秋信，蕭蕭葉上生。梅道人戲墨。行書三行　押尾朱文梅華盦方印　白文嘉興吴鎮仲圭書畫記方印

右下白文緑□主人方印，下半缺　又朱文印不辨。

盛子昭山居清夏圖軸

絹本，高五尺三寸，寬二尺五寸。青緑設色，兼工帶寫，山用荷葉及解索皴。亂石縱横，澗流曲折，澗側維舟，跨澗瓦舍連楹，一人解衣坐而納涼，兩童左右侍立，一在室中，一在室外，夏木濃陰，環繞前後，林外山勢蜿蜒，大壑停雲。無款，有印在左下。白文盛懋方印　朱文子昭方印

標題在詩堂。

元盛子昭真蹟。董其昌題。行書二行　押尾白文董玄宰方印

盛子昭淵明愛菊圖軸

絹本，高五尺七寸，寬三尺三寸五分。淡著色，兼工帶寫。下段淵明坐茆堂中，伏案伸紙，作沉思狀，一童侍立，堂下植菊成叢，一童採菊而進，對面一人送酒前來；上段有荷鋤牽牛過橋者，有曳杖客、隨行奚童荷傘向山亭者，有二人對立、奚童侍側者，右峰高聳，左方樓閣參差，後露遥山。題在上。

至正十三年秋九月既望二日，寫《淵明愛菊圖》。武塘盛懋。行書□行　押尾白文子昭甫方印

右下朱文春□山房方印　又鑒賞印二不辨。

盛子昭畫趙松雪霅溪釣雪圖軸

絹本，高六尺九寸，寬三尺六寸。著色，兼工帶寫。坡陀三疊，古木三株，小樹一株，微帶黄葉，坡前一小阜，寒蘆映帶，漁舟半隱，舟前畫松雪翁垂釣像，戴笠荷蓑，美髯豐貌，神閒意足，此下段也；上段岡巒迴互，流泉重疊，杉木叢林，梵宫遥現，主峰疊起，并露遥峰。樹枝苔草，用鈎粉法，空中墨染，用彈粉法作飛雪瀰漫之勢。朱題在上。

子昭爲松雪學士作《霅溪釣雪圖》。澤民題。行書□行　押尾朱文朱圓印　白文德潤方印　又有梅花圓印不辨。

下方朱文趙氏子印方印　□文天官大夫方印　王翬方印　石谷方印　又收藏印六，未詳記。

曹雲西石瀨雙松圖軸

絹本，高五尺餘，寬三尺餘。墨筆。起手平坡，沙石流泉，瀠洄數疊，坡側一偃木枕流，坡上喬松二株，并立干霄，松鬣茂密，虬幹交互，樹頂作半枯枝，松側附小樹二，枯樹一。題在右下。

雲西爲虛一作。行書一行　押尾白文□西道人方印

上左方題。

□君老筆天機熟，□瀨雙松未易摹。怪□營邱風骨在，君家□有《讀碑圖》。句曲外史題於金鼇玉麈之間。行書□行　押尾□文句曲外史方印　□文崇國世家方印

下方朱文商邱宋犖審定真蹟長方印　□文南皮張氏珍藏真蹟長方印　□文姚氏永寶方印

顧定之新篁軸

紙本，高五尺餘，寬一尺八寸。墨筆。畫新竹兩竿，生趣勃勃，枝枝著節，葉葉著枝，

籜筍凡三。寫以淡墨，用焦墨拂之。棘刺攢根，點綴成景。題款。

定之爲仲權作。行書二行　押尾白文顧安之印方印　白文迂訥老人方印

顧定之竹石軸

紙本，高五尺六寸二分，寬一尺八寸五分。墨筆。寫晴竹三竿，下倚磐石。墨氣濃淡相間，秀色可餐。題在左側。

定之爲海虞柳居雅友作。行書二行　押尾白文顧定之印方印　白文迂訥老人方印

顧定之竹石軸

紙本，高五尺一寸二分，寬一尺三寸七分。晴竹兩竿，比立亭亭，葉皆上仰，墨彩淺深互見，根下孫枝傍石，石骨透漏，芳草短棘繞石。點染筆墨雅飭。題在上。

至正壬寅秋七月，顧定之作于赤城江滸之賓月軒。行書二行　押尾白文顧定之印方印　朱文歲寒高節方印

左下朱文李氏珍秘方印　白文季雲審定真蹟方印

蕭圖南竹樓圖軸

紙本，高五尺四寸，寬一尺九寸八分。墨筆，寫意。石坡參錯，喬木叢篁，竹樓高聳，

樓中一人憑闌，一童侍側，雙峰在後，飛瀑懸空。題在右上，又方題、揭題在中。

竹樓結山半，直與羅浮通。雖近西山北，如連清禁東。翡葉何璀燦，置我緑雲中。規院月色入，迴廊霧氣濃。泉水詰曲流，源委靡易窮。卓錫事既往，挂瓢鮮希蹤。冀兹潺湲響，寫我寂寞衷。至正二年八月，小樓初成，賦詩寫圖，以誌歲月。南夫蕭鵬摶。行書六行

此山曾夢到，閱筆恍身遊。雅意君多勝，清言我一酬。好花應坐客，密竹已成丘。池上欣新霽，春鶯啼碧流。圖南契友携《竹樓圖》，過上清之花下，因賦詩于上，以當卧遊。金門羽客方方壺誌。行書五行　押尾朱文方方壺長方印

結廬山之坳，不與世人通。好風來牖北，明月照窗東。蘭蕙繞階砌，絃歌樂其中。四山湧蒼翠，萬竿碧陰濃。逝者如斯夫，洞邃窅難窮。巢許不可及，嚴光有芳蹤。景仰古之人，終焉此折衷。南夫蕭丈，高尚士也。觀其竹樓落成，賦詩寫圖，逸韻之致，概可見矣。因依韻和詩誌喜。揭傒斯并題。行書七行

上方朱文乾隆御覽之寶長圓璽　石渠寶笈長方璽　三希堂精鑒璽長方璽　白文乾隆鑑賞圓璽　宜子孫方璽

趙彦徵春景軸

絹本，高四尺九寸，寬二尺三寸。工筆，著色。石橋高跨，前後緑柳紅杏，春色滿林，

柳梢高樓獨聳，樓中女郎，憑闌下瞰，一鬟侍後，道傍一少年乘騎遊春，一童負擔隨行，俱回顧樓中，凝神注目。題在右上。

金勒馬嘶芳草地，玉樓人醉杏花天。隸書二行

至正二年春二月，吴興趙麟畫。真書一行　押尾白文趙麟之印方印　朱文浙江行省檢校之章方印

下角朱文□□□珍藏長方印　又長印不辨。

張溪雲山水軸

紙本，高四尺五寸七分，寬二尺二寸四分。墨筆，微著色，中鋒披麻皴。下段岡巒疊起，林木叢生，長橋跨澗，上覆長廊，中有兩人，橋盡處茆屋虚敞；上段主峰中矗，左右懸瀑，左上兩峰缺處，樓觀嵯峨，右方草閣内一人獨立。題在右上。

至正十又三年，溪雲張遜畫。行書一行　押尾白文溪雲方印

左下朱文唫芳館珍藏方印　西廬老人清賞方印

右下朱文多寶閣長方印　儀周鑒定　又白文印不辨。

趙善長臨董元溪山行旅圖軸

絹本，高五尺九寸五分，寬二尺三寸八分。寫意，墨筆濃厚。布景與董北苑《溪山行

旅圖》同，見前。題在右上。

莒城趙元臨董元《溪山行旅圖》。真書二行

上方朱文真賞壺盧印　白文丹誠圓印　琴書堂方印　都尉耿信公書画之章方印

下方朱文公方印　信公珍賞方印　珍祕方印　白文宜爾子孫方印　會侯□賞長方印

上題在詩堂。

此卷多耿氏鑒賞印，知曾經信公寶藏。《墨緣彙觀》載趙原《臨北苑溪山行旅圖》，絹本中挂幅，水墨山水，耿氏物即此。考《圖繪寶鑑》：『趙元，字善長，山東人，山水師董源。』《六研齋筆記》：『趙善長山水雄麗，可雁行叔明。』《畫人姓氏録》：『按善長，字丹林，一名原。《江南通志》：「元」作「原」。』觀此墨氣濃厚，筆力堅凝，信可當雄麗二字。《彙觀》以『元』作『原』，亦非筆誤也。李佐賢題。

元人群僊游戲圖軸

絹本，高五尺三寸，寬二尺八寸。粗筆，重設色。前後分排六層，俱有神采，衣縚紋方員兼用，筆意純熟。上方第一層，畫一赤身荷鋤人，一蓑笠執農器人；第二層，一藍衣拄杖人，一緑衣人身插相面相手旗，執拄杖人手談相，一藍衣人背負招牌，書『天罡行人靈時』，一緑衣人拱手，一藍衣人手執曲尺；三層，一瞽者胸前寫『推算五星課命』，一緑衣人手執竹竿二，一紅衣人執簽桶，桶寫『靈威觀音籤』，一黄衣人執紙筆，寫『加味人參湯』未完，立竿招牌寫『金絲萬應膏』、『千金丸』、『萬應散』、『防風湯』、『胃中湯』；四層，一乞丐破衣，手執瓦罌，二藍衣人，一展書册，一携書卷，一白衣人，一披髮僧，胸前寫『仰十方施主同結良緣』，手執『西方極樂净土』旛；五層，一緑衣人携歌鼓，一紫衣人持歌板，一緑衣人負琴囊，一手執《春秋》、《左傳》；六層，一道士執龜殼，一藍衣人拱立，一緑衣人背劍。共畫二十三人，惟二人無鬚，餘皆有鬚。空隙處俱有雲氣烘拖。并無題款，標題在左裱綾邊。

群僊游戲圖。元人能品。蕉林鑒藏。真書一行 押尾朱文方印，不可辨。朱文蕉林方印 二印俱蓋字上

下角朱文皇十一子成親王詒晋齋圖書印方印

外簽題。

元人群僊游戲圖。詒晋齋題。時年七十。

元人話别圖軸

絹本，尺寸失記。寫意，墨筆微著色。下段三木成林，林下兩人握手，似話别意；上段叢林藏寺，古塔巋然。山法二米，筆力生辣，類任君謀。其爲元以前人所作無疑。無款。

裱邊有時人題三段，未録。

元人歸獵圖軸

絹本，高五尺四寸，寬三尺八寸七分。著色，兼工帶寫。上作山坡古木，下作平地，一獵人乘馬向左行，著緑衣，上加狐腋半臂，帶弓矢劍器并兔。人馬俱奕奕有神。無款。畫境筆力，非元以後人所能到也。

上左朱文御用監太監韋氏□□方印

元人歲寒三友圖軸

絹本，高四尺八寸五分，寬二尺七寸一分。著色，工筆。片石玲瓏，白梅、翠竹、水仙交柯接葉，竹用雙鈎。通幅妍麗，而兼静穆，頗似舜舉筆意。無款。

題在裱邊。

清遠閑麗，兼而有之，非元人不能。松雪齋鑒藏，夢樓王文治觀并識。行書一行　押尾朱文王文治方印

又有時人題數段，未録。

女史管仲姬紫竹庵圖軸

紙本，高二尺二寸，寬一尺七寸八分。工細墨筆。瓦舍茅廬，竹林繞後，怪石當門，遠山雙疊。自題二段在右上，又柯氏題在左上。

引首白文竹石長方印

紫竹庵圖。篆書一行

元貞二年，歲在丙申，浴佛日作。仲姬管道昇。真書二行　押尾朱文管氏道升方印

色即空之對，秋深竹數層。年來浴吾佛，捉筆爲□□。道昇重題。行書三行　押尾朱文仲姬長圓印

我來學道卧龍宮，碧浪湖頭夜半鐘。烟月蒼蒼風瑟瑟，篝燈題畫興偏濃。柯氏貞白。小楷書四行　押尾白文淮素方印

上題在詩堂。

錢唐曹氏雪齋題五律一首，妙室五律一首，了凡净人題五絶一首，應善鸞拜題七絶一首，劉氏園秀七絶一首，均未録。

書畫鑑影卷二十一　軸類

明

朱孟辨蘆汀聚雁圖軸

紙本，高五尺一寸，寬一尺三寸。墨筆，寫意。湖鄉風景。下段坡陀，風柳摇曳；中段繁篠叢蘆，平隄聚雁；上段遠岸，遥山倒影。通幅烟水渺瀰，覽之無盡。題在上左右。

蘆汀聚雁圖。真書一行　押尾朱文朱孟辨方印

夜窗翦燭聽雨，偶閱叔升錢君所畫古木寒鴉小景，不覺技癢，因寫蘆汀聚雁以配之。適友人黃德謙在座，曰：『似瀟湘水雲景也。昔年過二妃廟，今復觀此圖，恍若重游，但少苦竹翳深耳。』予遂添叢篠其間，殊有天趣，并賦詩一絶云：『夜窗聽雨話巴山，又入瀟湘水竹間。湘滿旁加點未改，應是『浦』字冥鴻誰得似，碧天飛去又飛還。』甲寅三月修禊日，朱孟辨在西掖記。隸書□行

左下朱文曰藻珍玩方印

右下白文文伯仁德承章方印　汝礪長方印

此圖意境蕭疏，筆墨超妙，與惲南田如出一手。方知南田固學此翁而得其神髓者。然

今南田名滿天下，而孟辨畫不多見，名亦不著，豈非有幸有不幸歟？按孟辨名芾，華亭人，有詩名於雲間。見《皇明詩統》。

姚雲東山水軸

金箋本，高五尺三寸，寬二尺三寸五分。墨筆梅林，微著色，兼工帶寫，皴法如雨點。長松大壑，下有梅花書屋，屋内二人對坐，一童候門，門外隔林，一客拄杖過橋，泉流奔赴，山勢嵯峨。題在左中，又宣德御題在右上。

洪武三年夏日，雲東外史公綬畫。楷書一行　押印不辨。

宣德御覽。真書一行　上押朱文宣德御覽之寶方璽

商文毅書詩横幀

紙本，高四尺有三分，寬六尺，字徑尺餘數寸不等。

客行滿山雪，香處是梅花。丁寧明月夜，記取影横斜。牧羊山樵。行書八行　押尾白文商輅方印

朱文三元侍從之臣方印

幅前白文王世珍字玉聘號待庵方印

幅後白文王澍字□□號聖□長方印

金元玉書詩軸

紙本，高六尺四寸，寬一尺四寸，字徑四五寸。

手把秧鍼插稻田，低頭便見水中天。六根清浄方成道，退步元來是向前。元玉。行草書三行

押尾白文金氏元玉方印　白文玉芝丹寶方印

按：元玉名琮，金陵人，善書。文待詔極喜之，得片紙皆裝潢成卷，名曰『積玉』。見《列朝詩集》。又元玉學書，每夜然燭一枝，寒暑無間，見《金陵瑣事》。今其字不多見，余僅見此幅。其筆力剛健而兼嬝娜，固非文待詔所能抗行。

夏太常墨竹軸

絹本，高六尺一寸，寬二尺三寸。墨筆。巨石在右，石後修竹二竿，直上干雲，旁一穉竹，下一偃竹，作擎風帶雨之勢。題在左上。

鳳池春雨。自在居士筆。真書二行　押尾朱文仲昭方印　白文夏昶圖書方印

吕廷振花卉翎毛巨軸

絹本，高七尺二寸四分，寬四尺五寸。工筆，設色。偏左倚石石榴一樹，樹上著花，

樹下點綴萱花雜卉，上有二黄鸝，踏枝欲動，下有雙雞，將雛凡五。題款在右。

吕紀。行書 押印不辨。

商惟吉風雨維舟圖巨軸

絹本，高九尺七寸，寬四尺三寸。著色，兼工帶寫，山皴斧劈，樹葉雙鈎。下段柳岸平沙，上段奇峰疊起，中幅波濤洶湧，通體作風雨驟至之景。濃雲重霧，雲淡處微露陽光，雨脚斜落，意境奇絶。山背傑閣，俯瞰海天。海中張帆破浪舟二，舟中共三人，近岸將泊舟三，舟中共六人，岸上負 共十二人，曳纜下椗共三人，岸上艤舟四，舟上一人，島中泊舟三，無人。款在右下。

商喜。真書

下角朱文吴□之印方印 白文元及氏方印

商惟吉山樓賞雪圖軸

絹本，高四尺餘，寬三尺餘，未詳記。工筆，設色。下段喬松數株，平臺一，四照樓一，曲樹一，臺樹俱有石欄，臺上一人，作眺遠狀，樹前一人，作升階狀，後隨一童子，樓下一人升階，一人憑欄，一人在欄外對立，樓上一人望遠，三人對坐，具杯盤讌飲，樓台悉作界畫；上段數峰高聳壑中，樓閣參差，右方遥峰數疊，映帶長橋，橋上一人行，橋下艤舟露其半。通體水墨染作雪景，人物樓閣著色。款題左下。

商喜畫。真書一行 印不可辨。

下角有『覺斯』印、『笪重光印』、『江上外史』印，均未詳記。

沈石田溪山静釣圖巨軸

紙本，高一丈二尺六寸，寬六尺二寸三分，紙凡四接。墨筆，寫意，山斆北苑，皴類披麻，樹法生辣，氣勢磅礴。左方林麓，中置方亭，右對土坡，一人柳陰垂釣，中隔清溪，溪邊水閣連楹，上接高山峻嶺，主峰中立，氣象巖巖。題在右上。

疊疊青山失故顔，離離萬木自生寒。江南歲晚饒風色，付與幽人獨倚欄。長洲沈周。行書四行

押尾朱文启南方印 白文白石翁方印 又一印失記。

沈石田桃源圖巨軸

絹本，高九尺二寸，寬四尺五寸。兼工帶寫，青緑濃著色，遥望頗類緙絲畫。山前偃松古槐，掩映桃花，虚舟泊於山口，山内翠巘青巒，絳桃千樹，中現村居，二人左向，

三人右向，拱而對立，一犬吠客，是武陵漁人初入桃源情狀，村後高山無極。題在右上。以上二幅皆陳壽卿藏。

桃花源裏自乾坤，雞犬人家別一村。明世今非是秦世，世間在在有桃源。行書五行　押印二方，未記。

右下朱文北泉長方印　白文藍□珍玩方印

沈石田虞山古檜横披雙幅

紙本，尺寸失記，據《江村銷夏録》云，高一尺四寸，長一丈二尺。水墨，粗筆。作虬枝三株，蒼古蟠屈，如書家鐵畫銀鈎，清剛拔俗。題在後。

虞山至道觀有所謂『七星檜』者，相傳爲梁時物也。今僅存其三，餘則後人補植者。而三株中又有雷震風擘者，尤爲詭異，真奇觀也。暇中與子壻史永齡往觀焉，永齡因請圖之，歸而爲翁西邨先生之翫。蓋以西邨未嘗見，并寫歸途所得詩於後，西邨寧不有以教我乎？行書□行，就《銷夏録》録存

昭明臺下芒鞵緊，虞仲祠前石路迴。老去登臨誇健在，舊游山水喜重來。雨乾草愛相將發，春淺梅嫌瑟縮開。傳取梁朝檜神去，袖中疑道有風雷。按：永齡，字德徵。成化甲辰人日，沈周。行書□□行　押尾朱文启南方印　白文白石翁方印　退菴題跋有『石田』印，無『启南』印，未知孰是

此圖歸閩中梁氏，予昔見而未録，今參合《銷夏録》及《退菴題跋》約紀之。題跋云：『此大横幅，頗嫌舒卷之難，改爲上下兩横幅。懸壁觀之，庶可領略氣勢。』按《銷夏録》卷後有吴興張淵題七古一首，又有白石翁自題詩十一首，今皆無之。想被人割去，另裝僞畫欺人矣。

文待詔二宜園圖軸

紙本，高五尺二寸二分，寬一尺四寸八分。工筆，設色。方亭内一人攲坐，一人曳杖前來，茆堂中案設書册，童子旁立，堂後二人，臨流對坐，一童抱琴過橋，上方樓中，二人對話，樓後高山在望。通幅林陰繁蓊，映帶清流。題在右上。

十畝芳園帶野堂，白頭兄弟喜相將。池塘入夢生春草，風雨淹情接夜牀。并集原鴒如有戀，交花荆樹正吹香。百年樂事真堪羡，爲賦斯干第一章。大參止齋先生與其弟國聲友愛甚篤。家有二宜園，頗極遊觀之勝。余爲作圖，併系拙句如右。嘉靖庚寅正月既望，文徵明識。楷書九行

押尾白文文徵明印方印　朱文魚山方印

上角朱文天籟閣長方印　子京父印方印　墨林秘玩方印

下角朱文惟庚寅吾以降長方印　項墨林父秘笈之印方印　白文悟言室印方印　□蘭堂珍賞方印

此圖載《書畫彙考》。

文待詔爲王履吉贈别圖軸

絹本，高二尺五寸二分，寬一尺二寸。工筆，設色。石間喬松偃柏各一株，雜樹三株，林右二人對坐於平坡上，一朱衣，一藍衣，林下兩童侍立，一衣淺赭，一衣淺藍。題在上。

春來日日雨兼風，雨過春歸緑更濃。白首已無朝市夢，蒼苔時有故人蹤。意中樂事樽前鳥，天際修眉郭外峰。可是别離能作惡，尚堪老眼送飛鴻。履吉將赴南雍，過停雲館言别，輒此奉贈。辛卯四月，徵明。小楷書□行　押尾白文文徵明方印

文待詔爲王履吉贈别圖第二軸

紙本，尺寸同前幅。畫筆布景俱同前幅。惟石上兩人，一朱衣，一白衣，與前幅小異。題亦在上。

春來日日雨兼風起至輒此奉贈止　俱同前幅，後款小異。辛卯五月十日，徵明。亦小楷書同前

押尾朱文徵明方印

左下角朱文衡山方印　白文文仲子方印

右下角□文詒晋齋方印　秦緯之印方印

此圖與前圖無異，惟衣色及題款、押印小異。或疑一真一僞，然細觀筆法，實出一手。

且使果有僞作，必應照式臨摹，斷不能將日月歧異，令人滋疑。或四月先寫副本，五月又寫正本，故記時不免參差歟？惟其參差，更知其非僞。後之覽者無煩聚訟也。

文待詔松陰高士圖軸

絹本，高五尺六寸，寬二尺八寸五分。工筆，設色。溪上一客過橋，松下二人坐話，兩童侍立，喬松四株，黛色參天，隔溪偃柏一株，離奇夭矯，林外群峰疊出，競秀争奇。題在右上。此濰邑陳文慤公蒙恩賚之物，今壽卿學士敬藏。

松陰寂寂清於水，草色茸茸軟似茵。六月城居如坐甑，水邊輸於納涼人。徵明。行書四行

押印失記。

左下角鑒藏印三。

左右綾邊成親王題詩一首，謝墉題詩四首，均未録。

文待詔蕉石鳴琴書畫軸

紙本，高三尺七寸，寬一尺一寸九分。上段題《琴賦》；下段墨筆畫一人席地趺坐，後依蕉石。亦陳壽卿藏。

琴賦。晋嵇叔夜譔。

余少好音聲起至唯至人兮止　楊君季静能琴，吴中士友甚雅愛之，故多賦詩歌爲贈。余向留京邸未遑，惟若翁有一詩卷，往歲曾跋其尾，幾二十年矣。今閒中季静復以此爲言，併請書《琴賦》。余不能辭，輒此侣焉。若傳之再世，此幅可爲季静左券矣。昔嘉靖戊子三月廿又六日，文徵明識。小楷書共三十行　押尾朱文徵明聯珠方印

文待詔豳風圖軸

紙本，高四尺八寸八分，寬二尺三寸。墨筆，寫意。近作公堂介壽，遠作滌場之景。題在上中，又龔題在左上。

豳風七月篇。六月食鬱及薁起至以介眉壽止　二之日鑿冰冲冲起至萬壽無疆止　長洲文璧。隸書十行　押尾白文文璧之印方印

文待詔畫，於唐宋諸名家無不用意臨摹，學力最深。晚年脱去舊習，變爲濃豔一派，然無一筆非古人法。此幀樹石人物，全宗黄鶴山樵，尤妙得北苑渾厚沉鬱之致。菊谿先生風韻高邁，素精賞鑑，清秘閣中，其善藏之。異時吾等老民，重依節制，春蓑秋犢，欣然一飽，便如在豳風圖畫中也。丁酉新秋缺『淮南龔鼎孳』五字書于金陵之疎香閣。行書八行

上左右朱文乾隆御覽之寶圓璽　石渠寶笈方璽　三希堂精鑒璽長方璽　白文乾隆鑑賞圓璽　宜子孫方璽

右下角朱文徵仲方印

文待詔山水軸

絹本，高六尺八寸，寬二尺一寸七分。墨筆，寫意。幅左斷岸一角，長松兩株，茆亭接於偏坡，石橋聯於對岸，亭中案陳古器，裒衣廣袖者扶杖過橋，橫岡隱岸，作兩高樹，兩瘦樹，短松比立，老柏散植，澄波浩浩，巨浸懷山，穿根涵影；幅左巖石縱橫，危巒孤聳，水閣接楹，出於巖開林合之間，閣中二人相向，憑欄而坐，別閣一垂髫童佇立，中峰巍然竦削，坼頂狀如蓮嶽，懸崖盤徑，雙瀑懸空；幅右巖脚交錯，怒流出峽，匯於山前。題在上。

引首朱文停雲長圓印

嘉靖辛丑夏五月，徵明爲野亭作。真書□行　押尾白文文徵明印方印　朱文衡山方印

展閱斯圖一惻然，轉頭陳蹟十經年。欲題新句還生感，愧我聰明不及前。往歲爲野亭所作，今爲原承所得。持以示予，賦此志感。辛亥二月望，徵明重題。行書□行　押尾白文徵仲父印方印　白文悟言室印方印

下角朱文玉蘭堂印方印　徵仲方印

文待詔雪山跨蹇圖巨軸

絹本，高九尺二寸，寬四尺二寸。水墨雪山，粗筆寫意，蒼蒼莽莽，大類石田。紅葉青松，微著淡色，寒林挂雪，凍壑懸流，棧道曲盤，危橋跨澗，三人策蹇，一人隨行，高處杉林藏屋，雙峰插天。題在右上。

雪壓溪南三百峰，溪痕照見玉巃嵸。等閒十里溪山勝，都落幽人跨蹇中。徵明。行書四行

押尾白文文徵明印方印　朱文惟庚寅吾以降長方印

文待詔竹蘭軸

紙本，高三尺九寸，寬一尺二寸二分。墨筆。修竹一竿，穉竹一竿，枝葉下垂，有綴露之勢，竹前傍石，皴作折帶，旁倚芳蘭一叢，花葉俱用淡墨，風致特佳。題在右中。

徵明戲墨。行書一行　押尾朱文衡山方印

右下白文竹石山房方印　朱文李氏藝圃所藏方印　白文□墉方印　左下朱文竹朋鑒定方印

文待詔晴竹軸

紙本，高五尺五寸，寬一尺七寸五分。墨筆。晴竹三竿，枝葉皆仰，兩濃一淡，下有

新筍。題在右上。

瀟湘雷雨過，忽見化龍枝。徵明。隸書二行　押尾白文文徵明印方印

文待詔竹蘭軸

紙本，高四尺七寸，寬一尺五寸五分。墨筆，寫意。怪石獨立，石後露竹一竿，石前幽蘭一叢。老筆紛披，自饒秀色。題在右上。

修竹有佳色，蘗蘭汎遠香。美人隔湘浦，欲贈不能將。徵明。行書三行　押尾白文文徵明印方印　朱文徵仲方印

左下角朱文停云圓印　又鑒賞印二，未録。

唐解元匡廬山圖軸

絹本，高五尺二寸，寬二尺七寸四分。墨筆，人物微著色，筆意細勁，似李營邱。右方叢林藏舍，左方危澗跨橋，策蹇人、過橋人各一，主峰在左，懸瀑在右。蔚然深秀，覽之無盡。題在右上。

匡廬山高高幾重，山雨山烟濃復濃。移家欲住屏風疊，騎驢來看香爐峰。江上烏帽誰渡水，巖際白衣人採松。古句磨崖留歲月，讀之漫滅爲修容。唐寅爲夢賓姜儀部寫。行書七行　朱文

唐伯虎方印　白文唐寅私印方印

唐解元山溪幽趣圖軸

絹本，高三尺一寸，寬一尺二寸。墨筆，微著色，工細兼寫意。幽居臨水，溪左通橋，過橋人一，室内端坐人一，童子側侍，叢林灌木，繞屋濃陰，林外孤峰矗起，挂瀑垂紳。題在左上。

引首朱文吴趨圓印

三峽橋頭驟雨過，竹橋如錦架平坡。先生欲向橋中去，驚散詩腸幾陣魔。唐寅。行書三行

押尾朱文唐□方印，半泐

唐解元秋山尋隱圖軸

絹本，高五尺五寸六分，寬一尺三寸六分。著色，兼工帶寫。山勢聚於中幅，傾巖懸石，雲奔雷坼，千盤百疊，愈上愈奇，主峰獨立，天柱撑空，丹林緑樹，高下虧蔽，層峰峭削半倚；幅左曲而上盤，一人戴笠乘騎前行，疎林繞屋，虚堂洞開，一人趺坐，隱居尚在深處；幅右危橋横跨，樵者負薪過橋，激流倒峽，重重懸瀑，樵徑迴旋，杳入雲際，山影蔚藍，補於罅隙。題在上。

歷亂山嵐草樹深，隱居踪蹟杳難尋。我來但聽樵歌出，小笞松篁太古音。紅樹中間飛白雲，黄茆檐底界斜薫。此中大有逍遥處，難説與君畫與君。正德四年十月十日，出郭訪張夢晋秀才，因書道中所見，作小詩二首於圖上。唐寅。行書□行　押尾朱文唐寅聯珠方印

下角鑒藏印二，未録。

唐解元臨顧閎中韓熙載夜宴圖軸

絹本，尺寸失記。設色，工筆。幅中樹山水屏風，屏前一人，偉軀修髯，高冠緩帶，援桴擊鼓，紅燭高燒，藍袍束帶者二人，一手按板，一拱而諦聽，一女子雲髻珠鬟，以手按拍，一女子折腰流盼而舞，屏前後碧梧紅榴，山石玲瓏，芙蕖繞闌，兩案對設，一陳壺樽罍爵，銅觚插花，圓槃貯水，雜浸瓜果，一羅列多品，獨設座具。凡服飾錦繡篡組極工。幅角薓草蘩花，微露石痕，似有殘闕。題在上。

酒資長苦欠經營，預給殘錢費水衡。多少如花後屏女，燒金不學耿先生。吴門唐寅畫并題。

行書□行　押尾朱文吴趨圓印　朱文唐子畏圖書方印　白文唐寅私印方印

唐解元谿山梅逸圖軸

絹本，高八尺一寸，寬四尺三寸。著色，兼工帶寫。山石間一紅葉偃樹，翠篠映帶，

山後一童煎茶，坡下臨水，坡上老梅、棕櫚各二株，梅後二巨石，一緋衣人撫梅佇立，一藍衣人撫石執筆，俱作搆思狀，一童就石磨墨，旁陳水盛、畫卷、提盒之屬；左方亂石流泉，下注平谿；上段雲氣混茫，主峰右起，左伏兩低峰，後露遥山。題在上。

贏得湖山作醉狂，苦吟不覺已斜陽。東風桃李應無數，只有梅花似舊香。蘇臺唐寅。行書□行

押尾朱文六如居士方印

右角鑒賞印二，未録。

唐解元挂瓢圖軸

紙本，高三尺九寸四分，寬一尺一寸三分。墨筆，兼工帶寫。上幅兩峰迴合，中有飛泉涌出，再疊化爲激湍，坡上古木，半偃半仰，許由坐樹身觀泉，樹上挂瓢。自題在左上，陳題在右上。

正德戊辰春日，晋昌唐寅畫。行書二行

押尾朱文唐居士方印 白文唐寅私印方印

余見劉松年《棄瓢圖》，瓢浮水面。今見六如先生《挂瓢圖》，瓢挂樹間。覺許由静深，鬚眉颯颯欲動，真異品也！董玄宰見之，嘆賞不置口。眉公。行書四行

押尾白文陳繼儒印方印

唐解元摹鶯鶯小像軸

絹本，高四尺八寸，寬二尺五寸。著色，工筆。雲鬟翠翹，疎眉秀目，面龐豐腴，拱手佇立，緑衣繡領，錦裳黄絡，露半身向右。衣縐紋用粗筆。題在上方。

瀟灑才情，風流約束，默默滿身春倦。羞薦齋場，禁烟簾箔，坐見梨花如霰。乘斜月赴佳期，燭燼牆陰，釵敲門扇。想伉儷鸞鳳，萬千顛倒，不勝羞靦。塵世上，昨日紅妝，今朝青塚，頃刻時移事變。佳人命薄，才子緣輕，天不與人方便。休負良宵，此生春色無多，光陰如箭。試看如今普救，剩得數間荒殿。宋陳居中摹唐人畫《鶯鶯小像》，太原王繹重摹，吴郡唐寅再摹，并續新詞一闋。行書十一行　押尾白文唐寅私印方印　朱文南京解元長方印　朱文六如居士方印

上方朱文乾隆御覽之寶長圓璽　石渠寶笈長方璽　三希堂精鑒璽長方璽　神品長方印　樂觀堂長方印　白文乾隆鑑賞圓璽　宜子孫方璽

下左朱文皇十一子方印　進志堂藏方印　白文詒晋齋印方印　子安珍藏記方印

下右朱文蕉林書屋方印　鴻儒方印　白文竹朋珍賞長方印

仇十洲停琴聽阮圖軸

紙本，高四尺八寸五分，寬一尺八寸二分。著色，山水寫意，人物工筆。下段石坡帶

水，坡上二人趺坐，一正面，膝上横琴，一背面，作撥阮狀，旁有二屨，水中兩鴛鴦對戲；上段兩崖對出，中露石壁，壁右瀑流直下，崖右一樹孤撑，左三樹攢聚，枝榦回互，葉作雙鈎，崖巔白雲重疊在望。十洲畫多工細，此幅山用小斧劈皴，樹榦用粗筆，係屬變體僅見者。款在左下角石上。

仇英實父製。真書一行　押尾朱文十洲壺盧印　白文仇英之印方印

下角朱文休陽汪彦宣小某甫珍藏方印　白文後山珍藏長方印

仇十洲東山箜篌圖軸

絹本，高三尺四寸六分，寬一尺六寸。工細，青緑設色。峰疊嵐浮，雲迴澗繞，山前茅屋洞敞，堂外雙松并植，藤蘿縈拂，花枝隔檐，芍藥傍砌，堂内地設文席，謝太傅據席西向，紗帽寬衣，拈鬚微俛，作諦聽狀，斜對一女子，紅衣錦裙，翠鈿垂鬟，玉環繫腰，手執箜篌，輕籠漫撚，幕後一女子，青衣素裙，露半面，手拍檀板，堂左一女子，翠衣繡裙，折花度橋。凡屏幞坐具、琴書樽罏等物，備極精工。款在右下。

仇英實父製。真書一行　押尾朱文十洲壺盧印　白文仇英之印方印

朱天章仿仇十洲東山笠篌圖軸

絹本，高三尺，寬一尺三寸五分。工細，設色。布景與仇畫同，其筆意精潔，亦與十洲可稱伯仲。惟仇畫笠篌朱色，此作錦紋；仇畫過橋女鬟米色裙，此作藕色；仇畫堂後樹無花，堂前藤白色，苔草繁縟，此樹有白花，藤作黄色，苔草較簡，而多大葉一叢，爲小異。無款。

下角朱文卧雪長方印　恒山梁清標玉立氏圖書方印

題跋在裱綾。

茆亭連澗草。看青山一抹，白雲遮了。鬆几桃笙，有翠眉紅袖，淺顰低笑。寒出春纖，二十五、冰絃縹渺。密坐焚香，牙拍輕催，雙鬟嬌小。　捲幔東風吹早。更蘿徑烟深，藥欄花繞。曲奏雲和，伴林中高士，琴瑟静好。江樹歸舟，向夢裏、相逢偏巧。記取笠篌朱字，青春未老。調寄《三姝媚》。棠村書。真行書四行　押尾朱文棠村長方印

錦瑟房櫳麗且都，鴛溪臨寫十洲圖。風流吴會人何遠，彩筆中郎貌得無。右題朱天章摹仇英《笠篌圖》，時康熙丙辰之夏五月也。棠村又書。真行書六行　押尾朱文清標方印　朱文玉立方印

左右綾邊朱文蕉林書屋長方印　蒼巖□梁清標玉立氏印章方印　蕉林秘玩方印

按：朱天章名，畫傳無徵。然經蕉林相國題跋，其爲十洲以後、蕉林以前之畫家無疑。姑附仇畫之末。仇畫無跋，朱畫經蕉林相國題爲《笠篌圖》。詞中但稱林中高士，未明

指屬誰。細玩情景，當屬謝太傅故事，故竟題爲《東山箜篌圖》。

陸叔平春日山居圖軸

絹本，高五尺五寸，寬二尺九寸。著色，兼工帶寫。左右山勢合抱，主峰偏右，懸崖挂瀑，石洞流泉，洞口架屋，遠山無盡，山前松陰二人，室内二人，樓上三人。題在左上。

春和衆芳啓，風塵静後嘉。華景與時會，歡悰情彌加。心遠地亦偏，邱園賁幽遐。閒門閉白日，中有桃源花。清時謝簪組，朱顔駐丹砂。豳風啓春筵，庭除茁蘭芽。白華靄玉樹，緑酒傾流霞。素心多至人，觴詠成天葩。款款繼晨夕，悠悠邁年華。道在惟所敦，期頤安有涯。嘉靖丁巳上元，後學陸治題，上陽湖先生。行書□行　押尾白文陸氏叔平方印　白文包山子方印　白文有竹居方印

右上朱文乾隆御覽之寶長圓璽　石渠寶笈長方璽

陸叔平山水軸

紙本，高二尺有五分，寬九寸七分。墨筆，微著色。通幅雪景，枯木槎枒，群峰崱屴，壁立千仞，僻徑無人，一童倚柴門而望。無款，右上有印。

白文陸叔平印方印　白文陽城書屋方印

題律詩一首并跋，共行書八行，款張鳳翼，在另紙。詩堂内下有名字印二，不備録。

陸叔平仿黄鶴山樵山水軸

紙本，高六尺有五分，寬一尺九寸四分。墨筆乾皴。松山通徑，飛瀑懸崖，一人下山，拄杖而行，主峰在上，山前平曠，烟村暗靄。題在右上。

隆慶丙子春日，仿黄鶴山樵筆意。包山陸治。真書一行　押尾白文陸氏叔平長方印

右下角朱文碧梧翠竹方印

文文水品茶寫帖圖軸

紙本，高六尺三寸，寬一尺四寸七分。淡著色，兼工帶寫。傍石平坡，高松獨立，旁附小樹，二客松下對坐，旁設書硯，一童携琴過橋，一童煮茶，隔溪山腰，雲氣蒼茫。題在上左。

品泉嗜水陸鴻漸，墨妙筆精王右軍。煮茶寫帖闗幽興，白日看雲懷二君。文嘉。行書四行

押尾白文文嘉之印方印　朱文文水道人長方印

居士貞山水軸

紙本，高三尺九寸，寬一尺二寸五分。工細，墨筆。坡陀喬木，一人曳杖過橋，林屋

掩映，高峰對峙。題在上左。

嘉靖庚申歲，桂林以此紙索拙畫。向爲援筆，多事因循，未得就緒。隆慶戊辰，檢閲舊笥得之，遂爲塗抹。適桂林過訪，見之笑曰：『九年宿逋，今日償矣。』余亦放筆一笑。是歲六月八日也。居節識。楷書□行　押尾朱文士貞長方印

右下白文居節方印　緑雲深處方印

居士貞秋山紅樹圖軸

紙本，高四尺五寸，寬一尺二寸六分。著色秋山。兩巖間橋横水急，一人據橋欹坐遥睇，老樹經霜，丹黄交錯，巖勢傾斜，崇巒回互，山徑中開寺門，當徑白雲蓊翳，雙樹出雲，雲外壁脚蒼茫，微辨石色，高閣淩雲，孤塔湧起。題在上。

隆慶辛未秋日寫。居節。真書□行　押尾白文居節之印方印

下角白文居商谷印方印

項子京寫嵇叔夜詩意軸

紙本，高四尺五寸，寬二尺一寸。著色，皴法斧劈兼折帶，布景稠密，迥異恒蹊。上半危巖露洞，洞中石乳下垂，清泉流出，曲折而行，一人臨流，坐而彈琴，左顧作手

揮目送之勢，楓樹一株，古松二株，一喬一偃；下半亂石縱橫，杳無路徑，僅通一橋，泉水亂流，匯作清溪。題在上，又皋謨〔一〕題在上左。

引首朱文檇李圓印

手揮五絃，目送飛鴻。真書二行　押尾朱文子京壺盧印　白文墨林山人方印

此詩嵇叔夜所作起至睟然生色矣止　楷書十七行　押尾朱文項元汴印方印

皋謨鑑賞。真書一行　押尾朱文項氏懋功方印

上方朱文余名曰泰方印　白文姚景韶印方印

下左朱文子京父印方印　項皋謨印方印　休陽汪彦宣小梅甫珍藏長方印　白文秀水文鼎藏方印

下右朱文神遊心賞方印　白文項叔子方印　姚泰字曰景韶方印

校　記

〔一〕『皋謨』，原作『皋横』，形誤，徑改。

關九思雪山蕭寺圖軸

絹本，高六尺四寸八分，寬三尺二寸五分。墨筆，寫意，惟寺著色。平岡大嶺，松杉

成林，中藏古寺，紺宇重重，寺後雪峰崚嶒，上插霄漢。題在右上。雪山蕭寺。萬曆丁未中秋月，爲雨石先生仿梅道人筆意。烏程關九思。行書四行　押尾白文關九思印方印　朱文關氏仲通方印

尤鳳邱桐陰雅集圖軸

紙本，高五尺三寸，寬一尺四寸八分。工細，白描。怪石玲瓏，孤桐高矗，桐陰四人，據案雅集，一小童侍前，臨清溪二客過橋，一童携琴在後。題在左上。萬曆辛巳季春寫。長洲尤求。真書二行　押尾白文吴下尤求方印　朱文鳳邱方印

左下朱文逸圃生長方印　字孝英號屺望方印　白文謝騤之章方印

右下朱文安山衜人長方印　白文希曾方印　謝氏鑑藏圖書方印

張夢晋右軍換鵞圖軸

紙本，高二尺九寸，寬一尺二寸。工筆，著色。古柏樱櫚，環繞庭前，廣厦迴廊，陳設文具；庭内右軍端坐，童子侍左，换鵞人侍右；庭外鵞籠凡二，又一童抱鵞度橋，前横巨石，後帶修竹遥山。傅色濃麗，運筆清超。無款，有印章，在右下。白文張靈方印　朱文夢晋方印

王仲山荻渚停橈圖軸

紙本，高五尺一寸，寬二尺有八分。墨筆。荻葦叢中，一客停舟獨坐，旁設漁竿、書冊、文具，淺渚生烟，遥峰倒影。布景閒曠，運筆清剛。題在右上。

天風拂襟袖，直欲泛銀河。仲山王問寫。行書二行　押尾白文子裕長方印　白文輿司馬印方印

李檀園秋山圖軸

紙本，高五尺三寸，寬一尺三寸九分。墨筆，寫意。亂石坡陀，秋林野屋，主峰偏左，平岡在右。題在上右。

疎簾曲几對江開，半硯冷雲吟碧苔。偶然憶得湘西夢，牽引秋山入腕來。流芳。行書五行

押尾白文李流芳印方印　朱文長蘅方印

徐天池葡萄軸

紙本，高七尺二寸，寬二尺九寸。墨筆，寫意。老幹橫出，雙枝下垂，穗穗團圓。驅墨如雲，運筆如風，想見作畫時解衣磅礴之概。題在左上。

白頭落魄已成翁，獨立書齋嘯晚風。筆底明珠没處賣，閒抛閒擲野藤中。天池。行書四行　朱

文湘管齋方印

右下角朱文穀水過眼長方印　白文陳希濂印方印

陳道復雪蕉軸

絹本，高七尺二寸五分，寬二尺四寸五分。粗筆，寫意。蕉葉用淫墨，一株直立，雪壓離披，下傍山茶一叢，微著色。題在右上。

嘉靖壬寅春暮日，衜復。行書二行　押尾白文白昜山人方印　白文復父氏方印

右下白文陳氏道復方印　朱文延陵莊氏家藏之寶長方印

文五峰觀瀑圖軸

紙本，高三尺八寸七分，寬一尺一寸八分。細筆，白描。雲峰突兀，中懸瀑布，喬松一株，撑拄滿幅，雜樹間之，一人坐平坡觀瀑，一童侍側，坡下流水環繞，如聞潺湲之聲。題在左下。

五峰文伯仁寫。行書一行　押尾朱文吴下人方印　白文印不辨。

文五峰巖樹雲泉軸

絹本，高四尺三寸七分，寬一尺七寸。著色。石崖夾峙，平原中闢，疎松喬柯，丹翠

互映，山堂半掩，後崖獨高，平岡踞頂，水勢瀰漫，若與波上下，一人汎舟中流，高處與雲水相混。用筆簡古類草書。題在上。

巖邊樹色連霄漢，雲外泉聲響雪濤。應有喬松時嘯傲，春風長日醉仙桃。文伯仁。行書□行

押尾白文文伯仁方印 朱文五峰方印

孫叔達山水軸

紙本，高五尺四寸，寬一尺三寸一分。淡著色，兼工帶寫。疎林紅葉，秋景蕭瑟，二人同行，一童抱琴隨後，轉過朱橋，竹籬茆舍，舍中一人獨坐，二童侍側，門前一人埽徑，一鶴獨立，舍後竹木交加，山巒回合。筆意則文氏一家眷屬也。題在左上。

萬曆丙戌秋日，寫於梅谿客館。吳郡孫枝。真書二行 押尾朱文叔達父方印 白文華林居士方印

下角朱文朱之赤鑒定方印

邢太僕仿王書軸

紙本，高六尺八寸五分，寬一尺六寸五分。

知足下行至吳，念遠離不可居。叔當西耶？遲頓白〔一〕。邢侗。草書二行 押尾白文邢侗之印方印 白文子愿方印

校　記

〔一〕王羲之《知足下帖》作『遲知問』，此處或爲邢氏誤書。

邢太僕臨王書屏

紙本，十二幅，高七尺六寸，寬共二丈六尺四寸二分。每幅三行，字徑三寸至七寸不等。臨王帖十二段，每段蟬聯接寫。

臨王右軍書。

十七日先書起至先書具示，復數字止　吾前東〔一〕，粗足作佳觀起至書何能悉止　龍保等平安也起至至爲簡隔也止　今往起至示致意止　瞻近無緣起至具示問止　足下所疏云起至大惠也止　省別具起至知足下情至止　知有漢時講堂起至甚可觀也止　諸從并數有問起至吾無間然止　足下今年政七十耶起至一段奇事也止　吾服食久起至但有惆悵止　虞安吉者起至故遠及止　臨邑邢侗。草書共三十七行　押尾白文邢侗之印方印　朱文子愿方印

此屏除『諸從并時有音問』至『吾無間然』一段係臨《閣帖》，餘皆臨《十七帖》，然語句微有詳略異同。

校記

〔一〕王羲之《逸民帖》作『吾前東』，此處或爲李氏釋讀之誤。

邢太僕枯木竹石圖軸

紙本，高七尺二寸，寬一尺五寸五分。墨筆，寫意。畫拳石五，枯木一，間以叢竹。

題二段，在上。

撫黄公東齋，有紙數繙。余取其五，沾醉畫此，以當家書。來禽。行書□行　押尾白文邢氏子愿印方印

此筆似坡翁。行書　押尾□文子愿方印

各家題跋，北平李恩慶五古詩，鶴泉匡源和韻、張弼雲村氏和韻詩各一首，張士保、張鑅、陳介祺跋各一段，均未録。

書畫鑑影卷二十二　軸類

明

董文敏臨蘭亭軸

綾本，高六尺一寸，寬二尺二寸五分。臨《蘭亭叙》。

引首朱文玄賞亝長方印

永和九年起至悲夫止　董其昌臨。行書共十行　押尾白文宗伯學士方印　白文玄宰方印

董文敏書軸

冷金箋本，高四尺六寸三分，寬一尺三寸。字徑一二寸。

書之妙道，神彩爲上，形質次之，兼之者，方可紹於古人。以斯言之，豈易多得。必使心忘於手，筆忘於書，心手遺情，書筆兩忘。是謂求之不得，考之斯彰。乃爲《筆意贊》，曰：剡紙易墨，心圓管直。漿深色濃，萬毫齊力。先臨《告誓》，後寫《黄庭》。骨豐肉潤，入妙通靈。努如横釘，勒如植槊。開張鳳翼，聳擢芝英。粗不爲重，細不爲輕。纖微

向背，豪髮死生。工之盡矣，可擅時名。辛酉七月望書。董其昌。行書六行　押尾白文董印其昌方印　白文宗伯學士方印

董文敏臨王書軸

金箋本，高六尺五寸，寬一尺四寸二分。字經三四寸。

蓋張樂於洞庭之野起至則常無所結滯矣止　董其昌書於達甫之素園。行書四行　押尾白文太史氏方印　白文董氏玄宰方印

董文敏書封燕然山銘屏

絹本，十二幅。高六尺二寸，共寬二丈四尺六寸。每幅三行，字徑四五寸。

封燕山銘。班固。

維永元元年秋七月起至熙帝載兮振萬世止　荆溪觀褚河南行書《千文》，用其筆意書《燕然山銘》。壬子九月，董其昌。行書三十六行　押尾白文董氏玄宰方印　白文太史氏方印

董文敏仿北苑没骨山水軸

絹本，高六尺三寸，寬二尺一寸。没骨畫法。下段磐石豐草，兩樹并矗，一枯一榮，

旁有草廬；上段蘆汀，一客乘舟，水邊怪石磊砢，危峰高起，烟際叢林，雲中傑閣。

題在左上。

丙申秋日，仿吾家北苑筆意。玄宰。行書二行　押尾白文玄宰方印　白文董其昌印方印

董文敏仿北苑山水軸

絹本，高三尺四寸八分，寬一尺四寸。墨筆蒼潤，全作雲烟吐納之勢。起處攢岡聚左，灌木重重，濃陰積靄，中藏破籬野屋，繞岡沙水參差，對面高峰爭峙，半没雲氣，遠樹蒙翳，橋横村隱，蓋雨中景色也。題在上。

引首朱文畫禪長方印

仿吾家北苑筆。董玄宰畫。行書二行　押尾白文太史氏方印　白文董其昌方印

董文敏仿倪溪山軸

絹本，高三尺六寸二分，寬一尺三寸八分。墨筆，寫意，皴用折帶。石棱瘦峭，寒林高下五株，虬枝勁榦，猶帶殘葉疎篁，孤亭枕陂，臨水遥望，小山疊疊，沙水環匝。風光迢遞，覽之無盡。題在上。

引首朱文畫禪長方印

雲林畫簡淡中自有一種風致。此亦對臨者，筆法頗似。董玄宰。行書□行　押尾朱文董其昌方印　白文太史氏方印

押角有曾氏印，未詳記。

董文敏夏木垂陰軸

紙本，高三尺八寸五分，寬一尺八寸三分。墨筆，寫意。坡陀數重，茂樹攢三，潑墨迅埽。景色無多，獨見雄渾。自題兩段，在上。

夏木垂陰。己未秋日，玄宰寫。行書□行　押尾朱文昌方印

柳條拂地不須折，竹枝入雲從更長。藤花欲暗藏猱子，柏葉初齊養麝香。丙寅秋，玄宰重題。行書□行　押尾白文宗伯學士方印　白文董玄宰方印

跋在詩堂。

思翁晚年筆，正如董北苑、巨然，有如雷如霆之氣，足呑畫苑餘子。陳繼儒題。行書□行

印一，未記。

董文敏秋山軸

絹本，高六尺餘，寬三尺餘。設色。下段拳石對出，喬木三株，均無葉；中段落木一

叢，間紅樹一、碧樹二，林中藏舍二重，兩壑泉流，秋林點染，雲中露出梵宇；上段巒頭數重，并懸瀑布。題在上。

郭思云，山有可游者，有可居者，以可居者爲勝。此圖可使一邱一壑人有之。董玄宰識。行書五行　押尾朱文太史氏方印　白文董其昌印方印

下角□文蕉林方印　棠村審定方印　蘭陵長方印

董文敏紅樹秋山軸

絹本，高三尺五寸五分，寬一尺四寸。没骨畫法，青緑、深赭、濃朱烘染。一平坡横埽，大石夾立，坡上作紅緑樹各二，疎樹三，枝葉豔發，枕陂臨水，赭染孤亭，對望水雲相際，巒卧峰懸，渾疑浮動，間以小樹點逗，脱然畦町。題在上。

唐子畏詩云：『紅樹秋山飛亂雲。』此圖似之。董玄宰畫。行書□行　押尾朱文董其昌印方印　白文虎頭痴方印

《三希堂帖》有文敏題畫九則，校此下多『然非學子畏，意欲擬李唐也』二語，爲『庚午十月，丹陽城下書』。當另是一幅。

董文敏寫孟襄陽詩意山水軸

絹本，高三尺五寸二分，寬一尺四寸八分。墨筆，寫意，大似董北苑。下段茂林野屋，前帶清溪；上段叢樹藏村，高峰疊起，在烟靄中，勢欲飛動。題在上。

引首朱文画禪長方印

水亭涼氣多，乃孟襄陽詩也。玄宰畫。草書三行　押尾白文太史氏方印　白文董其昌印方印

董文敏山水集屏

絹本，四幅。高三尺七寸，寬一尺三寸五分。俱兼工帶寫。

第一幅，淡著色。攢樹三株，雙峰迭起。題在左上。

引首朱文画禪長方印

余此畫參合董北苑、趙令穰合作，便已有其意。黄子久云：『畫得熟，自然筆法出觀也〔一〕。』董玄宰。行書五行　押尾朱文董其昌方印

第二幅，墨筆。林木疎散，山巒重疊，間以村舍。題在右上。

余學子久山水，復去而爲宋人畫。今間仿子久，亦差近之。董玄宰識。行書五行　押尾白文董其昌印方印　白文太史氏方印

第三幅，淡著色。秋林紅葉，林下藏村，主峰中峙，筆意仍與子久爲近。題在右上。

引首同第一幅。

樹樹皆秋色，山山唯落暉。玄宰。行書三行 押尾朱文太史氏方印 白文董氏玄宰方印

第四幅，墨筆。平坡野屋，落木修竹，對面沙磧遠岫，筆意蕭疏簡潔。題在右上。

甲寅新春，吴閶舟次寫雲林意。董玄宰。行書三行 押尾朱文董其昌方印

校記

〔一〕『觀』疑爲『現』之誤。

陳眉公書留侯贊軸

綾本，高八尺九寸，寬二尺五寸二分。字徑六七寸。

張子房留侯贊。

秦之鹿，椎其足。楚之猴，烹其頭。漢之馬，得天下。帝借公，公借帝。爲韓來，報韓去。前黄石，後赤松。張子房，真英雄。壽華東張老先生并請正。陳繼儒。行書五行 白文陳繼儒印方印 朱文眉公方印

下角朱文張氏子子孫孫其永保用方印

陳眉公仿巨然山水軸

絹本，高四尺九寸，寬二尺四寸。墨筆，寫意。小山叢樹，左橋右舍，雲海蒼茫，烟巒浮動。款在左上。

仿巨然筆意。眉公。行書三行　押尾朱文眉公方印　白文繼儒方印

陳眉公雨過雲過圖軸

絹本，高三尺一寸，寬一尺二寸八分。墨筆，寫意。平岡攢樹，沙水瀠洄，嵐光深淺，墨彩鮮妍。其秀潤大似思翁，而峭厲過之。題在左上。

雨過石生五色，雲過山餘數層。時有炊烟出樹，中多處士高僧。眉公。行書四行　押尾朱文腐儒方印

下角白文生前何處結同心方印

陳眉公梅影軸

紙本，高四尺八寸，寬一尺二寸八分。墨筆，寫意。梅榦雙歧，枝折下垂。題在右上。

月横紙窗，宛似此圖，試爲寫照。眉公。行書三行

謝樗仙樹色泉聲圖軸

絹本，高八尺一寸五分，寬四尺二寸八分。墨筆，寫意，人物著色。起手古柏怪石，一人撫琴，一人執筆，懸崖古洞，洞後泉流隱現，洞旁茂竹成林，下臨曲澗，一鶴過橋，幅巔白雲滃鬱，主峰在左，遠山在右。題在右。

雲間樹色千花滿，竹裏泉聲百道飛。謝時臣寫景。□書□行

文彦可草堂圖軸

紙本，高四尺九寸七分，寬一尺三寸八分。設色，兼工帶寫。草堂中一客端坐，案設瓶書，隔溪一客，携鶴前來，堂前後桐蕉松竹，濃蔭交加，後山屏列。題在左上。

草堂好是傍山開，竹樹濃陰覆緑苔。手把一編閒坐入，詩人携鶴隔溪來。文從簡。行書四行

押尾白文彦可長方印　朱文雁門世家方印

御題在中上。

宴坐茅堂户洞開，覆簷梧樹緑生苔。忘言不啻兼忘己，那覺溪傍有客來。乙酉春，御題。行

書六行　押尾白文幾暇怡情方璽

上角朱文乾隆御覽之寶長圓璽　白文乾隆鑑賞圓璽

下段朱文三希堂精鑒璽長方璽　石渠寶笈長方璽　白文宜子孫方璽　平生真賞方印

馮青方楨卿父子合璧竹石軸

紙本，斗方二幅。墨筆，寫意。

第一幅，高一尺六寸八分，寬一尺八寸七分。畫老竹一竿，僅露下段，穉篠一枝，枝葉右拂，間以新筍，大有仲圭遺意。無款，有印在左上。白文青方方印

第二幅，高一尺六寸三分，寬同前。畫石數拳。題在右。

馮可賓。行書一行　押尾白文馮可賓印方印　白文楨卿氏方印

趙文度撫松雪高山流水圖軸

絹本，高五尺二寸八分，寬一尺七寸五分。淡著色，兼工帶寫。長松茂林，石坡流水，坡上兩人對坐，一膝上橫琴，幅巔高山挂瀑。自題在右，董題在左。

萬曆辛亥秋九月廿日，趙左摹松雪翁《高山流水》。真書二行　押尾白文趙左之印方印　白文文度

方印

趙吴興此圖在余家，乃學盧徵君。文度常坐卧其下三日夕。其昌。行書三行 押尾白文董氏玄宰方印

趙文度四時山水屏

絹本，高六尺二寸五分，寬二尺九寸，四幅俱同。畫俱兼工帶寫。自題及董題俱在上方左右。

第一幅，青緑色春景。一漁郎荷槳，循洞前行，山内疎籬茅舍，桃花流水，青嶂白雲，非復塵世。

趙左寫。真書一行 押尾白文趙左之印方印 白文文度氏方印 下三幅印俱同。

武陵春色圖。玄宰題。行書二行 押尾白文太史氏方印 白文董其昌印方印 下三幅印俱同。

第二幅，設色夏景。兩人過橋，一童執翣隨後，石垣内竹林茂密，樓中三人雅集，又一人拾級而登，上露青山。

趙左寫。真書一行

竹樓清夏圖。董玄宰題。行書一行

第三幅，設色秋景。緑樹丹楓，兩人乘馬過橋，一人荷榼隨後，樓前一人，又一琴童

隨行，樓中五人雅集，江天無際。

趙左寫。真書一行

黄鶴樓圖。董玄宰題。行書二行

第四幅，設色冬景。群山戴雪，一客策蹇度橋，一人張蓋同行，紅垣内高廳廣厦，三人賞雪，一伸紙搆思，兩僮側侍。

甲寅秋九月，華亭趙左寫。真書一行

梁園飛雪圖。董玄宰題。行書二行

陳老蓮山水軸

絹本，高一丈有一寸一分，寬三尺三寸六分。著色，粗筆寫意。翠巖碧嶂，自下至上作三層，中間雲水互斷，喬木淩空，遠樹叢雜，雲外一朱衣人搔首，一奴半隱林際，荷陶器。題在上。

癸酉仲冬，谿山陳洪綬寫於起馥樓。行書□行　押尾白文洪綬方印　朱文章侯方印

陳老蓮人物軸

絹本，高八尺三寸，寬四尺二寸。著色，兼工帶寫。布景坡陁流水，上一長松如蓋，

撑滿全幅，松下置天然石案，一人據案正坐，後二人侍立，術士在案前，側坐於蕉葉上，一具體甚微之人，倒騎驢行於案上，蓋術士之幻術也。未經題明，不知屬何故事。款在右上。

谿山老遲陳洪綬寫於雲秀峰。行書二行　押尾朱文章侯方印　又一印未記。

崔子忠仕女軸

綾本，高六尺九寸，寬二尺五寸五分。淡著色，兼工帶寫。仕女一人，獨立向左，淡妝素服，腰繫藍絲，下墜玉魚，衣紋方綹，面前片石折帶，石後古柳半隱，幅上露梢。自題在上左，又王題在下左。

引首朱文画心長方印

一日爲玉仲爲此，學唐人宫女式而逸之者也。既竟，静觀良久。爲之言曰：『翩然欲步下，幽然有所思。可與净言，可與解語。衣之天纚絲，照之犀脂炬。』可乎？敬哉能詩，爲我叶言於次。崔子忠識。行書八行　押尾白文子忠之印方印

夢醒詩書在，偏宜疎澹妝。臨春風起媚，當夜月生香。性静成幽感，情微照寂光。幸同君子室，環珮有餘芳。爲玉仲盟兄題。社弟王崇簡。真書四行　押尾朱文崇簡方印　白文敬哉父方印

張君度梅花書屋軸

絹本，高五尺五寸六分，寬二尺七寸。墨筆，微著色，寫意。梅林繞舍，一叟過橋，一童隨行，一童埽徑，舍後松陵蔚起。題在上。

梅花書屋。崇禎癸酉冬月，爲雲友詞兄寫。吴門張宏。行書□行 押尾白文張宏方印 白文君度氏方印

藍田叔擬范中立雪棧圖軸

絹本，高七尺四寸二分，寬一尺六寸四分。設色，寫意。近山偃伏，遠峰峭立，樹留霜葉，梅起山巔，更上佛閣獨矗，雲棧高盤，棧中乘騎獨行者各三人。題在上。

擬范中立《雪棧圖》於西湖舟中。藍瑛。行書□行 押尾白文藍瑛之印方印 朱文蜨叟方印

藍田叔仿吴仲圭山水軸

金箋本，高五尺六寸，寬二尺五寸。水墨，粗筆寫意。亂石叢林，清溪浮艇，一人垂釣，傍石危峰疊起，筆勢縱横。題在上。

甲申春仲，法吴仲圭，畫於西湖舟次。蜨叟藍瑛。行書□行 押尾白文藍瑛之印方印 朱文田叔方印

僧古甲山雨奔泉圖軸

絹本，高五尺七寸，寬失記。墨筆，寫意。高峰插天，山脚雲氣瀰漫，山上飛瀑亂流，布景奇絶。題在上左。

古甲。行書一行 押尾白文古甲方印 朱文□西方印

楊龍友山水軸

紙本，高四尺五寸，寬二尺有五分。墨筆，寫意。山勢彎轉，形如半環，山前林木槎枒，亂石參錯。自題在上左，董題在右。

崇禎丙子元日，畫於雲間之竹居。楊文驄。行書三行 押尾朱文龍友方印 白文楊文驄印方印

別一山川照眼明，幽居端的稱高情。從來老筆荊關意，施粉施朱笑後生。玄宰題龍友丈畫。丙子首春五日。行書七行 押尾白文宗伯學士方印 白文董玄宰氏方印

楊龍友蘭影圖軸

絹本，高三尺一寸二分，寬一尺六寸六分。墨筆，寫意。石崖半露，崖巔稗篠叢蘭，下臨清溪，溪中花影依稀。題在右上。

幽芬臨波，猗歟洛神。有無影相，拾此冷魂。嘗見畫梅影竹影者，余畫蘭亦以此類推之。時己巳冬日也。行書三行　押尾朱文驄圓印　朱文龍友方印

下角朱文顧沅審定書畫長方印

史閣部書唐詩軸

紙本，高六尺八寸，寬二尺二寸。字徑一尺或數寸不等。

不識南塘路起至未惜馬蹄遥止　弘光改元年三月，書於淮海官署。史可法。草書四行　押尾朱文史可法印方印

黄忠端詩翰軸

綾本，高三尺一寸八分，寬一尺一寸，字徑六七分。類鍾體。

引首朱文石𡍼長方印

彩筆雲書報禮臺，翼中章漢自昭回。文華圖籍分東觀，皇極榮光炳上台。人向邊城看夙復，家從朝野問朋來。催春紫禁年年蚩，聞説宫花已放梅。一。稽古勳華雲日中，誅兇興復此明功。百神俯首看新曆，重譯聞聲奏景風。道長衣冠迴氣象，階平斗柄集魂態。邊塵不動烟波静，帝德天心子夜通。二。玉律初調日始升，宫懸二八庡中興。端從舊學思謨采，喜

見遐方起股肱。練習萬幾歸敬簡，豐亨四野罷□徵。小臣何幸沾恩澤，欲賦卷阿愧未能。三。頻年郊祀感精誠，帝眷於今報太平。有道經綸推復始，格天簫管尚宫聲。蟄雷自護句芽力，積雪仍通飛躍情。莫謂宵衣勤已甚，諸臣無以答休明。四。賜環至建溪，適逢長至。不具衣冠，北向叩首，因而有作。黄道周。楷書七行　押尾白文黄道周印方印　又白文印不辨。

跋在詩堂。

石齋先生書規摹鍾元常，筆力高古，態度含蓄。有明書家輩出，此獨擺脱恒蹊，追蹤魏晋，可勿寶諸？道光己丑春日，梁南倪琇識。行書八行　押尾白文倪琇私印方印

黄忠端詩翰軸

絹本，高六尺四寸五分，寬二尺一寸。

把柄豈摇岳，安纓當攬琴。魚龍明海眼，卉木辨天心。扇暍甘棠暇，披裘伏日陰。相看無冷熱，方信道反深。送張直指之二。道周。行書三行　押尾白文黄道周印方印

下角□文錢塘袁鑒收藏之印方印

黄忠端書畫集錦屏二軸

書綾本，高七尺五寸五分，寬二尺三寸。書五律一首。

引首白文虛白齋長印

未識女兒意，今成化石貞。世流分急陣，吾道自堅城。龍血枯無戰，天心老不争。烟霞津液裏，縮酒湛厨兵。似邇之兄丈。黄道周。行書三行　押尾白文黄道周印方印　白文吾得之忠信方印

畫絹本，高與書同，寬二尺一寸。墨筆。三松，一株直上干霄，一株虯枝夭矯，枝多下垂，一株屈曲盤旋在下，左方石筍矗立。題在左上。

引首朱文石𡌳長印

便化石頭也不頑。甲戌初秋，爲勖之張兄覽。黄道周。草書三行　押尾朱文黄□□印方印，缺其半

又一印不辨。

倪文貞詩翰軸

紙本，高六尺，寬二尺七寸。

商船如蟻客如鶩，今日開關較昨遲。底事郎官忙一曉，未曾完得遠山眉。送徐水部新昏奉權。元璐。行書三行　押尾朱文倪元璐印方印　白文太史氏方印

倪文貞詩翰軸

綾本，高七尺五寸，寬二尺一寸。字畫廉悍，純用側鋒，利如刀劍。

苟非道千丈，曷敢逾魔城。神鼠嚙盂繫，妖蛆失髩纓。自爲妖巉錯，豈與魅争明。商陸子如熟，杜鵑亦不鳴。元璐。行書三行　押尾朱文倪元璐印方印　白文太史氏方印

下角朱文董世寧鑒藏長方印　白文長宜子孫方印

倪文貞山水軸

金箋本，高五尺五寸，寬一尺三寸二分。墨筆，寫意。三樹撑空，數峰高聳，村舍短籬，用筆生辣。自題及高題俱在上左。

元璐。行書一行　押尾白文倪元璐印方印　白文鴻寶氏方印

品畫。先生文章節義，不當以書畫求者。此畫重亦未可以常格律也。不抱雲山骨起至古響散清琴止　雍正己卯，得此畫於泰州。山斗之仰，寄于筆墨。手綴綻裂，賦詩攄褭。後學高鳳翰拜手敬題於壩署之官肆吏隱山房。四月八日補成脱壁後，率諸子弟拜觀。行書共八行　押尾朱文鳳翰聯珠方印

詩堂及左右裱邊俱南阜題，未録。

瞿稼軒詩翰軸

紙本，高七尺一寸，寬二尺。書法娟秀，大似香光。

夾岸桃花覆御溝，平隄新水送扁舟。豬肝久矣無供給，得徧名山是壯遊。稼軒瞿式耜書。行書三行　押尾朱文瞿式耜印方印　朱文大司馬方印

傅青主詩翰軸

絹本，高八尺九寸，寬二尺有二分。

玉詔新除沈侍郎，便分茅士鎮東方。不知今夕遊何處，侍從皆騎紫鳳皇。傅山。草書三行

押尾白文傅山之印方印

傅青主書唐詩屏

綾本，共四幅，每幅高六尺三寸，寬二尺一寸，字徑四五寸。

第一幅。

帳殿鬱崔嵬起至終是掞天才止　山書。篆書四行　押尾白文傅山之印方印　下三幅印俱同。

第二幅。

北斗挂城邊起至長此戴堯天止　山書。篆書四行

第三幅。

華隱掖垣暮起至數問夜如何止　傅山。隸書三行

第四幅。

東壁圖書府起至情渴若知音止　傅山。隸書三行

傅青主墨竹軸

絹本，高六尺七寸，寬二尺有二分。墨筆。風竹一竿。題在中右。

㢠月來風。山書。隸書一行　押尾朱白文傅山之印方印

明人詩翰集屏

紙本，高五尺五寸五分。四幅俱同。

第一幅，寬一尺三寸。

今朝郡齋冷，忽念山中客。澗底束荆薪，歸來煮白石。欲持一杯酒，遠慰風雨夕。落葉滿空山，何處尋行蹟。公綬。行書三行　押尾朱文公綬方印　白文侍御史章方印

第二幅，寬一尺三寸四分。

瓦溜初停旭日高，苔花暈碧草齊腰。一番濃緑催朱夏，昨夜新波失斷橋。積雨情懷渾欲病，乍暄衣著最難調。西齋睡起都無事，只有幽禽破寂寥。徵明。行書四行　押尾白文文徵明印方印　朱文衡山方印

下角白文張孝思賞鑒印長方印

第三幅，寬同第二幅。

雨後過溪澗，花殘步屧遲。把文鶩小陸，好客見當時。逢元。草書二行　押尾朱文姜逢元印方印

白文太史氏方印

第四幅，寬一尺三寸五分。

八月觀濤罷，三江越海潯。迴瞻魏闕路，空復子牟心。元璐。行書二行　押尾朱文倪元璐印方印

白文太史氏方印

明四家山水集屏

紙本，高二尺六寸，共四幅。

第一幅，寬一尺一寸。工細，設色。石坡前後，喬松三株，交柯接蔭，右繞流泉，二人在松下倚石并坐，上映遥山。款在右下。

徵明寫。旹年六十又二。小楷書二行　押尾白文文仲子方印

第二幅，寬一尺二寸。墨筆，寫意。作幽亭秀木。題在左上。

引首朱文子京壺盧印

歲庚寅夏月，項元汴匹夫寫於攖寧菴中。行書三行　押尾朱文項元汴印方印　白文墨林山人方印

第三幅，寬一尺一寸二分。墨筆，寫意。秋林野屋，一客度橋，遥山飛瀑。題在右上。

霜後平林含古色起至一隝斜陽照獨行止　文嘉。行書四行　押尾白文休承長方印

下角朱文蘭陵文子收藏長方印

第四幅，寬一尺一寸。淡著色，寫意。危峰挂瀑，林下一人，背坐觀瀑。款在左上。

戊午仲春既望，寫於桃葉渡。吴門張宏。行書二行　押尾白文張宏方印

明人詩翰集屏

綾本，高九尺九寸五分。四幅俱同。

第一幅，寬二尺一寸，字徑四五寸。

雲館接天居，霓裳侍玉除。春池百子外，芳樹萬年餘。洞有僊人籙，山藏太史書。君恩深漢帝，且莫上空虚。董其昌。行書三行　押尾白文宗伯之章方印　白文董其昌印方印

第二幅，寬同前，字徑八九寸至尺餘不等。

老來事事不欲多，想看桃花怕過河。花意也知野老興，故將紅影蘸清波。傅山書。草書三行

押尾白文傅山印方印

第三幅，寬二尺一寸八分，字徑七八寸。

枲璺生寒早，長林卷霧齊。青蟲懸就日，朱果落封泥。薄俗妨人面，全身斆馬蹄。吟詩坐

回首，隨意葛巾低。王鐸。行書三行 押尾朱文王鐸之印方印 白文文淵太傅方印

第四幅，寬同第一幅，字經六七寸。

息鳥定群動，雲連大壑青。春風不可夢，人唱牡丹亭。蟬影空流水，鸞心洗落星。飄零別有恨，强寄護花鈴。聽歌湯若士《還魂記》曲。戴明説。行書三行 押尾印不辨。

明人書集屏

綾本，高八尺一寸二分。行草書四幅，俱同。

第一幅，寬二尺二寸，字徑四五寸。

泠泠此寒泉，挹之清且泚。一畝有餘思，古淡味應爾。蕩滌祛煩紆，還以漱我齒。何必箕潁間，方言絶塵滓。冷泉亭。董其昌。行書四行 押尾白文太史氏方印 白文董氏玄宰方印

下角朱文吴氏筠清館所藏書畫方印

第二幅，寬二尺二寸八分，字徑五六寸。

簡易高人意，匡牀竹火爐。寒天留遠客，碧海挂新圖。真看連山好，兼對絶島孤。群僊不孤思，冉冉下蓬壺。果山人瑞圖。行草書三行 押尾白文張瑞圖印方印 白文大學士章方印

第三幅，寬二尺二寸五分，字徑四寸。

極目高無際，盤摩路轉脩。鳥飛蒼澗外，花發碧雲頭。夢入游天姥，星占犯斗牛。帝居應

不遠，只此是瓊樓。祁豸佳。行書三行　押尾朱文祁豸佳印方印　白文止祥氏方印

第四幅，寬二尺一寸，字徑三寸至七寸不等。

彦和吾友，祝公相見爲呼名。喬提舉臨行，留一急足取字，尋不見。刻字人來辭，託他送字去。昨得祝公書，云不到。王鐸。行書三行　押尾朱文王鐸之印方印　白文烟□漁叟方印

女史邢慈静畫石軸

綾本，高二尺餘，寬一尺餘，未詳記。墨筆，寫意。畫石一拳，玲瓏瘦皺，筆力圓健。無款，有題在上，書與邢子愿太僕無異。

引首白文海内存知己天涯若比鄰長方印

瑶浴漢日，金峙翔烟。寓爾形於蕭齋几案之間，遊吾神於寥廓壺中之天。庚辰孟冬日，寫似兄丈清玩。行書□行　押尾白文鳴玉方印　又朱文印失記。

書畫鑑影卷二十三　軸類

國朝

王太常仿倪春林山影圖軸

紙本，高四尺一寸六分，寬一尺九寸一分。墨筆，寫意，皴法折帶。平岡淺渚，攢樹五株，林中野屋，坡上板橋，遠峰數疊。題在上右，又董題在上中。

癸酉初夏，錫山舟次擬雲林《春林山影圖》。時敏。行書三行　押尾白文王時敏印方印

雲林小景幾作無李論，遜之亦搜索殆盡。誰知筆端出現清閟主者，若再來騁妍競爽如此。珍重珍重！甲戌初冬，其昌。押尾白文宗伯學士方印　白文董氏玄宰方印

下角朱文休陽汪彥宣小某甫珍藏長方印

王太常仿子久山水軸

絹本，高五尺，寬失記。墨筆，寫意。崇山峻嶺，岡巒交互，林木叢雜，村落參差，氣勢雄傑。皴法披麻，遠山兼小米點，筆墨溼潤。題在右上。

康熙甲寅仲秋，仿黄子久筆。王時敏。行書□行　押尾白文王時敏印方印　白文西廬老人方印

王太常仿子久山水軸

絹本，高七尺九寸，寬四尺三寸。著色，寫意。峰巒茂密，草木華滋，平原人家，幾簇高峰，瀑布孤懸。題在右上。

引首朱文真寄長圓印

辛亥長夏，仿子久筆意，似孝翁老父台詞宗教正。治弟王時敏。行書□行　押尾白文王時敏印方印　朱文西廬老人方印

王太常仿山樵山水軸

紙本，高一尺三寸，寬一尺。墨筆，寫意。松亭人坐，合沓層巒。題在上。

仿黄鶴山樵。行書一行　押尾白文王時敏印方印

題在裱綾，邊款係『秋泉居士汪士鋐』、『後學澍記』、『世琛謹記』、『水南程嗣立識』，共四段，均未詳記。

下角朱文若林曾觀方印　陳履中審定方印

王太常山水軸

紙本，高三尺九寸五分，寬一尺八寸六分。墨筆，寫意。林巒偏右，層山疊出，平坡數重間之，村落在左，上露遥山，主峰在頂。墨氣濃厚，通體秀潤華滋，痕蹟俱化。自題又鄒題俱在上左。

時敏。真書　押尾白文王時敏印方印　白文烟客方印

濕雲滿林牖，墨妙乃筆妙。□客見珍入室□幾於道矣。行書四行　押尾白文鄒炳泰印方印

上右角白文寄梧閣長方印

王太常山水軸

紙本，高五尺一寸，寬二尺六寸。墨筆中鋒，用披麻皴。林屋峰巒，重疊茂密。題在上。

人家在仙掌，雲氣欲生衣。丙辰夏日畫。王時敏。行書□行　押尾白文王時敏印方印

題在詩堂。

王時敏，字遜之，太倉人，文肅公孫，以廕官太常。工隸法，雅不習楷書。畫山水，得大癡神髓，爲画苑領袖。海虞王翬游其門，名噪一時。當時學士大夫，得王太常片紙尺

絹爲榮。是軸用筆渾脱，局境閒雅，與余編定内府所見《溪山深秀圖》佈置同，洵稱的筆，當寶之。樂山别駕屬題，時甲辰大雪。頤性老人阮元。行書□□行

鄭谷口書鼎銘軸

紙本，高九尺，寬三尺二寸四分。

引首朱文書帶草堂長方印

一命而僂起至以餬予口止　隸書三行

宋正考父鼎銘，辛未重九前一日書。谷口鄭簠。行書二行　押尾白文鄭簠之印方印　朱文谷口農方印　白文立義行□方印

八大山人荷花軸

紙本，高三尺三寸五分，寬一尺七寸。墨筆，寫意。一花、一葉、一蓮蓬。蓮蓬上立一小鳥，聳身欲動。通幅筆墨無多而神韻自足。無款，有印，在左方。白文八大山人方印

有鑒賞印數方，未記。

趙秋谷書道母天尊格言軸

紙本，高四尺一寸，寬一尺六寸。

圓明道母天尊格言。心上有星起至何用朝真止　冲虛道祖奉命流傳人世，青州趙執信筆受。行楷書八行　押尾白文白衣弟子方印　朱文清修方印

下角朱文趙方印

汪退谷書軸

綾本，高五尺三寸，寬一尺八寸二分。

引首朱文松齋長方印

世人見古德起至何就擔夫求之，可乎？止　位山道年兄。汪士鋐。行書五行　押尾白文退谷方印

白文汪士鋐方印

王廉州仿叔明山水軸

紙本，高二尺六寸，寬一尺二寸。寫意，微著色。松林茂密，茆屋攢簇，主峰偏右，小山拱左，兩山間遥露村墟。題在上。

戊申小春，仿叔明筆。王鑑。□書三行　押尾白文王鑑之印方印

王廉州山水軸

紙本，高四尺三寸，寬一尺八寸。墨筆，寫意，山皴披麻。林巒茂密，板橋通徑，澗水瀠洄，中峰疊起，上尤高峻，兩山缺處，遥現山村。題在左上。

引首朱文□山堂長方印

己卯小春，画於虎邱山房。王鑑。行書一行　押尾白文王鑑之印方印　朱文元照方印

下角朱文臣淑長方印　鶴田方印　李氏秘玩方印　白文季雲審定真蹟方印　楊氏伊川家藏方印

王廉州山水軸

紙本，高四尺六寸六分，寬二尺一寸。墨筆，寫意。石上叢林，一人林下曳杖獨行，上段峰巒渾厚，層出不窮。題在左上。

盤行一逕入煙蘿，結廬真成安樂窩。歸去莫嫌林壑晚，好峰青處夕陽多。廣陵道中作。

王鑑。行書三行　押尾朱文臣鑑聯珠方印

王廉州山水軸

紙本，高四尺八寸五分，寬一尺九寸五分。微著色。一客過橋，一童隨後，中峰高聳，松林稠密，棟宇連楹，半隱半顯。題在上。

癸卯夏日，畫祝元老年親翁雙壽。王鑑。行書□行　押尾朱文員照圓印　白文染香菴主方印

蔣文肅瑶圃仙芝圖軸

絹本，高七尺七寸，寬三尺二寸。設色，布景寫意，花卉工筆。怪石流泉，仙芝、水仙、蘭竹間之，富麗工妍。書家有臺閣體，此殆畫家之臺閣體。題在左上。

臨宋苑本《瑶圃仙芝圖》。康熙戊戌夏至日，蔣廷錫。行書三行　押尾朱文蔣廷錫方印　白文揚孫一字西君方印

蔣文肅歲寒三友圖軸

絹本，高六尺二寸，寬二尺七寸。墨筆，寫意。孤松稺竹，水仙拳石，苔草流泉，點染成趣。題在右。

庚戌八月，寫奉蔗翁老先生清鑒。南沙弟蔣廷錫。行書三行　押尾朱文蔣廷錫印方印　朱文青桐居

士方印

左下白文形似方印　朱文青桐軒書畫記方印

法黃石雲山軸

紙本，高六尺，寬一尺九寸四分。墨筆，寫意，卷雲皴法。烟林罨靄，雲岫蒼茫，杳無人蹤。題在左上。

越王峰枕溼江頭，泪湧江聲正北流。欹樹梅花驚臘去，荒天春色倩人留。白雲晚去前山宿，黃髮新催今夜愁。且抱諸孫多健食，可憐好夢繞湄州。真行書九行　押尾白文法若真印方印　朱文黃石氏方印

下角朱文孫男輝祖珍藏方印

何義門詩翰軸

倭紙本，高五尺，寬二尺五寸五分，字徑三四寸。書五古詩。

能清謝朓思起至伊周會不如止　何焯。行書八行　押尾朱文何焯之印方印　朱文屺瞻方印

王石谷仿荆浩春山行旅圖軸

紙本，高四尺七寸八分，寬二尺四寸二分。青緑色，兼工帶寫，石兼披麻、折帶、小斧劈皴。下段喬松灌木，中藏人徑，一朱衣人策蹇，奚童隨行，後兩人亦策蹇，一人隨行，坡下波濤洶湧，漁舟并泛，每舟二人，一作撒網狀；中段水村幽居；上段高峰疊峙，山坳圓亭，茂林映帶，中露梵宫。題在上左。

引首朱文上下千年圓印

雲迷古木千章秀，山抱晴川一掌平。康熙歲次甲午長至後一日，仿荆浩筆意。海虞耕烟散人王翬。行書四行　押尾朱文耕烟方印　朱文王翬方印

下右朱文我思古人方印　白文耕烟散人時年八十有三方印　子孫保之方印

左下朱文休陽汪彦宣小某甫珍藏方印　白文王月軒珍藏印方印

王石谷仿巨然溪山烟雨圖軸

絹本，高五尺一寸，寬二尺有八分。墨筆，章法左右開合。林陰繁薈，巖壑深沉，兩山開處，架閣連楹，板橋通路，遥望棧道連雲，嵐光隱霧。自題又惲題二段，在上。

庚申夏五，學巨然《溪山烟雨圖》。石谷王翬。行書□行　押尾朱白文王翬之印方印

雨過溪橋椿樹灣，濕雲還障翠微間。分明識得沿溪路，不記曾游何處山。石谷子橅巨然，巖壑鬱密，林木深杳，有雲蒸霧合、猿啼豹嗥之致，使人神遊，悠然澹忘。觀其鋒勢淋漓飄洒，全是化工靈氣，都無筆墨可尋。毘陵惲壽平題於琴川舟次。行書□行　押尾朱文園客方印　白文壽平之印方印

下角鑒賞印七，未記。

王石谷仿巨然雪景軸

絹本，高五尺，寬二尺五寸。墨筆，寫意。下段兩山對出，左右平林，中露茆舍；上段主峰居左，陪山居右，林屋居中，通幅雪景。題在上右。

引首朱文海虞圓印

臨安雪意。仿巨然筆。壬午孟冬，劍門樵客王翬。行書□行　押尾白文王翬之印方印　朱文來青閣方印

左下白文臞樵雅趣方印　耕烟外史時年七十有二方印

王石谷仿范華原夏山行旅圖軸

絹本，尺寸失記。墨筆。兩人引導，群驢馱物前行，叢木依山，架橋數折，流泉左右，樓閣矗空，高峰幾疊，皴法雨點。題在右上。

范華原《夏山行旅圖》，曾見之漢陽吴相國府中，得擬其意。虞山石谷子王翬。行書□行　押尾白文王翬之印方印　朱文石谷子方印

王石谷仿劉松年春山巨軸

絹本，高七尺三寸，寬四尺一寸。工筆，青緑設色。清溪蕩漾，溪左水亭，一客閒坐，一童在側，山腰轉處，亭矗浮圖，溪右茂林藏屋，一人度橋上，左方松岡稠疊，飛瀑垂巖，村踞巖巔，危峰嵂岦，偏左遥山村落，沙磧重重。題在上。

洞天春暖碧桃芳，瑶草金芝滿路香。吹徹玉簫天似水，笑騎黄鶴過扶桑。庚午春正，仿劉松年筆意。請正。虞山石谷王翬。行書六行　押尾朱白文王翬之印方印　朱文石谷子方印

右下朱文七峰方印

王石谷仿江貫道山水軸

絹本，高六尺二寸，寬二尺二寸。著色，寫意兼工筆。下段長隄界水，雜樹成林；中段林巒稠疊，泉石奔騰，結亭臨水，跨澗通橋；上段左方，樓閣高聳，主峰雄厚，左〔一〕方雲峰變滅，瀑水瀠洄。題在左上。

引首白文太原長方印

巖邊石室低臨水，户外雲峰半入天。江貫道全宗董巨，神氣蒼莽，硐壑深密，畫山得雄勁之勢。甲戌春仲，請正惟翁先生。烏目山中人王翬。行書五行　白文王翬之印方印　白文烏目山人方印

右下角朱文意在丹丘黄寉白石青藤之間長方印

題在詩堂。

畫作於甲戌，乃康熙三十三年。石谷子方六十三歲，正晚年集大成之時。通幅色色匠心，神完氣足。即使貫道復生，亦何以加此？余昔年曾見此畫於京師廠肆，上段煤烟黝暗，下段折損剥落，漫漶不堪。市估求售，已無人過問。細觀如西子蒙不潔，而明眸皓齒，妍姿自不可掩。因憐而購之，竭三日之力，用水滌其汙者，用墨補其脱者，用色填其缺損者。如重施膏沐，依然絶代佳人矣。後聞友人云，此畫爲洪石農觀察所珍藏，曾於其齋中見之。不知何由散佚汙損至此。夫此畫之墮劫者，數也；劫後遇吾，仍不致磨滅者，亦數也。此後或更有遇劫之日，或永壽人間，亦何莫非數也？吾不知之矣。竹朋李佐賢題。

校記

〔一〕『左』疑爲『右』之誤。

王石谷擬黃冠道人黃山訪勝圖軸

紙本，高五尺五寸，寬二尺五寸六分。寫意，微著色。下段亂石奔泉，左方古松枯樹，右作叢杉石徑，三人同行；中段雲氣勃勃欲動，雲中遥現竹林梵宇；上段兩峰對出，用小米點，長松峻嶺，層出不窮。紙地渲染作雨景。題在上。

引首朱文上下千年圓印

丙申春，適友人持此見眎，展玩旬日。筆力蒼秀，全法荊關，一洗塵俗畦徑，殊多象外之趣。因仿其意，并録原題，奉寄雲廬胡老法師清鑒。海虞王翬。行書五行　押尾白文王翬之印方印　朱文石谷方印

又前後三段，皆石谷録原題，在畫上。

藤蘿百尺任援攀起至余今也誤入仙山止　青田劉基題。行書五行　押尾白文臞樵雅趣方印

挂冠擬似了塵緣起至閒時直上幾峰巔止　至正癸未秋八月，訂劉伯温朝白岳起至黃冠道人冷謙寫并題於硃砂菴止　行書共十五行　押尾朱文來青閣方印　朱文天放閒人方印

斯畫斯題，我亦神馳。欽哉欽哉，二大仙師。後學張居正贊。行書二行　押尾朱文耕烟方印

下左朱文沈德潛方印　王氏岡陵珍藏方印

下右朱文耕烟散人方印　汪彦宣小某甫珍藏□印　白文耕烟散人時年八十有五方印

王石谷仿倪迂山水軸

紙本，高四尺五寸五分，寬二尺五寸。墨筆，寫意。下段叢篁覆屋，屋内人坐，兩山間結舍連楹，一人觀瀑；上段危峰高起，泉落垂紳。上録雲林原題二段，邵題一段，自題在後，字體、行數失記。

戊申六月，養疴静軒題。汀烟冉冉覆湖波起至緑羅高扇受風多止　是日陰寒襲人，五日又題。點點青苔欲上衣起至只有書舟傍竹扉止　七夕日，謾寫紙空。瓚。

鶴齋張公，全於五福者。文伯，華亭之博雅好古者云。瓚。

十年風雪走南州起至緑蓑烟雨繫漁舟止　邵貫。

引首□文太原圓印

每見雲林真蹟，以平遠尺幅者居多。此幀重巒疊嶂，全仿荆關，真屬未有之作。余從潤州張氏借觀，追摹一過，恍置我於匡廬衡岳間矣。庚寅春正月望日，烏目山中人王翬。押尾□文王翬之印方印　烏目山人時年七十有九方印

下角□文清暉老人方印　白文臞樵雅趣方印

王石谷仿天游生山居圖軸

紙本，高二尺四寸八分，寬一尺六寸八分。墨筆，寫意。茆舍疎籬，長林修竹，一客泛艇。草草落筆，自饒天趣。自題又惲題俱在上。

寫天游生《山居圖》。丙寅長至前，石谷王翬。行書二行　押尾朱白文王翬之印

竹籬門徑對荒谿，嵐影還同碧樹齊。借問此山深幾許，只因山近見山低。南田壽平題於碧梧池館。行書六行　押尾朱文壽平方印　白文正叔方印

下角白文南田小隱方印

王石谷仿雲西松亭秋爽圖軸

紙本，尺寸失記。墨筆，寫意。松竹交加，亭内一人獨坐，中峰高起，上有飛瀑。題在上。

雲西老人《松亭秋爽圖》，清真秀拔，筆外有神，當與元鎮、叔明并駕千古。戊子臘月廿四日，耕烟散人石谷子王翬。行書二行　印失記。

王石谷仿黄鶴山樵夏山圖軸

紙本，高六尺六寸，寬一尺九寸八分。墨筆，兼工帶寫，山作披麻兼解索皴。下段小橋流水，茆屋連楹，喬木成陰，門前二人立談，左右一僮一鶴；中段岡陵稠密，雲泉重疊；上段仙嶠浮雲，兩峰開處，半露樓觀。題在上。

倣黄鶴山樵《夏山圖》筆意。行書二行　押尾白文意在丹丘黄寉白石青藤之間長方印　朱文耕烟散人方印

崑山雖宛變，壹似魯家丘。故作匡廬想，青天濺瀑流。丙子六月，爲念農道長兄并識於長安寓齋。耕烟散人王翬。行書七行　押尾白文王翬印方印　白文石谷方印

左下角朱文虞山王翬方印

王石谷太行山圖巨軸

紙本，高八尺四寸，寬三尺五寸。微著色，皴法披麻兼解索，類黄鶴山樵。下段林蔭繁薈，左方一人策蹇過橋，一童隨行，右方楝宇稠密，酒家臨水，青簾高揭，村前室内一人，村中室内一朱衣人，一童侍側，堂前一人，雙鶴對立，村後室内一人；中段松岡絡繹，左方樓閣隱現，二客向山腰前行；上段崇山中立，左右兩峰相拱。題在右上。

太行鬱嵯峨，諸峰下森列。嵐氣浮青蒼，雲峰乍明滅。斷崖挂飛流，陰壑留深雪。草木自

華滋，人家蔭林樾。悠悠太古氣，造化何年設。歲次甲戌長夏，畫於燕臺邸舍。耕烟散人王翬。行書五行　押尾朱白文王翬之印方印　朱文石谷子方印
右下角白文意在丹丘黄隺白石青藤之間長方印

王石谷桃源春漲圖軸

絹本，高五尺，寬二尺二寸。設色，寫意。隄左右林下小桃幾樹，藏舟蘆岸，惟露帆檣，隄外波濤洶湧，繪水繪聲，兩舟垂網捕魚，舟中四人，對岸小桃雜卉，點綴崇岡，兩山間露一平坡，結屋數楹，長隄隱現，雲外數峰争出。題在右上。
春來徧是桃花水，不辨仙源何處尋。康熙丁亥小春望日，臨董羽筆。海虞耕烟散人王翬。行書□行　押尾白文王翬之印方印　朱文石谷子方印

王石谷山水軸

紙本，高五尺五寸，寬一尺九寸。墨筆，寫意。坡陀叢樹，細草蒙茸，山樹藏村，流泉界石，上用米點，重疊雲峰。題在上。
隔岸溪分野色齊，渚烟汀草望還迷。深山似有幽人宅，不是湖東是瀼西。丁丑清和，畫于長安客舍，呈尚翁老先生教正。海虞王翬。行書□行　押尾白文王翬印方印　白文石谷方印

下角朱文耕烟散人方印　又鑒賞印三，未録。

王石谷仿盧浩然草堂圖橫幀

紙本，高四尺八寸，寬八尺。墨筆，寫意，用山樵法。右段清沼浮舟，平岡戴屋；中段茆亭傍竹，喬木干雲；左段草堂重疊，環繞竹木，主峰在上，崇山複嶺，旁露樓閣，圖内畫人凡十一、鶴二。題在右上。

唐盧浩然搆草堂於嵩山，自製《十景賦》，并繪《草堂圖》，後人轉相橅倣。余曾見宋李伯時臨本，鬱密蒼潤，極似唐人風骨，鷗波、黄鶴皆宗之。因用其意，請正西翁老先生。學步邯鄲，當不直識者一笑也。時康熙癸酉四月。虞山王翬。行書九行　押尾朱白文王翬之印方印　朱文虞山石谷方印

王石谷仿趙文敏山水橫幀

絹本，高四尺六寸，寬八尺。青緑，設色。下段岡陵盤錯，松竹成林，山居臨水，計室内趺坐一人，捧書一童，竹間對立二人，旁侍一童，又雙鶴，橋邊曳杖一人，琴童一人，山坳荷擔一人，水邊荷鋤一人；上段桃林映帶樓閣，挂壁飛泉，白雲翠巘，層出不窮。題在右上。

引首白文太原長方印

謖謖松濤萬壑風，桃花千樹繞巖紅。看儂妝點仙源路，若個移家住畫中。危崖陡絶挂飛流，嵐氣雲衣滿眼浮。閒處光陰誰領取，與君竹裏共登樓。癸酉長夏，仿趙集賢筆意，應渭翁老先生命，并題斷句二首請正。耕烟散人王翬。行書九行　押尾白文王翬之印方印　朱文石谷子方印

下角朱文意在丹丘黄霍白石青藤之間長方印　雙溪方印

王石谷查梅壑合筆仿北苑名山訪勝圖軸

紙本，高五尺餘，寬三尺餘，未詳記。墨筆，寫意，馳驟如疾風快雨，落紙有聲，層巒疊嶂，皴用披麻。下段灌木叢林，間露騎驢人、荷擔人、荷竿人各一，茆店二間，蹇驢芻秣；上段山澗跨橋，兩峰懸瀑，對瀑結亭，遥山無盡。題在上。

《名山訪勝圖》，擬董北苑法，爲鬱岡居士画於丹徒之觀山樓。時積雪凝寒，未克竣事，實爲康熙庚戌之十二月也。越次年，辛亥五月，居士過訪竹西，携之行笥，復命重加點染，始爲成之，并識歲月云。士標。行書□行　押尾朱文某壑長方印　朱文查二瞻方印

江上先生與余論畫，必以董巨爲宗。同時在毘陵於莊太史家觀《龍宿郊民》大幀，贊慕不輟。因出示所屬查梅壑用北苑法作此一圖，爲言梅壑筆墨清新，長於雲林一派，此乃其變

法者。復命余乘醉燈下重加點染，林巒石勢，略爲增置，北苑遺意，頓還舊觀。始知古人商確作圖，未欲草草。江上翁可謂深於鑒古矣。時壬子孟冬既望，烏目山中人王翬識。行書□行

押尾朱文王翬之印方印　白文字石谷方印

下左朱文休陽汪彥宣小某甫珍藏方印　白文素菴方印

下右白文水月居王氏藏方印

查梅壑山水軸

紙本，高五尺五寸，寬二尺三寸四分。墨筆，寫意。山下喬柯疎柳，下臨清溪，一客扁舟閒坐，厓上虛亭，主峰迴合。筆墨簡淡，神致翛然。題在左上。

雨餘浮遠翠，一望此溪山。誰似烟波叟，漁竿盡日閒。士標畫意。行書三行　押尾白文查士標印方印　白文二瞻方印

下角白文雁門馮氏珍藏方印

惲南田仿大癡山水軸

紙本，高二尺八寸，寬一尺三寸五分。墨筆，寫意。林巒稠密，村舍高低，中峰高聳。題二段，在左右。

引首朱文寄岳雲長方印

臘月八日，研池水澌，倚榻柮爐展紙破墨。圖成，猶不失癡翁家法，但凍管未調，墨彩多滯耳。東園壽平。行書五行　押尾朱文南田方印

書畫一理，其用筆正同，不能求異。故一點一畫，能盡其趣，千巖萬壑，只在間架結構中，斧柯不遠。余非敢謂即能通之，庶幾不至於下士聞道耳。壽平。行書三行　押尾朱文正叔方印　白文壽平方印

下角朱文述盦方印　遂性草堂胡氏所藏長方印　白文王昶之印方印

惲南田仿大癡崇山暖翠軸

紙本，高六尺餘，寬三尺餘，未詳記。設色，寫意。下半左右崇山峻嶺，中開大壑，村落隱現；上半巖上樓閣數重，三峰并峙，瀑布懸流，遥村沙磧，彌望無際。自題又錢題俱在上。

辛亥春夜，偶戲拈大癡《茂林崇山》，有《暖翠圖》意。南田客壽平。行書□行

此南田翁擬子久之作也，有款識而無圖印。蒼渾秀潤，乃其經意筆墨，因爲記數語於幀首。時丙戌新秋七日，茶山外史城。行書□行　押尾朱文茶山長方印

左下白文古青齋鑒藏方印　竹初真賞方印

右下朱文休陽汪彦宣小某甫珍藏方印　白文王月軒珍藏印方印

惲南田仿雲林山水軸

紙本，高四尺五寸，寬二尺五寸。墨筆，寫意。起段平坡，疎林六樹，野屋三楹，上段山勢平遠。題二段，在上左右。

引首□文墨華□印

曾見雲林小幀，爲層峰疊嶂，林木鬱密，筆意在荆董之間。此景略用其意。今人欲以一樹片石，率意點筆爲雲林，豈復知有雲林哉？園客壽平。行書□行　押尾朱文壽平方印

醉裏常呼鸞鶴群，林風空翠落秋雯。隔溪自結黄茆屋，閒對南山起白雲。庚戌，南田草衣在静嘯軒得句。行書□行　押尾白文南田草衣方印　朱文園客方印

上方朱文乾隆御覽之寶長圓璽　石渠寶笈長方璽　三希堂精鑒璽長方璽　白文乾隆鑑賞圓璽　宜子孫方璽

惲南田園林幽趣圖軸

紙本，高七尺餘，寬二尺餘，未詳記。著色，兼工帶寫。下段叢林籬笆，板橋流水，兩童過橋，中作一亭，左右修竹，曲闌縈繞；上段一人停琴趺坐，繞屋竹木扶疎，舍後石筍峙立。題在上。

以雲西筆法，寫雲林清閟閣意。不爲高巖大壑，而風梧烟篠，如攬翠微，如聞清籟。停琴坐忘，殊有傲睨萬物之容。南田客惲壽平。行書□行　押尾白文正叔方印　朱文壽平方印

惲南田夜景山水軸

紙本，高五尺二寸，寬二尺有五分。墨筆，微著色，寫意，通幅畫作梅林。下段亂石叢樹，寂無人境；上段烟林沙嶼，遠岫田塍。筆墨淡遠，夜色微茫。題在上。

淡淡霜華濕粉痕，誰施綃帳護香温。詩隨十里尋春路，愁在三更挂月村。飛去只憂雲作伴，銷來肯信玉爲魂。一樽欲訪羅浮客，落葉空山正掩門。乙丑春二月，南田壽平。行書八行

押尾白文壽平之印方印

惲南田風林雲岑軸

紙本，高五尺八寸，寬二尺七寸。著色，寫意。疎林野屋，下對青溪，紅葉朱藤，含風零亂，白雲翠巘，似水瀠洄，中峰獨秀。題在右上。

引首朱文寄岳雲長方印

少文自結烟霞侶，摩詰難忘邱壑心。贈爾剡溪藤半幅，墨花吹滿白雲岑。琴川雲客王先生將歸，索予画并索予詩。因展紙縱筆，寫風林雲岑，荒率藟亂，全遺象似，兼乏神骨。幸

勿與令嗣石谷子觀之，使笑爲不愛家鷄也。癸卯七夕，東園壽平。行書九行　押尾朱文惲正叔方印，印誤倒鈐　朱白文壽平方印

惲南田仿管夫人竹石軸

紙本，高一尺四寸，寬一尺三寸。墨筆。修竹兩竿，間以嫩篠，瘦石枯木間之。題在上。

琅玕雲外緑，解籜散苔茵。王猷曾獨往，吟嘯不驚人。管仲姬《竹窩卷》，余曾借撫，此景略仿其意。壽平。行書□行　押尾白文惲正叔方印　朱白文壽平方印

惲南田罌粟花軸

絹本，高五尺四寸五分，寬二尺六寸。著色。罌粟兩叢，紅白深淺相間，大小兩石，分列左右，花俱傍石，蛺蝶雙飛。題在左上。

引首朱文寄岳雲長方印

乍見南園蛺蝶飛，仙人新翦絳雲衣。緑罌有粟能長滿，那使金門曼倩饑。東皋花圃罌粟盛開，戲爲點色。白雲溪外史惲壽平。行書五行　押尾白文鑑湖泊者方印　朱文壽平方印

惲南田雙清圖軸

紙本，高三尺八寸，寬一尺九寸八分。墨筆，寫意。倚石墨竹一枝，寒梅一樹。題二段，在上右，又在左。

雙清圖。臨梅花菴主。壽平。行書三行 押尾朱文正叔方印 白文壽平之印方印

畫有高逸一種，用筆之妙，如蟲書鳥蹟，無意爲佳。所謂遺筌捨筏，離塵境而與天游，清暉澹忘，不可以言傳矣。壽平呵凍又識。行書四行 押尾白文南田草衣方印

吴漁山松溪書閣圖軸

紙本，高五尺八寸五分，寬二尺六寸五分。墨筆。山帶清溪，松蔭書閣，閣内一客憑闌，曲室内一童侍立；上段峭壁危崖，飛泉自雲端迴旋而下。題在右上。

松溪書閣。乙卯年閏五月廿五日，吴歷。行書二行 押尾朱文吴歷方印 朱白文漁山子方印

吴漁山山水軸

紙本，高二尺八寸五分，寬一尺六寸二分。工筆，微著色。邱壑宏深，林木叢雜，二人荷竿，向山坳轉行；上半飛閣流丹，聳峙天半，與群峰争長。筆墨謹飭，如寫工楷，

蓋斂才就範之作。題在右上。

廿載心懷積未傾，擬將圖畫寄茸城。思君『君』字落，補於後文字清宵讌，侯府杯中月自明。詩畫寄半園先生。墨井道人。行書四行　押尾朱文墨井方印

右下朱文延陵長方印

左下朱文蘭陵文子收藏長方印

書畫鑑影卷二十四　軸類

國朝

劉文正書軸

絹本，高七尺六寸，寬一尺六寸，字徑三寸許。

引首朱文玉堂之署長方印

余聞荆州玉泉寺近清溪諸山，山洞往往有乳窟，窟中多玉泉交流。其水旁處處有碧草羅生，枝葉如碧。玉真公常來飲之，年八十餘歲，顔色如桃花。此茗清香滑熟，異於他産，所以能還童却老扶人壽也。東武劉統勳。行書四行　押尾白文劉統勳印方印　朱文延清方印

文正書筆力清剛拔俗，特爲功業所掩，不以書名世。但知文清書，豈知淵源固有自乎？

高澹游秋山軸

綾本，高八尺一寸，寬二尺一寸。著色，兼工帶寫，皴法披麻、解索兼折帶。下段石

上叢林，間以紅葉，一客度橋；中段兩峰缺處，遥露村舍，兼峙高樓；上段主峰偏左，矗起干雲。題在右上。

引首朱文秄□齋長方印

庚戌小春，摹古於静者堂。高簡。行書二行 押尾朱文吴下高簡印信長方印 白文澹游方印

高澹游仿趙千里山水軸

絹本，高二尺五寸七分，寬一尺五寸。工筆，青緑設色。翠巘白雲，流水挂瀑，竹林茆舍，樵子度橋，林下兩人立談，上有樓閣。題在右上，又三家題，俱在上。

乙卯十一月，仿趙千里筆法。高簡。行書一行 押尾朱文澹游方印

行到溪潭路欲迷起至猿鳥悠然向客啼止 爲我老年翁題。宋實穎。行書四行 押尾白文實穎之印方印 又方印不辨。

山山烟景大都同起至白雲清澗小橋東止 爲我老年翁題。陳玉堪。行書五行 押尾朱文陳玉堪印方印

左壑浮巒翠幾層起至雲影山光待客登止 爲我田年翁題。林鼎復。楷書五行 押尾白文鼎復之印方印

王司農仿一峰老人山水軸

紙本，高四尺三寸，寬二尺一寸。著色，寫意。峰巒渾厚，林木滋榮，野屋平林，茆亭左峙，瀑水雙流，橋通略彴，中峰特起。題在上。

仿一峰老人筆意。麓臺王原祁。行書□行　押尾白文王原祁印方印　朱文麓臺方印

王司農仿大癡山水軸

紙本，高四尺二寸八分，寬二尺二寸。水墨雲山。虛亭喬木，水閣山村，中峰疊起，遠岫雲封。題在上。

己卯夏五上浣，仿大癡筆。王原祁。行書□行　押尾白文石師道人方印

王司農仿大癡秋山軸

紙本，高四尺三寸，寬二尺一寸。淡著色，寫意。山石磊砢，林木叢雜，紅黃樹葉間之，野屋方亭，橋通略彴，平岡峻嶺，旁挂飛泉。題在右上。

引首朱白文御賜畫圖留與人看長圓印

庚辰春日，仿大癡筆，似虹老道年翁。王原祁。行書三行　押尾白文王原祁印方印　朱文麓臺方印

王司農仿子久春嵐新霽圖軸

紙本，高四尺八寸，寬二尺四寸八分。寫意，青緑淺絳色。下段圓岡攢樹，村居左環，板橋右接；上段崇山巨壑，野屋傍麓，高嶺藏雲。題二段在上。

春嵐新霽。文子年世兄南歸，題贈并正。王原祁。行書□行

古人用筆，意在筆先，然妙處在藏鋒不露。元之四家，化渾穆爲瀟灑，變剛勁爲和柔，正藏鋒之意也。子久尤得其旨趣，可及可到處，皆不可及不可到處。箇中三昧，在深參而自會之。康熙己丑春仲朔日，寫於雙藤書屋。麓臺祁。行書□行　押尾白文王原祁印方印　朱文麓臺方印

下角朱文西廬道人方印

上下鑑賞印凡五，未録。

王司農仿大癡山水軸

紙本，高三尺五寸三分，寬二尺三寸一分。設色，寫意。近景連巖邃谷，長松喬木，水閣依山，板橋通徑，遠山綿亘，雲横樹障，遥村歷歷。題在上。

引首朱白文御賜畫圖留與人看長圓印

大癡《浮嵐暖翠》及《夏山》二圖，皆位置縝密，設色絢爛，有鷗波風格，而其平淡天真，自出於尋常筆墨之外。董宗伯評云，子久學北苑，又自有子久，可稱冰寒於水。斯言良可味也。丕承年道契天姿俊爽，筆端秀拔，欲於子久專門深入，意甚諄切。余故以是語告之。雖老馬未能識途，古人面目，或未盡失耳。康熙丁亥清和，寫於邗江舟次。原祁。行書□行

押尾白文王原祁印方印　朱文麓臺方印

下方朱文西廬後人方印

題跋王宸、王文治、查瑩、陳淮各一段，吴鼒二段，均未記。

王司農仿黃鶴山樵山水軸

絹本，高四尺一寸六分，寬二尺五寸四分。墨筆，寫意。山勢開闔凡四疊，峰頭皆作攢石破碎之形。水繞連巖，茂林之後，主峰高峙，峰側懸瀑，長林勁挺，依崖結屋二區，水榭、佛寺各一區，榭中對坐者二人。題在上。

引首朱白文御賜畫圖留與人看長圓印

丁亥中秋，仿黃鶴山樵，似育翁老先生正。婁東王原祁。行書□行　押尾白文王原祁印方印　朱文麓臺方印

下角朱文西廬後人方印

王司農仿吴仲圭山水軸

紙本，高四尺四寸，寬一尺九寸三分。墨筆，寫意。巖壑稠密，沙磧瀠洄，林木藏村，飛泉瀉磴，雙闕壁立，中露傑閣，棧道旁通，上有小亭，山外遥山數疊。題在左上。

引首朱文求是堂長圓印

季書道世兄雅有筆墨之好。己卯冬日，余在邗阻風雪，急欲歸矣，而季書惓惓之意，難却其請，呵凍爲仿梅道人筆。麓臺祁。行書五行　押尾白文王原祁印方印　朱白文茂京父方印

右下朱文西廬後人長方印

王司農高風甘雨圖軸

紙本，高六尺一寸九分，寬三尺有七分。墨筆，寫意。近山層層夾水，遠山面面蒸雲，崇巖峻嶺，懸瀑激灘，群松雜木，佛刹居廬，參錯布置。題在上。

引首朱文埽華庵□印

高風振岳，甘雨沛川。牧仲大中丞老公祖先生經綸物望，風雅吾師。昔廣平鐵石爲心，梅花作賦，真千載同符矣。余前作令渚陽，曾爲鄰封屬吏，景仰有素。今逢秉鉞吴天，輝光再炙，尤爲幸事。丙子秋，獲晤令嗣於都門，云先生曾齒及末藝。封事之暇，偶事磁礴，

爰成此圖，請正大方。婁水王原祁。□書□行　押尾白文王原祁印方印　朱文麓臺方印

下方鑒賞印五，未録。

王司農仿宋元山水屏

紙本，八幅，每幅高二尺八寸八分，寬一尺八寸。俱寫意。

第一幅，著色。山林茂密，雲氣上蒸，泉流下注，林間藏屋，闃其無人。題在上，八幅俱同。

宋法精嚴，荆關旗鼓。步伐止齊，筆墨繩武。行書，行數失記，下同　押尾白文石師道人方印

第二幅，墨筆。小橋流水，棧道盤空，結舍山巔，主峰高峙。

董巨樸遬，義精仁熟。六海迴瀾，總滙百瀆。押尾朱文蒼潤長圓印

第三幅，墨筆。叢杉映屋，遠岫生雲。用二米法。

米家之後，繼起房山。烟巒出没，氣厚神閒。押尾朱白文别號麓臺方印

第四幅，着青緑色，布置緊嚴。村居高下，主峰左起，朝山右拱，大壑中開，一望深遠。

松雲風標，濃中帶逸。軼宋追唐，丹青入室。押尾朱文茂京方印

第五幅，著色。右開左合，主峰居中，尋常蹊徑，自見渾融。

峰巒渾厚，草木華滋。在真平淡，大癡吾師。押尾朱文麓臺方印

第六幅，墨筆。平岡帶屋，中峰獨秀，石磴淩空，傑閣露頂。

縱横筆墨，無踰仲圭。明季石田，彷彿徑蹊。印同第一幅。

第七幅，墨筆。主峰中立，飛瀑下垂，橋亭在左，村落居右。焦墨濃皴，用筆如鐵線

篆，乃經意之作。

叔明似舅，無出其右。變化騰那，絲絲入彀。印同第二幅。

第八幅，淺絳色。上下開合，筆法甚簡。上題二段。

純綿裹鐵，雲林入神。做舋點染，借色顯真。押尾白文興與烟霞會長方印

擬宋元八家，分題畫意。甲申長至日，原祁。押尾白文王原祁印方印　朱文麓臺方印

顧元始仿仇實父山水軸

絹本，高七尺一寸五分，寬二尺二寸二分。青緑，工筆。下段設色春山，古木槎枒，

雜花生樹，二人坐平坡上，一童侍立；中幅雲泉迸落，絶巘浮空。題在左上。

引首朱文墨香長圓印

千山罨畫擁飛樓，山自蒼蒼水漫流。青鳥亂啼花細細，石梁南畔是瀛洲。仿仇實父筆。雲

間顧昉。行書三行　押尾白文顧昉私印方印　白文武陵谿方印　朱文九峰山人方印

章子鶴黄山雲海圖巨軸

絹本，高八尺八寸五分，寬四尺五寸五分。著色，粗筆，兼工帶寫。通幅雲氣瀰漫，左方泉流奔赴，奇峰椎立，層出不窮，右方林中，朱樓高峙，雙峰插天，瀑布懸落，二人登高前行，上跨飛橋，峰巔虛亭，高踞天半。題在左。

黄山雲海。隸書一行

丙子春日，寫於鶴年堂。錢唐章聲。行書一行　押尾白文章聲之印方印　朱文子鶴方印

僧石谿山水巨軸

紙本，高一丈四尺一寸，寬五尺六寸二分。淡著色，粗筆寫意。下段岡阜重疊，一人拄杖，歷石磴而上，雙松高聳，松下茆屋，兩人對坐，左右梧桐蕉竹，交柯垂蔭；中段雲氣蒼茫，兩峰缺處，梵宇半露，峰右輕舟出峽，順流而下，舟内一人；上段危峰中立，氣象森巖，垂瀑如紳，群山似拱。通幅筆力剛健，氣概雄渾，堪稱鉅觀。題在右上。

茆茨門何向，荒苔逕亦斜。扶節人過舍，曲沼水穿花。舊種娟娟竹，新開冉冉花。幸來屋此地，此地絶無華。　位置誠何意，巑岏擁若圖。望中拔地險，削處入雲孤。近户嵐光合，

遥峰秀色殊。移山將有託，未可笑吾愚。壬寅中秋前，作于天闕山房。茧壤石谿殘道者。行書六行　押尾白文石谿方印　朱白文菴住行人方印

下左白文流水今日明月前身方印　五岳游人方印

下右朱文好夢長圓印　雲山蒼蒼江水洋洋先生之節山高水長方印　藏之名山傳之其人方印

僧石谿仿黄子久溪山閒釣圖横幀

紙本，高五尺五寸，寬一丈有七寸。着淺絳色，粗筆寫意，章法前後開合。前幅村舍逶迤，峰巒雄峻，水榭茆亭，互相映帶；中幅江天空闊，一人扁舟垂釣，沙磧重重，鷺堠遥現；後半板橋通徑，林中樓閣，左右村墟，泊舟隱現，帆檣無數。下角蘆汀雁落，上方遥山無際。題三段在上。

溪山閒釣圖。隸書横題，在左上

此玉局老子學道底一卷葛藤起至曰，受福受福止　行書三十行

時在癸卯春三月，余於幽栖關中養静，耳目無交，并筆墨之事稍爲減去，然中心不□。適東田詞丈過余山中，因談名流書畫，又惹起一番思想。東田又謂余曰：『世之畫以何人爲上乘而得此中三昧者？』余以起而答曰：『若以荆、關、董、巨四者，得真心法，惟巨然一人。巨師媲美於前，謂余不可繼蹟於後？』遂復沉吟，有染指之志。縱意揮洒，用一峰筆氣，作

谿山閒釣橫幅，以寄其興。臨池時，經營位置，未識與古人暗合不？嗟乎！人生不以學道爲主，天命安爲道乎？見此茫茫，豈能免百端交集？東田以爲然。余愛詞丈之語，并録其上，將爲水雲鄉中他日佳話。此語勿傳到時人耳邊也。遂不覺狼藉如此。石秃殘者。行書四十六行　押尾朱白文菴住行人方印　白文石谿方印

僧石濤山水軸

紙本，高四尺一寸二分，寬二尺二寸。墨筆，寫意。岡阜横亘，林木濃陰，一人背坐石上眺遠，兩山開處，遥見石橋，橋外沙洲漁舍，帆檣林立，烟景微茫，似欲雨之勢，主峰在中。題在右上。

水郭江村首夏涼，緑陰深處舊茅堂。新茶嫩筍消閒日，更愛荼蘼落雪香。夏五月，客金斗之明教臺，爲吕封先生博正。瞎尊者濟。行書六行　押尾白文苦瓜和尚濟畫法長圓印　朱文老濟長方印

右下角白文搜盡奇峰打草稿長方印

僧石濤黄海雲松圖軸

紙本，尺寸失記。幅下突起兩石，其勢如墜，老松偃蹇蟠屈，嵌石罅而生，崖巔庋屋，

屋後遠峰羅列，下瞰層松比立，雲氣没根，幅右沓然空闊，兩遥峰如浮圖插天，壁削無底。題在上。

時庚午，客且憨齋。與友人談黄海之勝，命書此幅存稿。清湘大滌子。行書□行　押尾白文阿長方印　白文得一人知己無憾方印

軒皇契至道起至長嘯出樊籠止　行書□行　押尾朱文清湘老人長圓印　白文冰雪悟前身方印

有王夢樓題跋一段，款屬『戊申嘉平廿有九日觀并記，文治』，未全録。

僧石濤畫集屏

畫俱紙本。

第一幅，高一尺一寸二分，寬一尺五寸。設色，細筆寫意。海上群山，楓林紅葉，遥望沙岸泊舟，空闊無際。題在左上，又二字在右下。

海晏河清。

東巡萬國動歡聲，歌舞齊將玉輦迎。方喜祥風高岱岳，更看佳氣擁蕪城。堯仁總向衢歌見，禹會遥從玉帛呈。一片簫韶真獻瑞，鳳臺重見鳳凰鳴。臣僧元濟九頓首。真書共九行　押尾白文原濟方印　白文石濤方印

己巳。真書一行

第二幅，高一尺有三分，寬一尺五寸九分。設色。松山重疊，林下藏村。題在左上。

人道龍鱗髣髴成，衹今片墨氣如生。披襟試向高軒望，風雨千尋起自鳴。苦瓜和尚濟。行書十行

押尾朱白文清湘石濤長方印

第三幅，高一尺有二分，寬一尺五寸。粗筆，寫意。頑石一拳，芭蕉一樹，蕉葉下垂，筆墨淫潤，如聞雨過點滴聲也。題在左上。

懷素學書，種蕉代紙。雨餘墨汁淋漓，應是此箇境界。清湘石濤濟道人。行書五行　押尾白文冰雪悟前身長方印

下角白文博爾都方印　朱文問亭方印

第四幅，高一尺有七分，寬一尺五寸一分。墨筆，寫意。平坡竹林。題在上。

拂風霏雨自然青，莫道東湖異洞庭。君但一茗留與對，吟成如見曉濛溟。石濤濟。行書八行

押尾朱白文清湘石濤長方印

辛未補款，作供問亭先生大維摩正。元濟。真書五行

下角白文輔國將軍博爾都號問亭之章方印　寄齋所藏方印

張文敏詩翰軸

綾本，高七尺五寸，寬三尺二寸，四邊織就花紋，字徑三寸。

大君制六合起至可以畫麟臺止　照。行書六行　押尾白文張照之印方印　朱文瀛海仙班方印

張文敏詩翰軸

倭紙本，高四尺五寸三分，寬二尺三寸。

引首朱文既醉軒長圓印

蒲風獵獵弄輕柔起至藕花無數滿汀洲止　張照。行書四行　押尾白文張照之印方印　朱文瀛海仙班方印

張文敏詩翰軸

倭紙本，高四尺五寸，寬二尺三寸五分。仿米書，字徑三寸至六寸。

淡墨秋山畫遠天起至不到平山謾五年止　張照。行書四行　押尾白文張照之印方印　朱文瀛海仙班方印

張文敏書軸

倭紙本，高四尺六寸三分，寬一尺七寸三分。

引首朱文既醉軒方印

雁過長空，影沉寒水。水無留影之心，雁無遺蹤之意。張照。行書三行　押尾白文張照之印方印
朱文得天方印
左下朱文岑氏仲陶珍藏方印

張文敏臨米書屏

紙本，高一丈有五寸，寬四幅共六尺八寸六分。臨米南宫，字徑七寸，每幅二行，每行十四字，有烏絲格。

引首長印模糊。

初歲元祚，吉日惟良。乃爲嘉會，讌此高堂。尊卑列叙，典而有章。衣裳鮮潔，黼黻元黄。清酤盈爵，中坐騰光。珍膳雜遝，充溢圓方。笙磬既設，琴瑟俱張。高歌厲響，咀嚼清商。俯視文軒，仰瞻華梁。願保兹善，千載爲常。歡笑盡娛，樂哉未央。室家榮貴，壽若東皇。宋米芾《元會帖》。張照臨。行楷書八行　押尾白文張照之印方印　朱文涇南方印

張文敏臨蘇書横幀

紙本，高二尺，長七尺二寸七分，字徑六七寸。

引首朱文既醉軒長圓印

草堂前梧風蕙露，頓忘秋暑。少閒暇即來燕坐，莫孤明月也。軾頓首。乾隆癸亥二月，張照臨。大行書十一行　押尾白文張照方印　白文得天方印

黃聖謨柳陰茗集圖軸

絹本，高五尺七寸，寬一尺九寸八分。工筆，著色。畫名園一角。朱欄似帶，緑柳成陰，翠竹一叢，緋桃幾樹，水木明秀，山石玲瓏，中鋪平毯，兩仕女并坐，一持盞勸飲，後一鬟執壺，對面一仕女背坐執盞，旁立持扇仕女共五人，皆素衣宫妝，前列花果鑪瓶之屬，旁石案上陳茶竈水罌之屬。布景運筆，大類宋人。款題左上。

黃卷。真書　押尾朱文黃卷方印　白文聖謨方印

馬扶義月季藤花軸

絹本，高四尺五寸，寬二尺。設色，没骨法。後作月季一叢，前作藤花二枝，一仰一俯，枝葉交加，繁花密蘂，香浮紙上。題在上左。

摹北宋徐崇嗣没骨法。棲霞馬元馭。行書一行　押尾白文馬元馭印方印　朱文扶羲方印

唐靜巖畫香山詩意軸

絹本，高四尺有四分，寬二尺三寸。青緑設色，兼工帶寫。青山對出，石橋流水，紅樹白雲，環繞廬舍，主峰懸泉，遥峰插笏。題在右上。

引首朱白文御賜畫狀元長方印

石泉碧漾漾，巖樹紅離離。乾隆二年秋日，寫白香山詩意。唐岱敬畫。行書四行　押尾白文唐岱方印　白文毓東方印

僧目存仿山樵山水軸

絹本，高三尺八寸八分，寬二尺一寸。淡著色，細筆寫意。松竹茅廬，一人獨坐，板橋通徑，一客前行，上有虛亭對瀑，雲山亂疊。題在左上。

乙未秋九月十有四日，撫黄鶴山撨。五湖散人蒲室叡。真書二行　押尾白文上睿印方印　朱文目存方印

右下角朱文蒲室子書畫記方印

董文恪山水屏

紙本，高七尺六寸，六幅共寬一丈三尺。墨筆，寫意，山皴披麻，章法左右開合。起

處岡陵重疊，林下水亭，一客獨坐眺遠，中隔清溪，後幅茂林野屋，闃其無人，屋後高阜，對面遥山。款在左下。

董邦達敬繪。行書一行　押尾白文臣邦達印方印　白文敬畫方印

華秋岳閉户彈琴圖軸

紙本，高六尺八寸五分，寬二尺八寸二分。墨筆，寫意。石上草廬，後繚土垣，右扃蓬户，廬内老人焚香彈琴，一童侍側，門内犬吠，若有扣門者，繞廬幽篁生韻，夏木垂陰，危峰挂瀑。水墨淋漓，想見揮灑縱横之樂。題在右上。

長公琴詩云：『門前剥啄誰扣門，山僧未閒君莫嗔。』戊午冬十二月，雪窗呵凍作。新羅山人。行書□行　押尾白文華喦方印　白文秋岳方印

左下白文枝隱方印

張墨岑仿黄鶴山樵雲壑松陰圖巨軸

紙本，高九尺九寸，寬五尺二寸。淡著色，寫意，山用披麻乾皴，章法上下開合，中隔雲氣。下段松林鬱茂，左右藏村，板橋流水，映帶茆亭，亭内兩人對坐；上段崇山峻嶺，峰巒無盡。題在右上。

雍正壬子中秋，寫黄鶴山樵《雲壑松陰圖》於青霞軒。長洲張宗蒼。真書二行　押尾白文張宗蒼印方印　朱文墨岑方印

左下朱文看盡九州山水方印

右下朱文古潤戴植培之氏一字芝農鑑藏書畫記方印

藍次公春山唱和圖巨軸

絹本，高九尺一寸五分，寬四尺一寸五分。粗筆，著色，用亂柴皴。好山重疊，青松紅杏，彌漫巖壑，二人在右平岡，坐於花下，左方一童前行，茆亭在上，上下流泉三疊，螺峰上入雲霄。題款在右上。

春山唱和。西湖藍孟畫於長安覲薇堂。行書二行　押尾白文西湖藍孟方印　朱文次公氏方印

傅紫來勝果妙音圖巨軸

紙本，高丈餘，寬倍之，未詳記。設色，寫意，指畫。中畫如來正坐，上層天王、神祇、諸變相，下層降龍、伏虎以及諸羅漢左右排列，約計百餘人，備極神采。款題下角羅漢所挂葫蘆内。畫存京都慈仁寺。

勝果妙音圖。乾隆九年甲子清和月八日，奉敕沐指畫墨，恭摹聖像。臣傅雯。真書□行　押

印失記。

錢稼軒仿北苑山水軸

紙本，高五尺六寸八分，寬二尺五寸二分。墨筆，寫意。松岡杉嶺，層疊而上，磴道盤空，凡露山村三處，一在下，一在中，一在峰巔。題在左上。

癸未秋八月，仿北苑筆意。稼軒錢維城。行書二行　押尾白文茶山長方印　白文維城　朱文稼軒聯珠方印

下角朱文願子子孫孫世守勿失方印　又一印不辨。

錢稼軒白雲秋隖圖軸

紙本，高八尺五寸五分，寬三尺九寸。墨筆，寫意。亂石流泉，茆亭村舍，松杉成林，層巒疊巘，充牣滿幅，秀潤異常。題在左下。

白雲秋隖。臣錢維城恭繪。楷書二行　押尾白文臣錢維城方印　朱文筆沾春雨方印

上右方朱文乾隆御覽之寶長圓璽

劉文清書軸

蠟牋紙本，高六尺，寬一尺九寸五分，字徑三寸。

陽羨在洞庭南起至名之曰『楚頌』止　臨於久安室。癸亥孟夏之月，劉墉。行書六行　押尾朱文劉墉印信方印　白文石盦方印

劉文清詩翰軸

紙本，高五尺八寸，寬一尺九寸三分，字徑三寸餘。

秋水清無塵起至泓下亦龍吟止　戊申清和之月，書於雙松競秀山房。劉墉。行書四行　押尾白文劉墉之印方印　朱文東武方印

鄭板橋石壁叢蘭軸

紙本，高五尺五寸四分，寬二尺五寸。墨筆。左半石壁削成，石上叢蘭，亂葉繁花，間以篠竹，不留餘地，布景絶奇。題在石壁之左。

板橋道人没分曉，滿幅畫蘭畫不了。蘭子蘭孫百輩多，累爾夫妻直到老。乾隆辛巳，爲兩峰羅四兄尊嫂方夫人三十初度。鄭燮草稿。行書三行　押尾白文乾隆東封書畫史方印　白文七品官耳方印

鄭板橋竹軸

紙本，高六尺二寸，寬二尺九寸三分。墨竹一竿獨立，旁附小篠三枝，幹葉俱用側鋒，

着墨無多，清超拔俗。題在左。

始人畫竹，能少而不能多；既而能多矣，又不能少。此層功力，最爲難也。近六十外，始知減枝減葉之法。蘇季子曰簡鍊以爲揣摩。文章繪事，豈有二道。此幅似得簡字訣。板橋鄭燮。行書三行　押尾白文七品官耳方印

桂未谷書軸

絹本，高五尺四寸，寬二尺有五分，字徑四寸。隸體兼行草意，乃書家老境。

宿雨初晴，小溪新張。泛米家船，載揚子酒。浩歌一聲，好風送響。素琴三弄，澹月偏宜。彝鼎滿前，圖書寓壁。艸華映帶，竹樹蒙戎。幅巾杖履，相對歡然。隸書五行

瀆井復民桂复。行書一行　押尾朱文桂馥印信方印　白文未谷方印

王蓬心仿元人山水軸

紙本，高三尺四寸五分，寬一尺六寸。墨筆，寫意。林巒屋宇，清溪釣艇。草草落筆，極不經意，而神妙在楮墨之外，逸品也。自題又夢樓題俱在上。

己酉秋八月，仿元人筆。蓬心。行書二行　押尾白文王宸之印方印

戲拈秃筆揮風雨，笑把深巵度歲年。此余去歲在長沙贈蓬心家兄句。蓬心畫筆，老而逾

妙，蒼深渾厚，直逼黄倪。頃於漢上李懋齋十兄處獲見此幅，如晤故人，因識數言於幀首。文治。楷書八行　押尾朱文文治聯珠方印

時庚戌穀雨日，對牡丹花作此書。楷書二行　押尾朱文夢樓方印

又題在詩堂。

翦取瀟湘十里青，雲峰深處草聞馨。客中一夜高樓雨，添得烟波入洞庭。次日檢出，爲蓬心題畫舊作，再録於左方。治又記。行書三行　押尾朱文王氏禹卿方印

女史趙文俶罌粟花軸

絹本，高四尺九寸，寬一尺七寸五分。著色，工筆。山石半露，石後罌粟花盛開，紅白相間，色豔態濃。題在右上。

辛未仲冬，天水郡趙文俶寫。真書一行　押尾朱文天水女史文俶長方印　朱文梅妝閣方印

左方朱文韻香室鑒賞方印

女史陳南樓文姬歸漢圖軸

絹本，高一尺二寸，寬一尺一寸三分。工筆，設色。張幕於危崖之下，幕中文姬獨坐，旁設紙硯與琴，幕外一鬟，抱琵琶前來，又兩婦人，携兩幼孩，侍立幕前，傍石三人，

蹲踞假寐，坡後兩人兩馬休憩，月影當空。款在右崖上。

陳氏錢書摹古。　押尾白文陳氏錢書聯珠方印

女史惲清於華春雙豔圖軸

絹本，高四尺，寬二尺二寸。工筆，設色。罌粟一叢，紅白三花，藤蘿一枝，花亦三穗。款在左上。

華春雙豔。撫南田公筆意。蘭陵女史惲冰。行書三行　押印模糊。

《書畫鑑影》
人名、作品名索引

凡　例

一、本索引包含書畫家人名及書畫作品名兩種。

二、書畫家人名包含本書所録作品之創作者、題跋觀款者（包括李氏言及未録者），首列姓名（個别不知姓名者，僅單列其姓或名），後附字號、官職、謚號等，以文中題跋稱謂及印章所含條目爲準。

三、書畫作品名包含本書所録作品之標題以及卷、册類作品中可以析出小標題者，此類小標題應具獨立標題之性質，故題跋中之叙述文字不作强行析分。

四、本索引詞條均以首字筆畫爲序，依次類推；筆畫相同者，以起筆横竪撇點折爲序。

五、本索引從左到右横向排列，詞條頁碼用阿拉伯數字標注，同一頁面相同詩條衹標注一次頁碼。

人名索引

二畫

三畫

四畫

五畫

六畫

七畫

八畫

九畫

十畫

十一畫

十二畫

十三畫

十四畫

十五畫

十六畫

十七畫

十八畫

十九畫

廿畫

廿一畫

廿二畫

廿四畫

作品名索引

二畫

三畫

四畫

五畫

六畫

七畫

八畫

九畫

十畫

十一畫

十二畫

十三畫

十四畫

十五畫

十六畫

十七畫

十八畫

十九畫

廿畫

廿一畫

廿二畫

廿四畫

廿七畫

廿九畫

圖書在版編目（CIP）數據

書畫鑑影 /（清）李佐賢纂輯；陸一中點校. -- 上海：上海書畫出版社，2023.12
（中國書畫基本叢書）
ISBN 978-7-5479-3281-0

Ⅰ. ①書… Ⅱ. ①李… ②陸… Ⅲ. ①書畫藝術－專題目録－中國－清代 Ⅳ. ①Z88 : J212.052

中國國家版本館CIP數據核字（2024）第027096號

書畫鑑影

〔清〕李佐賢 纂輯　陸一中 點校

責任編輯　陳家紅
審　　讀　曹瑞鋒
整體設計　王　崢
技術編輯　吴　金
出 品 人　王立翔

出版發行　上海世紀出版集團
　　　　　上海書畫出版社
地　　址　上海市閔行區號景路159弄A座4樓　201100
網　　址　www.shshuhua.com
電　　郵　shuhua@shshuhua.com
印　　刷　上海中華商務聯合印刷有限公司
經　　銷　各地新華書店
開　　本　720×1000mm　1/16
印　　張　43.25
字　　數　420千字
版　　次　2024年3月第1版
　　　　　2024年3月第1次印刷

書　　號　ISBN 978-7-5479-3281-0
定　　價　228.00圓

中國書畫基本叢書
已出書目

宣和書譜　宣和畫譜
〔宋〕佚名 撰　林宗毛 點校　曹旭 審定
圖畫見聞志校注　〔北宋〕郭若虛 撰　吴企明 校注
法書考　圖畫考　校注
〔元〕盛熙明 著　宋佳俊 校注　曹旭 審定
弇州山人題跋　畫書跋跋
〔明〕王世貞〔明〕孫鑛 撰　湯志波 點校
郁氏書畫題跋記　〔明〕郁逢慶 纂輯　趙陽陽 點校
東圖玄覽　詹氏性理小辨（書畫部分）
〔明〕詹景鳳 著　劉九庵 標點　劉凱 整理
珊瑚網　〔明〕汪砢玉 纂輯　于淑娟 李保民 點校
頻羅庵題跋　快雨堂題跋
〔清〕梁同書〔清〕王文治 撰　李松朋 點校
繪事瑣言　繪事雕蟲　三萬六千頃湖中畫船録
〔清〕迮朗 撰　賈素慧 點校
藝舟雙楫　〔清〕包世臣 撰　金丹 點校
書畫鑑影　〔清〕李佐賢 纂輯　陸一中 點校
穰梨館過眼録　〔清〕陸心源 纂輯　陳小林 點校
清朝書人輯略　〔清〕震鈞 輯　蔣遠橋 點校
壬寅消夏録　〔清〕端方 繆荃孫 纂輯　魏小虎 點校
虚齋名畫録校補　龐元濟 纂輯　李保民 校補
遐庵清秘録　遐庵談藝録
葉恭綽 撰　李軍 點校